Kunst- und Musikhochschulen in Deutschland

Colleges of Art and Music in Germany

Zu diesem Buch

Mit dem Bildband "Kunst- und Musikhochschulen in Deutschland – Colleges of Art and Music in Germany" wird eine Reihe abgeschlossen, die vor sechs Jahren mit dem Band über die deutschen Universitäten begonnen und 1997 mit dem Buch über die deutschen Fachhochschulen fortgesetzt wurde. Ziel dieser Reihe ist es, deutschen wie ausländischen Interessenten ein gleichermaßen farbiges wie realistisches und informatives Bild der deutschen Hochschulszene zu zeichnen, dies in deutscher und englischer Sprache zu präsentieren und so eine Lücke auf dem Buchmarkt zu schließen.

Die drei Bände, die sich auch als Gastgeschenk für ausländische Besucher eignen, künden schon äußerlich von der Vielgestaltigkeit des deutschen Hochschulwesens; und auch innerhalb der Bände spielen die Begriffe Vielfalt und Differenzierung eine große Rolle. Letzteres gilt insbesondere für das vorliegende Buch. Das kann kaum anders sein, wenn man die historisch gewachsenen Strukturen gebührend in Rechnung stellt und das überaus breite Spektrum der künstlerischen Tätigkeiten betrachtet, für das die hier vorgestellten Hochschulen ausbilden. Kunst- und Musikhochschulen in Deutschland beschreiben heißt daher, die Vielfalt in der Vielfalt beschreiben.

Wie in den beiden früheren Bänden stellen sich auch in diesem die Hochschulen selbst vor: ihr besonderes Profil, die jeweils eigenen Ansätze des künstlerischen Selbstverständnisses und der künstlerischen Ausbildung, die Schwerpunkte in dem weiten und oft unübersichtlichen Feld der Gattungen von Musik und bildender Kunst, die – oft beachtlichen – internationalen Verflechtungen, die Entstehungsgeschichte und die aktuelle Situation.

Die Essays und Sachbeiträge ausgewiesener Experten nehmen diese Themen auf und stellen sie in einen größeren Zusammenhang; sie beschreiben die Kunst- und Musikszene in Deutschland, die hochschulpolitischen Rahmenbedingungen, die Förderungsmöglichkeiten und – spartenbezogen – die Grundlagen und Probleme der Heranbildung des künstlerischen Nachwuchses. Die Bildfolgen wiederum sind eng auf diese Texte bezogen. Sie sollen nicht nur einen optischen Eindruck von der konkreten Arbeit der Hochschulen in den Bereichen der Musik und der bildenden Kunst vermitteln, sondern dem Betrachter auch Hinweise geben auf das reiche Kulturleben in Deutschland und auf seine historischen Wurzeln.

Zu den historischen Voraussetzungen – die auch heute unverändert wirksam sind – gehört der deutsche Föderalismus. Er hat bewirkt, dass es nicht nur ein kulturelles Zentrum gibt, sondern deren viele, die sich aneinander messen, miteinander konkurrieren und so dazu beitragen, dass das Kulturleben nicht verödet. Deshalb verwundert es nicht, dass viele Autoren dieses Buches – implizit oder explizit – der föderalen Struktur der Bundesrepublik Deutschland ein Loblied singen.

Wir danken allen, die zum Erscheinen dieses Bildbandes beitragen haben, vor allem den Autoren, den Kunst- und Musikhochschulen, deren Presse- und Informationsstellen das Text- und Bildmaterial zur Verfügung gestellt haben, den anderen Institutionen, die uns mit Abbildungsmaterialen für die Bildfolgen unterstützt haben, dem Verlag und seinen Mitarbeitern und nicht zuletzt dem Stifterverband für die Deutsche Wissenschaft, ohne dessen großzügige Unterstützung auch dieses Buch nicht hätte erscheinen können.

Die Herausgeber

About this Book

The book "Kunst- und Musikhochschulen in Deutschland—Colleges of Art and Music in Germany" is a collection of texts, pictures and charts on colleges of art and music in Germany and is the final volume in a series which was begun six years ago with a book on universities in Germany, followed in 1997 by a treatment of the German Fachhochschulen—universities of applied sciences. This series aims to draw an equally colourful, realistic and informative picture of the German higher education community for an interested public in Germany and around the world, to present this insight in German and English and so to fill a gap in the book market.

Just the outward impression with these three volumes heralds the variety to be found in German higher education. In fact, diversity and differentiation are two words which play a major role within the volumes themselves as well. The latter applies in particular to the book at hand if any justice is to be done at all to the historically evolved structures and, due consideration must be given to the broad spectrum of the arts in which the colleges actively teach, educate and train. Describing the colleges of art and music in Germany means describing the diversity within the diversity.

Much as in the two previous volumes, the colleges contained in this third volume are also given ample opportunity to present themselves in a self-portrait. This includes their particular profile, their respective approaches to artistic self-perception and art training, the focuses they set in the wide-ranging and often bewildering genres found in music, fine and visual art, as well as to the—frequently remarkable—international networks which they maintain, the history of their origin and the current situation in which they find themselves.

The essays and articles written by proven experts address these topics and present them within the greater picture, thereby describing the art and music scene in Germany, the higher education policy framework, the support and funding opportunities and—discipline-related—the essentials and problems of training young, up-and-coming generations of artists. The picture series contained in the book closely relate to these texts. They are not only intended to illustrate the concrete work performed by the colleges in the field of music, fine and visual art, but also aim to direct the reader's attention to the wealth of cultural life in Germany and to its historical roots.

The historical conditions—which continue to be effective today in the self-same, unchanged way—include German federalism. This aspect has contributed to the development of not one cultural centre, but rather of many which therefore have to measure and compare their strengths, have to compete with each other and so contribute to ensuring that cultural life cannot become desolate and stultified. It is therefore not surprising to find that many of the contributors to this book—implicitly or explicitly—sing the praises of the federal structure of the Federal Republic of Germany.

We would like to thank all those who contributed to the publication of this book, above all the authors, the colleges of art and music, whose press and information offices placed the texts and pictures at our disposal, the publishing house and its stuff, and, last but not least, to the Stifterverband für die Deutsche Wissenschaft (the Donors' Association for the Promotion of Science and Humanities in Germany), without whose generous support this book could not have been produced.

The Editors

Farben
Colours

Echt-Gelb zitron
Echtgelb
hell
Kadmiumgelb
blau
Krapplack
Kadmium
Rot

Virtuosität
Virtuosity

STEINWAY & SONS

Tempo
Tempo

Sehen
Seeing

Siegfried Mauser

Zwischen Tradition und Moderne

Das Musikleben in Deutschland

Vergleicht man das Musikleben in Deutschland mit dem unserer Nachbarländer oder gar der USA und Japans, so fallen als Erstes der Reichtum und die Vielfalt kultureller Ereignisse auf. Nahezu jede Stadt von mittlerer Größe bietet beispielsweise ihren Bewohnern ein Theater als Mehrspartenhaus mit einem eigenen Orchester und eigenen Ensembles. Diese weltweit einzigartige Situation resultiert aus der historischen Vielfalt von Fürstenhöfen und Residenzen; allerdings ist es keineswegs eine Selbstverständlichkeit, dass deren kulturelle Institutionen bis in die Gegenwart erhalten geblieben sind.

Zusätzlich zu diesen staatlichen Einrichtungen und zu den eigenen Theatern leisten sich viele Städte einen Kulturreferenten, der nach der Maßgabe von Stadtratsbeschlüssen über einen eigenen Etat verfügt; vom pädagogischen Bereich der Musikschulen bis hin zu etablierten Konzertreihen mit international renommierten Künstlern bzw. einer aktiven Nachwuchsförderung reicht hier die Palette der Initiativen, die gerade in den letzten Jahren immer mehr von Wirtschaft und Industrie unterstützt und gesponsert werden.

Auch in Zukunft sollten der städtische und der staatliche Kulturbetrieb prinzipiell von der öffentlichen Hand finanziert werden und keine amerikanischen Verhältnisse übergreifen, bei denen Kulturförderung weitgehend privatwirtschaftlich getragen und häufig mit entsprechenden Interessen verknüpft wird. Gegen eine partnerschaftlich abgestimmte Kooperation zwischen öffentlichen und privaten Initiativen gibt es jedoch kaum etwas einzuwenden – zumal musikalische Sonderveranstaltungen oder aufwendigere Produktionen auch an öffentlichen Theatern ohnedies, vor allem in wirtschaftlich schwierigen Zeiten, kaum mehr zu finanzieren sind. Hier die richtige Mischung zu finden, die in gewissem Ausmaß die privatwirtschaftlichen Interessen berücksichtigt und dabei den allgemeinen kulturellen Auftrag von Staat und Kommunen nicht beeinträchtigt, ist eine vordringliche Aufgabe künftiger Kulturpolitik und letztlich eine entscheidende Voraussetzung für den weiteren Bestand unseres vielfältigen Musiklebens.

Einen gewissen Einschnitt in die gewachsene und einigermaßen stabile Musikkulturlandschaft Westdeutschlands markierte die Vereinigung der beiden deutschen Staaten und die damit notwendig gewordene Integration der Kulturinstitutionen in der ehemaligen DDR. Mehr noch als in der alten Bundesrepublik wurden dort Theater und Orchester über den sinnvoll proportionierten Bedarf hinaus, gelegentlich rein aus Gründen der Arbeitsbeschaffung, erhalten und gefördert. Nicht nur Einrichtungen in kleineren Provinzstädten gerieten daher in eine schwerwiegende Krise (die noch immer nicht bewältigt erscheint), sondern auch in Berlin entstand eine nach wie vor ungelöste Situation: Selbst ungleich größere Städte wie Paris oder London weisen keine derartige Dichte an städtischen, staatlichen oder Rundfunkorchestern und an Opernhäusern auf, die heute finanziell und organisatorisch eine enorme Belastung darstellt. Gerade an diesem exponierten Beispiel muss sich die Fähigkeit zu einer konstruktiven Um- und Neugestaltung des Musiklebens in Deutschland erweisen. Die Probleme werden zu lösen sein, wenngleich soziale Härten kaum zu vermeiden sind; am weiterhin existierenden, breit gefächerten musikalischen Reichtum des Landes wird sich aber wohl nichts ändern.

Allerdings birgt dieser Reichtum insofern Probleme, als nicht nur den jungen Musikern aus Deutschland ausreichende und befriedigende Berufsmöglichkeiten geboten werden, sondern zudem ein weltweiter Zustrom festzustellen ist. Sowohl aus den USA, die neben der Metropolitan Opera in New York nur wenige ständig bespielte Opernhäuser aufweisen, als auch aus dem Fernen und Nahen Osten drängen hochbegabte Musiker auf den begehrten deutschen Markt. Dadurch entstehen gerade in letzter Zeit Konflikte, die gelegentlich bei deutschen Musikern zu unangebrachten Ressentiments oder gar zu ungerechter Behandlung ausländischer Kandidaten bei der Besetzung von Orchesterstellen führen. Einerseits scheint vor allem bei Klangkörpern der Spitzenklasse der internationale Zuwachs an erstklassigen Instrumentalisten – als Garantie für eine weitere Qualitätssteigerung – höchst willkommen, andererseits belasten Rivalität und Neid nicht selten das soziale Klima. Hier sinnvoll zu vermitteln und eine ausgewogene Balance zwischen den divergierenden Interessen zu finden, wird eine weitere wichtige Aufgabe im zusehends internationalisierten Musikleben unseres Landes sein.

Ähnliches gilt für die wachsende Zahl ausländischer Studierender an den deutschen Musikhochschulen und Konservatorien: Deren gründliches und umfassendes Ausbildungsprogramm, das noch dazu mit keinerlei Studiengebühren verbunden ist, übt auch international seine Anziehungskraft aus. Hinzu kommt, dass sich auf merkwür-

Siegfried Mauser

Between Tradition and the Modern

Music Life in Germany

If we compare music life in Germany with that in our neighbouring countries or even in the United States or Japan, the first thing we notice is the wealth and diversity of cultural life and events. For example, practically each and every medium-sized town has a theatre in which several institutions are accommodated and which has an orchestra and ensembles of its very own. This situation, which is unique worldwide, is the result of the historical diversity of princely courts and residences in Germany; yet, it is by no means a matter of course that such cultural institutions have survived into the present day.

In addition to state institutions and to their own municipal theatres, many towns and cities also employ their own cultural affairs officer who, in accordance with the resolutions adopted by the municipal council, has a dedicated administration budget; the range of initiatives ranges from educational responsibilities for the music schools through to established concert series with internationally renowned artists or to the active promotion of young musicians. These areas have also attracted increasing support and sponsorship from business and industry, especially over recent years.

Although municipal and state cultural institutions should continue to be financed from public funds as a matter of principal, so that American conditions do not take hold in which cultural promotion is largely funded by private business and is frequently linked to appropriate interests, not much can be said against cooperation between public and private initiatives coordinated in a spirit of partnership—especially since special musical events or more costly productions can hardly be funded anymore, even by public theatres and especially in economically difficult times. The right mixture needs to be found here, which gives some degree of consideration to private business interests while not interfering with the general cultural mission of national, regional and local government. This is an urgent responsibility for cultural policy of the future and, in the final analysis, is a decisive requirement for the continuing existence of our diverse and manifold music life.

A certain break in the evolved and quite stable landscape of music culture in West Germany was marked by the unification of the two German states and the consequently necessary integration of the cultural institutions in former East Germany. Even more so than in former West Germany, theatres and orchestras had been maintained and promoted in the East above and beyond a sensibly proportioned demand, occasionally purely for reasons of job creation. It was not only the institutions in the smaller provincial towns which therefore found themselves facing a serious crisis (which still does not seem to have been overcome); rather an equally unresolved situation arose in Berlin as well. Even much larger cities, such as Paris or London, did not have such a dense network of municipal, state or radio orchestras and opera houses as Berlin, cultural institutions which now constitute an enormous financial and organisational burden. This particularly prominent example is where the ability to carry out a constructive restructuring and new beginning of music life in Germany needs to prove itself. The problems will be solvable, even though social hardships will scarcely be avoidable. It is unlikely that anything will change as far as the further existence of the broad spectrum of musical wealth in Germany is concerned.

However, this wealth also involves problems to the extent that it not only offers young musicians from Germany adequate and satisfactory career opportunities; indeed, a worldwide stream of such musicians can be seen coming to Germany. Young and highly-talented musicians throng on to the popular German market from the United States, which, apart from the Metropolitan Opera in New York, only has few permanently used opera houses, as well as from the Far and Near East. In recent times, especially, this has resulted in conflicts which occasionally resulted in German musicians expressing uncalled-for feelings of resentment or even in foreign candidates being unfairly treated in the appointment of instrumentalists to an orchestra. On the one hand, and especially in the most renowned orchestras, the international influx of first class instrumentalists is very much welcomed as a guarantee for further increases in quality; on the other hand, rivalry and envy seldom fail to place a burden on the social climate. Another important responsibility of the increasingly internationalised music life in our country involves mediating sensibly and creating a fair balance between these diverging interests.

Much the same goes for the growing number of foreign students enrolled at German colleges of music and conservatories. The thorough and comprehensive training and education which these offer, and what is more without charging tuition fees, naturally exerts an international appeal. This is compounded by the fact that, strangely and especially in recent years, the gap between education and training, on the one hand, and market demands and requirements, on the other, has opened ominously. The swelling flood of graduates, also a consequence of the policy of national educational assistance, is confronted by the ever smaller music market. The fact that up to 200 applications will be received for an orchestra position as flautist—not to mention the particularly dramatic situation in

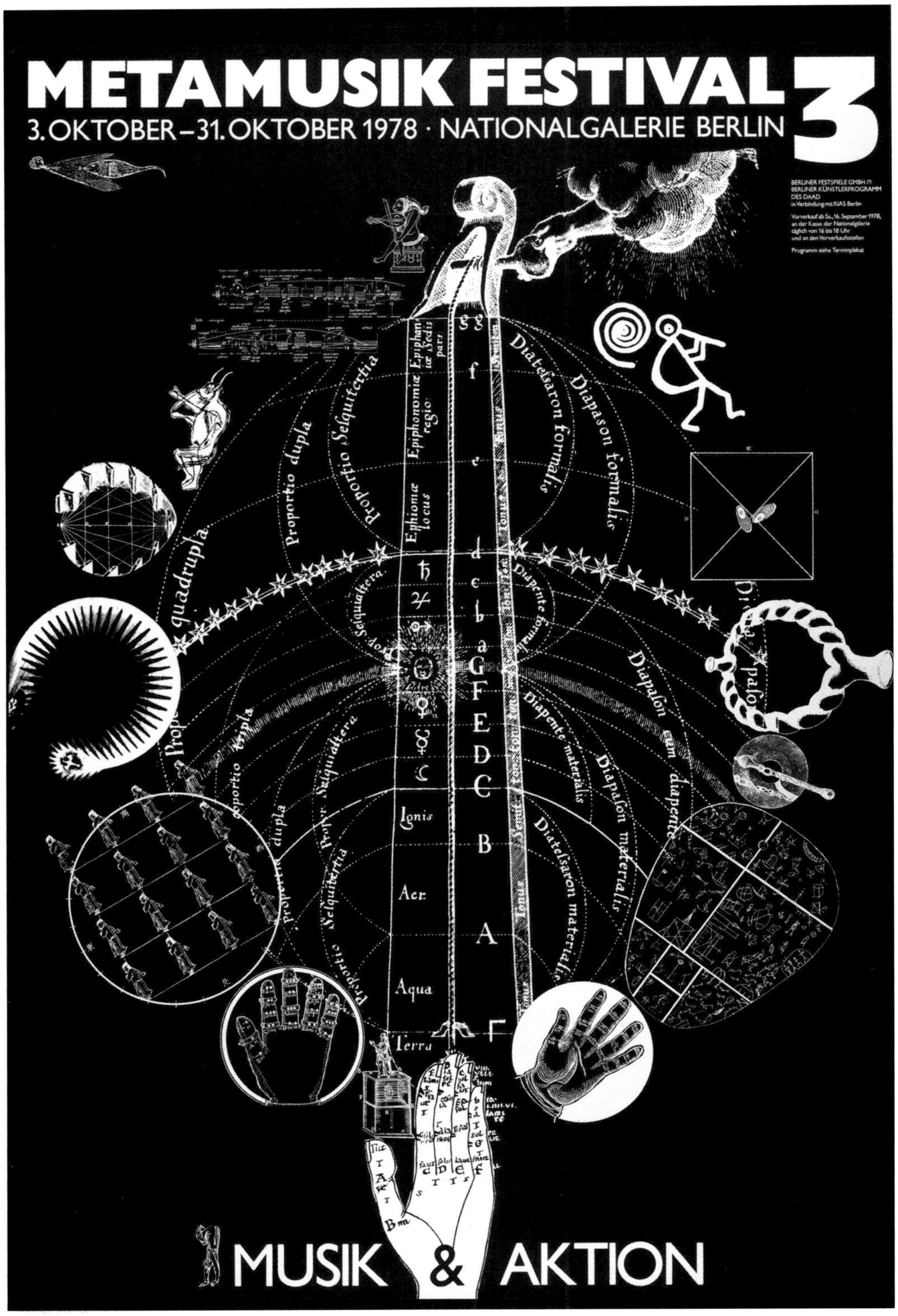

dige Weise gerade in den letzten Jahren die Schere zwischen Ausbildung und Marktanforderung bedrohlich geöffnet hat. Der noch immer zunehmenden Flut von Absolventen, die auch ein Ergebnis der nationalen Ausbildungsförderung ist, steht ein immer enger werdender musikalischer Markt gegenüber. Das drückt sich beispielsweise darin aus, dass sich mittlerweile für eine Orchesterstelle im Fach Querflöte bis zu 200 Bewerber melden – von der besonders drastischen Situation in Fächern wie Klavier oder Komposition gar nicht zu reden. Im Zeichen einer umfassenden Globalisierung von Musikausbildung und Marktsituation wird auch die Lösung solcher Probleme von besonderer Bedeutung sein.

Interessant ist in diesem Zusammenhang, generell die Veränderungen des Musiklebens im 20. Jahrhundert – das als Träger der musikalischen Moderne mittlerweile historisch geworden ist – ins Auge zu fassen. Das Bild des Musikerberufes hat sich in mehrfacher Hinsicht entscheidend verändert. Zwar existieren nach wie vor traditionelle Sparten wie die des Instrumentalisten, der in ein städtisches oder staatliches Orchester will, eines Sängers, der an ein Opernhaus geht, oder eines Dirigenten, der sich ein Orchester sucht; daneben kennzeichnen jedoch neue Herausforderungen den Musikerberuf. Einmal ist der Leistungsdruck im solistischen Bereich ungeheuer angewachsen. Dafür sind sowohl die vielen Wettbewerbe, deren einmaliger Gewinn dem Musiker meistens nichts mehr nützt, als auch die internationale Dichte an ausgebildeten Musikern verantwortlich. Vor allem im pianistischen Bereich sind die Anforderungen ins nahezu Unermessliche gestiegen. Zum andern hat sich jedoch eine Vielzahl neuer Möglichkeiten eröffnet, die letztlich mit der Kompositionsgeschichte des 20. Jahrhunderts eng zusammenhängen.

Beispielsweise ist über die traditionelle Kultur von Kammermusikensembles wie Streichquartett oder Klaviertrio ein gänzlich neuer Bereich der speziellen Ensemblemusik entstanden. Schon zu Anfang des 20. Jahrhunderts war, etwa mit Schönbergs Kammersinfonie oder Varèses Werken, der Startschuss für einen gewichtigen Bereich der musikalischen Kultur gegeben worden. Nicht mehr nur besonders interessierte und spezialisierte Musiker finden sich seither in zahlreichen, meist auf private Initiative entstandenen Ensembles zusammen, die einen eigenen Bereich des Konzertlebens gestalten und pflegen. War zunächst ihr Hauptfeld das der Spezialfestivals für Neue Musik, so haben sie sich in den letzten Jahren zusehends im normalen Konzert- und Repertoirebereich etabliert. Das "Ensemble Modern" spielte hier eine Vorreiterrolle, die mittlerweile eine überraschende Dichte dieser meist solistisch besetzten Gruppierungen zwischen Orchester- und traditioneller Kammermusik nach sich zog.

Natürlich musste sich hierfür auch die Programmpolitik der etablierten Institutionen öffnen. Tatsächlich lassen sich sowohl bei den Veranstaltern der öffentlichen Hand wie bei privaten, meist gesponserten Initiativen charakteristische Veränderungen feststellen. Längst wird nicht mehr nur innerhalb der musikalischen Festivalkultur, die weiterhin ihre prominente Rolle spielt, auf konzeptionelle Programme geachtet, die mit Musik des 20. Jahrhunderts

subjects such as piano or composition—serves as a poignant example of this development. It will be particularly important to find a solution to such problems in times of the comprehensive globalisation of music training and market conditions.

It is interesting in this respect to view generally the changes experienced in music life in the 20th century which, once the promoter of the modern music, has meanwhile become historical. The profile of a professional musician has changed decisively in many respects. Certainly, traditional branches and disciplines, such as that of the instrumentalist who wants to play in a municipal or state orchestra, of a singer who goes to an opera house or of a conductor in search of an orchestra, continue to exist; however, new challenges are now shaping the life of the professional musician. On the one hand, the pressure to do well and achieve results has grown enormously among soloists. Responsibility for this is shared by the many competitions which, if won once, usually are of no benefit to the musician considering the international abundance of trained musicians. Standards have grown immensely, especially in piano. On the other hand, however, many new opportunities have been opened up which, in the final analysis, are closely linked to the history of composition in the 20th century.

For example, the traditional culture of chamber music ensembles, such as string quartets or piano trios, has led to a completely new branch of special ensemble music developing. As early as at the beginning of the 20th century the signal had been given for the launch of a substantive field of musical culture, for example, through Schönberg's Chamber Symphony or Varèse's works. Since then, not only particularly interested or specialised musicians have been found playing in numerous ensembles, mostly originating from private initiatives which now shape and cultivate their own part of concert life. Whereas initially they were mainly to be found playing at the special festivals of new or modern music, they have recently and increasingly established themselves in the normal concert and repertoire circuit. The 'Ensemble Modern' has played a pioneering role in whose wake followed a surprising abundance of these groups largely made up of soloists, positioning themselves somewhere between orchestral and traditional chamber music.

Naturally, the policy of the established institutions also had to open up to this development. Indeed, characteristic changes are to be seen both among public concert promoters and private, mostly sponsored initiatives. The days are long gone in which a conceptional programme made up of 20th century music from the classic modern through to the most recent pieces was only to be found within the musical festival culture, which nevertheless continues to play a prominent role. A widespread system of commissioning young and older composers as well as a meanwhile relatively tight network of composition competitions serve to support this trend, so that hardly anyone who has reached a certain position can really fear not having a first night performance for his or her work. The greater problem arises however when it comes to further performances of these works, since everyone—from the municipal programme managers through to the festival directors—considers it to be their own particular merit when new works are performed for the first time, which means they concentrate less on continually cultivating the quality of a composer once recognised.

For most composers, as well as for ensembles, which mainly dedicate themselves to modern music, the greatest burden of professional life is presently to be seen in the unhindered premiere fever in which promoters and public alike find themselves

von der klassischen Moderne bis hin zu neuesten Erscheinungen durchsetzt sind. Ein weit verbreitetes Auftragssystem an junge und ältere Komponisten sowie ein mittlerweile relativ dichtes Netz an Kompositionswettbewerben flankieren diese Tendenz; kaum noch jemand – zumindest ab einer gewissen Position – muss um eine Uraufführung bangen. Das größere Problem ergibt sich allerdings bei der Frage weiterer Aufführungen, da es sich jeder – von städtischen Programmgestaltern bis zu Festivalleitern – als besonderes Verdienst zuschreibt, neue Werke erstmals aufzuführen, weniger die einmal erkannte Qualität eines Komponisten kontinuierlich zu pflegen.

Für die meisten Komponisten, aber auch für Ensembles, die sich vorrangig Neuer Musik widmen, bildet die größte Belastung ihres Berufslebens gegenwärtig der ungehemmte Uraufführungswahn von Veranstaltern und Publikum, der nur in wenigen Fällen eine längerfristige Auseinandersetzung mit nachgespielten Werken zulässt. Der erstmalige Erfolg spielt hierbei erstaunlicherweise selten eine größere Rolle; es überwiegt zumeist der vermeintliche Reiz des allerersten Erklingens – oftmals mit der Hoffnung gepaart, ein Schlüsselwerk aus der Taufe gehoben zu haben. Hier sind nicht zuletzt die öffentlichen Institutionen gefragt, regulierend und korrigierend in diese ungesunde Situation einzugreifen – der Deutsche Musikrat geht dabei mit gutem Beispiel voran. Dennoch muss es als gewichtiger Fortschritt angesehen werden, dass sich die aktuelle Programmpolitik einerseits zusehends Erscheinungen der traditionellen Moderne und der Neuen Musik öffnet und andererseits über weite Strecken sinnvolle Kombinationen von aufgeführten Werken sucht. Mit Vorliebe werden dabei einleuchtende Verbindungen zwischen Tradition und Moderne präsentiert.

In diesem Zusammenhang gilt es auch, die zunehmende Anzahl alternativer Veranstaltungsformen zu erwähnen, die von Verbindungen von Musik mit Literatur und bildender Kunst bis zu Gesprächskonzerten reichen und die längst nicht mehr nur die schwierig zu vermittelnde Moderne einbeziehen. Ohne akademische Attitüde ist es durchaus möglich – und entsprechend erfolgreich –, die vielfältigen Vernetzungen, Parallelitäten und zeitgleichen Divergenzen der gesamten Kunstproduktion verständlich zu machen. Da nahezu jedes Festival, das etwas auf sich hält, ein übergreifendes Motto für seine Programm-Zusammenstellung anbietet, ist diesen Darbietungsformen die Tür weit geöffnet; sie greifen auch auf den gängigen Konzertbetrieb über, wo sie durchaus friedlich neben den Meisterkonzerten international ausgewiesener Stars existieren.

Aber auch diese achten in auffälliger Weise auf sinnvolle Programm-Zusammenstellungen. Die Zeit scheint tatsächlich endgültig verflossen, in der Interpreten die Highlights ihrer Spielkultur aneinander reihen und sich damit eines durchschlagenden Erfolges sicher sein konnten. Vielleicht hat gerade das nach wie vor in vielen Aspekten irritierende 20. Jahrhundert eine Wende herbeigeführt, die allmählich das Potpourri-Programm im öffentlichen Musikleben zugunsten konzeptioneller Programmbildung verdrängt. Dass weiterhin hysterisch angeheizte Großveranstaltungen mit Startenören oder dergleichen existieren, darf natürlich nicht verschwiegen werden; ihr Stellenwert hebt sich allerdings vom seriösen Kunstbetrieb entschieden ab: Sie werden eher als erbauliche Volksfeste oder attraktive Zirkusveranstaltungen gehandelt denn als relevante interpretatorische Ereignisse.

Vor allem diese Veränderungen im Musikleben eröffnen nach der Jahrhundertwende auf vielfältige Weise neue Berufsperspektiven für Musiker, die auch im Ausbildungsprogramm der Hochschulen und Universitäten ernst genommen und stärker mit einbezogen werden sollten. Konzeptionelle Programmpolitik braucht verstärkt pragmatisch orientierte Musikwissenschaftler oder speziell ausgebildete Dramaturgen; die vielfach abgestufte Ensemblekultur einen neuen Typus von Instrumentalisten zwischen Solist und Kammermusiker, gegebenenfalls einen neuen Dirigententypus; und die stürmische Entwicklung der neuen Medien und damit vielfach gesteigerter Möglichkeiten eine entsprechende Erweiterung etwa des Kompositionsstudiums.

Insgesamt scheint sich das Musikleben in Deutschland trotz aller Probleme in einer interessanten Entwicklung zu befinden, die Schritt für Schritt das faszinierende Potenzial der Musik des mittlerweile vergangenen 20. Jahrhunderts integriert und auf das große traditionelle Erbe bezieht. Diese notwendige Aufgabe scheint in Angriff genommen zu sein. Kulturtragende Institutionen der öffentlichen Hand, Privatinitiativen aus Wirtschaft und Industrie und die Ausbildungsstätten werden sich verstärkt einer entsprechenden Auseinandersetzung zu stellen haben.

engulfed. Only in very few cases does this fever allow a longer term examination of works subsequently performed. Strangely enough, the first success seldom plays a major role; in most cases, the supposed appeal of the very first sounding proves to be the dominating aspect—largely coupled with the hope of having assisted at the birth of a key work. In this respect, it is not least the public institutions which must face their responsibilities and intervene in this unhealthy situation by taking on a regulating and correcting role. The German Music Council (Deutscher Musikrat) sets a good example in this respect. Nevertheless, the fact that the current programme policy is, on the one hand, increasingly opening towards performances of traditional modern and modern, contemporary music and, on the other, is searching to achieve sensible combinations of performed works, must be seen as an enormous step forward. The predilection is for plausible combinations of traditional and modern.

It is also important to mention the increasing number of alternative forms of performance and venues which are being staged, from combinations of music and literature and fine art through to talk concerts. These have long progressed past including only modern music that is difficult to communicate. Without academic allusions it is certainly possible to present the manifold networks, parallels and simultaneous divergences across the whole range of art production in a comprehensible—and appropriately successful—fashion. Since practically every self-respecting festival offers an overriding motto for the composition of its programme, the path has been opened up for this form of presentation and performance. This also exerts an effect on traditional concert life where it can certainly cohabit peacefully with the master concerts given by internationally proven stars.

However, these conspicuously ensure that the programme has been sensibly put together. The time indeed seems to be passé in which the performers linked together highlights of their artistic culture to be certain of their absolute success. Despite its irritating aspects, perhaps it is the 20th century that has contributed to this change in which the potpourri programme of public music life has been displaced by conceptional programme making. The fact that hysterically stimulated large-scale events with star tenors or the like still exist must not go unmentioned, of course. However, their status differs decisively from that of serious art. They are to be seen more as uplifting folk festivals or attractive circus performances, rather than as relevant interpretorial events.

It is above all these changes in music life which after the recent turn of the century open up many new career prospects for musicians. These should also be taken seriously and incorporated more deeply into the education and training programmes offered by the colleges and universities. Conceptional programme policy increasingly needs pragmatically-oriented musicologists or specially trained dramaturgists. The variously disparaged ensemble culture needs a new type of instrumentalist, positioned between the soloist and the chamber musician, possibly a new kind of conductor. Moreover, the tempestuous development of the new media and the consequent growth in opportunities needs studies to be appropriately extended, for example, in the field of composition.

All in all, music life in Germany seems to find itself in the middle of an interesting development, despite all the problems. This development is gradually integrating the fascinating potential of the music of the 20th century and relates to a great traditional heritage. This necessary task seems to have been taken on. Cultural institutions, private initiatives from business and industry, and the educational centres will increasingly and intensively have to face up to the challenge which this involves.

Mendelssohn-Festtage
3.-5. November 2000
3. November 2000
20 Uhr · Großer Saal
GROSSES CONCERT ZUR ERÖFFNUNG
DER MENDELSSOHN-FESTTAGE
Gewandhausorchester · Herbert Blomstedt
Dmitry Sitkovetsky, Violine · Wolfgang Loebner, Flöte
Henrik Wahlgren, Oboe · Andreas Lehnert, Klarinette
Thomas Reinhardt, Fagott · Cornelia Smaczny, Harfe
Paul Hindemith Konzert für Holzbläser, Harfe und Orchester
Felix Mendelssohn Bartholdy Violinkonzert e-Moll op. 64
Robert Schumann 1. Sinfonie B-Dur op. 38 („Frühlingssinfonie")
4. November 2000
18 Uhr · Mendelssohn-Saal
KAMMERMUSIK
Arzberger Quartett · Gewandhaus-Quartett
Louis Spohr Doppelquartett d-Moll op. 65
Dmitri Schostakowitsch Präludium und Scherzo für Streichoktett op. 11
Felix Mendelssohn Bartholdy Oktett Es-Dur op. 20
20 Uhr · Großer Saal
jazz im gewandhaus
Brad Mehldau Trio
5. November 2000
11 Uhr · Mendelssohn-Saal
CHORKONZERT
Gewandhaus-Kinderchor · Frank-Steffen Elster
Ekkehard Meister, Klavier
„Laudate pueri" Geistliche Chormusik aus vier Jahrhunderten
11 Uhr · Mendelssohn-Haus · Musiksalon
ZEITGENOSSEN MENDELSSOHNS
Editha Konwitschny, Violine · Rita Zimmermann, Klavier
Kammermusik des 19. Jahrhunderts
15-19 Uhr · Mendelssohn-Haus · Musiksalon
KAMMERMUSIK & FILM – Kennen Sie Mendelssohn...?
Mendelssohn-Quartett · Johannes Forner, Moderation
Felix Mendelssohn Bartholdy Drei Fugen für Streichquartett
Film: Peter Ustinov's Mendelssohn 1. Teil: Jugendjahre
Felix Mendelssohn Bartholdy Vier Sätze für Streichquartett op. 81
Streichquartett a-Moll op. 44,2
Film: Peter Ustinov's Mendelssohn 2. Teil: Reisezeit
20 Uhr · Großer Saal
ABSCHLUSSKONZERT
Leipziger Kammerorchester · Morten Schuldt-Jensen
Falko Schob, Trompete
Felix Mendelssohn Bartholdy 1. Sinfonie c-Moll op. 11
Carl Nielsen Kleine Suite für Streichorchester op. 1
Vagn Holmboe Konzert Nr. 11 op. 44 für Trompete und Kammerorchester
Niels Wilhelm Gade 1. Sinfonie c-Moll op. 5
03 41/12 70-280
GEWANDHAUS
ZU LEIPZIG

Klavier
Festival
Ruhr

BRAHMS-FESTIVAL
LÜBECK 1999
24. 4. BIS 2. 5.
Sinfoniekonzert
Kammermusik
Klavierabend
Liederabend
Chorkonzert
Neue Musik
LN
Mit freundlicher Unterstützung der
Karten: Musikhaus Ernst Robert, Breite Str. 29, 23552 Lübeck, Tel. 0451/7 02 32 18
MUSIKHOCHSCHULE LÜBECK

Klavier Festival Ruhr 2001
16.06. – 18.08.
Die Pianisten der Welt zu Gast im Ruhrgebiet
Info + Ticket:
02 31 / 181 61 87
www.klavierfestival.de
Kulturpartner
WDR 3
EUROPEAN FESTIVALS ASSOCIATION
MUSIC · THEATRE · DANCE
INITIATIVKREIS RUHRGEBIET

23. bis 27. Mai 2001
Bachfest Leipzig 2001
Der junge Bach – Eine Spurensuche
Bach in Leipzig
Telefon: 03 41. 96 441-82 · Internet: www.bach-leipzig.de
Das Bachfest Leipzig 2001 dankt seinen Sponsoren • Sparkasse Leipzig, Stadtwerke Leipzig, IBM, Leipziger Brauhaus zu Reudnitz, Dresdner Bank und seinen Medienpartnern • MDR Kultur, Deutschen Welle

KAMMERORCHESTER
DER SIBELIUS AKADEMIE
HELSINKI
KONZERT
BACH MOZART SIBELIUS KOKKONEN NORDGREN RAUTAVAARA TSCHAIKOWSKY
DIRIGENT PROFESSOR TUOMAS HAAPANEN
Hamburg-Harburg
Dienstag 17. Mai '83 20:00 Uhr
Friedrich-Ebert-Halle
Vorverkauf: Musikgemeinde Harburg e.V.
Tel. 040-796 60 08 (Frau Bax)
Eintritt DM 10,–

KAMMERORCHESTER
DER SIBELIUS AKADEMIE
HELSINKI
KONZERT
BACH MOZART SIBELIUS KOKKONEN NORDGREN RAUTAVAARA TSCHAIKOWSKY
DIRIGENT PROFESSOR TUOMAS HAAPANEN
Hannover
Mittwoch 18. Mai '83 20:00 Uhr
Konzert- und Theatersaal
der Hochschule für Musik und Theater
Vorverkauf: Sekretariat der Hochschule
und Abendkasse Eintritt DM 5,–

KAMMERORCHESTER
DER SIBELIUS AKADEMIE
HELSINKI
KONZERT
BACH MOZART SIBELIUS KOKKONEN NORDGREN RAUTAVAARA TSCHAIKOWSKY
DIRIGENT PROFESSOR TUOMAS HAAPANEN
Köln
Donnerstag 26. Mai '83 19:30 Uhr
Aula der Musikhochschule
Karten an der Abendkasse
Eintritt frei

KAMMERORCHESTER
DER SIBELIUS AKADEMIE
HELSINKI
KONZERT
BACH MOZART SIBELIUS KOKKONEN NORDGREN RAUTAVAARA TSCHAIKOWSKY
DIRIGENT PROFESSOR TUOMAS HAAPANEN
Bonn
Mittwoch 25. Mai '83 20:00 Uhr
In Zusammenarbeit mit dem Studium universale der U.Bonn
Aula der Universität
Karten im Collegium musicum
und an der Abendkasse
Eintritt frei

KAMMERORCHESTER
DER SIBELIUS AKADEMIE
HELSINKI
KONZERT
BACH MOZART SIBELIUS KOKKONEN NORDGREN RAUTAVAARA TSCHAIKOWSKY
DIRIGENT PROFESSOR TUOMAS HAAPANEN
Detmold
Donnerstag 19. Mai '83 19:30 Uhr
Neue Aula der Nordwestdeutschen Musikakademie
Vorverkauf: Buchhandlung Schnelle,
Krummestraße 26, und Abendkasse
Eintritt: DM 4,–

JAZZ FEST
BERLIN 2000
Donnerstag, 2. November
Auditorium 19.30 Uhr
„Around Satchmo", WDR Big Band Köln, Leitung James Morrison, with Nicholas Payton. Regina Carter Quintet.
Theatersaal 23 Uhr
Patricia Barber Trio.
Freitag, 3. November
Auditorium 18.30 Uhr
April, The Aki Takase Project. Trevor Watts Moire Music Group. Mingus Amungus.
Theatersaal 23.30 Uhr
Erika Stucky: Mrs. Bubble & Bones.
Samstag, 4. November
Auditorium 15 Uhr
James Carter Electric Groove Band. Alan Skidmore & Amampondo.
Theatersaal 18 Uhr
Nils Wogram & Root 70. Helios Quartet, featuring Emmanuelle Somer.
Auditorium 20.30 Uhr
Andy Bey Trio. Steve Turre Celebrates the Music of Rahsaan Roland Kirk.
Theatersaal 23.30 Uhr
Dave's True Story.
Sonntag, 5. November
Theatersaal 11.30 Uhr
Ruth Weiss, „Poetry & AllThatJazz".
Auditorium 14.30 Uhr
Henry Butler & Corey Harris. Aubrey Ghent and Friends.
Theatersaal 17.30 Uhr
Denys Baptiste. Gary Crosby's Nu Troop.
Auditorium 20 Uhr
„The Theatre of Kurt Weill", NDR Big Band, Leitung Colin Towns. John Surman-Jack DeJohnette.
2.-5. November im Haus der Kulturen der Welt
Künstlerischer Leiter:
Albert Mangelsdorff
Veranstalter Berliner Festspiele GmbH
Berliner Festspiele
Jazz Fest Berlin 2000 mit freundlicher Unterstützung der Stiftung Deutsche Klassenlotterie Berlin
unter Beteiligung der Hörfunkanstalten der ARD und DeutschlandRadio Berlin sowie BerlinFernsehen B1

47. Internationale Kurzfilmtage
International Short Film Festival
Oberhausen
Filmpalast Lichtburg
03.–08. Mai 2001
Fon +49 (0)208 825-2652_Fax +49 (0)208 825-5413_info@kurzfilmtage.de_www.kurzfilmtage.de
Gefördert von supported with funds from:
Medienpartner media partners:
stadt oberhausen
Ministerium für Städtebau und Wohnen, Kultur und Sport des Landes Nordrhein-Westfalen
NRW.
KulturStiftung der Länder
aus Mitteln des Beauftragten der Bundesregierung
für Angelegenheiten der Kultur und der Medien
arte
3sat

NDR
42.
Nordische
Filmtage
Lübeck
2. – 5. 11. 2000
FILM
LÜBECK
Radisson SAS
SENATOR HOTEL LÜBECK
DAS FILMTAGE HOTEL
Finanzgruppe
Schleswig-Holstein
Sparkasse zu Lübeck
LB Kiel
PROVINZIAL
Hansestadt LÜBECK
SCHLIPPE VIII 2000

20.
INTERNATIONALES
FESTIVAL DER
FILMHOCHSCHULEN
MÜNCHEN
42
MOVIE
TODAY
MY REFLECTION
SPLATTERED
BY THE CITY BUS
ONTO MY PANTS
ANDROGYNOUS
STRANGER
WINKS AT ME
21. - 29. JUNI 2000 - MAXX KINO
WETTBEWERBSPROGRAMME VON 37 FILMHOCHSCHULEN AUS 25 LÄNDERN
SPECIAL GUEST: COLUMBIA UNIVERSITY FILM SCHOOL, NEW YORK
JURYPRÄSIDENT: FRIDRIK THÓR FRIDRIKSSON
EHRENGAST: MICHAEL BALLHAUS
Internationale Münchner Filmwochen GmbH in Zusammenarbeit mit der Hochschule für Fernsehen und Film München
Plakat: Gerd Winner, Mark Stahlmeier

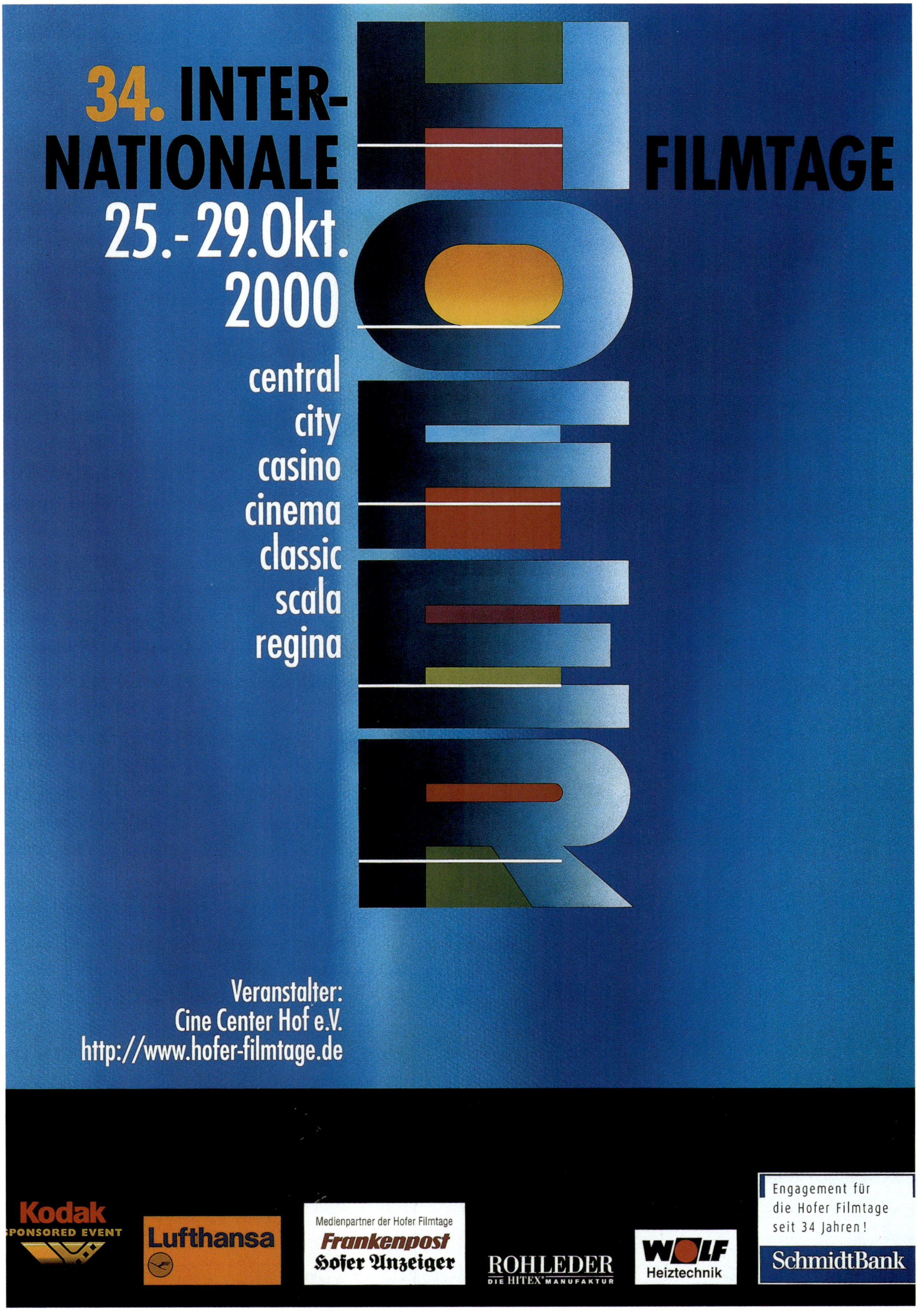
34. INTER-
NATIONALE
HOFER
FILMTAGE
25.-29.Okt.
2000
central
city
casino
cinema
classic
scala
regina
Veranstalter:
Cine Center Hof e.V.
http://www.hofer-filmtage.de
Kodak
SPONSORED EVENT
Lufthansa
Medienpartner der Hofer Filmtage
Frankenpost
Hofer Anzeiger
ROHLEDER
DIE HITEX MANUFAKTUR
WOLF
Heiztechnik
Engagement für
die Hofer Filmtage
seit 34 Jahren!
SchmidtBank

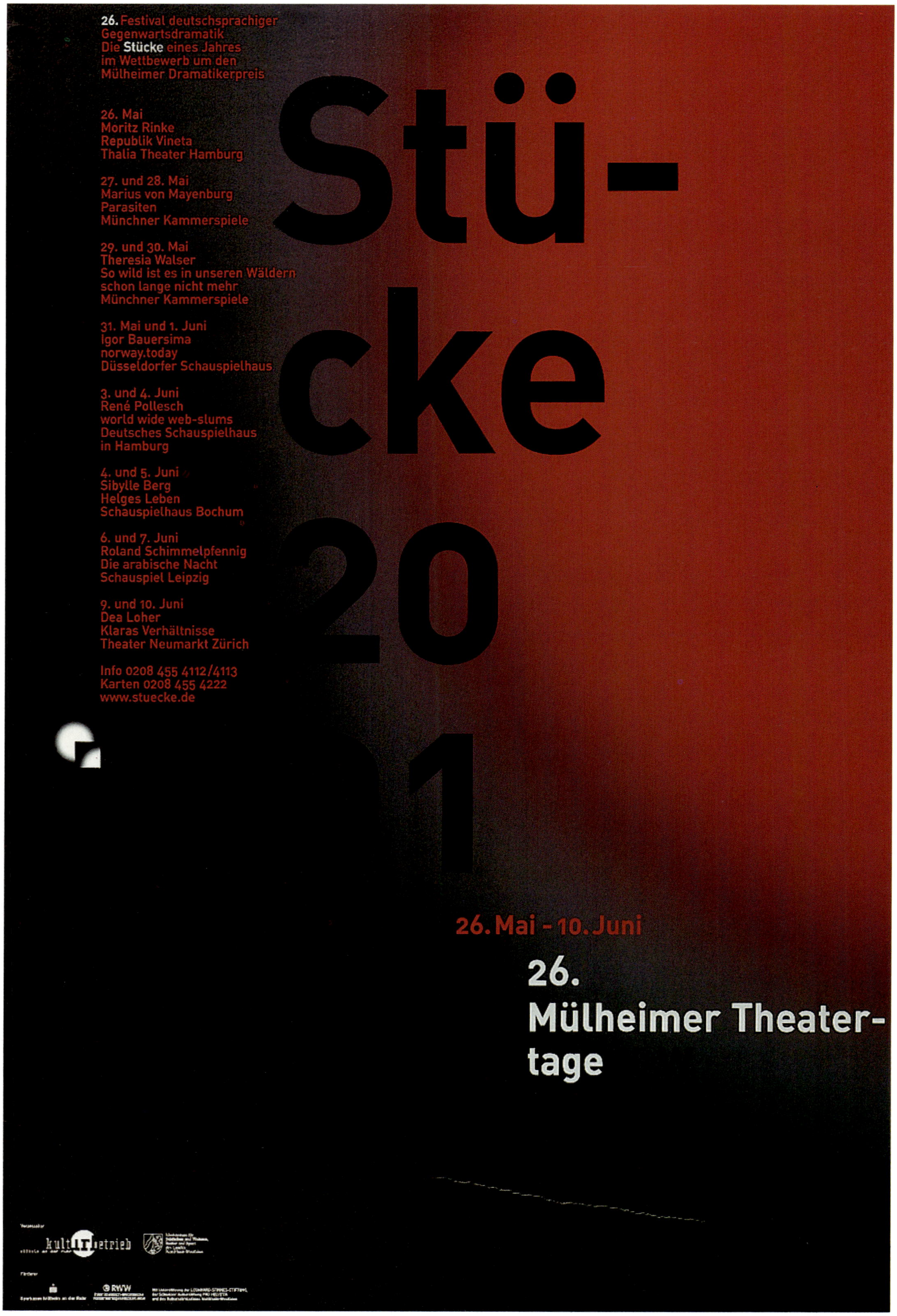
26. Festival deutschsprachiger Gegenwartsdramatik
Die Stücke eines Jahres im Wettbewerb um den Mülheimer Dramatikerpreis
26. Mai
Moritz Rinke
Republik Vineta
Thalia Theater Hamburg
27. und 28. Mai
Marius von Mayenburg
Parasiten
Münchner Kammerspiele
29. und 30. Mai
Theresia Walser
So wild ist es in unseren Wäldern schon lange nicht mehr
Münchner Kammerspiele
31. Mai und 1. Juni
Igor Bauersima
norway.today
Düsseldorfer Schauspielhaus
3. und 4. Juni
René Pollesch
world wide web-slums
Deutsches Schauspielhaus in Hamburg
4. und 5. Juni
Sibylle Berg
Helges Leben
Schauspielhaus Bochum
6. und 7. Juni
Roland Schimmelpfennig
Die arabische Nacht
Schauspiel Leipzig
9. und 10. Juni
Dea Loher
Klaras Verhältnisse
Theater Neumarkt Zürich
Info 0208 455 4112/4113
Karten 0208 455 4222
www.stuecke.de
Stü-cke 2001
26. Mai - 10. Juni
26. Mülheimer Theater-tage
kultbetrieb
RWW

NEUE STÜCKE
AUS EUROPA
22. Juni-2. Juli 2000
Grenzstation
WDR 3
BONNER BIENNALE Am Michaelshof 9 D-53177 Bonn
E-mail biennale@bonn.de Internet www.schauspiel.bonn.de
Informationen über Telefon: 0228-7785-97 Fax: -98
Ein Festival von SCHAUSPIEL BONN
BONNER BIENNALE 2000

inventionen
2000
berliner festival neuer musik
20.6.–2.7. und 31.8.
veranstalter : berliner künstlerprogramm des daad / technische universität berlin programm : ingrid beirer / folkmar hein / carsten seiffarth in zusammenarbeit mit singuhr-hœrgalerie in parochial / sophiensæle / the university of birmingham (beast) / federazione cemat, rom / zkm – zentrum für kunst und medientechnologie karlsruhe mit freundlicher unterstützung durch stiftung deutsche klassenlotterie berlin / initiative neue musik berlin / istituto italiano di cultura berlin / ev. georgen-parochialgemeinde / the british council / arizona state university (asu) / staatliches institut für musikforschung pk / sender freies berlin
berliner künstlerprogramm des daad : markgrafenstrasse 37 / 10117 berlin
telefon ++49 (0)30 202 20 80
fax ++49 (0)30 204 12 67
musik.berlin@daad.de
www.inventionen.de
luigi nono prometeo – tragedia dell'ascolto 1981-85

Dieter Ronte

Tun wir zu viel?

Die Kunstszene in Deutschland

Es gibt einige historische Fakten, ohne die die Kunstszene in Deutschland, die sich als solche erst seit der Romantik national formulierte, nicht zu verstehen ist. Der große Einschnitt war der Machtantritt der Nationalsozialisten. 1933 starteten die Berufsverbote, wurden Künstler in die Emigration gezwungen, wurden ihre Werke vernichtet, der Öffentlichkeit entzogen oder verkauft. Die berüchtigte Ausstellung "Entartete Kunst" zeigte die künstlerische Avantgarde von damals. An deren Stelle setzten die Nationalsozialisten Künstler von dritter oder vierter Qualität. Primäre Energien in Kunstwerken waren nicht gefragt. Die Politik hatte Angst vor einer freien Kunst.

Mit diesem Verlust einher ging ein Mangel an ästhetischer Neugier, die die Kunst der Weimarer Republik kennzeichnete und die bis heute nur unter großen Mühen wieder entstanden ist. Denn nach 1945 gab es zwei Neuanfänge. Der Westen orientierte sich nach Frankreich, zur abstrakten Kunst hin, zum Informel, zum Tachismus, zu einer Kunst, die ihre Berechtigung darin sah, dass jedes Artefakt, jedes neue Kunstwerk ein Zeichen von persönlicher Freiheit ist. Deutsche Vertreter dieser Richtung waren in Paris z. B. Wols und Hans Hartung. Im Osten dagegen setzte man auf den Sozialistischen Realismus, die Heroisierung einer Welt, wie sie nur Politiker erträumen können. Ende der fünfziger Jahre begann dort ein Wandel; die verklärte sozialistische Welt stand nicht mehr im Mittelpunkt, sondern die Aufarbeitung des bürgerlichen Erbes, die Auseinandersetzung mit den Expressionisten.

Im Osten entstand so eine propagandistische, gesellschaftsbezogene, so genannte sozialrelevante Kunst. Im Westen überschlug man sich in abstrakten Äußerungen, bis eine neue deutsche Figurenmalerei entstand, als deren wichtigste Vertreter Markus Lüpertz, Sigmar Polke, Georg Baselitz, Gerhard Richter gelten können – alles Künstler, die im Osten groß geworden sind. Allerdings formulierte gleichzeitig Joseph Beuys seine Vorstellungen von der sozialen Plastik, zeigte er ein gesellschaftliches, politisches Engagement, dessen Erbe bis heute vehement spürbar ist.

Nach der Vereinigung der beiden deutschen Staaten im Jahr 1990 begann ein Prozess des Angleichens und Ausgleichens, des Aufnehmens, aber auch sogleich des Ausgrenzens. Dieser Prozess zwischen Ost und West ist noch nicht endgültig abgeschlossen – trotz der Arbeit der Hochschulen und obwohl viele Professoren in den neuen Bundesländern aus dem Westen kommen. Die Mauer in den Köpfen der Künstler ist weiterhin vorhanden. Eine wirkliche Aufarbeitung, wie sie das Leipziger Museum der schönen Künste mit der Ausstellung "Lust und Last. Leipziger Kunst seit 1945", die 1997 in Nürnberg und Leipzig zu sehen war, versucht hat, ist ein Einzelfall geblieben. Eher dominieren, wie sich jüngst in einer Weimarer Ausstellung gezeigt hat, die Konfrontationen zwischen DDR- und Westkunst einerseits und mit der Nazikunst andererseits. Die Flanken der Ästhetik sind offen.

Diese drei Problembereiche – Nazikunst, sozialistische Kunst, kapitalistische Kunst – werden die Szene in Deutschland noch lange beschäftigen. Sehr früh haben das Künstler wie Gerhard Richter, Konrad Lueg usw. erkannt, als sie 1963 in einem Düsseldorfer Kaufhaus-Schaufenster die Ausstellung "Kapitalistischer Realismus" veranstalteten. Das war die erste große Reaktion auf die abstrakte Kunst, die Absage an ein Kunstwollen, das L'art pour l'art, das sich ohne gesellschaftliche Relevanz vollzieht.

Wenig später brach über Deutschland, unterstützt durch Sammler wie Peter Ludwig, die amerikanische Kunst herein, und zwar in einer Massivität, wie sie sich in den fünfziger Jahren, als z. B. Hüttinger für das Baseler Museum die amerikanische Kunst einkaufte, in der Schweiz nicht ereignet hatte. In Museen – und in Deutschland gibt es eine besonders reiche und vielfältige Museumsszene –, in den Akademien, Hochschulen und Universitäten wurde die amerikanische Kunst wie ein Befreiungsschlag aufgenommen.

Die Amerikaner zeigten auf, dass in einem Land, das auf seine gestische, expressive Vergangenheit stolz ist, auch eine distanzierte Setzung im Sinne von reinem Kunstmachen – Pop Art ebenso wie Minimal Art – nicht falsch sein muss.

Mit der ersten documenta in Kassel im Jahr 1955 wurde versucht, das durch die Nationalsozialisten bedingte Erinnerungsdilemma der deutschen Kunstszene aufzuarbeiten und das Ausstellungswesen wieder der Internationalität zu öffnen. Es ist heute kaum mehr vorstellbar, in welchem Umfang nach den wenigen Jahren des Nationalsozialismus eine alte deutsche Tradition völlig neu wieder aufgebaut werden musste. Die documenta war zugleich der vitale Anstoß, in Deutschland das Ausstellungswesen besonders zu fördern. Begleitet von vielen Sammlern, besonders im Rheinland (Grothe, Hack, Ludwig), sind immer neue Ausstellungshäuser ent-

Dieter Ronte

Are we doing too much?

The Art Scene in Germany

There are a few historical facts without which the art scene in Germany, which has only evolved at national level since the Romantic period, cannot be understood. The greatest incision occurred when the Nazis came to power. The year 1933 saw artists starting to be debarred from practising their art, artists being forced to emigrate, their works being destroyed, removed from the public eye or sold off. The infamous exhibition of "Entartete Kunst" (Degenerate Art) showed the works of the artistic avant-garde of the time. The Nazis replaced these artists with third or fourth class substitutes. Any primary energy in works of art was not in demand. Politics was scared of free and pure art.

This loss was accompanied by a lack of aesthetic curiosity of the kind that characterised art in the Weimar Republic and which has only reappeared in the present day as a result of the very greatest efforts. This was the case because the post-1945 period experienced two new beginnings. The West oriented itself towards France, to abstract art, to the informal, to tachisme, to an art which saw its justification in the fact that each and every artefact, each new work of art represented a symbol of personal freedom. German representatives of this line were to be found in Paris, e.g. Wols and Hans Hartung. In the East, by contrast, it was Socialist Realism which set the focus, the heroic glorification of a world as could only be dreamt up by politicians. Towards the end of the 1950s, a process of change began in the East. The transfigured Socialist world no longer formed the centre of attention. Rather, it was the critical reappraisal of the bourgeois heritage, the analysis and examination of Expressionism.

Thus, the East saw a propagandistic, society-related, so-called socially-relevant art evolve. In the West, on the other hand, artists were carried away with abstract expressions until a new German school of figure painting developed, whose foremost representatives may be taken to be Markus Lüpertz, Sigmar Polke, Georg Baselitz, Gerhard Richter—all of them artists who had grown up in the East. At the same time, however, Joseph Beuys formulated his concepts of a social plastic art, showing a social and political commitment whose heritage can still be vehemently perceived today.

Following the unification of the two German states in 1990, a process of alignment and equalisation set in, of absorbing and at the same time excluding. This East-West process has not been fully completed yet—despite the work of the colleges and universities and although many professors working in Germany's East come from its West. The Wall in the heads of the artists continues to exist. A real treatment and appraisal of the kind which the Leipzig Museum der schönen Künste attempted with its exhibition "Lust und Last. Leipziger Kunst seit 1945"—examining the delight and burden of Leipzig art since 1945—, which was shown in Nuremberg and Leipzig in 1997, has remained just a one-off. Rather, as recently shown in an exhibition opened in Weimar, it has been the confrontation between East German and West German art, on the one hand, and with Nazi art, on the other, which has tended to dominate exhibitions. The aesthetic flanks remain undefended.

These three problem areas—Nazi art, socialist art, capitalist art—will continue to preoccupy the scene in Germany for a long time to come. At a very early stage, artists such as Gerhard Richter, Konrad Lueg and others recognised this and, in 1963, organised the exhibition called "Capitalist Realism" with the works of art displayed in the shop window of a department store in Düsseldorf. This marked the first major response to abstract art, the rejection of l'art pour l'art, of art for art's sake, which takes place without any social relevance.

A little later, American art descended on Germany, supported by collectors such as Peter Ludwig, and indeed descended in such a massive manner as had not been experienced in the Switzerland of the 1950s, when, for example, Hüttinger bought American art for the Basel Art Museum. American art was welcomed in the museums as a liberating blow—and Germany has a particularly rich and diverse museum landscape—as well as in the academies, the colleges and the universities.

The Americans demonstrated that in a country which is proud of its gestural, expressive past, even a distanced maturity understood in the sense of pure art—Pop Art as well as Minimal Art—need not necessarily be mistaken.

The first documenta held in Kassel in 1955 marked the attempt to reappraise the memory dilemma of the German art scene, for which the Nazis were to blame, and to open up exhibitions to international eyes again. Today, it is hardly possible to imagine the extent to which an old German tradition had to be completely rebuilt after the destruction of just a few years of national socialism. At the same time, the documenta served as a vital stimulus which provided the exhibition scene in Germany with particular encouragement and support. Accompanied by a large number of collectors, especially in the Rhineland (Grothe, Hack, Ludwig), more and more new exhibition halls and galleries were established to join the arts societies, which pursued their classical, traditional responsibilities; these new venues also came to the notice of municipal and local museums.

Kunstmuseum Bonn
The Kunstmuseum in Bonn

standen, die neben die Kunstvereine, die ihre klassischen traditionellen Aufgaben wahrnahmen, traten und auch von den Museen der Städte und Gemeinden wahrgenommen wurden.

Ein Boom mit neuen Museen und Ausstellungshallen, auch übrigens mit neuer Museumsarchitektur, setzte ein, der offenbar bis heute ungebrochen ist. Zum ersten Mal fragt sich die Kunstszene: Tun wir zu viel, wer trägt die Folgekosten? Die Politiker haben schon geantwortet, sie drohen mit Schließungen.

Durch die Kunstmärkte und die Ausstellungshäuser ist eine besonders vielfältige internationale Kunstszene entstanden, von der die eigentlich deutsche Kunstszene, die Kunst in Deutschland, heftigst profitiert. Noch selten ist deutsche Kunst so international gewesen. Zum ersten Mal seit Dürer (das heißt: auch nicht zur Zeit der Expressionisten) ist deutsche Kunst im Bereich der Figurenmalerei – Georg Baselitz, Jörg Immendorff, Sigmar Polke, Gerhard Richter z. B. – wirklich zeitgleich international, nicht erst zwei oder drei Generationen im Verzug. Das hat ein neues Bewusstsein in der deutschen Kunstszene gefördert und eine Internationalität geschaffen, von der auch die Kunstkritik, die Ausstellungskataloge ebenso wie die Zeitschriften, profitieren. Noch nie ist in Deutschland das Angebot so vielfältig gewesen, sind die Optionen der ästhetischen Matrix so offen und populär geworden wie heute: Diese De-Elitärisierung stellt sie gesellschaftlich heute zugleich in Frage. Die Politik neigt zur Funktionalisierung, die Künstler tendieren zum Dienstleister.

Freilich zeichnen sich gewisse Vorlieben ab wie z. B. der Hang zur Abstraktion im Rheinland, der Hang zu einem sozialkritischen Realismus in Berlin, das Tradieren von Werten in München, der technologische Aufbruch in Karlsruhe usw. Alles dieses stimmt und stimmt auch wieder nicht, weil sich innerhalb Deutschlands und darüber hinaus zwischen Paris und New York, zwischen Mallorca und Mailand, zwischen der Toskana und Helgoland ein breites Kunsttreiben herauskristallisiert hat, das sich selbst nicht mehr eindeutig definieren kann.

Diese Offenheit ist gut und richtig. Sie steht in dem Streit zwischen Metropolen und Provinz, zwischen Idee und Internet; sie zeigt auf, dass die Unterschiede sich nivellieren, dass die Metropolen – das gilt auch für Berlin – ihre Aufgaben nicht mehr wahrnehmen können, weil sie an sich selbst ersticken. Die Differenzen sind geringer geworden. Die Globalisierung greift. Die deutsche Kunstszene ist auf den Biennalen zwischen Venedig, Lyon, Johannesburg, Korea, Japan, Indien, Amerika usw. ebenso vertreten wie die amerikanische Kunstszene auf den entsprechenden deutschen Veranstaltungen.

Die Offenheit, die sich, bedingt auch durch die Geschwindigkeit des Informationsaustausches, als ein weltweites Phänomen eingestellt hat, kann man als Glücksfall für Deutschland und seine Kunstszene bezeichnen. Noch nie wurden so viele Professoren aus dem Ausland berufen, noch nie wurde kulturübergreifend so heftig diskutiert. Dennoch ist festzustellen, dass die Wertigkeit der Kultur und damit auch der bildenden Kunst in der gesellschaftlichen Rangskala abgenommen hat. Wirtschaftliche Erwägungen, das ökonomische Sich-Rechnen von kulturellen Aktivitäten, die Gier nach Events nehmen zu und bestimmen somit natürlich auch die Kunstszene in Deutschland.

Hinzugekommen sind nach 1945 eine große Anzahl von Kunstpreisen für ganz junge, junge, mittlere, spätmittlere oder alte Künstler, die scheinbar davon zeugen, welch guten Ruf der Künstler in der Gesellschaft hat. Zahlreich sind die Stipendien, die Programme "Künstler für ein Jahr in einer Stadt", die Preise und die damit verbundenen Ausstellungen oder Kataloge. Hier spielt die Vielfalt des föderalistischen Systems eine Rolle; die Länder, die Kommunen, die großen Firmen, die Förderkreise agieren in ganz Deutschland ähnlich: Sie fördern die Kunst in der Hoffnung, dass sie ihnen selbst wiederum nutzt. Kunstszene Deutschland hat auch sehr viel zu tun mit Image-Gewinn von Einzelnen oder Korporationen, von Institutionen oder Einrichtungen der öffentlichen Hand.

Das ist gut für die Künstler, die die Hochschulen und Akademien verlassen, die sich ohne feste Bindungen wirtschaftlich durchsetzen müssen, die hier eine Chance haben, sich einzugliedern in das gesellschaftliche Spiel von Kunst und Produktion. Es zeigt sich aber auch, dass sich Fast-Food-Ästhetik als schnelles Event ausbreitet, dass der klassische Künstler des 19. und 20. Jahrhunderts, der als selbstständiger Unternehmer mit Vorratshaltung überlebt hat, mehr und mehr abgelöst wird von dem Künstler, der als Dienstleister vor Ort für einen bestimmten Raum, für eine bestimmte Zeit agiert.

Auch in der postmodernen Zeit oder den postpostmodernen Zeiten hat die Kunstszene in Deutschland einen vitalen und energetischen Vorsprung. Noch immer sieht sie und deutet sie gesellschaftliche Probleme früher als die Politiker. Deshalb ist es wichtig, dass die deutsche Kunstszene vital bleibt und mit großem Elan die Weltverhältnisse beobachtet, um jene Fragen neu zu stellen, die die Zukunft bestimmen werden – doch ohne Scheuklappen. "Nie geraten die Deutschen so außer sich, wie wenn sie zu sich kommen wollen" (Kurt Tucholsky). Die Kunstszene arbeitet an diesem Widerspruch.

Sprengel Museum Hannover
The Sprengel Museum in Hannover

The boom in new museums and exhibition galleries, including as it happens a new museum architecture, set in and it would seem has continued unbroken to the present day. For the very first time, the art scene is asking: Are we doing too much? Who is responsible for the follow-up costs? Politicians have already answered by threatening closures.

The art markets and exhibition houses and galleries have contributed to the development of a particularly diverse international art scene from which the real German art scene, art in Germany, has fiercely profited. Only rarely has German art been as international as it is today. For the very first time since Dürer (i.e. not even at the time of the Expressionists) German art in the field of figure painting—Georg Baselitz, Jörg Immendorf, Sigmar Polke, Gerhard Richter, for example—has truly become simultaneously international, and not only one or two generations later. This has promoted a new awareness in the German art scene and created an internationalism from which even art criticism, the exhibition catalogues as well as the magazines and journals profit. Never before has the range of art on offer in Germany been as wide and diverse as it is today, have the options of the aesthetic matrix been as open and as popular as today. At the same time, this de-elitism calls them socially into question. Politics leans towards functionalisation, while artists find themselves becoming service providers.

For sure, certain preferences can be seen to be evolving, such as the trend towards abstraction in the Rhineland, the trend towards a social critical realism in Berlin, the handing down of values in Munich, technological emergence in Karlsruhe, etc. All this is right and, yet again, it is not, because within Germany and beyond, between Paris and New York, between Majorca and Milan, between Tuscany and Helgoland, a broad base of artistic activity has crystallised which can no longer unequivocally define itself.

This openness is good and right. It finds itself in the conflict between metropolises and provinces, between the idea and the Internet; it demonstrates that the differences are levelling out, that the metropolises—and this applies to Berlin as well—can no longer perform their responsibilities and functions, because they are suffocating at their own hand. The differences have faded. Globalisation is taking over. The German art scene is represented at biennial art festivals from Venice to Lyon, Johannesburg to Korea, Japan to India and America, etc. in just the same way as the American art scene can be found represented at corresponding German events.

The openness which, due also to the speed of information exchange, has presented itself as a worldwide phenomenon may be described as a stroke of luck for Germany and its art scene. Never before have so many professors from abroad been appointed, never before have discussions and debates been so fiercely cross-cultural. Nevertheless, we should note that the importance and value of culture and thus also of the fine and visual arts has fallen in the social ranking. Economic considerations, the economic worthiness of cultural activities, the lust for events are all on the increase and thus, naturally, also have a determinative effect on the art scene in Germany

These have been joined since 1945 by a great number of art prizes and awards open to very young, young, middle-aged, later middle-aged and old artists. These seem to bear witness to the good reputation which artists have in society. The scholarships, grants and stipends, the so-called "Artists in City X" programmes, which allow artists to spend a year in a specific city, the prizes, awards and related exhibitions and catalogues are numerous indeed. The diversity of a federal system plays a role in this; regional states (Länder), local authorities, major corporations, support and funding groups are actively pursuing similar policies all over Germany, supporting, promoting and funding art in the hope that it will, for its part, benefit them as well. However, art-scene-Germany is also very much about individuals or corporations, public institutions and facilities raising and/or improving their image.

This is good for the artists who leave the colleges and academies, who have to assert themselves economically without established ties, who can find the opportunity here with which they can enter and become a part of the social game of art and production. However, we can also see that a "culture" of fast-food aesthetics is spreading in the form of a quick event, that the classic artists of the 19th and 20th centuries, who worked as independent entrepreneurs equipped with a stock of ideas, are ever increasingly being replaced by artists who work long-term on site as a service provider for a specific space or a specific time.

Even in post-modern times or post-post-modern times, the art scene in Germany still has a vital and energetic advantage, since it continues to see and interpret social problems sooner than politicians do. This is why it is important that the German art scene remains vital and continues to observe the conditions of the world with great élan and vigour, in order to again raise those questions which will shape and determine the future—albeit without being blinkered. "Never do Germans go so wild as when they want to come to their senses" (Kurt Tucholsky). The art scene is working on this contradiction.

Hochschule der Künste Berlin

Hausadresse / *Address*:
Einsteinufer 43–53, D-10587 Berlin
Postadresse / *Postal Address*: Postfach 120544, D-10595 Berlin
Telefon / *Telephone*: 0049 / 30 / 3185-0
Telefax / *Telefax*: 0049 / 30 / 3185-2659
E-Mail / *e-mail*: presse@hdk-berlin.de
Internet / *Internet*: http: / / www.hdk-berlin.de
Gründungsjahr / *Founded*: 1975 (historische Vorgängereinrichtung / *historical institutional predecessor*: 1696)
Bundesland / *State*: Berlin / *Berlin*

Fakultäten / *Faculties*:
Bildende Kunst / *Fine and Visual Arts*;
Gestaltung / *Design*; Musik / *Music*;
Darstellende Kunst / *Performing Arts*;
Erziehungs- und Gesellschaftswissenschaften / *Education and Social Sciences*

Lehrpersonal / *Teaching Staff*:
Professoren / *Professors*: 225,
Mittelbau / *Non-professorial Teaching Staff*: 115,
Lehrbeauftragte / *Contract Lecturers*: 450,
Gastprofessoren / *Guest and Visiting Professors*: 30

Studierende / *Students*: 422
Ausländische Studierende / *Foreign Students*: 672

Die Hochschule der Künste Berlin stellt ein besonderes und in Deutschland einmaliges Modell für die künstlerische Ausbildung dar, vergleichbar etwa mit einer Campus-Universität der Künste oder einer College University. Geprägt wird die Lehre von den künstlerischen Gattungen Bildende Kunst, Gestaltung, Musik und Darstellende Kunst, geklammert von der reflektiven Ebene der Wissenschaften, die dem gemeinsamen Sujet der Kunst verpflichtet sind.

Die Hochschule der Künste bietet die einmalige Chance, in interdisziplinären und nicht nur monokulturellen oder fachspezifischen Zusammenhängen zu denken und zu arbeiten. Ziel ist es, nicht nur übergreifende Ansätze innerhalb der einzelnen Fakultäten zu fördern, sondern auch durch projektorientierte Arbeit Brücken zwischen den einzelnen Fakultäten zu bauen.
Selbstverständlich pflegt die HdK weiterhin in wichtigen Bereichen wie der Bildenden Kunst und dem Instrumentalunterricht den notwendigen Freiraum ebenso wie seine Intimität und Intensität, nämlich die künstlerische Klasse, die von herausragenden Persönlichkeiten bestimmt wird. Rund 230 Professorinnen und Professoren betreuen, unterstützt von rund 700 weiteren Lehrkräften, 4 200 Studierende.
Die Hochschule der Künste Berlin entstand am 30. September 1975 als Reformmodell für künstlerische und wissenschaftliche Grenzüberschreitungen durch die Zusammenlegung der Staatlichen Hochschule für bildende Künste Berlin mit der Staatlichen Hochschule für Musik und darstellende Kunst Berlin. In ihren Ursprüngen gingen beide Hochschulen auf die Ausgliederung der Unterrichtsaufgaben aus der Akademie der Künste im Jahre 1875 zurück. Diese war 1696 vom brandenburgischen Kurfürsten Friedrich III. eingerichtet worden. Eine Abteilung für Musik hatte sie 1809 erhalten. Viele weitere Institutionen wurden im Lauf der Zeit Bestandteil der Hochschule: der seit 1465 bestehende Staats- und Domchor, die älteste musikalische Institution Berlins; die 1867 eingerichtete Unterrichtsanstalt des Kunstgewerbemuseums; die Königliche Hochschule aus dem Jahre 1868; die Akademien für Werkkunst und Mode bzw. für Grafik, Druck und Werbung; und die 1951 etablierte Max-Reinhardt-Schule, die 1964 Bestandteil der Hochschule für Musik und darstellende Kunst wurde.
Vorläufig abgeschlossen waren die Fusionierungen im Jahr 1980, als auch die Kunst- und Musikerzieherausbildung der ehemaligen Pädagogischen Hochschule der HdK angegliedert wurde. Im Zuge der Hochschulreformen in Berlin trägt die HdK damit heute die alleinige Verantwortung für die Ausbildung von Kunst- und MusiklehrerInnen.
Im Oktober 1996 setzte die HdK auf dem Weg der Selbsterneuerung eine radikale Strukturveränderung um, indem sie die fünf Fakultäten Bildende Kunst, Gestaltung, Musik, Darstellende Kunst und Erziehungs- und Gesellschaftswissenschaften neu konstituierte. Damit will sie Fachgrenzen überwinden, künstlerische Aspekte mit wissenschaftlichen Ansätzen verknüpfen und neue Formen des Zusammenarbeitens erproben, wobei die Qualität der Lehre und die höchsten Anforderungen an das künstlerische Niveau Richtschnur bleiben. Die Studiengänge sollen modularisiert werden mit dem Ziel, den Studierenden als einen Generalisten (nicht Generaldilettanten) mit Schnittstellenkompetenz auszubilden, der sich jederzeit in fachliche Spezialitäten einarbeiten kann, ohne die Zusammenhänge aus dem Auge zu verlieren. Mit 30 Studiengängen bietet die HdK heute das bei weitem größte Lehrangebot an künstlerischen Fächern in Deutschland.
Die Hauptgebäude der HdK am Steinplatz in Berlin-Charlottenburg entstanden nach den Entwürfen der Architekten Heinrich Kayser und Karl von Großheim um die Wende zum 20. Jahrhundert. Die unmittelbare Nachbarschaft der Kunst- und Musikhochschule deutete bereits damals städtebaulich an, was mehr als 70 Jahre später durch Gründung der Hochschule der Künste institutionell besiegelt wurde: die Zusammenführung der musikalischen Ausbildungsgänge mit denen der bildenden Kunst. Auf dem Campus zwischen Fasanen- und Hardenbergstraße in Berlin-Charlottenburg mit dem "verwunschenen Herzen", dem Ruinengarten, befinden sich vor allem Vorlesungs- und Seminarräume, Ateliers, Werkstätten, Übungs- und Aufführungsräume der Fakultäten Bildende Kunst, Gestaltung, Musik und Darstellende Kunst.

Farben, Pinsel, Staffeleien: Studierende im Atelier
Paints, brushes, easels: Students in the studio

Opernprobe zu "Mavra" von Igor Strawinsky
Opera rehearsal for Igor Stravinsky's "Mavra"

Die weiteren Gebäude liegen wenige U-Bahn-Stationen entfernt in Charlottenburg, Wilmersdorf und Schöneberg.
Für die Präsentation der künstlerischen Projekte von Studierenden verfügt die HdK über vier Ausstellungsorte: die Quergalerie des Hauptgebäudes in der Hardenbergstraße 33, die Neue Galerie des Gebäudes Grunewaldstraße 2–5, die 1987 gegründete und 1990 umgebaute designtransfer Galerie in der Grolmanstraße 16 und die Halle des Hauses Lietzenburger Straße 45. Technisch hervorragend ausgestattete Veranstaltungsräume ermöglichen während der Vorlesungszeiten ein dicht gedrängtes Musik- und Theaterprogramm mit Aufführungen von Studierenden der HdK: der Konzertsaal an der Ecke Hardenbergstraße / Fasanenstraße von 1954 für 1 340 Personen, der 1970 bis 1975 erbaute Theater- und Probensaal in der Fasanenstraße mit 330 bis 500 Plätzen und der 1995/96 renovierte Konzertsaal in der Bundesallee mit knapp 400 Plätzen.
Die Hochschule trägt mit jährlich über 800 Veranstaltungen zum Kulturleben Berlins bei. Die Arbeitsergebnisse entstehen oft in Kooperationen mit externen Partnern. Dahinter steht die Überlegung, dass in einer multimedialen Welt die klassischen Funktionsteilungen – hier kreative Gestaltung, dort merkantiler Umsatz – jedenfalls nicht grundsätzlich und unabdingbar zu trennen sind. Zur Kompetenz gehört nicht nur die gestalterische Fähigkeit, sondern auch die der Umsetzung, die wiederum Aspekte des Business nicht ausschließen kann und darf.
Gemeinsam mit der Deutschen Bank 24 wurde 1997 das Projekt "hdk›››multimedia" ins Leben gerufen: Die Bank stiftete eine Professur für multimediale Kunst am Institut für zeitbasierte Medien und fördert damit den neuen Studiengang Experimentelle Mediengestaltung. Außerdem verleiht sie seit 1988 jährlich gemeinsam mit der HdK den 01-Award, der eine internationale Persönlichkeit und/oder eine Arbeit auszeichnet, die in herausragender Weise zur Entwicklung der Multimedia-Gesellschaft beiträgt. Jährlich finden Multimediaforen mit hochrangigen Persönlichkeiten aus Wirtschaft und Design statt.
Unternehmungen mit externen Partnern bestimmen auch den Wirkungsradius zweier studentischer Organisationen. Das Berliner KommunikationsFORUM e. V. organisiert Vorträge, Workshops auf dem Gebiet der Kommunikationsbranche; dessen Ableger, die studentische Kommunikationsagentur "Töchter + Söhne" wird bei ihren interdisziplinären Konzeptionen für externe Auftraggeber von professionellen Firmen aus dem Kommunikationsbereich unterstützt.
Im Jahre 1953 gründete sich anlässlich des 75. Geburtstags von Karl Hofer, dem ersten Direktor der damaligen Staatlichen Hochschule für bildende Künste Berlin, ein Freundeskreis, der nach dessen Tod im Jahre 1955 nach ihm benannt wurde. Heute versteht sich die Karl-Hofer-Gesellschaft als Bindeglied zwischen Hochschule und Öffentlichkeit. Sie fördert HdK-AbsolventInnen in den Ateliers der "Künstlerwerkstatt im Bahnhof Westend" und in den Atelierräumen "Oberschöneweide", vermittelt Ausstellungsmöglichkeiten und Kontakte, organisiert Ausstellungen, Kataloge, Konzerte und Auslandskontakte und verleiht mit Hilfe mäzenatisch engagierter Mitglieder den "Atelierpreis der Karl-Hofer-Gesellschaft", den "Boris-Blacher-Förderpreis für junge KomponistInnen" und vor allem seit 1979 alljährlich den mit 10 000 Mark dotierten Karl-Hofer-Preis, um KünstlerInnen und WissenschaftlerInnen Anreiz und Gelegenheit zu geben, Beiträge zu dem mannigfaltigen Spannungsverhältnis von Kunst und Wissenschaft und zu den vielseitigen Bezügen der Künste untereinander zu erarbeiten.
Weiterhin finden an der HdK folgende Wettbewerbe statt:

- der Felix-Mendelssohn-Bartholdy-Wettbewerb, den die Stiftung Preußischer Kulturbesitz seit 1963 alljährlich für Studierende der deutschen Musikhochschulen durchführt;
- der Kammermusikwettbewerb der HdK, der seit 1992 alle zwei Jahre für Ensembles aller Gattungen von drei bis neun MusikerInnen ausgeschrieben wird;
- der seit 1996 jährlich stattfindende Domenico-Gabrielli-Wettbewerb für Cellostudierende;
- der Artur-Schnabel-Wettbewerb, seit 1986 alle ein bis zwei Jahre für Studierende mit dem Hauptfach Klavier an der HdK und der Hochschule für Musik "Hanns Eisler", Berlin, ausgerichtet;
- der Ibolyka-Gyarfas-Violinwettbewerb, der seit 1991 dank der privaten Stiftung von Ibolyka Gyarfas einmal im Jahr für Studierende des Faches Violine an der HdK stattfindet;
- der 1991 gegründete Max-Rostal-Wettbewerb, alle zwei Jahre abwechselnd für Violine und Viola;
- der Paula-Lindberg-Salomon-Wettbewerb "Das Lied", ein internationaler Gesangwettbewerb seit 1989 für Studierende der deutschsprachigen Länder und der Benelux-Staaten.

Im Mai 1997 wurde der Meisterschülerpreis für Teilnehmende an der Meisterschülerausstellung der HdK-Fakultät Bildende Kunst gestiftet. Seit Mai 1998 werden jährlich Meisterschüler der Fakultät Bildende Kunst mit dem Kunstpreis der GASAG, der Berliner Gas-AG, ausgezeichnet.
Analog zur zunehmenden internationalen Bedeutung der neuen Hauptstadt Berlin ist die HdK Magnet für viele Lehrende und Studierende aus dem Ausland. Sie unterhält ihrerseits ein aktives Netz von internationalen Kooperationsbeziehungen. Im Mittelpunkt steht dabei der Austausch von Studierenden; pro Jahr kommen etwa 120 Studierende von Partnerhochschulen an die HdK, etwa ebenso viele HdK-Studierende gehen jedes Jahr zum Studium ins Ausland. Außerdem werden im Rahmen der Kooperationsprogramme Dozenten ausgetauscht und gemeinsame Projekte organisiert.

Kostüme für ein Theaterprojekt: Modeklasse von Vivienne Westwood / *Costumes for a drama project: Fashion class with Vivienne Westwood*

Die wichtigsten internationalen Programme für die HdK sind

- das SOKRATES / ERASMUS-Programm der Europäischen Union,
- das Network for International Cooperation in the Arts (NICA) und
- das Baltic Network of Art Academies.

Zu einigen Hochschulen bestehen Kooperationsbeziehungen auf bilateraler Grundlage. Die HdK arbeitet mit rund 100 Hochschulen in den folgenden Ländern zusammen: Armenien, Australien, Belarus, Belgien, Dänemark, Estland, Finnland, Frankreich, Griechenland, Großbritannien, Irland, Israel, Italien, Kanada, Lettland, Litauen, Niederlande, Norwegen, Österreich, Polen, Portugal, Russland, Schweden, Schweiz, Spanien, Tschechien, Ungarn, USA.

Erinnerung an einen der Gründerväter: Büste des Geigers Joseph Joachim
In memory of one of the founding fathers: Bust of the violinist Joseph Joachim

---

The Hochschule der Künste Berlin (HdK) represents a very special kind of artistic training, one which is actually unique in Germany. The Hochschule der Künste Berlin is more or less comparable to a campus art university or college university. The art teaching is defined by fine and visual arts, design, music and the performing arts, embedded in a reflective horizon of sciences dedicated to the subject they share in common—art.
The Hochschule der Künste provides students and scholars with a unique opportunity to think and work in interdisciplinary, rather than merely monocultural and subject-specific contexts. The education and training aims to build bridges between individual faculties, not only by pursuing general and cross-disciplinary approaches within those faculties, but also by opening the door to project-focused work. The HdK naturally continues to cultivate the necessary freedom, intimacy and intensity in important areas such as fine and visual arts and instrumental instruction, i.e., the artistic excellence which the college's outstanding staff and personalities determine.
The HdK has some 230 professors to supervise and promote its 4,100 or so students, supported by a further 700 teaching staff.
The Hochschule der Künste Berlin was established as a reform model in 1975, aiming to make it possible to cross artistic, academic and scientific borders. This new institution brought together the Staatliche Hochschule für bildende Künste Berlin (fine and visual arts) and the Staatliche Hochschule für Musik und darstellende Kunst Berlin (music and performing arts). The origins of both these constituent colleges lie in a decision taken in 1875 to move responsibility for teaching away from the Akademie der Künste. This academy had been founded in 1696 by the Brandenburg Elector Friedrich III and had gained a music section in 1809.
Many other institutions have joined the college in the course of time: the Staats- und Domchor (State and Cathedral Choir), Berlin's oldest musical institution, originally established in 1465; the teaching unit at the Kunstgewerbemuseum (arts and crafts museum), opened in 1867; the Königliche Hochschule, dating from 1868; the Akademie für Werkkunst und Mode (industrial arts and fashion) and the Akademie für Grafik, Druck und Werbung (graphic art, printmaking and advertising); and the Max-Reinhardt-Schule, established in 1951, which became a section of the Hochschule für Musik und darstellende Kunst in 1964.
These mergers were provisionally completed in 1980, when the art and music teacher-training department of the former college of education was affiliated to the HdK. As a result of the various higher education reforms carried out in Berlin, the HdK now bears sole responsibility for educating and training art and music teachers.
October 1996 saw the HdK implement radical structural change as part of its self-renewal process. The change consisted of reconstituting the five Faculties: Fine and Visual Arts, Design, Music, Performing Arts, and Education and Social Sciences. The underlying intention of this restructuring process involved overcoming disciplinary borders, combining artistic aspects with scientific and academic approaches, and trying out new forms of cooperation, although the quality of the teaching and the highest artistic standards remained the overall guiding principle. The goal is to modularise degree courses so that students can be educated and trained as generalists (not general dilettantes), equipped with cross- and intersectional

skills, with the ability to adapt to and familiarise themselves with specialist fields at any time, without losing sight of the coherent contexts and interrelationships involved. With its 30 degree courses, the HdK now teaches the largest range of fine and visual art disciplines in Germany.

The HdK's main building, designed by the architects Heinrich Kayser and Karl von Großheim, was built at Berlin-Charlottenburg's Steinplatz at around the turn of the 19th to the 20th century. The close proximity of the Art and Music Academies was an early planning indication of organisational developments 70 years later, when the Academy of Arts was established in which music and art courses were offered under one roof. The campus, located between Fasanenstraße and Hardenbergstraße in Berlin-Charlottenburg with its "enchanted heart", the Ruinengarten, largely accommodates the Faculties of Fine and Visual Arts, Design, Music and the Performing Arts with their lecture halls and seminar rooms, studios, workshops, as well as rooms for exercise, practice, rehearsal and performance. Further buildings are just a few metro stations away in Berlin's Charlottenburg, Wilmersdorf and Schöneberg districts.

The HdK has four facilities in which students can exhibit their work. They are the Quergalerie, located in the main building in Hardenbergstraße 33, the Neue Galerie, at Grunewaldstraße 2–5, the design-transfer Galerie, established in 1987 and converted in 1990, at Grolmanstraße 16, and the Halle in Lietzenburger Straße 45. Excellently equipped performance and event rooms provide venues for a tightly packed music and theatre programme during the semester, including performances by HdK students. The Konzertsaal built at the corner of Hardenbergstraße/Fasanenstraße in 1954 has room for 1,340 visitors, while the Theater- und Probensaal built from 1970–75 in Fasanenstraße offers between 330 and 550 seats, and the Konzertsaal in Bundesallee, renovated in 1995/96, has a seating capacity of just under 400.

The HdK contributes to cultural life in Berlin with some 800 events per year. The performances, concerts, exhibitions and so much more often evolve in cooperation with external partners. This approach is based on the principle that the classical functional divisions—here creative art, there commercial turnover—can certainly neither be fundamentally nor absolutely separated in a multimedia world. The expertise and competence not only encompasses artistic skills, but also project execution, which neither can nor should exclude aspects of business.

In 1997, the "hdk>>>multimedia" project was initiated in cooperation with Deutsche Bank 24; the bank endowed a professorship for multimedia art at the Institut für zeitbasierte Medien and in so doing promoted a new degree course in experimental media design. Over and above this, the bank and the HdK annually join forces to confer the 01-Award, which since 1988 has paid tribute every year to an international figure and/or his/her work for outstanding contributions to the development of the multimedia society. Multimedia Forums are held annually, attended by high-ranking figures from the worlds of business and design.

Projects with external partners also shape the activities of two student organisations. The Berliner KommunikationsFORUM e.V. organises lectures, talks and workshops in the field of communications; its subsidiary, the student communication agency "Töchter + Söhne" is supported by professional communications industry corporations during the elaboration of interdisciplinary concepts for external customers.

A society of friends of the HdK was formed in 1953 to mark the occasion of the 75th birthday of Karl Hofer, the first director of the former Staatliche Hochschule für bildende Künste Berlin. After his death in 1955, the society was named after him. Today, the Karl-Hofer-Gesellschaft sees itself as a link between the college and the general public. It promotes HdK graduates active in the workshops and studios at the Künstlerwerkstatt im Bahnhof Westend and in the studios in Oberschöneweide, enables students to exhibit their work, arranges contacts, organises exhibitions, catalogues, concerts and international partners. Moreover, members working in the spirit of patronage for the arts, allow the "friends" to award the Atelierpreis der Karl-Hofer-Gesellschaft, the Boris-Blacher-Förderpreis für junge Komponistinnen and, above all, the Karl-Hofer-Preis of DM 10,000 and awarded annually since 1979. The latter aims to provide artists, scientists and academics with incentives and opportunities for devising and elaborating contributions either to the multiform relationship of tension and inspiration which exists between art and science or to the many various points of contact between the various arts themselves.

In addition to these, the HdK organises and holds the following competitions:

- *the Felix-Mendelssohn-Bartholdy-Wettbewerb, a competition arranged annually by the Stiftung Preußischer Kulturbesitz since 1963 and open to students from Germany's colleges of music;*
- *the HdK's Kammermusikwettbewerb, a competition held biennially since 1992 and open to ensembles of all kinds of music involving between three and nine musicians;*
- *the Domenico-Gabrielli-Wettbewerb for cello students, held yearly since 1996;*
- *the Artur-Schnabel-Wettbewerb, held every one or two years since 1986; this competition is open to students studying piano as their main instrument and studying at the HdK or at the Hochschule für Musik "Hanns Eisler" Berlin;*
- *the Ibolyka-Gyarfas-Violinwettbewerb, an annual competition held since 1991 and open to HdK students studying violin. This competition was made possible by a private endowment provided by Ibolyka Gyarfas;*
- *the Max-Rostal-Wettbewerb, established in 1991, a biennial competition held alternately for violin and viola;*
- *the Paula-Lindberg-Salomon-Wettbewerb entitled "Das Lied", an international singing competition organised since 1989 for students from the German-speaking and Benelux countries.*

May 1997 saw a Master Pupil Prize endowed for participants in the master pupil exhibition organised by the HdK Faculty of Fine and Visual Arts. Since May 1998, master pupils at this Faculty have been able to compete for the art prize provided by GASAG, Berlin's gas utility.

In line with the increasing international significance of Berlin as the new capital, the HdK has become a magnet for teachers and students from around the world. Indeed, the HdK itself maintains an active network of international cooperation agreements. These activities focus on student exchange: annually, some 120 students come to the HdK from partner colleges around the world, while more or less the same number of HdK students annually spend a year studying abroad. Over and above this, lecturers are exchanged and joint projects organised within the scope of various cooperation programmes.

The most important international programmes in which the HdK is actively involved are

- *the SOKRATES/ERASMUS programme of the European Union,*
- *the Network for International Cooperation in the Arts (NICA), and*
- *the Baltic Network of Art Academies.*

Bilateral cooperation agreements are maintained with a number of colleges. The HdK cooperates with some 100 colleges and higher education institutions in the following countries: Armenia, Australia, Austria, Belarus, Belgium, Britain, Canada, Czech Republic, Denmark, Estonia, Finland, France, Greece, Hungary, Ireland, Israel, Italy, Latvia, Lithuania, the Netherlands, Norway, Poland, Russia, Spain, Sweden, Switzerland, and the United States.

100 Jahre alt: das Hauptgebäude in der Hardenbergstraße
100 years old: The main building in Hardenbergstrasse

Hochschule für Musik "Hanns Eisler" Berlin

Hochschule für Musik *Hanns Eisler* Berlin

Hausadresse / *Address*:
Charlottenstraße 55, D-10117 Berlin
Postadresse / *Postal Address*: do.
Telefon / *Telephone*: 0049 / 30 / 20309-2411
Telefax / *Telefax*: 0049 / 30 / 20309-2408
Internet / *Internet*:http: // www.hfm-berlin.de
Gründungsjahr / *Founded*: 1950
Bundesland / *State*: Berlin / *Berlin*

Abteilungen / *Departments*:
Gesang / Musiktheater, Regie / *Singing / Music Theatre, Direction*;
Streicher, Harfe, Gitarre / *Strings, Harp, Guitar*;
Bläser, Schlagzeug, Dirigieren, Korrepetition / *Wind Instruments, Percussion, Conducting, Répétiteur / Coaching*;
Klavier, Akkordeon, Komposition / Tonsatz, Wissenschaften / *Piano, Accordion, Composition / Structure, Musicology*;
Jazz und Popularmusik / *Jazz and Popular Music*;
Institut für Kultur- und Medienmanagement / *Institute of Culture and Media Management*

Lehrpersonal / *Teaching Staff*:
Professoren / *Professors*: 62,
Gastprofessoren / *Guest and Visiting Professors*: 6,
Honorarprofessoren / *Honorary Professors*: 35,
Lehrbeauftragte / *Contract Lecturers*: 308,
akademischer Mittelbau / *Non-professorial Lecturers*: 49

Studierende / *Students*: 940
Ausländische Studierende / *Foreign Students*: 276

Die Hochschule für Musik "Hanns Eisler" Berlin befindet sich in der historischen Mitte Berlins, direkt am Gendarmenmarkt und in unmittelbarer Nähe zum Konzerthaus "Schauspielhaus am Gendarmenmarkt", zur Komischen Oper und zur Staatsoper Unter den Linden.
International renommierte Künstler und Pädagogen, die an die Hochschule berufen werden konnten, begründen die Attraktivität, das ausgesprochen hohe Ausbildungsniveau, die ständig steigende Zahl der Bewerber und – trotz schwieriger Arbeitsmarktlage – die guten Chancen der Absolventen. Claudio Abbado und Daniel Barenboim unterstützen in ihrer Funktion als Ehrensenatoren die künstlerischen und pädagogischen Ziele der Musikhochschule.
Die 1992 gegründete Gesellschaft der Freunde und Förderer der Hochschule für Musik "Hanns Eisler" Berlin verfolgt insbesondere ihren Auftrag, hoch talentierte Studenten der Hochschule zu unterstützen und zu fördern. Die Schirmherrschaft des Fördervereins hat der Bundespräsident a. D. Richard von Weizsäcker übernommen. Die Hochschule widmet sich seit Jahren intensiv der musikalischen Nachwuchsförderung; ihre Dozenten unterrichten Schüler des Musikgymnasiums "Carl Philipp Emanuel Bach" in den künstlerischen Fächern und bereiten die musikalisch hoch begabten Kinder und Jugendlichen auf ein Musikstudium vor.
Außergewöhnliche Angebote der Hochschule für Musik "Hanns Eisler" Berlin sind die musikalische Früherziehung, ein fakultatives Zusatzangebot für Instrumental- und Vokalpädagogen, und das Fach Physioprophylaxe, das sich praktisch und theoretisch mit berufsbedingten Risikofaktoren bei Musikern beschäftigt.
Die Hochschule beherbergt zahlreiche Aufnahmestudios wie das Studio für elektroakustische Musik, das Ton- und MIDI-Studio der Abteilung Jazz und Popularmusik und das Videostudio, wo im Ergänzungsstudium "Musikalische Medienregie" praktische Erfahrungen in der künstlerischen Gestaltung von musikbezogenen Videoproduktionen vermittelt werden.
Die Hochschule verfügt über ein Sinfonieorchester, ein Studioorchester, einen Hochschulchor, ein Kammerorchester, das Ensemble für Neue Musik "Echo", das Percusemble Berlin, das Iceler Jazzorchester, zahlreiche Kammermusikvereinigungen und eine Big Band.
Jährlich präsentiert sich die Hochschule mit etwa 350 öffentlichen musikalischen Veranstaltungen: Konzerte, Musiktheater- und Musicalaufführungen, Vortragsabende sowie Examens- und Dozentenkonzerte. Die Veranstaltungen finden unter großem Publikumsinteresse im Studiosaal und in den Kammermusiksälen der Hochschule statt. Absolventenkonzerte mit Solisten und Dirigierstudenten der Hochschule finden mit den Berliner Symphonikern und mit dem Berliner Sinfonie-Orchester statt.
Die räumliche und inhaltliche Nähe der Hochschule zu bedeutenden künstlerischen Einrichtungen der Stadt Berlin ermöglicht außergewöhnliche künstlerische Projekte und einmalige Kooperationen. Für Musikstudenten bedeutet dies das Sammeln von Podiumserfahrungen, die Chance des Auftritts auf internationalen Bühnen. Darüber hinaus bereichern die Veranstaltungen der Musikhochschule das kulturelle Angebot Berlins.
Mit dem Konzerthaus "Schauspielhaus am Gendarmenmarkt" gibt es eine enge Zusammen-

"American music": Konzert des Studio-Orchesters im Schauspielhaus am Gendarmenmarkt
"American music": The Studio Orchestra gives a concert in the Schauspielhaus am Gendarmenmarkt

Mitten in Berlin: Charlottenstraße 55
In the heart of Berlin: Charlottenstrasse 55

arbeit; hier finden sinfonische, chorsinfonische und Dozentenkonzerte statt. Musiktheateraufführungen werden u.a. mit der Staatsoper Unter den Linden, der Komischen Oper, der Neuköllner Oper und dem Saalbau Neukölln realisiert. Die zahlreichen Aktivitäten und das umfangreiche Lehrangebot werden regelmäßig durch Gastkonzerte, Meisterkurse und Kolloquien renommierter Künstler, Pädagogen und Wissenschaftler bereichert.
Alljährlich schreibt die Hochschule den "Hanns-Eisler-Preis für Komposition und Interpretation zeitgenössischer Musik" aus. Der Preis widmet sich der Förderung neuer kompositorischer Arbeiten und deren Darbietung. Die Preisverleihungskonzerte werden von DeutschlandRadio Berlin und dem Sender Freies Berlin regelmäßig mitgeschnitten und gesendet.
Die Zusammenarbeit mit nationalen und internationalen Kultur- und Bildungsinstitutionen wertet die Hochschule als einen wichtigen Aspekt universitär-künstlerischer Arbeit. Kooperationen bestehen mit zahlreichen internationalen Konservatorien, Musikakademien, Hochschulen für Musik und darstellende Kunst sowohl im Bereich der Klassik als auch auf dem Gebiet des Jazz sowie beim Institut für Kultur- und Medienmanagement.
Die Geschichte der Hochschule für Musik "Hanns Eisler" Berlin steht in engem Kontext mit der politischen Situation und Entwicklung Berlins. 1949 beschloss das Ministerium für Volksbildung der DDR die Etablierung einer neuen Musikhochschule für den Ostsektor der Stadt. Sie wurde am 1. Oktober 1950 in der Wilhelmstraße als "Deutsche Hochschule für Musik" gegründet. Gründungsrektor war der Musikwissenschaftler Professor Dr. Georg Knepler. Das erste Professorenkollegium vereinigte hervorragende Künstler, Wissenschaftler und Pädagogen mit durchaus unterschiedlicher politischer Biographie: Rudolf Wagner-Régeny und Hanns Eisler, Helmut Koch, Helma Prechter und Arno Schellenberg, Carl Adolf Martienssen und Grete Herwig, Gustav Havemann und Wilhelm Martens, Bernhard Günther, Werner Buchholz und Ewald Koch.
Seit 1964 trägt die Hochschule den Namen Hochschule für Musik "Hanns Eisler" Berlin. Im Jahr 2000 feiert sie ihr 50-jähriges Bestehen und kann zahlreiche heute im internationalen Musik- und Konzertleben etablierte Musiker zu ihren Absolventen zählen. Zu ihnen gehören u.a. Burkhardt Glaetzner, Vladimir Jurowski, Georg Katzer, Jochen Kowalski, Siegfried Matthus, Christine Mielitz, Rolf von Nordenskjöld, Michael Sanderling, Friedrich Schenker, Roman Trekel, Sebastian Weigle und Antje Weithaas.

The Hochschule für Musik "Hanns Eisler" Berlin (HfM) is located in Berlin's historic city centre, directly on the Gendarmenmarkt, next to the Schauspielhaus am Gendarmenmarkt, the Komische Oper and Staatsoper Unter den Linden.
The internationally-renowned artists and teachers appointed to "Hanns Eisler" make out the appeal of this higher education institution, guarantee the particularly high quality of its education and training, attract an ever-growing number of applicants and —despite the difficult job market conditions—ensure good career prospects for HfM graduates. In their capacity as Honorary Senators, Claudio Abbado and Daniel Barenboim support the artistic and educational goals of the Hochschule für Musik.
The society of friends and supporters of the HfM "Hanns Eisler" Berlin, founded in 1912 above all pursues its mission of supporting and advancing highly-talented students at the college. The former President of the Federal Republic of Germany, Richard von Weizsäcker, is the patron of this Society of Friends. For many years now, the college has been particularly dedicated to promoting young musical talent. HfM professors and lecturers teach arts subjects to pupils of the Carl Philipp Emanuel Bach music school, and prepare these musically gifted children and young people for their musical studies.
The range of early musical training, optional additional training for instrumental and vocal teachers, and the course in physioprophylaxis, which examines the occupational risk factors faced by musicians in theory and practice, are some of the remarkable courses offered by the HfM "Hanns Eisler".
The HfM operates numerous recording studios, such as the electroacoustic music studio, the sound and MIDI studio maintained by the Department of Jazz and Popular Music, and the video studio, where students taking the postgraduate course in musical media direction can gain practical experience in the artistic structure and conception of music-related video productions.
The HfM maintains a symphony orchestra, a studio orchestra, a choir, a chamber orchestra, an ensemble for modern music called Echo, the Percusemble Berlin, the Iceler Jazzorchester, numerous chamber music groups and a big band.
Each year, great public interest is shown in the HfM's 350 or so public musical performances: concerts, music theatre productions, and musicals, lecture evenings, examination and professorial concerts. The very popular events are held in the HfM's Studiosaal and various chamber music halls. The graduation concerts for student soloists and conductors from the HfM are held together with the Berlin Symphony Orchestra. Unusual arts projects and unique collaborations are possible for the HfM thanks to its proximity to Berlin's premier arts institutions whose aims it shares. For students of music this means opportunities to gain stage experience and the chance to perform on an international stage. Over and above this, the events staged by "Hanns Eisler" enrich Berlin's cultural life. The HfM also maintains close cooperation with the Schauspielhaus am Gendarmenmarkt: symphonic, choral and professorial concerts are held there. Music theatre performances are jointly produced with the Staatsoper Unter den Linden, the Komische Oper, the Neuköllner Oper and the Saalbau Neukölln, and many other renowned houses.
The many activities and the extensive range of teaching are regularly enriched through guest concerts, master classes and colloquiums held by renowned artists, teachers, academics and scientists. Every year, the HfM invites entries for the Hanns-Eisler-Preis für Komposition und Interpretation zeitgenössischer Musik. This award for compositions and interpretations of contemporary music is dedicated to supporting and advancing compositions and their performance. The award ceremony concerts are regularly recorded and broadcast by DeutschlandRadio Berlin and Sender Freies Berlin.
The HfM attaches great significance to cooperation with national and international cultural and educational institutions as an important aspect of its university-artistic mission. Cooperation agreements have been concluded with numerous international conservatories, academies of music, colleges of music and the performing arts, both in the classical field as well as in the field of jazz. The Institute of Culture and Media Management is also actively involved in this process.
The history of the HfM "Hanns Eisler" Berlin is closely related to the political situation and development of Berlin. In 1949 the East German Ministry of National Education decided to establish a new college of music for the city's eastern sector. It was founded in the city's Wilhelmstrasse on 1 October 1950, under the name of Deutsche Hochschule für Musik. The founding rector was the musicologist Professor Dr. Georg Knepler. The first professorial faculty united outstanding artists, academics, scientists and teachers with very different political biographies: Rudolf Wagner-Régeny and Hanns Eisler, Helmut Koch, Helma Prechter and Arno Schellenberg, Carl Adolf Martienssen and Grete Herwig, Gustav Havemann and Wilhelm Martens, Bernhard Günther, Werner Buchholz and Ewald Koch.
The HfM received its current name, Hochschule für Musik "Hanns Eisler" Berlin, in 1964. The HfM celebrated its 50th anniversary in the year 2000, a period in which it had produced numerous graduates who have firmly established themselves on the international music and concert scene. They include Burkhardt Glaetzner, Vladimir Jurowski, Georg Katzer, Jochen Kowalski, Siegfried Matthus, Christine Mielitz, Rolf von Nordenskjöld, Michael Sanderling, Friedrich Schenker, Roman Trekel, Sebastian Weigle and Antje Weithaas.

Hochschule für Schauspielkunst "Ernst Busch" Berlin

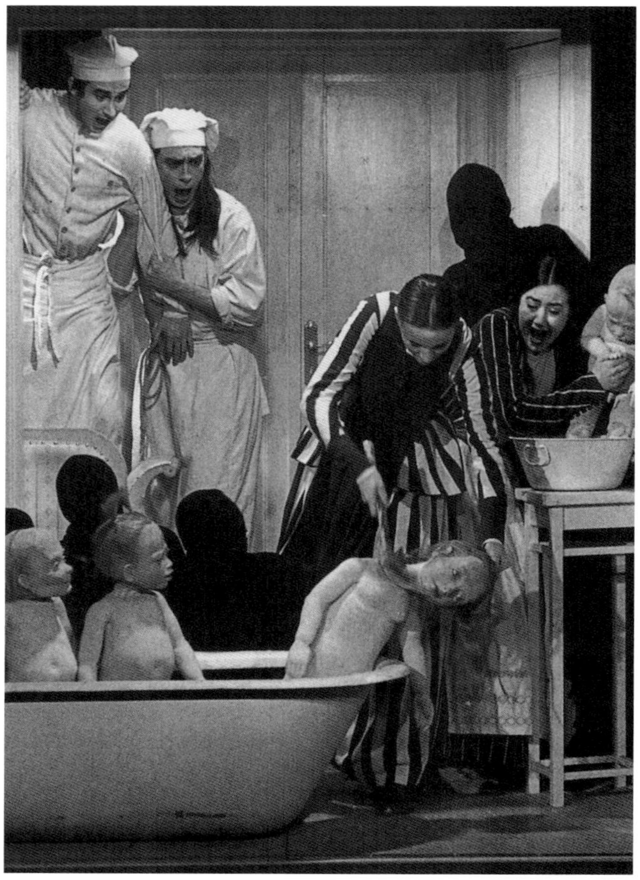

Koproduktion mit dem Maxim Gorki-Theater: "Weihnachten bei Ivanovs" von Aleksandr Vvedenskij
Co-produced with the Maxim Gorki-Theater: Aleksandr Vvedensky's "Christmas at the Ivanovs"

Hausadresse / *Address*:
Schnellerstraße 104, D-12439 Berlin
Postadresse / *Postal Address*: do.
Telefon / *Telephone*: 0049 / 30 / 639975-0
Telefax / *Telefax*: 0049 / 30 / 639975-75

Gründungsjahr / *Founded*: 1981
Bundesland / *State*: Berlin / *Berlin*

Abteilungen / *Departments*:
Schauspiel / *Drama*;
Regie / Studiengang Choreographie / *Directing / Choreography Course*;
Puppenspielkunst / *Puppet Theatre*

Lehrpersonal / *Teaching Staff*:
Professoren / *Professors*: 27,
Dozenten Mittelbau / *Non-professorial Lecturers*: 19,
Lehrbeauftragte / *Contract Lecturers*: 77

Studierende / *Students*: 198
Ausländische Studierende / *Foreign Students*: 31

Die Hochschule für Schauspielkunst "Ernst Busch" Berlin geht auf eine Gründung Max Reinhardts zurück. Im Jahre 1905 rief er die erste deutsche Schauspielschule als Ausbildungsstätte des von ihm geleiteten Deutschen Theaters ins Leben. Die auch nach Reinhardts Weggang weiterhin dem Deutschen Theater angegliederte Schule wurde 1951 in die Staatliche Schauspielschule Berlin umgewandelt und konnte nach anfänglichen Schwierigkeiten an die Erfolge der Vorkriegszeit anknüpfen.
Der Unterricht gründet sich insbesondere auf die Erkenntnisse und Ergebnisse der Theaterarbeit Konstantin Stanislawskis und Bertolt Brechts.
1981 wurde die Fachschule in den Rang einer Hochschule erhoben und bezog den sanierten Altbau mit angegliedertem Neubautrakt in Berlin-Schöneweide. Gleichzeitig wurde das Institut für Schauspielregie angegliedert, sodass die Hochschule jetzt über einen innerstädtischen Spielort, das "bat" im Bezirk Prenzlauer Berg, verfügt, der seitdem für viele Studioinszenierungen und Werkstattabende genutzt wird.
Bereits zu DDR-Zeiten hatte die Schule Verbindungen zu ausländischen Schauspiel- und Regieinstituten sowie Studieneinrichtungen für Puppenspielkunst. Nach dem Fall der Mauer 1989 trat die Hochschule für Schauspielkunst "Ernst Busch" verstärkt ins internationale Rampenlicht. Sie nahm an Theaterfestivals in der ganzen Welt teil. Gastspiele in Seoul, Hongkong, New York, Paris, Edinburgh, Rom, Brno usw. zeigen, welch hohen Stellenwert die Hochschule hat. Ein herausragender Beitrag war zum Beispiel eine Arbeit von Dietmar Seyffert (Professor im Studiengang Choreographie), die zum Kulturprogramm der Olympischen Spiele in Atlanta gehörte.
Die Hochschule kooperiert mit Theatern in Berlin und Potsdam. Dabei entstehen stark beachtete Inszenierungen teils selten gespielter Stücke, die von Dozenten der Hochschule (Ulrich Engelmann, Angelika Waller, Peter Kleinert, Lore Stefanek, Piet Drescher), von Regisseuren des In- und Auslandes (Angelica Domröse, Stefan Otteni, Robert Wilson) oder von Studenten der Abteilung Regie (Thomas Ostermeier, jetziger Intendant der Schaubühne Berlin), Tom Kühnel / Robert Schuster (Theater am Turm – TAT, Frankfurt am Main) erarbeitet wurden.
Seit 1991 gewinnen die Studenten der Hochschule Ensemble- und / oder Solopreise beim jährlich stattfindenden Treffen deutschsprachiger Schauspielstudenten.
In ihrer nun bald hundertjährigen Geschichte hat die Schule eine stattliche Schar berühmter Absolventen hervorgebracht, die an allen großen Bühnen Deutschlands, Österreichs und der Schweiz spielten bzw. noch engagiert oder / und bekannte Film- und Fernsehdarsteller geworden sind. Stellvertretend seien genannt: Else Eckenberg, Lothar Müthel, O. E. Hasse, Berta Drews, Paul Dahlke, Roma Bahn, Gerhard Bienert, Werner Hinz, Marianne Hoppe, Alice Treff, Thomas Thieme, Dagmar Manzel, Corinna Harfouch, Christian Grashof, Alexander Lang, Leander Haußmann, Jan Josef Liefers, Walter Plathe, Michael Gwisdek, Götz Schubert, Claudia Michelsen, Deborah Kaufmann, Sven Martinek, Renate Kößner, Christine Schorn, Dieter Mann, Christian Nickel, Nina Hoss, August Diehl.

The history of the Hochschule für Schauspielkunst "Ernst Busch" (HfS) extends back to Max Reinhardt. In 1905, he founded the first German drama school to serve as an education and training facility for the Deutsches Theater, of which he was the director at the time. Following Reinhardt's departure, the drama school continued to operate at the Deutsches Theater until it was converted into the Staatliche Schauspielschule Berlin in 1951. After experiencing some initial difficulties, this drama school was able to follow on to the success achieved in the pre-war era. In particular, the teaching is based on knowledge and insights gained from the theatre work of Konstantin Stanislawski and Bertolt Brecht.
1981 saw the school raised to the status of a higher education institution, coupled with its relocation to a redeveloped historical building equipped with a new extension in Berlin's Schöneweide district. At the same time it was affiliated with the Institute of Theatre Direction, meaning that the college now had its own drama venue—the "bat"—in the Prenzlauer Berg district, right in the heart of Berlin. This venue has since been used for many studio performances and workshop evenings.
Even during its years in the German Democratic Republic, the HfS maintained contacts with drama and direction schools around the world as well as with studios offering puppet theatre studies. Following the fall of the Berlin Wall in 1989, the HfS "Ernst Busch" moved more into the international limelight. It took part in drama festivals around the world. Guest performances in Seoul, Hong Kong, New York, Paris, Edinburgh, Rome, Brno and many more illustrate the high standing which the college enjoys. For example, Dietmar Seyffert (a professor on the choreography degree course) made an outstanding contribution to the cultural programme for the Olympic Games in Atlanta.
The HfS Berlin collaborates with theatre houses in Berlin and Potsdam. This cooperation results in well-received productions, in some cases of rarely performed pieces, involving lecturers from the college (such as Ulrich Engelmann, Angelika Waller, Peter Kleinert, Lore Stefanek and Piet Drescher), directors from home and abroad (Angelica Domröse, Stefan Otteni, Robert Wilson) or students from the drama direction department (Thomas Ostermeier, now Drama Director at the Schaubühne Berlin; Tom Kühnel/Robert Schuster, Theater am Turm—TAT, Frankfurt am Main).
Students from the college have regularly been able to win ensemble and solo prizes at the annual meetings of German-speaking drama students held since 1991.
In its history of almost 100 years, the HfS "Ernst Busch" Berlin has produced a considerable company of graduates who played or still play on all the major stages in Germany, Austria and Switzerland and/ or who have become well-known film and television actors. The few names below are mentioned as an example of the many: Else Eckenberg, Lothar Müthel, O. E. Hasse, Berta Drews, Paul Dahlke, Roma Bahn, Gerhard Bienert, Werner Hinz, Marianne Hoppe, Alice Treff, Thomas Thieme, Dagmar Manzel, Corinna Harfouch, Christian Grashof, Alexander Lang, Leander Haußmann, Jan Josef Liefers, Walter Plathe, Michael Gwisdek, Götz Schubert, Claudia Michelsen, Deborah Kaufmann, Sven Martinek, Renate Kößner, Christine Schorn, Dieter Mann, Christian Nickel, Nina Hoss, August Diehl.

Kunsthochschule Berlin-Weißensee – Hochschule für Gestaltung

Hausadresse / *Address*:
Bühringstraße 20, D-13086 Berlin
Postadresse / *Postal Address*: do.
Telefon / *Telephone*: 0049 / 30 / 47705-0
Telefax / *Telefax*: 0049 / 30 / 47705-290
E-Mail / *e-mail*: khb@rz.hu-berlin.de
Internet / *Internet*:http: / / www.kh-berlin.de
Gründungsjahr / *Founded*: 1946
Bundesland / *State*: Berlin / *Berlin*

Fachbereiche / *Departments*:
Mode-Design / *Fashion Design*;
Kommunikationsdesign / *Communication Design*;
Bühnenbild / *Stage / Set Design*; Produkt-Design / *Product Design*; Textil- und Flächen-Design / *Textile and Surface Design*; Architektur / *Architecture*; Malerei / *Painting*; Bildhauerei / Plastik / *Sculpture*

Lehrpersonal / *Teaching Staff*:
Professoren / *Professors*: 39,
Künstlerische Mitarbeiter / *Artistic Staff*: 12,
Lehrbeauftragte / *Contract Lecturers*: 48

Studierende / *Students*: 550
Ausländische Studierende / *Foreign Students*: 60

1946 gründeten Künstler und Gestalter, die sich den Ideen des Bauhauses verpflichtet fühlten, im Berliner Bezirk Weißensee die "Kunstschule des Nordens". Ein Jahr später erhielt diese den Status einer Hochschule. Zu ihren Rektoren zählten herausragende Persönlichkeiten wie der niederländische Architekt und Designer Mart Stam (1950 bis 1952).
Nach der Wiedervereinigung wurde die Kunsthochschule Berlin-Weißensee – Hochschule für Gestaltung (KHB) personell und strukturell erneuert. Mit der Absicht, das Zusammenwachsen auf künstlerisch-kulturellem Gebiet zu fördern, berief eine Struktur- und Berufungskommission, die aus Mitgliedern des Hauses und auswärtigen Experten zusammengesetzt war, Hochschullehrerinnen und -lehrer aus Ost und West. Seit 1994 arbeiten etwa gleich viel "alte" wie "neue" Professorinnen und Professoren an der Kunsthochschule.
Das Studium dauert in der Regel fünf Jahre: acht Studiensemester, ein Praxissemester und ein Prüfungssemester. Alle Studiengänge – auch Freie Kunst – werden mit einer Diplomarbeit abgeschlossen, die aus einem praktischen und einem theoretischen Teil besteht. Von den 39 lehrenden Professoren sind neun Frauen.
Es gibt ein gemeinsames künstlerisch-gestalterisches Grundlagenstudium für alle Fachgebiete im ersten Studienjahr und ein gemeinsames wissenschaftliches Grundlagenstudium bis zum Diplom. Das Hauptstudium ist stark projektbezogen. Die Nachbarschaft von Freier Kunst und Design / Architektur bietet gegenseitige Anregung und kritische Nachfrage. Das "Handwerk" spielt bewusst eine große Rolle bei der Vermittlung der künstlerisch-gestalterischen Grundlagen.
Interdisziplinarität, die an der Kunsthochschule Berlin-Weißensee durch die Struktur gefördert wird, drückt sich auch in der Vorbereitung eines neuen postgradualen Masterstudiums aus: "Master of Art in Interdisciplinary Studies". Dieses Zusatzstudium soll die Arbeit an einem interdisziplinären Projekt in der Architektur, im Design und / oder der Freien Kunst ermöglichen.
Ein reger Studentenaustausch mit dem Ausland belebt das kulturelle Klima in Weißensee. Mit 47 Kunsthochschulen in Europa sowie weiteren Kunsthochschulen in den USA, Kanada, China, Südkorea, Taiwan, Israel und der Mongolei sind Austauschverträge unterzeichnet. Mehr als zehn Prozent der regulären Studierenden kommen aus dem Ausland. Etwa zwölf Prozent der Studierenden haben 1999 die Austauschprogramme der EU für Auslandsaufenthalte genutzt.
Ein stark besetzter Förderverein, die Mart Stam Gesellschaft, fördert die Kunsthochschule Berlin-Weißensee materiell und ideell. Zu seinen Gründungsmitgliedern gehört Bundespräsident a. D. Richard von Weizsäcker. Bisher hat der Förderverein zweimal den Mart Stam Förderpreis unter den besten Diplomanden der Hochschule vergeben.
Neben zahlreichen Aktionen, Ausstellungen, Modeschauen und Messebeteiligungen veranstaltet die Kunsthochschule jedes Jahr im Juli "Tage der offenen Tür". In einer großen Ausstellung gibt sie dann der Öffentlichkeit Einblick in ihre Arbeit. Jeweils im November wird ein Schüler-Informationstag angeboten.

In 1946, artists and designers dedicated to the concepts of the Bauhaus founded the Kunstschule des Nordens in Berlin's Weißensee district. A year later, this "art school of the north" was given the status of a higher education institution. Rectors have included such outstanding figures as the Dutch architect and designer Mart Stam (1950–52).
After German reunification, the staff and structure of the Kunsthochschule Berlin-Weißensee—Hochschule für Gestaltung (KHB) underwent a process of renewal. With the intention of promoting Germany's process of artistic-cultural growing together, a structural and appointments committee comprising members of the KHB and external experts appointed lecturers and professors from East and West Germany. Since 1994, the proportion of "old" and "new" professors working at the KHB has been approximately equal.
Studies generally last five years, involving eight study semesters, one practical semester and one examination semester. All degree courses, including fine and visual arts, are completed with the submission of a Diplom degree dissertation made up of a practical and a theoretical section. Currently, nine of the 39 teaching professors are women.
Students of all disciplines study the same essential and fundamental artistic-design elements in the first academic year and the same basic academic subjects up to the Diplom degree stage. The main study period is very much project-oriented. The closeness between fine and visual arts and design/architecture offers an opportunity for reciprocal inspiration and critical inquiry. Tradecrafts and industrial arts have deliberately been assigned a major role in the teaching of the artistic-design essentials.
Interdisciplinarity, encouraged by the structure of the KHB, is also expressed in the preparations for a new postgraduate Master's degree programme —Master of Art in Interdisciplinary Studies. This postgraduate course aims to enable students to take part in interdisciplinary projects in architecture, design and/or fine and visual arts.
Students at the KHB are involved in a lively process of international exchange which stimulates the cultural climate at Weißensee. Exchange agreements have been concluded with 47 schools and colleges of art throughout Europe as well as with art institutions in the United States, Canada, China, South Korea, Taiwan, Israel and Mongolia. More than ten per cent of the regular students come from abroad. In 1999 around eleven per cent of the students used the EU exchange programmes for a stay abroad.
The potent membership of the Mart Stam Gesellschaft, the society of friends, sponsors and supporters of the KHB, provides Weißensee with material and intellectual support. Its founding members include the former President of the Federal Republic of Germany, Richard von Weizsäcker. So far, the society has twice awarded the "Mart Stam Förderpreis" to the KHB's best Diplom degree graduates.
Besides its numerous actions, exhibitions and fashion shows as well as the stands which it has at various fairs and shows, the KHB also holds an Open House in July of every year. This major event gives the Kunsthochschule Berlin-Weißensee an opportunity to exhibit and present its work to the general public and to provide an insight into the KHB's wide range of activities. An information day is organised for school pupils in November each year.

Das Tor zur Kunst: architektonischer Akzent des 1956 errichteten Hochschulgebäudes
Gateway to art: Architectural feature of the main building erected in 1956

Hochschule für Bildende Künste Braunschweig

Braunschweig School of Art
Hochschule für Bildende Künste Braunschweig

Hausadresse / *Address*:
Johannes-Selenka-Platz 1, D-38118 Braunschweig
Postadresse / *Postal Address*: Postfach 2538, D-38015 Braunschweig
Telefon / *Telephone*: 0049 / 531 / 391-9122
Telefax / *Telefax*: 0049 / 531 / 391-9292
E-Mail / *e-mail*: c.preissler@hbk-bs.de
Internet / *Internet*: http: // www.hbk-bs.de
Gründungsjahr / *Founded*: 1963
Bundesland / *State*: Niedersachsen / *Lower Saxony*

Fachkommissionen / *Departments*:
Freie Kunst / *Fine Art*; Kommunikationsdesign / *Communication Design*; Industrial Design / *Industrial Design*; Kunstpädagogik / *Art Education*; Kunst- und Medienwissenschaften / *Art and Media Studies*; Werkpädagogik / *Industrial Arts Education*

Lehrpersonal / *Teaching Staff*:
Professoren / *Professors*: 48,
Gastprofessoren / *Guest and Visiting Professors*: 4,
Honorarprofessoren / *Honorary Professors*: 3,
Lehrbeauftragte / *Contract Lecturers*: 36

Studierende / *Students*: 1 055
Ausländische Studierende / *Foreign Students*: 101

Hochschule von außen: sachlich strenge Architektur
The HBK from the outside: Strictly functionalist architecture

Die Hochschule für Bildende Künste (HBK) Braunschweig gehört zu den jüngeren Kunsthochschulen Deutschlands. 1963 aus einer Werkkunstschule heraus gegründet, ist sie heute mit über 1 000 Studierenden eine der größten Kunsthochschulen in Deutschland und die einzige des Landes Niedersachsen.
Die Besonderheit der HBK Braunschweig ist das Nebeneinander und die wechselseitige Verflechtung von Kunst, Medien und Design sowie der auf sie bezogenen Wissenschaften. Unter einem Dach vereint, profitieren sie jeweils von der Nähe zueinander und verleihen der so oft geforderten Interdisziplinarität Ausdruck. Das heißt konkret: An der HBK Braunschweig kann man neben Freier Kunst, den Designstudiengängen Kommunikationsdesign und Industrial Design, dem Lehramt Kunst und Gestaltendes Werken auch die wissenschaftlich ausgerichteten Magisterstudiengänge Kunstwissenschaft und Medienwissenschaften studieren.
Der Schwerpunkt der Lehre im Diplomstudiengang Freie Kunst liegt in der Vermittlung von künstlerischen Positionen. Insgesamt 23 Grund- und Fachklassen decken die Bereiche Malerei, Bildhauerei / Plastik, Grafik, Druckgrafik, Fotografie, Film / Video, Installation, Objektkunst, Performance und Raumkonzepte, auch in Verbindung mit Computeranimation, Multimedia und Holographie, ab.
Der Studienbereich Design verfolgt das Ziel, verantwortungsvolle Designer auszubilden, die sich als Kulturschaffende mit gestaltungs- und medienwissenschaftlicher Kompetenz verstehen und den heutigen Anforderungen auf dem Arbeitsmarkt gewachsen sind. Im Bereich Kommunikationsdesign werden Grundlagen vermittelt, z. B. der zeichnerischen Darstellung, der Typographie, der 3-D-Gestaltung, des Digitalen Entwerfens. Die Lehre im Industrial Design geht über das Entwickeln industrieller Produktionsformen hinaus und setzt Schwerpunkte in den Bereichen Ökologisches Design, Technisches Design, Konsumgüter-Design, Transportation Design sowie Gestaltentwicklung. Bezugswissenschaften, wie z. B. Designgeschichte und Kommunikationswissenschaft, gehören dabei längst zum Standardrepertoire der Ausbildung.
Die Lehramtsstudiengänge Kunst und Gestaltendes Werken werden für alle allgemein bildenden Schularten angeboten. Das Studium im Bereich der künstlerischen Praxis wird in Fachklassen gemeinsam mit den Studierenden der Freien Kunst absolviert, wodurch eine intensive fachliche Auseinandersetzung angeregt wird. Das fachdidaktische und fachwissenschaftliche Lehrangebot geht deshalb auch schwerpunktmäßig auf aktuelle Tendenzen in Kunst und Design ein. In Vorbereitung befindet sich die Einrichtung des gymnasialen Erweiterungsstudiengangs Darstellendes Spiel. Am Studienstandort Braunschweig wird das Studium der weiteren Unterrichtsfächer an der Technischen Universität Braunschweig angeboten.
Seit 1997 werden an der HBK Braunschweig auch die Magisterstudiengänge Kunstwissenschaft und Medienwissenschaften, Letzterer ebenfalls in Kooperation mit der TU Braunschweig, angeboten. Während der Studiengang Kunstwissenschaft die Fachwissenschaften Kunstgeschichte, Kunst- und Kultursoziologie, Philosophie / Ästhetik und Kunstvermittlung vereint, berücksichtigt das in Deutschland in dieser Form einmalige Studium der Medienwissenschaften neben den geisteswissenschaftlichen und technischen Anteilen auch Fragen der künstlerischen Gestaltung.
An der HBK Braunschweig herrschen heute exzellente Studienbedingungen. Ermöglicht werden sie einerseits durch den räumlichen Ausbau, der in den letzten Jahren kontinuierlich vorangetrieben wurde, andererseits durch die stetige Erweiterung des Lehrkörpers, der den Studierenden einen intensiveren Kontakt zum internationalen Kunst- und Wissenschaftsbetrieb ermöglicht. In den 21 Werkstätten steht qualifiziertes Personal ebenso zur Verfügung wie eine ausreichende Anzahl studentischer Arbeitsplätze. Da die HBK Braunschweig seit Mitte der achtziger Jahre das Promotions- und Habilitationsrecht besitzt, besteht auch die Möglichkeit, sich nach dem abgeschlossenen Studium weiter zu qualifizieren. Die derzeit bestehenden Aufbaustudiengänge werden neu strukturiert.
Die HBK Braunschweig wirkt daher weit über die Landesgrenzen hinaus. Auslandsbeziehungen bestehen z. B. zu den Partnerhochschulen in Bandung, Barcelona, Wrocław, Kairo, Chicago, San Francisco, Glasgow und Salford / Manchester. Daneben gibt es internationale Kontakte im Rahmen des europäischen SOKRATES / ERASMUS-Förderprogramms.
Die Hochschule präsentiert sich aber auch dem interessierten Publikum unmittelbar vor Ort und in der Region. Einblicke erhält man am besten beim Besuch der zahlreichen Ausstellungen, Vorträge und Symposien, die in hochschuleigenen Räumen und an ausgewählten Orten im In- und Ausland veranstaltet werden. Jedes Jahr findet zum Ende des Sommersemesters auch der "Rundgang" statt, an dem sich die Hochschule der Öffentlichkeit präsentiert. Er gewährt einen Einblick in die Entwicklung der Gegenwartskunst, des Designs, der Wissenschaft und nicht zuletzt

Hochschule von innen: ein Projektraum
Inside the HBK: A project room

der hier im Haus betriebenen Forschung, über die man sich auch im Jahresbericht und im Jahrbuch der HBK informieren kann. Während der Jahresbericht einen Rückblick auf die Aktivitäten der Hochschule des jeweils letzten Jahres enthält, ist das Jahrbuch, unter wechselnden Herausgebern, immer einem in sich geschlossenen Thema gewidmet, das in unmittelbarem Zusammenhang zu den Studierenden und Lehrenden steht.
Speziell für Studieninteressierte finden zudem zu Beginn jeden Jahres ein Studien-Infotag statt und im Frühling jeweils eine Frühlingsakademie, auf der Bewerber/-innen drei Tage lang die Möglichkeit haben, an speziellen Lehrveranstaltungen und individuellen Mappenberatungen teilzunehmen und sich unter professioneller Anleitung künstlerisch-praktisch zu betätigen.

The HBK Hochschule für Bildende Künste Braunschweig (Brunswick) is one of the newer art colleges in Germany. Established in 1963 from a former industrial arts school, it is now one of the largest colleges of art in Germany, with 1,000 and more students, and is the only one in the state of Lower Saxony.
The HBK Braunschweig is exceptional in the fact that it focuses on ensuring equal recognition of and mutual interaction between art, media and design, along with the sciences relating to them. United under a single umbrella, they each benefit from the vicinity of the others and so express that very interdisciplinarity which is so often called for. In concrete terms, this means: The HBK enables students to study in the classical fine and visual arts, in design degree courses, such as communication design and industrial design, for a teaching qualification in art and industrial arts education, as well as in the more academic Magister degree courses in art and media studies.
The Diplom degree course in fine and visual arts focuses on communicating artistic positions. A total of 23 basic study and special study classes cover the fields of painting, sculpture, graphic art and printmaking, photography, film/video, installation, object art, performance and spatial concepts, including computer animations, multimedia and holographics.
Studies in design, divided into Diplom degree courses in communication design and industrial design, pursue the goal of "producing" responsible designers who see themselves as artists with design and media-based skills and who are ready to face and master the challenges of today's employment market. The field of communication design delivers basic skills, such as drawing, typography, 3D design, and digital design. Teaching in the field of industrial design extends beyond the development of shape given to industrial products and focuses on areas such as ecological design, technical (engineering) design, consumer goods design, transportation design, as well as on shape and form development. Relevant studies and sciences, such as the history of design and communication studies, have long been part of the standard repertoire of these courses.
The HBK teaching qualification courses in art and industrial arts education qualify graduates for all general education school types and levels. Studies in the field of artistic practice are jointly completed with students reading fine and visual arts in the relevant specialist classes, providing an intensive examination of the specialist field in question. This is why the specialist didactics and subject-specific teaching also focus on current developments and trends in art and design. The HBK is currently preparing an extension course in performance and play for grammar school teachers. Students at the HBK Braunschweig can enrol in additional courses offered by the Technical University of Braunschweig. Since 1997, the HBK Braunschweig has also been able to offer Magister degree courses in art studies (aesthetics) and media studies, the latter again in cooperation with the TU Braunschweig. While the art studies degree course unites the specialist fields of art history, art and cultural sociology, philosophy/aesthetics, and art communication, the course in media studies, whose structure is unique in Germany, combines arts and humanities and technical/engineering aspects with questions of artistic design.
Today, the HBK offers excellent study conditions. On the one hand, they have been made possible by continually extending and improving the quality of the available space and facilities, and, on the other, by increasingly expanding the teaching staff who provide the students with intensive contacts with international art and science. Qualified staff are available in the 21 workshops which offer an adequate number of student workplaces. The HBK has been entitled to award doctorates and the "Habilitation"—the professorial teaching qualification—since the mid-1980s, meaning that appropriately qualified graduates can choose to advance their qualifications. The postgraduate courses currently offered at Braunschweig are being restructured.
The HBK Braunschweig therefore acts far beyond its regional and national borders. International contacts are maintained with partner universities and colleges in Bandung, Barcelona, Wrocław, Cairo, Chicago, San Francisco, Glasgow, and Salford/Manchester, for example. Besides these contacts, the HBK also maintains international relations within the scope of the European SOKRATES/ERASMUS support programmes.
The HBK is keen to present itself to an interested general public in the city of Braunschweig and its environs. The best way to gain a better insight is to attend one of the many exhibitions, lectures and symposiums which are organised in the HBK's own facilities or at selected locations at home and abroad. At the end of each summer semester, the HBK opens its doors to the public at large. Visitors can gain a first-hand view of contemporary art design, science, and not least of the research undertaken at the HBK, which is also published in the annual report and in the HBK yearbook. While the annual report looks back at the HBK's activities over the respective past year, the yearbook, with its varying editors, is always dedicated to a specific, self-contained topic directly related to the students and their teachers.
A special event—the Studien-Infotag—is offered at the beginning of each academic year for those interested in studying, while a Frühlingsakademie is held each spring at which applicants can spend three days attending special courses and individual portfolio consultations, allowing them to practise their art under the guidance and counselling of qualified professionals.

Hochschule für Künste Bremen

Hochschule für Künste Bremen

Hausadresse / *Address*:
Am Wandrahm 23, D-28195 Bremen
Postadresse / *Postal Address*: do.
Telefon / *Telephone*: 0049 / 421 / 3019100
Telefax / *Telefax*: 0049 / 421 / 3019119
E-Mail / *e-mail*: pressestelle@hfk-bremen.de
Internet / *Internet*: http: // www.hfk-bremen.de
Gründungsjahr / *Founded*: 1873
Bundesland / *State*: Bremen

Fachbereiche / *Departments*:
Bildende Kunst / *Fine and Visual Arts*;
Musik / *Music*

Lehrpersonal / *Teaching Staff*:
Professoren / *Professors*: 60,
Lehrbeauftragte / *Contract Lecturers*: 170

Studierende / *Students*: 700
Ausländische Studierende / *Foreign Students*:
ca. 100

Die HfK Bremen zählt zu den jüngeren Hochschulen in Deutschland, hat allerdings Wurzeln, die bis ins 19. Jahrhundert zurückreichen. 1998 feierte sie gleich ein doppeltes Jubiläum: 10 Jahre Hochschule für Künste und 125 Jahre Kunstschule. Hervorgegangen aus der "Entwurfsklasse" des Gewerbemuseums von 1873, war diese nach vielfältigen Umstrukturierungen 1988 zur Hochschule für Künste herangewachsen. Gleichzeitig wurde das Bremer Konservatorium als neuer Fachbereich Musik integriert. 1994 kam schließlich die private "Akademie für Alte Musik" dazu.
Mit etwa 700 Studierenden und 60 Professorinnen und Professoren sowie über 150 Lehrbeauftragten zählt die HfK heute zu den mittleren Institutionen, ist auf jeden Fall alles andere als ein Massenbetrieb.
Die vielfältigen Wurzeln bestimmen das Gesicht der Hochschule. Vielfalt und Interdisziplinarität sind prägende Elemente. Abgesehen von Berlin ist die HfK Bremen die einzige Hochschule in Deutschland, die bildende Kunst und Musik unter einem Dach vereinigt – ein spannendes, allerdings auch spannungsreiches Experiment. Sind es doch zwei gänzlich verschiedene Arten von Kreativität, die hier zusammenkommen. Wenn es aber gelingt, in einem Projekt eine gemeinsame Plattform zu finden, entstehen in der Regel bemerkenswerte Produktionen, etwa in der Kombination von Neuer Musik und Video / Zeitmedien oder im Bereich der klassischen Oper.
Auch in den anderen Studienrichtungen wird dieser interdisziplinäre Ansatz bewusst verfolgt. Zwischen den beiden Großstudiengängen Freie Kunst (Malerei, Zeichnung, Skulptur, Installation, Zeitmedien) und Design (Grafik-Design, 3-D-Design, Mode-Design) sind gemeinsame Projekte gang und gäbe, ebenso im Theoriebereich, wo Kunsthistoriker und Musikwissenschaftler zusammen am Aufbau des "Labors für Zeitgenössische Ästhetik" arbeiten. Nähe und Austausch zwischen Freier Kunst und Design sowie der Brückenschlag zwischen bildender Kunst und Musik sind die konstituierenden Elemente der Hochschule für Künste.

Um das Profil der Hochschule weiter zu schärfen, wurden im Fachbereich Musik neben der klassischen Ausbildung, der Kirchenmusik und der Musikerziehung weitere Schwerpunkte gebildet: Alte Musik sowie Neue Musik mit dem "Atelier für Neue Musik". Eine weitere Besonderheit sind die "Internationalen Musikprojekte" mit hochkarätig besetzten Meisterkursen.
Im Fachbereich Bildende Kunst werden zunehmend die Neuen Medien ausgebaut. Sei es das "Atelier für Zeitmedien" im Film- und Videobereich, das Institut für integriertes Design (i / i / d) für den Bereich 3-D-Design, sei es die Forschungsgruppe "Coinn", die sich mit Forschung und Entwicklung im Bereich digitaler Medien befasst, oder sei es der neue internationale Studiengang "Medien-Informatik / Mediengestaltung" zusammen mit der Universität und der Hochschule Bremen – in allen Bereichen hat die HfK die Nase mit vorn.
Natürlich kann und will die Hochschule für Künste nicht auf die klassischen Disziplinen der Freien Kunst verzichten. Werkstätten für Manuellen Druck, Fotografie, Holz und Metall, eine Bronzegießerei sowie Malerei- und Bildhauerateliers sind seit jeher feste Bestandteile der Schule und werden es auch in Zukunft bleiben. Nicht zu vergessen sind auch die beiden hervorragend bestückten Fachbibliotheken mit etwa 50 000 Bänden aus allen Sparten der Kunst und der Musik. Studium und Lehre leben aus der gegenseitigen Befruchtung von Alt und Neu – Maßstab bleibt die Entwicklung künstlerischer Kreativität in allen medialen Formen.
Um die angehenden Künstler so weit wie möglich auf die harten Realitäten des freien Kunst- und Musikmarktes vorzubereiten, wird seit einigen Jahren ein Modellversuch angeboten: "KünstlerIn als Beruf", mit Museumsleuten, Galeristen, Konzertveranstaltern, Steuerberatern und Marketingspezialisten als Gastreferenten.
Von zentraler Bedeutung für die Weiterentwicklung einer Kunst- und Musikhochschule ist der Kontakt mit der Stadt und dem Publikum. Die HfK verfügt in ihrem Hauptgebäude in der City über zwei eigene Konzertsäle sowie eine Galerie. Jahr für Jahr werden dort vom Hochschulorchester, dem Chor und der Vielzahl von sonstigen Formationen über 100 Konzerte aller Art gegeben, und die Galerie ist ebenfalls das ganze Jahr über ausgebucht. Zu dem jährlichen internationalen Symposion "profile intermedia" kamen zuletzt über 1 000 Fachbesucher aus ganz Deutschland, um sich aus erster Hand über die neuesten Entwicklungen im Crossover von Design, Kunst, Film und Musik zu informieren.
Höhepunkte der öffentlichen Veranstaltungen bilden im Februar jeden Jahres die "Hochschultage" mit den Arbeiten der Diplomandinnen und Diplomanden aller Sparten, und die "Moden-Show", die mit einer klassischen Modenschau nur noch wenig zu tun hat, ist der Publikumsrenner der Stadt.
Große Möglichkeiten für das Studium bieten auch die vielfältigen Vernetzungen mit den kulturellen Institutionen Bremens: den Museen, Galerien und einigen wichtigen Werbeagenturen der Stadt sowie mit Radio Bremen Hörfunk und Fernsehen. Nicht zu vergessen ist der Freundeskreis der HfK, der durch großzügiges Sponsoring vieles ermöglicht, was aus dem normalen Etat nicht zu finanzieren wäre.
Als ein Schwerpunkt im internationalen Bereich hat sich gegenwärtig Südfrankreich herauskristallisiert. Neben den festen Kooperationen mit den Kunsthochschulen in Nizza und Marseille verfügt die HfK im Künstlerort Vallauris über ein einfaches Apartmenthaus für längerfristige künstlerische Projekte. Darüber hinaus existieren Kooperationsabkommen mit Kunst- und Musikhochschulen in Japan, Neuseeland, den Niederlanden, Schweden, Ungarn und Lettland.

The Hochschule für Künste Bremen (HfK) is one of the more recently established colleges of art in Germany, although its roots extend back into the 19th century. In 1998, the college celebrated a double jubilee: 10 years as the Hochschule für Künste and 125 years as an art school. Having evolved from the "design class" run by Bremen's industrial arts museum, the Gewerbemuseum established in 1873, this institution eventually grew into a Hochschule für Künste in 1988 in the wake of many and various restructuring processes. At the same time, Bremen's conservatory was integrated into the institution as a new Department of Music. Finally, 1994 saw the privately maintained Akademie für Alte Musik join the Hochschule.
With some 700 students and 60 professors, as well as more than 150 contract lecturers, the HfK Bremen is now a medium-sized higher education institution. Nevertheless, the HfK is anything but an anonymous, mass institution.
Even today, the HfK's various roots shape the face of the institution. Diversity and interdisciplinarity are its formative elements. Besides Berlin, the HfK Bremen is the only higher education institution in Germany to have united fine and visual arts and music under one roof—an experiment full of excitement, inspiration and also tension. After all, two completely different kinds of creativity come together at Bremen. However, when it is possible to find a common platform within a project, remarkable pro-

Kunststudentin, von Farben umgeben
Art student immersed in colour

Ausbildung für Kunst und Musik unter einem Dach: das Hauptgebäude
Art and music taught under one roof: The main building

ductions generally result, such as in the combination of modern music and video/time-based media or in the field of classical opera.
In other disciplines, too, this interdisciplinary approach is being followed with purpose and conviction. Joint projects are quite usual between the two major programmes of fine and visual arts (painting, drawing, sculpture, installation, time-based media) and design (graphic design, 3D design, fashion design). Much the same is found in the theoretical sections, where art historians and musicologists have cooperated in creating a Laboratory for Contemporary Aesthetics. The proximity and exchange between fine and visual arts and design as well as the bridge that has been built between fine and visual arts and music are the constituent elements on which the Hochschule der Künste is built.
In order to further hone the profile of the HfK Bremen, the Department of Music not only offers classical training, church music and music education, but has also created additional focus areas, namely, early music and modern music, the latter equipped with a studio for modern music, the Atelier für Neue Musik. The International Music Projects and their top-class master courses represent another exceptional feature. The new media are being increasingly expanded in the Department of Fine and Visual Arts: be it in "time-based" film and video projects pursued in the Atelier für Zeitmedien, in the Institut für integriertes Design (i/i/d), which offers 3D design, or in the research team Coinn, which carries out research and development work in the digital media area, or the new international degree programme in Media-Computer Science/Media Design, which is offered in collaboration with Bremen University and the Hochschule Bremen. Whatever the field, Bremen's HfK is always one step ahead.
Naturally, the Hochschule für Künste neither can nor wants to dispense with the study of fine and visual arts. Workshops for manual printing, photography, wood and metal, bronze casting, as well as painting and sculpture studios have always constituted indispensable components of the school and will continue to do so in the future. Neither should the two excellently equipped and stocked specialist libraries be forgotten, with their 50,000 or so volumes from all sections of art and music. Studies and teaching thrive on the mutual stimulation of old and new—while the standard to which all aspire remains the development of artistic creativity in all media forms.
In order to prepare aspiring artists as far as possible for the harsh realities of the art and music markets, Bremen has offered a model project for a number of years now entitled KünstlerIn als Beruf. This paves the way for future professional artists by presenting guest lectures on the market realities given by experts from the world of practice, such as museum representatives, gallery owners, concert promoters, accountants and marketing specialists.
Contacts with the city and the public are of central importance to the further development of any college of art and music. In its main building located in Bremen city centre, the HfK operates two of its own concert halls as well as a gallery. Year in year out the HfK orchestra, choir and many other ensembles and groups perform more than 100 concerts of all kinds, while the gallery is booked out all year long. The last annual international symposium "profile intermedia" attracted more than 1,000 specialists and experts from throughout Germany and provided them with a first-hand insight into the latest developments in the crossover between design, art, film and music. The climax of public events is provided in February each year in the form of the HfK Open Days, at which the work of Diplom degree candidates from all branches, and the "fashion show", which really has little in common with a classical fashion show, prove to be extremely popular with Bremen's public. Manifold networks and contacts with other cultural institutions in Bremen also provide students with great opportunities while they are still studying: museums, galleries, plus a number of important advertising agencies in the city, as well as film and television activities offered by the local broadcasting station Radio Bremen. Neither should the Friends of the HfK be forgotten. Their generous sponsoring makes much possible that could not be funded from normal budgetary resources.
Southern France has crystallised as one of the international focuses for the HfK Bremen. Besides formal cooperation agreements with the art colleges in Nice and Marseilles, the HfK maintains a simple apartment house in the artists' village of Vallauris at which long-term art projects can be carried out. Over and above this, cooperation agreements have been concluded with art and music schools and colleges in Japan, New Zealand, the Netherlands, Sweden, Hungary, and Latvia.

Probe des Hochschulorchesters
The HfK orchestra rehearses

Hochschule für Musik Detmold

hochschule *für musik* detmold

Hausadresse / *Address*:
Neustadt 22, D-32756 Detmold
Postadresse / *Postal Address*: do.
Telefon / *Telephone*: 0049 / 5231 / 9755
Telefax / *Telefax*: 0049 / 5231 / 975972
E-Mail / *e-mail*: kontakt@hfm-detmold.de
Internet / *Internet*: http: / / www.hfm-detmold.de
Gründungsjahr / *Founded*: 1946
Bundesland / *State*: Nordrhein-Westfalen / *North Rhine-Westphalia*

Fachbereiche / *Departments*:
Orchesterinstrumente, Orchester- und Chorleitung / *Orchestral Instruments, Orchestral and Choir Conducting*;
Tasteninstrumente und Gesang / *Keyboard Instruments and Singing*;
Komposition / Musiktheorie, Schulmusik / Musikpädagogik, Kirchenmusik / Musikübertragung / *Composition / Theory of Music, School Music / Music Education, Church Music / Music Broadcasting / Transmission*;
Abteilung Dortmund / *Dortmund Branch*;
Abteilung Münster / *Münster Branch*

Lehrpersonal insgesamt / *Teaching Staff*: 301
Studierende / *Students*: 937
Ausländische Studierende / *Foreign Students*: 351

Die Verwüstungen des Zweiten Weltkrieges waren es, die 1945 unter führenden Musikern Deutschlands den Gedanken aufkeimen ließen, professionelle Musikausbildung in Zukunft nicht mehr im lebensfeindlichen Klima der Metropolen stattfinden zu lassen. Von organisierter Massenkultur in Köln, Berlin oder Leipzig hatte man genug, man wollte in Ruhe und intensiv mit den Studenten leben und arbeiten. Den passenden Ort für dieses Konzept fanden die beiden Protagonisten der Idee, der Musiktheoretiker Wilhelm Maler und der Cellist Hans Münch-Holland, im lippischen Detmold, das den Begriff "Harmonie" schon in der Idylle seiner Umgebung reflektierte. Man zog in ein Palais ein, im 18. Jahrhundert erbaut und am Rande eines englischen Gartens gelegen – gerade die richtige Umgebung für die geplante Konzentration auf das Wesentliche.
Das Konzept "Elfenbeinturm" ging auf: In den vergangenen 50 Jahren konnten in Detmold über 6 000 Studierende aus mehr als 70 Ländern der Erde ausgebildet werden – Studierende, von denen ein Großteil heute weltweit in bedeutenden Orchestern und Opernhäusern anzutreffen ist.
Die Anfänge des Detmolder Modells bestanden in einer "Streicherakademie", deren erstes Semester 1946 beginnen konnte. Im Januar 1947 wurde die Detmolder Einrichtung zur ersten staatlichen, auf dem Boden der Bundesrepublik gegründeten Musikhochschule – zur "Nordwestdeutschen Musikakademie".
Die Künstler und Pädagogen der ersten Stunde verbanden mit der Wahl ihres eigenwilligen Standorts eine emphatische Hinwendung ausgerechnet zu technologischem Fortschritt: Die Übertragung und Aufzeichnung von Musik führte in Detmold zur Gründung des ersten deutschen "Musikalisch-Akustischen Instituts". Dieses Institut, das heute nach seinem Gründer als "Erich Thienhaus-Institut" firmiert, wurde in seiner Konzeption weltweit richtungweisend. Die hier ausgebildeten Tonmeister, die in ihrem späteren Berufsleben künstlerisch und technisch die Musikaufnahmen in der Schallplattenbranche, im Rundfunk oder im Fernsehen leiten, durchlaufen hier ein komplettes mathematisch-naturwissenschaftliches Studium und werden gleichzeitig auf das Ausbildungsniveau eines Kapellmeisters gebracht. Klassik und Pop werden mit den neuesten Produktionsmethoden studiert. Alle öffentlichen Konzerte der Hochschule – etwa 180 im Jahr – werden mitgeschnitten; die künstlerische Arbeit des Hauses ist damit seit 50 Jahren lückenlos dokumentiert.
Einen wesentlichen Beitrag zur Expansion der Musikakademie leistete in den sechziger und siebziger Jahren ihr zweiter Direktor, der Dirigent Martin Stephani, unter dessen Ägide die internationale Bedeutung der Institution wesentlich wuchs. Der Hochschule wurden die berufsbildenden Teile des Städtischen Konservatoriums Dortmund und der Westfälischen Schule für Musik Münster angegliedert. Das Haus wurde in "Staatliche Hochschule für Musik Westfalen-Lippe" umbenannt. 1987 wurde die Hochschule zu einer autonomen Körperschaft des öffentlichen Rechts umgewandelt und erhielt die Bezeichnung "Hochschule für Musik Detmold mit den Abteilungen Dortmund und Münster".
In den achtziger Jahren konnten Studienangebote der nahen Universität-Gesamthochschule Paderborn mit den Detmolder Angeboten verflochten werden. Koordiniert wurden so die Fächer Musikwissenschaft, Musikpädagogik und Erziehungswissenschaft. Besonders im Fall des universitären Musikwissenschaftsstudiums profitieren die Studenten von der Nähe zu den praktizierenden Musikern – und umgekehrt. So stehen den Musikstudenten Detmolds seither auch Studiengänge wie der zum Magister Artium oder zur Promotion zur Verfügung, und die Künstler können sich bei den Wissenschaftlern u.a. über aufführungspraktische Fragen informieren. Nicht zuletzt profitieren alle von der doppelt leistungsfähigen musikwissenschaftlichen Bibliothek, die aus Detmolder und Paderborner Beständen zusammengestellt ist. Das Musikwissenschaftliche Seminar Detmold / Paderborn ist ein Forschungszentrum zur romantischen Musik geworden, besonders in der Arbeit an den Briefen und Werken Carl Maria von Webers.
Seit den neunziger Jahren baut die Detmolder Hochschule überdies eine Kooperation mit anderen europäischen Ausbildungsstätten auf – darunter sind die Franz Liszt-Musikhochschule in Budapest, die Pontificia Universidad de Chile in Santiago, das Sydney Conservatorium of Music und die Hogeschool Enschede.
Und noch eine Besonderheit zeichnet die Detmolder Hochschule aus: die unmittelbare Nähe zum Feld der praktischen Erprobung. Im Detmolder Landestheater können die Gesangstudenten bei entsprechender Qualifikation ihre ersten Schritte machen und werden dabei nicht von vornherein in Nebenrollen abgedrängt, wie dies an größeren Häusern geschieht. Auch im Detmolder Kammerorchester, das die Nachfolge des "Kammerorchesters Tibor Varga" angetreten hat und weit über die Landesgrenzen hinaus Reputation genießt, treten die begabtesten Instrumentalmusiker der Hochschule zusammen.
Zu den Ensembles, die aus der Studienarbeit hervorgegangen sind und mittlerweile weitreichende Bedeutung erlangt haben, gehört ebenso die "Gran Partita Detmold", ein Bläserensemble, dessen künstlerische Leistungsfähigkeit die besonders intensive Bläserarbeit an der Detmolder Hochschule widerspiegelt. Die 16 Musikerinnen und Musiker sind in den vergangenen Jahren durch zahlreiche Rundfunkaufnahmen und Schallplattenproduktionen bekannt geworden.
In den jüngeren Jahren verstärkte die Hochschule die Pflege Neuer Musik. Instrumentallehrer und Komponisten der Hochschule installierten eine umfangreiche Konzert- und Vortragsreihe, die ausschließlich der Musik des 20. Jahrhunderts gewidmet ist. Das Detmolder "Studio Neue Musik" bietet unter anderem jungen Komponisten jährlich ein viel beachtetes "Hochschulforum" zur Aufführung ihrer Werke. Mit dem Rektor, Professor Martin Christoph Redel, wird die Hochschule zurzeit von einem namhaften Vertreter der neuen deutschen Komponistengeneration geführt – eine Tatsache, die dem Engagement der Detmolder Hochschule für Neue Musik entgegenkommt.
Der Hauptsitz der Musikhochschule befindet sich heute noch im Detmolder "Palais". Weitere Unterrichtsstätten liegen rund um den Palaisgarten und in der nahen Kernstadt.

Pariser Litfaßsäule, 1950er Jahre
Advertising in Paris, 1950s

The destruction of the Second World war encouraged leading German musicians in 1945 to move professional music training of the future out of the negative environment of urban centres. Enough organised mass culture had been experienced in Cologne, Berlin or Leipzig; peace and tranquillity were now sought along with a spirit of intensive living and working with students. The appropriate place for this concept was found by the two main protagonists behind the idea, the theory of music specialist Wilhelm Maler and the cello player Hans Münch-Holland; it was the secluded town of Detmold in the Lippe region. The town and its surroundings alone, with its idyllic landscape, reflected the concept of "harmony". The central

Orchesterprobe
Orchestra rehearsal

building for the new institute was an imposing, eighteenth century palace which had survived the war and which lay adjacent to the English Garden —just the environment for the planned focus on "the essential".
The concept of an "ivory tower" proved a success. Over the past 50 years, Detmold has trained in excess of 6,000 students from more than 70 countries around the world. And the large majority of these students are now to be found in the world's major orchestras and opera houses.
The beginnings of the Detmold Model lie in the so-called Strings-Academy—the Streicherakademie, whose first semester began in 1946. Not long afterwards, in January 1947, Detmold became home to the Nordwestdeutsche Musikakademie. This Northwest German Academy of Music was the first college of music to be established on the territory of the Federal Republic of Germany.
The artists and educators of the first hour combined their choice of an unconventional, "far removed from the world" location with an emphatic, if somewhat surprising, turn towards technological progress. The broadcasting, transmission and recording of music resulted in the foundation of the first German Musical-Acoustic Institute in Detmold. This Musikalisch-Akustisches Institut, which is now called the Erich Thienhaus-Institut, bearing the name of its founder, and its conception proved to be a pioneer in its field, pointing the way forward throughout the world. Sound engineers trained at this institute complete the full range of mathematical-scientific studies and are simultaneously trained to the level of a music director. In their later careers they will be responsible, artistically and technically, for music recordings in the record industry, in radio or television. Classical and popular music are studied using state-of-the-art production methods. Sound engineering students record all public concerts—some 180 per annum—and have thus produced a full documentation of the artistic and educational work carried out at the HfM Detmold over the past 50 years.
A substantial contribution to the expansion of the college, while maintaining its exclusivity, was made in the 1960s and 1970s by its second director, the conductor Martin Stephani, under whose influence the international significance of Detmold grew substantially. The vocational and professional training sections of the Municipal Conservatory of Dortmund and the Westphalian School of Music in Münster were affiliated to the HfM Detmold in this period. The institution was renamed Staatliche Hochschule für Musik Westfalen-Lippe. 1987 saw Detmold become an independent corporate, public body, now renamed Hochschule für Musik Detmold, with branches operating in Dortmund and Münster.
In the 1980s, courses offered by the nearby University of Paderborn were merged with those at Detmold. This provided a policy of coordination in musicology, music education and education. Students reading musicology, in particular, were now able to benefit from the closeness to practising musicians—and vice versa. For example, Detmold's students of music have since enjoyed access to Magister Artium degree courses or have been able to gain a doctorate, while the artists can find easy and immediate access to information on practical music performance-related questions and much more of interest to them from the university scientists and scholars. Last but not least, all benefit from the doubly efficient musicological library, which has been created by merging the collections from Detmold and Paderborn. The Musicology Seminar of Detmold / Paderborn has become a research centre for romantic music, with particular research done into the correspondence and works of Carl Maria von Weber.
Since the 1990s, the HfM Detmold has also been active in establishing a cooperation programme with other European educational institutions, including the Franz Liszt College of Music in Budapest, the Pontificia Universidad de Chile in Santiago, the Sydney Conservatorium of Music, and the Enschede Hogeschool.
Furthermore, another special feature characterises the HfM Detmold—its direct and close links with the field of practical rehearsal. The Detmolder Landestheater—the state theatre house offers appropriately-qualified students of singing the opportunity to experience their first performance steps without being immediately pushed into the minor roles, as often occurs at the larger theatres. And the Detmold Kammerorchester, the successor to the Kammerorchester Tibor Vargas, with a reputation extending far beyond the regional state borders, is made up of the HfM's most talented instrumentalists.The ensembles which have evolved out of the study work and which have meanwhile gained worldwide fame include the Gran Partita Detmold, a wind ensemble, whose artistic performance and achievements mirror the particular focus on wind instruments pursued at the HfM Detmold. Over recent years, the 16 musicians have made a name for themselves through their many radio recordings and record productions. In recent years, the college strengthened its attention to modern music. Instrument teachers and composers at the HfM established a comprehensive concert and lecture series exclusively dedicated to the music of the twentieth century. Besides many other aspects, the Detmold Studio Neuer Musik annually offers young composers from all German colleges of music a much-regarded forum—the Hochschulforum—in which they can perform their modern works. In the summer of 1993, Professor Martin Christoph Redel was elected as the new rector of the college, bringing to the HfM a renowned representative of the modern generation of German composers—which further demonstrated the HfM's commitment to the field of modern music.
The main seat of the HfM Detmold is still in the Palais. Further educational facilities are located around the Palais Gardens, close to the heart of the town of Detmold.

Der Teich im Palaisgarten
The pond in the Palais Garden

Klaus Landfried

Eigenständig und privilegiert

Kunst- und Musikhochschulen in Deutschland

Man weicht der Welt nicht sicherer aus als durch die Kunst, und man verknüpft sich nicht sicherer mit ihr als durch die Kunst.

Johann Wolfgang von Goethe

Musik ist höhere Offenbarung als alle Weisheit und Philosophie.

Ludwig van Beethoven

Das deutsche Hochschulsystem, das Außenstehenden den Eindruck einer klaren Gliederung und einer organisatorischen Übersichtlichkeit vermitteln mag, steckt voller Besonderheiten. Wir haben uns angewöhnt, von einer an unterschiedlichen Aufgabenstellungen orientierten Dreiteilung zu sprechen, bei der die Universitäten und die ihnen gleichgestellten Hochschulen, die Fachhochschulen und die Kunst- und Musikhochschulen eine jeweils eigene Gruppe bilden. Näheres Hinsehen freilich führt sehr schnell zu der Erkenntnis, dass die Grenzen zwischen den Gruppen fließend und die Gruppen selbst alles andere als homogen sind.

Diese Diversifizierung ist historisch gewachsen – und sie ist hochschulpolitisch gewollt. Einheitlichkeit und Uniformität vertragen sich weder mit einer ständigen Weiterentwicklung des Hochschulwesens noch mit den Prinzipien des Wettbewerbs und einer sachangemessenen Profilbildung.

Deutlich wird das bei der weitaus größten Gruppe, bei den Universitäten, die immer noch mehr als zwei Drittel aller Studenten ausbilden. Die Unterschiede in der Größe, in der inneren Struktur, in der Trägerschaft, in der Intensität und fachlichen Ausrichtung der Forschung, überhaupt im Fächerzuschnitt und in der Anzahl der angebotenen Fächer sind keineswegs bloß äußerliche, auf Herkommen gegründete Faktoren; sie verraten viel vom Selbstverständnis, von Ehrgeiz und Anspruch einer Institution. Ähnliches gilt von den Fachhochschulen mit ihren vielfältigen Bezügen zum regionalen, nationalen und internationalen Umfeld.

Und nun erst die Kunst- und Musikhochschulen. Als drittes (und kleinstes) Segment des Systems stehen sie gleichberechtigt neben den beiden anderen Gruppen. Wie bei Universitäten und Fachhochschulen steht ihre Arbeit (gewissermaßen doppelt abgesichert) unter der in der Verfassung verankerten institutionellen wie individuellen Freiheitsgarantie: "Kunst und Wissenschaft, Forschung und Lehre sind frei" (Art. 5, 3 Grundgesetz). Sie unterliegen den gleichen bundes- und landesgesetzlichen Regelungen, freilich mit einigen bedeutsamen Ausnahmen, die den Besonderheiten ihrer Aufgabe – der künstlerischen Ausbildung in all ihren Nuancen – Rechnung tragen. Und sie hatten einen – freilich geringeren – Anteil an der rasanten quantitativen Expansion des tertiären Bildungsbereichs, die dazu geführt hat, dass der Anteil der Studienanfänger an der gleichaltrigen Gesamtbevölkerung mittlerweile auf rund ein Drittel gestiegen ist.

Die Einbeziehung der Kunst- und Musikhochschulen in das hochschulgesetzliche Regelwerk hat zu Beginn der 1970er Jahre zu durchaus kontroversen Diskussionen geführt. Zweifel daran wurden laut, ob es der Kreativität und der Offenheit der künstlerischen Ausbildung gut tue, wenn sie normierten und notwendigerweise vereinheitlichenden Vorschriften unterworfen würden. Ausschlaggebend war schließlich die Einsicht, dass es eine auch juristisch abgesicherte Gleichberechtigung der Kunst- und Musikhochschulen mit den anderen Einrichtungen des tertiären Bildungsbereichs geben müsse. Und so steht im Hochschulrahmengesetz, dass die Hochschulen "der Pflege und der Entwicklung der Wissenschaften und der Künste durch Forschung, Lehre, Studium und Weiterbildung" dienen.

In den 1970er und 1980er Jahren ist denn auch die hochschulrechtliche Gleichstellung der Kunst- und Musikhochschulen vollzogen worden, vor allem, was die institutionelle Struktur und den Status der Lehrenden und Lernenden betrifft. Gleichzeitig ist es jedoch gelungen, eine Reihe von Unterschieden und Besonderheiten zu bewahren, die es den Kunst- und Musikhochschulen erlauben, flexibler auf künstlerische, gesellschaftliche und politische Entwicklungen zu reagieren als andere Hochschulen, und um die sie diese häufig beneiden. In keiner anderen Hochschulart besteht eine so durchgängige Verbindung von Theorie und Praxis wie in ihnen.

Das fängt schon bei den Namen an. Hinter der simplifizierenden Bezeichnung "Kunst- und Musikhochschulen" verbergen sich eine Reihe von Einrichtungen, die an dem Namen "Akademie" festhalten, den sie seit ihrer Entstehung trugen und unter dem sie berühmt geworden sind. Ebenso verbergen sich dahinter Hochschulen, die sich im Besonderen dem Schauspiel und dem Theater, dem Tanz, dem Film und dem Fernsehen, der Buchkunst oder der Medienkunst widmen und auf diese Weise die Vielfalt künstlerischer Ausbildung spiegeln.

Klaus Landfried

Independent and Privileged

Colleges of Art and Music in Germany

There is no more certain way to evade the world than through art and there is no more certain way to associate with it than through art.

Johann Wolfgang von Goethe

Music is a higher revelation than all wisdom and philosophy.

Ludwig van Beethoven

To outsiders the German higher education system may look well structured, leaving the impression of openness and clarity, but it is, in fact, full of exceptional qualities and unusual features. We have got into the habit of speaking of a three-way division of higher education, with each of these three groups having differing responsibilities. The first group is made up of the traditional universities and university-status institutions; the second group covers the Fachhochschule *institutions (the new universities of applied sciences), and, last but not least, there are the colleges of art and music. However, a closer look is sure to reveal that the borderlines between these groups are in flux and that the groups themselves are anything but homogenous.*

This diversification is rooted in history; but it is also an intention pursued by higher education policy. Standardisation and uniformity can neither be consistent with an ever-advancing development of higher education nor with the principles of competition and objective image and profile building.

This is clearly illustrated by the largest group by far, the universities, which still prepare more than two thirds of all students for their future professions. The differences in size, internal structure, financial sponsorship and management, in the intensity and orientation of research, even in the profile and number of subjects offered are certainly not only external factors arising solely out of an institution's origins; these factors tell us much about the way an institution sees itself, about its ambitions, about the standards and goals which it sets itself. Much the same applies to the Fachhochschule group and to how these universities of applied sciences relate in a wide variety of ways to their regional, national and international settings.

And then come the colleges of music and art. These make up the third (and smallest) segment of the system, yet nevertheless with equal standing to the other two groups. As in the case of the traditional universities and the Fachhochschule institutions, their work stands under the (in some respects double) institutional and individual guarantee of freedom as embedded in the constitution: "Art and science, research and teaching are free" (Art. 5, 3 Basic Law). They are subject to the same federal and regional laws, although they do admittedly enjoy some significant exceptions which take account of the specialty of their mission —artistic training in all its nuances. And they were—admittedly less—involved in the rapid quantitative expansion of the tertiary education sector which has meanwhile resulted in the proportion of all study entrants to the equally-aged overall population growing to a third.

The incorporation of the colleges of art and music into the higher education acts led to controversial debates in the early 1970s. Doubts were openly voiced as to whether the creativity and openness of artistic training would be well served by being subjected to standardised and necessarily uniform regulations. In the final analysis, it was the realisation that the legally guaranteed equality of the art and music colleges with other institutions in the tertiary education sector was needed that proved to be the decisive point. And thus the Higher Education Act states that the higher education institutions serve "the cultivation and development of the sciences and arts by means of research, teaching, studies and continuing education and training".

In the 1970s and 1980s, the equality of the art and music colleges was enacted as part of the new higher education legislation, above all, concerning institutional structure and the status of teaching staff and students. At the same time, it was possible to successfully preserve some of the differences and special features that allow the art and music colleges to respond more flexibly to artistic, societal and political developments than other higher education institutions can, which envy them these freedoms. There is no other category of higher education institution in which the connection between theory and practice has been so thoroughly applied as in the art and music colleges.

Indeed, this starts with their names. The simplifying term of "colleges of art and music" hides a number of institutions that continue to use the term "academy", which they have borne since their foundation and under which they became famous. Similarly, a look behind the generic term will reveal higher education institutions which dedicate themselves particularly to drama and theatre, to dance, film and television, book art or media art and which thus mirror the enormous diversity of artistic training.

One of the roots of this diversity, which is also documented by the articles contained in the book at hand, is to be found in the historical origins of the institutions themselves. In the field of music, these are the conservatories, the singing schools, the "music establishments" of the 19th century, while in the field of fine and visual art they are the regional art schools, the industrial arts schools, the crafts academies. These

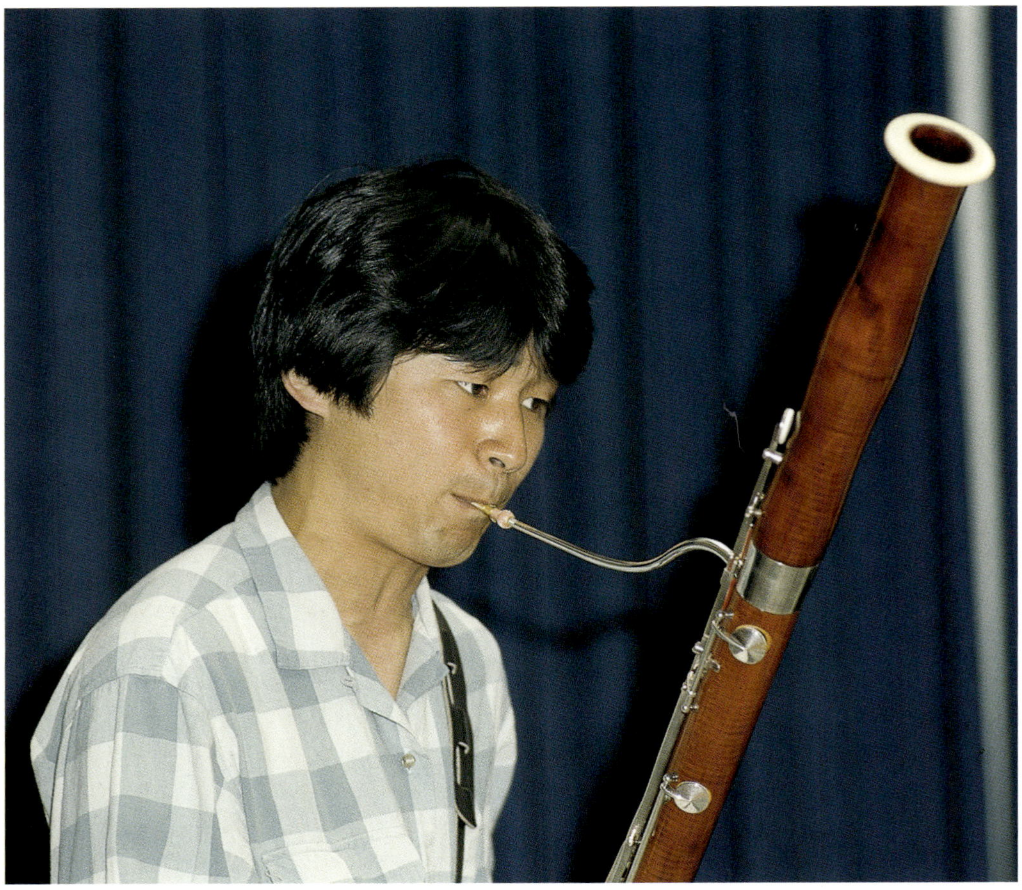

Üben am Fagott
Practising the bassoon

Eine Wurzel dieser Vielfalt, die sich auch in den Beiträgen zu diesem Buch dokumentiert, ist die Entstehungsgeschichte der Einrichtungen selbst. Sie sind – im Bereich der Musik – entstanden aus den Konservatorien, Singschulen, "Musikanstalten" des 19. Jahrhunderts oder – im Bereich der bildenden Kunst – aus Landeskunstschulen, Kunstgewerbeschulen, Werkakademien. Sie sind entstanden als Trainingsstätten für Musikvirtuosen und als Pflegestätten für die akademische Malerei; als Institute für die Lehrerausbildung in den künstlerischen Fächern; unter regionalen und lokalen Gesichtspunkten in der Zeit der deutschen Kleinstaaterei und später des deutschen Föderalismus; als fürstliche, staatliche, städtische oder private Gründungen; nach 1945 unter dem Eindruck der Verluste durch Verfolgung und Vertreibung in der Nazizeit und in dem Bestreben, an die künstlerischen Traditionen der Weimarer Republik anzuknüpfen; aus der – meist finanziell motivierten – Überführung kommunaler und privater Einrichtungen in die staatliche Trägerschaft; in jüngster Zeit als Antwort auf die Entwicklung neuer künstlerischer Medien. Dieser Prozess ist im Übrigen nicht abgeschlossen; die Umwandlung kirchenmusikalischer Ausbildungsstätten in Hochschulen für Kirchenmusik zeigt das deutlich.

Um bei der institutionellen Vielfalt zu bleiben: Zwar findet die Ausbildung ausübender Künstler überwiegend an Kunst- und Musikhochschulen statt, jedoch haben diese dafür keinesfalls ein Monopol. In einigen Bundesländern ist diese Ausbildung in die Universitäten integriert. Und die Design-Studiengänge sind vielfach an Fachhochschulen, in manchen Fällen an Universitäten angesiedelt. Andererseits gibt es ein Monopol der Universitäten weder in der Lehrerbildung für die künstlerischen Fächer noch in der Kunst- oder der Musikwissenschaft. Die letzteren Fächer sind ebenso an den Kunst- und Musikhochschulen vertreten und bilden dort die Grundlage für die Zuerkennung des Promotions- und Habilitationsrechts. Die Ausbildung für die künstlerischen, künstlerisch-pädagogischen und künstlerisch-wissenschaftlichen Berufe hat viele Orte. Und, um auch dies zu erwähnen: Für die Ausübung eines freien künstlerischen Berufs ist die Ausbildung an einer Hochschule und der Nachweis eines entsprechenden Abschlusses gottlob keine zwingende Voraussetzung. Hier zählt Können, hier gilt nicht das ansonsten weit verbreitete Berechtigungswesen. Aber dass die Kunst- und Musikhochschulen eine vorzügliche Vorbereitung auf jenes "Können" bieten, ist nicht zu leugnen.

Die Vielfalt, die wir hier vorfinden, ist, so chaotisch sie scheinen mag, also nicht zufällig. Sie ist in der Sache begründet. Unterschiedliche Ansätze zeitigen unterschiedliche Ergebnisse, und diese manifestieren sich im je eigenen Selbstverständnis ebenso wie in der stark personenabhängigen Auffassung von Studienorganisation und Lehrmethode. Dies sollte bedenken, wer über die Vielfalt der Abschlüsse und vor allem der Studienfächer in den Bereichen von Musik, Theater und Tanz, von Malerei, Bildhauerei und Grafik, von Film, Fernsehen und Video, von Computer- und Medienkunst staunt.

Vor allem in jüngerer Zeit haben sich Mischformen zwischen den traditionellen Gattungen der Kunst, auch zwischen bildender Kunst und Musik entwickelt, die sehr schnell Eingang in den Ausbildungskanon der Hochschulen gefunden haben. Kaum ein anderer Begriff kommt in den Beiträgen dieses Buches so häufig vor wie "Neue Medien".

Und wieder sind die organisatorischen Formen variabel: Sie reichen von der Integration des Neuen in einen bestehenden Studiengang oder die Aufnahme in das ohnehin reiche Angebot von Wahlfächern über die Kooperation zwischen Studienfeldern und die Neuentwicklung interdisziplinärer Curricula bis zur Zusammenarbeit von Hochschulen oder – wie im Falle der Hochschule der Künste in Berlin und der Hochschule für Künste in Bremen – von Musik und bildender Kunst unter dem Dach einer gemeinsamen Hochschule. Junge Menschen tun also gut daran, sich rechtzeitig vor einer Studienentscheidung ausführlich über die Konzepte und Profile, die Lehrangebote und Lehrmethoden einer Hochschule zu informieren.

Wie an anderen Hochschulen auch hat in den letzten Jahren an den Kunst- und Musikhochschulen ein Prozess der Öffnung nach außen, in die Gesellschaft, in die Berufswelt begonnen. Auch dieser Prozess verläuft nicht einheitlich oder gar gleichzeitig in allen Einrichtungen und

institutions evolved as training centres for musical virtuosos and as nurseries for budding academic painters; as institutes in which art teachers were trained; as regional and local answers at a time when Germany was made up of a multitude of small states and later in an age of German federalism; as royal, state, municipal or private establishments; after 1945 under the impression of the losses suffered at the hands of persecution and expulsion in the Nazi era and in an effort to re-establish the artistic traditions from the time of the Weimar Republic; from the—in most cases financially motivated—transferral of local authority and private institutions into state ownership; very recently as a response to the development of new artistic media. Incidentally, this process has not yet been completed; the conversion of church music institutions into colleges of church music clearly illustrates that.

Although the training and education of professional artists is largely provided by the colleges of art and music, these certainly do not hold a monopoly in this field. In some regional states, these studies have been integrated into the universities, while degree courses in design are often offered by Fachhochschule institutions and sometimes by universities. On the other hand, the universities neither enjoy a monopoly in the training of teachers nor in the art subjects, in aesthetics or musicology. The latter disciplines are also represented at the colleges of art and music, where they form the basis with which an institution can gain the right to award doctorates or the Habilitation, *the professorial teaching qualification. Many places offer education and training for artistic, artistic-educational and artistic-scientific professions. Indeed, we should also mention that—thank goodness—artists are not obliged to have studied at a higher education institution or hold a degree if they want to pursue a career in free and pure art. Talent and ability are the decisive factors, not the system of authorisation and legitimisation, which is otherwise widely practised. However, we cannot deny that the colleges of art and music do provide excellent preparation on the way to achieving that "ability".*

As chaotic as it may seem, the diversity that we discover here is not a matter of chance. It is objectively founded and justified. Various approaches lead to differing results, and these manifest themselves in the self-perception and understanding unique to each institution as well as in the very much person-dependent approach to study organisation and teaching methodology. This should be borne in mind by anyone who is astonished at the diversity of degrees and qualifications and, above all, of study subjects and disciplines in the fields of music, drama and dance, painting, sculpture and graphic art, film, television and video, computer and media art.

In recent times, in particular, hybrid forms have developed, bridging the gap between the traditional genres of art and also between fine art and music. These cross-genre courses have very quickly found their way into the catalogue of higher education studies. Hardly any other expression is mentioned as frequently in the articles contained in this book as "new media".

And again the organisational forms can be seen to be variable. They range from the integration of new elements into an existing degree course or inclusion in the wealth of optional study fields that are available anyway through to cooperation between study areas and the development of new, interdisciplinary curriculums, all the way to cooperation between higher education institutions or to—as in the case of the Hochschule der Künste *in Berlin and the* Hochschule für Künste *in Bremen—offering music and fine art in cooperation under the single umbrella of a shared institution. So, young people would be well advised to inform themselves in detail about the concepts and profiles, the courses offered and the methods used at a higher education institution before deciding on where they would like to study.*

Much as at other higher education institutions, recent years have also seen the art and music colleges start a process of opening to the outside, to society, to the career world. This process is not one that is running along uniform tracks either or even simultaneously in all institutions and disciplines. Often enough, it will encounter the resistance of bureaucracy or mentality, or it will come across objective or subjective obstacles, but nevertheless the process is clearly recognisable. And again, we can make out special features that are unique to the colleges of art and music.

For example, the colleges of music are intensifying their contacts with the school

Holzwerkstatt in der Kunstakademie Düsseldorf
Woodwork shop at the Art Academy Düsseldorf

Disziplinen. Er trifft oft genug auf bürokratische oder mentale Widerstände, auf objektive und subjektive Hemmnisse, aber er ist doch deutlich erkennbar. Und auch er weist die Besonderheiten auf, die den Kunst- und Musikhochschulen eigen sind.

Musikhochschulen z. B. intensivieren ihre Kontakte mit den Schulen und helfen mit, frühzeitig begabte Schüler zu entdecken, zu fördern und fit zu machen für die harte Konkurrenz – auch mit ausländischen Bewerbern – bei der Studienzulassung. Kunsthochschulen ihrerseits bemühen sich um eine an Berufsfeldern orientierte Aktualisierung ihres Lehrangebots. Die Einsicht beginnt sich durchzusetzen, dass auch die künstlerische Ausbildung auf einen Arbeitsmarkt reagieren muss, der unübersichtlicher, internationaler geworden ist, raschen Veränderungen unterliegt, aber auch neue Tätigkeitsfelder mit guten Chancen eröffnet.

Wenn es richtig ist, dass von den Absolventen unserer Hochschulen zunehmend "Schnittstellen-Kompetenzen", also übergreifende, die herkömmlichen Fachgrenzen sprengende Fähigkeiten verlangt werden, dann muss das Rückwirkungen auf die Ausbildung haben. Ein gutes Beispiel dafür sind Studienmodelle, die eine Integration von künstlerischen und wirtschaftswissenschaftlichen Anteilen erproben. Freilich ist immer darauf zu achten, dass die Qualität nicht leidet. Auf die Kunst- und Musikhochschulen übertragen heißt das: dass z. B. die Freiräume erhalten bleiben, die die Studierenden für ihre Persönlichkeitsbildung und für die Entfaltung ihrer Kreativität brauchen – als eine unerlässliche Voraussetzung für künstlerische Leistung.

Wer die Beiträge der Hochschulen, die in diesem Band versammelt sind, aufmerksam liest, der wird viele Beispiele für eine Öffnung nach außen finden. Das gilt für die Zusammenarbeit der Kunsthochschulen mit Galerien, Medienproduzenten und Museen ebenso wie für diejenige der Musikhochschulen mit Orchestern, Theatern und Rundfunkanstalten. Es gilt für die Verbindungen zu Mäzenen und Stiftungen, die u. a. durch die Auslobung von Preisen den künstlerischen Nachwuchs fördern. Und es gilt für die Beiträge der Hochschulen selbst, ihrer Lehrer und Studierenden, zum kulturellen Leben der Städte und Regionen, in denen sie angesiedelt sind.

Gerade dieser letztere Aspekt wird häufig übersehen oder für etwas Selbstverständliches, kaum Erwähnenswertes erachtet. Er sollte im Gegenteil viel stärker ins öffentliche Bewusstsein gerückt werden, gerade in einer Zeit, in der die Hochschulen unter einem erheblichen Rechtfertigungsdruck stehen.

Wenn wir von den Leistungen der Kunst- und Musikhochschulen sprechen, sollten auch ihre internationalen Beziehungen nicht übersehen werden. Sie erschöpfen sich keineswegs in der beachtlichen Zahl der Kooperationsvereinbarungen mit ausländischen Hochschulen oder entsprechenden Ausbildungsstätten. Sie manifestieren sich vor allem in dem hohen Anteil ausländischer Professoren, Lehrbeauftragter und Studierender, der höher ist als bei den anderen Hochschularten.

Wenn wir heute beklagen, dass die Bundesrepublik Deutschland für ausländische Studienbewerber nicht mehr so interessant sei, dann können die Kunst- und Musikhochschulen zu Recht und mit Stolz darauf hinweisen, dass ihre Anziehungskraft für angehende Künstler aus aller Welt ungebrochen ist. Deren Anteil an ihrer Studentenschaft war schon immer hoch und liegt heute bei knapp über 20 Prozent. Das ist eine statistische Durchschnittszahl, hinter der sich aber eine Lebenswirklichkeit verbirgt, von der sich jeder ein Bild machen kann, der unsere Kunst- und Musikhochschulen besucht. Es wäre schlimm, wenn sich daran – etwa unter dem Einfluss finanzieller Restriktionen – etwas ändern würde.

In einem Bereich sind die Kunst- und Musikhochschulen privilegiert: Sie können sich ihre Studenten selbst aussuchen. Und um dieses Privileg beneiden sie die Universitäten und Fachhochschulen, die um ein solches Recht zäh – und bisher weitgehend erfolglos – kämpfen, besonders heftig. Wer ein Fach der bildenden Kunst oder der Musik studieren will, muss – zusätzlich zur formalen Zugangsberechtigung – seine Eignung nachweisen. Ja, der Nachweis der besonderen Eignung kann sogar ein fehlendes Dokument der Hochschulreife ersetzen. Die sehr geringe Zahl von Studienabbrechern zeigt, wie wirksam die Auswahl erfolgt.

Das Präsidium der HRK wird nicht müde zu fordern, dass künftig allen Hochschulen das Recht der eigenen Studentenauswahl oder doch einer sehr frühen Eignungsfeststellung – mit Folgen – zugestanden wird. Dies gehört einfach zu einem Hochschulsystem, das von den bürokratischen Fesseln herkömmlicher Hochschulverwaltung befreit ist und dessen Leitideen Autonomie, Professionalität, Wettbewerb, Profilbildung und Differenzierung heißen. Es bleibt zu wünschen, dass die Kunst- und Musikhochschulen, die in dieser Hinsicht schon manches erreicht haben, sich nicht nur den Vorsprung bewahren, sondern ihn auch weiter ausbauen – und dass es den anderen Hochschulen ermöglicht wird, diesem Vorbild zu folgen.

Druckwerkstatt auf Burg Giebichenstein
Print shop at Burg Giebichenstein

sectors, assisting in identifying, promoting and preparing talented pupils at an early stage for the hard competition they will face—also with international applicants—in gaining admission to studies. For their part, the colleges of art are endeavouring to modernise their range of study opportunities to take account of the career fields open to their graduates. A realisation is beginning to assert itself that artistic training must also respond to the labour market, which has become more disordered, more international and subject to rapid change, but which also opens up new fields of activity with good opportunities and prospects.

If it is right that the graduates of our higher education institutions are increasingly expected to possess universal, cross-disciplinary skills, then this must have implications for the education and training which they enjoy. A good example of this logic is to be found in study models that test the integration of artistic and economic elements. Admittedly, care must always be taken to ensure that the quality does not suffer. For the colleges of art and music this means, for example, that those freedoms remain as an indispensable requirement for artistic performance which students need in order to be able to develop their individuality and personality and to unfold their creativity.

Those who carefully read the articles produced by the colleges for the volume at hand will find many examples of how the colleges approach this task of opening towards the outside world. Measures cover cooperation between art colleges and galleries, media producers and museums, as well as collaboration between music colleges and orchestras, theatre houses and radio stations. It applies to the relations with patrons, foundations and sponsors, who, for example, but not only, offer prizes to help promote young artistic talent. And it applies to the contributions made by the colleges themselves and by their teaching staff and students to cultural life in the cities and regions in which those institutions, staff and students are at home.

It is this last aspect, in particular, which tends to be overlooked or treated as some self-evident thing, hardly worthy of mention. Yet, the contrary is true and should be brought much more to the public attention, especially at a time in which higher education institutions find themselves under real pressure to justify their existence.

When we speak of the achievements and services of the colleges of art and music, we should make sure that we do not forget their international relations. These certainly involve not just the outstanding number of cooperation agreements with foreign higher education institutions or corresponding educational establishments. They above all manifest themselves in the large proportion of foreign professors, contract lecturers and students, which is higher than that found in other kinds of higher education institutions.

When we complain today that the Federal Republic of Germany is no longer as interesting for foreign study applicants as it once was, then the colleges of art and music can rightly claim with some pride that their appeal for aspiring artists around the world continues unbroken. The share in the total student body has always been high, today accounting for just over 20 per cent. That is a statistical average of course, behind which, however, we can find the reality of life which is open for anyone who attends our colleges of art and music to discover and experience. It would be terrible if this were to change—for example as a result of financial restrictions.

There is one field in which the colleges of art and music are privileged: They can choose their students themselves. The traditional universities and the new universities of applied sciences have been fighting long and hard—and so far largely unsuccessfully—for such a privilege, and so they very much envy the colleges of art and music this right. Besides having to meet the formal admissions requirements, anyone wanting to study fine art or music must prove that he or she is suitably talented by taking part in a competitive aptitude or entrance test. Indeed, proof of talent and aptitude may even cancel out the lack of a higher education entrance qualification. The very small number of students dropping out of their studies shows how effective this selection process is.

The Presiding Committee of the HRK never tires in calling for higher education institutions to be given the right to choose their own students in the future or at least to test aptitude at a very early stage—with all the consequences that this involves. This is simply a must for any higher education system which has been liberated from the bureaucratic chains of traditional higher education administration and whose guiding principles go by the names of autonomy, professionalism, competition, profile development and differentiation. The wish remains that the colleges of art and music, which have already achieved much in this respect, not only maintain their advantage, but further extend it as well and that this enables other higher education institutions to follow in the wake of this model.

Üben, üben, üben …

◂ Auch im Repertoire: Alte Musik (HMT Leipzig)
Early music is also part of the repertoire

▴ Klavier-Unterricht: Meister und Schülerin im Duo (HfM Frankfurt am Main)
Piano instruction: Master and pupil play a duet

Ausdauer ist notwendig: Gesangs-Unterricht (HfM Köln)
You need plenty of staying power when learning to sing

◂ Probe der Big Band – Bläser und Schlagzeug (HMT Leipzig)
The Big Band rehearses—The wind and percussion sections

◂◂ Förderung junger Talente (HMT Leipzig)
Promoting young talent

Der richtige Griff (HMT Leipzig)
Getting the fingering right

Gemeinsame Konzentration – Geigenunterricht mit Klavierbegleitung (HMT Leipzig)
Concentrating together—Violin instruction with piano accompaniment

OBO
HANS KREUL

◂ Orchesterprobe: Trommeln und Pauken (HfM Berlin)
Orchestral rehearsal with drums and timpani

◂◂ Im Medienraum (HMT Leipzig)
In the media room

Ensemble-Probe zur "Zauberflöte" (Musikhochschule Lübeck)
Ensemble rehearsal for "The Magic Flute"

Selbstkontrolle im Spiegel (HfM Frankfurt am Main)
Practising self-control in the mirror

▴ Allein mit der Gitarre (HfM Frankfurt am Main)
My guitar and me

Proben für einen Klassiker: Mozarts "Zauberflöte" (HfM Frankfurt am Main)
Rehearsing for a classic. Mozart's "The Magic Flute"

◂ Der perfekte Trommelwirbel
(HfM Frankfurt am Main)
The perfect drum roll

▸ Hornunterricht: Intensives Spiel – konzentriertes Hören (HfM Köln)
Learning to master the horn means intensive play and concentrated listening

Auch Jazz gehört dazu (HfK Bremen)
Jazz is studied as well

Spiel mit Klangplatten (HfK Bremen)
Playing the bars

Mit großem Gerät im Übungsraum
(HMT Hannover)
Heavy Equipment in the Practice Room

▾ In der Gruppe macht's am meisten Spaß (HfM Berlin)
Group play is most fun

LD.NDS.
LD.NDS.

Lothar Romain

Zwischen Kunst und Gesellschaft

Kunsthochschulen wohin?

Die Kunstakademie, der noch immer mit viel Freiheit ausgestattete staatliche Zufluchtsort für Kunstlehrer wie für Kunststudenten, ist längst nicht so unangefochten und unumstritten, wie das aus vielen Feiertagsreden herausklingen mag. "Die Akademie ist heute – und sie ist es seit langem, wenn auch nicht von ihren Anfängen her – der reinste Widerspruch", hat Wieland Schmied geschrieben. "Die Akademie steht zwischen Kunst und Gesellschaft, ohne die Verbindung zwischen beiden zu sein." Kunsthochschulen haben keine institutionelle Identität a priori, sondern leben eher als institutionalisierter Widerspruch – und beziehen doch gerade von daher einen wesentlichen Teil ihrer Existenzberechtigung.

Den Widerspruch nach innen – und auf die Seite der Kunst bezogen – haben am heftigsten die Künstler selbst artikuliert. Spätestens seit der Französischen Revolution und der Romantik ist die Vorstellung von Kunst als einem normativ geprägten, erlernbaren Sujet mit Erfolg bekämpft und schließlich von der Moderne endgültig verabschiedet worden. Die Akademie, die einst der Befreiung der Künstler aus den Zunftzwängen und ihrer gesellschaftlichen Nobilitierung diente, hatte diesen gesellschaftlichen Aufstieg an strenge Kunstregeln gebunden.

Seitdem mit dem 19. Jahrhundert die individuelle Kompetenz des Künstlers, sein Genie, gegen Regelwerke erfolgreich kämpfte, wurde der Begriff "akademisch" mehr und mehr zum Synonym für rückschrittlich, starr, unbeweglich. Die Kritik kam beinahe immer zu demselben Ergebnis, das Le Corbusier so zusammenfasste: "Es sind Leichenhallen; in ihren kalten Räumen sind nur Tote. Die Türe bleibt wohlverschlossen; kein Hauch der Außenwelt kann eindringen."

Die Akademien haben noch eine Weile versucht, diese Emanzipation des kompetenten Individuums durch Regulierung des Kontaktes zwischen Kunst und Öffentlichkeit zu bremsen, doch auch hier hat schließlich eine Neuerung des 19. Jahrhunderts, die Entwicklung eines freien Kunstmarktes, die Schranken brechen lassen. Hinzu kam eine innere Zersplitterung der Institution Akademie durch zahlreiche Sezessionen, die am Ende direkt in die Pluralität der Moderne einmündeten.

Die Anerkennung der individuellen künstlerischen Kompetenz erbrachte die größtmögliche Unabhängigkeit des Künstlers, aber auch seine immer schutzlosere Preisgabe an den Markt, dessen Bedingungen sich der Künstler mehr oder weniger unterwerfen musste. Dieser Markt ist von Beginn an keine einheitliche Größe gewesen, sondern von konträren Strömungen gekennzeichnet, wovon eine reaktionäre bis heute nach den Regelwerken des ewigen Wahren und Guten ruft und den Kunstinstitutionen allesamt Verrat daran vorwirft. Eine sich selbst als avantgardistisch einstufende Szene dagegen beschwört den bedingungslosen Fortschritt und entscheidet über Kunst nur nach Maßgabe des Neuigkeitswertes. Innovation ist dann die Fähigkeit, durch Neues das Bestehende vergessen zu machen, wie es die Apologeten der digitalen Medien gegenüber den klassischen wie Malerei und Plastik in den letzten Jahren ausgiebig vorgeführt haben. Dazwischen gibt es viele Facetten – die breiteste Strömung heute ist wohl die so genannte Kunstmarkt-Kunst, also jene durch den Markt wesentlich mitbeförderte Nivellierung aller Qualitätsmerkmale, die Sublimierung anstelle der schroffen Gegensätze und die Ästhetisierung des Pluralismus zum Gesamtkunstwerk.

Die Emanzipation der Kunst zu sich selbst hat als Menetekel der Freiheit immer auch die Beliebigkeit erscheinen lassen. Hier setzt der Ruf nach Vermittlung ein – und zwar nicht nur im Sinne des Erklärens und Bedeutens, sondern als integraler Bestandteil künstlerischer Strategien. Einerseits auf Autonomie bedacht, hat die Moderne doch immer wieder größte Anstrengungen unternommen, sich dem "Leben" zu öffnen, es in sich aufzusaugen und zu eigenen Bedingungen neu zu modellieren, zu strukturieren. Der Zwiespalt zwischen individueller Kompetenz und Kunstautonomie und den notwendigen Vermittlungsbemühungen prägt bis heute auch die Diskussionen um die Kunsthochschulen und deren Aufgabe. Alle Reformansätze und Neugründungen – wie etwa die des Bauhauses – haben versucht, diese beiden unterschiedlichen Zielsetzungen unter einem Dach zusammenzubringen und als Organismus wirksam werden zu lassen.

Nach innen sucht die Kunsthochschule die engste Bindung an die so genannte freie Kunst, was nach wie vor bedeutet, deren Unabhängigkeit bis hin zur Verteidigung der Monomanie zu erhalten. Kunsthochschulen, auch so stellt sich – verkürzt und zugespitzt – ihr Bild dar, sind eine Versammlung von Monomanen, die partiell kooperativ sind – und zwar dort, wo die Fragen der Vermittlung ihr eigenes Selbstverständnis berühren und beschäftigen. Dass Kunst als Kunst nicht lehrbar ist, wohl aber die Techniken als Grundlage zur künstlerischen Tätigkeit und die Wege zur ei-

Lothar Romain

Between Art and Society

Colleges of Art—quo vadis?

The art academy, that state-maintained refuge for art teachers and art students which still enjoys much freedom, has long ceased being as undisputed and uncontroversial as many a Sunday surmon may suggest. "The academy today—and it has long been so, although not since its very early beginnings—is a contradiction in itself," wrote the art historian Wieland Schmied. "The academy is positioned between art and society, without being a link between the two." Art colleges have no institutional identity a priori; rather they tend to exist in a kind of institutionalised contradiction—and yet do draw a substantial part of their existential justification from this.

This inward contradiction—which is related to art as well—has been most vociferously expressed by the artists themselves. Since the French Revolution and, at the very latest, the Romantic period, the conception of art as a normatively-shaped, learnable subject has been successfully combated, receiving its full and final farewell at the hands of Modern Art. The academy which once served as an institution which liberated artists from compulsory membership of the guilds and from their societal nobilitation, attached strict rules of art to this social advancement.

Since the 19th century, when the individual competence of the artist, of the artist's genius, successfully fought against rules and regulations, the term 'academic' has increasingly evolved into a synonym for the reactionary, the rigid and the inflexible. Essentially, such criticism always came to the same conclusion which Le Corbusier summarised as follows: "They are mortuaries; only the dead lie in their cold rooms. The door remains well-sealed; no breath of the outside world can penetrate."

For a while, the academies continued to try to slow this emancipation of the competent individual down by regulating contacts between art and the public. Yet, in the final analysis, it is, here again an innovation of the 19th century, the development of a free art market, which served to break down these barriers. Added to this, the academy experienced a process of internal institutional divisions as a result of numerous secessions which eventually flowed directly into the plurality of Modern Art and Modernism.

The acknowledgement of individual artistic competence produced the greatest possible degree of independence for the artist; however, it also resulted in the artist becoming ever more exposed and undefended on the market, with the artist more or less having to subject himself to the conditions of that market. From its very beginning, this market was no uniform value; rather it was characterised by contrary flows, of which a reactionary one continues to call for the rules and regulations of eternal truth and good and accuses all art institutions of having betrayed these values. On the other hand, a scene which classifies itself as avant-garde swears by the principle of unconditional progress and only evaluates art on the basis of its innovative value. Here, innovation means the ability to use the new to forget the existing, much in the same way as digital media apologists have recently extensively practised in their attitude towards classical media, such as painting and sculpture. There are many facets in-between—with the broadest stream today probably being so-called art-market-art—i.e. that levelling out of all quality features in which the market has also played an essential role, sublimation rather than stark contrasts and the aestheticisation of pluralism towards the Gesamtkunstwerk, *the total work of art.*

In its capacity as a portent of freedom, the emancipation of art towards itself has always allowed arbitrariness to appear as well. This is where the call for mediation sets in—and, what is more, not only in the sense of explaining and interpreting, but also as an integral component of artistic strategies. As far as autonomy is concerned, for example, Modern Art has indeed repeatedly undertaken the greatest effort to open itself up to 'life', to absorb and remodel it, to structure it according to its own conditions. The rift-like conflict between individual competence and art autonomy, on the one hand, and the necessary efforts towards mediation, on the other, continue to this day to shape the discussion on the art colleges and their mission. All attempts at reform and new institutions—such as the Bauhaus—have sought to unite these two seemingly incompatible goals under a single umbrella and to allow them to take effect as an organism.

Inwardly, the art college seeks to establish the closest ties with so-called pure art, which continues to mean upholding independence, even if this means defending monomania. Art colleges, and this is the picture they present—albeit in an abridged and exaggerated form—are a community of monomaniacs cooperating in certain fields, namely where questions of mediation affect and preoccupy their own self-perception. The fact that art is not teachable as art, although its techniques in their capacity as the foundation for artistic activity and the paths towards independent artistic expression are, is still undisputed even among the adversaries of institutional training. Yet, it is claimed that such apparatuses are not required for this, and especially not those structured or saturated with reflective mediation channels, because these served to obstruct all immediacy and erected barriers of meaning in places where, after all, continual cross-border activity and infringement are

"Forum Nordrhein-Westfalen" in Düsseldorf
The "Forum Nordrhein-Westfalen" in Düsseldorf

genständigen künstlerischen Äußerung, bleibt selbst von den Feinden der institutionellen Ausbildung unbestritten. Dafür aber, so heißt es, bedürfe es keiner solchen Apparate und vor allem keines solchen Umbaus von und keiner Durchdringung mit reflektiven Vermittlungsinstanzen, weil diese jede Unmittelbarkeit verhinderten und Bedeutungszäune aufbauten, wo doch ständige Grenzüberschreitung und Regelverletzung gefragt sei. In diesem verkürzten Verständnis von Kunst und Künstler gäbe es kein eigentliches Kunststudium, sondern nur die tatkräftige Vermehrung von Monomanie bei gleichzeitiger Weitergabe einiger technischer Fertigkeiten.

Das mag sogar einen Wesenszug des Kunststudiums im engeren Sinne ausmachen, dass Studenten Techniken und mit ihrer Hilfe vor allem auch sehen und unterscheiden lernen – und das im Kontext und in der Konzentration einer institutionellen Arbeitsgemeinschaft. Diese Institution hat zugleich eine wichtige Schutzfunktion, die oft viel zu leichtfertig durchbrochen wird, nämlich die wenigstens partielle Sicherung vor dem Moloch Markt, der mit allen verfügbaren Instrumentarien frühzeitig zu vereinnahmen und auf das Gängige auszurichten versucht.

Die Schutzfunktion der Kunsthochschule durch die Konzentration auf die eigenen Darstellungs- und Ausdrucksfähigkeiten ist jedenfalls nicht zu unterschätzen. Das kann und darf aber nicht bedeuten, dieses gleichsam besinnungslos und in narzisshafter Versenkung zu betreiben. Die viel beschworene Unmittelbarkeit des Zutritts zur Kunst bedeutet ja zugleich immer den individuellen Eintritt in eine Geschichte und einen Kontext, in dem allein Kunst immer wieder neu entsteht.

Diese geschichtlichen Erfahrungen bedeuten im Kontext der Hochschule zunächst und vor allem nicht: über die Sache reden, sondern mit ihr, durch sie reden. Damit verlassen wir nicht den Bereich künstlerischer Autonomie, sondern bewegen uns in einer ihr eigenen Kommunikations- und Vermittlungsstruktur, für die die Kunsthochschulen ein nach wie vor unersetzliches Forum darstellen. Das betrifft die Ansammlung von Künstlerpersönlichkeiten als Lehrende ebenso wie die spezifische Motivation der Studenten wie auch die Organisation in Klassen.

Die Versammlung von wichtigen Künstlerinnen und Künstlern in einer Institution ist nicht nur gelobt, sondern auch als Bedeutungshuberei kritisiert worden, kritisiert mit dem Hinweis, dass ein hervorragender Künstler noch kein hervorragender Pädagoge sein müsse und häufig mehr der Eigenorganisation denn seinen Studenten verpflichtet sei. Das Letztere mag – öfter als es wünschenswert ist – zutreffen. Dann muss die Hochschule mehr Mut aufbringen, um die Unterschiede zwischen tolerierbarer Monomanie und Leistungsverweigerung deutlich zu machen. Das Erstere jedoch, die angeblich mangelnden pädagogischen Fähigkeiten, beruhen häufig auf einem falsch verstandenen Pädagogikbegriff, der mehr von der Vorstellung einer Vermittlung von Wissen über etwas ausgeht denn von dem spezifischen Umgang mit den Dingen und Strategien der Kunst.

Die Reflexion der eigenen Tätigkeit liegt wesentlich im Kunstmachen selbst. Dieses Machen, je kompetenter es gemacht wird, bedeutet einen einzigartigen Kristallisationspunkt für das lernende Mitmachen. Damit ist gewiss nicht das Nachmachen gemeint, wohl aber das Aufnehmen und die jeweils spezifische Anwendung kunststrategischer Überlegungen, die Fragen nach dem eigenen fruchtbaren *point of view* und – man braucht über den Begriff nicht in Verlegenheit zu geraten – nach der eigenen künstlerischen Haltung. Dabei kommt den Klassen eine wichtige Bedeutung zu. Sie sind in ihrer spezifischen Arbeits- und Kommunikationsstruktur, als Einheiten der Partizipation wie der Konkurrenz, nach wie vor ein erfolgreiches Modell. Sie gewährleisten durch die künstlerische Persönlichkeit, die sie prägt, nicht nur Kontinuität, sondern fördern vor allem die insistente Auseinandersetzung mit einer schon formulierten künstlerischen Position, von der man sich abgrenzen muss, um schließlich zum Eigenen zu gelangen.

Kunsthochschulen sind Lern- und Forschungsorte eigener Qualität. Das gilt auch für die wissenschaftlichen Fächer an einer Kunsthochschule, z. B. für die mit der Kunst hier engstens verwobene, in die Gegenwart fortwirkende Kunstgeschichte sowie für Kunsttheorie und Ästhetik. Selbstverständlich können sie, ja dürfen sie nicht auf kunstwissenschaftliche Methoden verzichten, aber sie müssen – in der Auseinandersetzung vor Ort und verstrickt in die mannigfaltigen künstlerischen Aktivitäten – ständig die engen Grenzziehungen des Methodischen überschreiten und nach reflektiven Äquivalenzen suchen für die Erfahrungen mit dem Anschaulichen, um das Seh- und Einsehbare auch im Bereich des begrifflich Sagbaren zu halten.

So nach innen gesehen und streng auf die Kunst geschaut wäre die Hochschule ein Ort des stillen Glücks der eigenen Wahrheit, durch keine fremden

called for. Within this abbreviated understanding of art and artists, the study of art as such would not exist. Instead, there would only be the energetic propagation of monomania with the simultaneous communication of some technical skills.

Indeed, one of the essential characteristics of art studies in the narrower sense may turn out to be that students learn techniques and by using them above all learn to see and differentiate—and all this in the context and concentration of institutional teamwork. At the same time, this institution performs an important protective function which is often perforated all too thoughtlessly, namely that of at least partially offering some defence against the Moloch of the market which seeks to use every instrument at its disposal to monopolise and to focus merely on what is popular.

In any case, the protective function which the art college performs by concentrating on its own skills of presentation and expression must not be underestimated. However, that cannot and must not mean pushing ahead with this in, as it were, some kind of blind narcissism. At the same time, the much-implored immediacy of access to art does indeed always mean individual entry into history and a context in which art alone is reborn time and time again.

In the context of colleges, such historical experiences do not—and above all initially—involve any such discussion; rather they involve a dialogue or outlet. This does not mean a departure from the field of artistic autonomy; instead, we move within its own inherent structure of communication and mediation for which the art colleges continue to represent an indispensable forum. This applies to the community of artist personalities in their capacity as teachers as well as to the specific motivation of students and the organisational structure of the class.

The gathering of important artists within an institution has been praised as well as criticised for raising meaning to lofty heights, and criticised for the fact that an outstanding artist is not necessarily an outstanding educator, the artist being often more committed to personal organisation than to the students. More often than desirable, the latter may be true. In such cases, the college must conjure up greater courage so that it can clearly illustrate the differences between tolerable monomania and the refusal to perform. The former, however, namely the supposed lack of educational skills, frequently rests on a false understanding of the term educator which is based more on the concept of delivering knowledge about something than on the specific treatment of aspects and strategies of art.

Reflection on one's own activities is an essential part of art practice itself. Competently carried out, this represents a unique crystallisation point for learning-involved participation. This certainly does not mean copying, but it does mean absorbing and specifically applying art-strategic considerations, answering questions as to one's own productive point of view and one's own artistic stance. Within this process, great significance is attached to the classes. In their specific working and communication structure, and as units of participation as well as competition, they continue to serve as a successful model. Through the artistic personality which shapes them, these classes not only guarantee continuity but also promote the insistent examination of an already formulated artistic position from which students must disassociate and distinguish themselves in order, eventually, to arrive at their own position.

Colleges of art are centres of learning and research with their own special quality. This also applies to the academic subjects offered at art colleges, e.g. for those fields which are tightly interweaved with art, namely art history, and its continuation right up to the present, as well as art theory and aesthetics. Naturally, art colleges cannot and indeed must not dispense with the academic and scientific aspects of art, but they must—in examining the cutting edge and the manifold artistic activities involved—constantly overstep the narrow borders drawn out for the methodological and seek out reflective equivalents to their experiences with the vivid and the visual in order to preserve the 'seeable' and the understandable, also in the field what is abstractly sayable.

From an inwardly-directed viewpoint like this and strictly focused on art, the college would actually be a place for the quiet happiness of personal truth, shattered by no foreign graces and satisfied with itself. However, even colleges of art are institutional service providers which do have to prove their relevance for society. Moreover, this proof must be given in various fields and above all under conditions which contrarily stand in the way of calculated thinking and its supposed practical constraints as well as in the way of the objectification of all human relations.

One could describe the college as a reactor which permanently produces energy at its core, energy that has to find its way to its consumers, its market, via a complex system of conduits and supply lines so that driving forces can indeed evolve into real drives.

To this extent, the subjects attributed to applied art in the fields of design and visual communication are also indispensable for the continued existence of today's colleges of art, and not only as annoying appendages. Time and time again, when the autonomy and purity of art is negotiated before the culture industry with perceptible horror, many protagonists of fine art see these values already threatened by art educational subjects or by disciplines from the fields of graphics and design.

The tensions and problems experienced between fine art classes and art education courses are historical and continue to be shaped by the prejudice that the teaching of education does not belong in an art college, where the sole purpose is to train good artists who—if they indeed wanted to go into teaching—could take the other academic subjects they need upon completion of their art course. The more radical interpretation is that one should dispense with the training of art teachers and instead should send artists into the schools. Apart from the fact that the partial incompetence of the artist teacher, measured against other teachers, would isolate school-based art instruction even more into some exotic form, this apparent absoluteness of the artistic claim also bears witness to a certain degree of shortsightedness. For it cannot only be about art production, but must also be about communicating art. And here the training of art teachers at art colleges is not primarily expected to produce artists, but rather teachers, characterised by inductive thinking and the laboratory-like activity of artistic work, who can deliver these qualities to their school pupils with the same communicative competence as other teachers in other subjects. Only some misconceived regulation aimed at preserving purity could wish to rid the art colleges of this responsibility—not without at the same time bemoaning the completely misdirected and inadequate art teaching provided in the schools sector.

Yet, this is not only a problem faced by the art colleges, but also by the schools themselves, which, due to their orientation, tend to rob art education of the necessary developmental options. This is where the roots of the

Anmutungen erschüttert und mit sich selbst zufrieden. Doch auch Kunsthochschulen sind Dienstleistungsinstitutionen, die ihre gesellschaftliche Relevanz unter Beweis stellen müssen. Und das auf verschiedenen Gebieten und vor allem unter Bedingungen, die dem Zweckdenken und dessen angeblichen Sachzwängen ebenso wie den Verdinglichungen aller menschlichen Beziehungen konträr entgegenstehen.

Man könnte die Hochschule als einen Reaktor beschreiben, der in seinem Inneren permanent Energie produziert, die über ein System von Ableitungen und Versorgungen an die Abnehmer gelangen muss, damit die treibenden Kräfte tatsächlich zu Antrieben werden.

Insofern sind auch die Fächer der angewandten Künste im Bereich von Gestaltung und visueller Kommunikation unabdingbar für den Bestand heutiger Kunsthochschulen und nicht nur ein lästiges Anhängsel. Immer wieder, wenn mit merklichem Horror vor der Kulturindustrie die Autonomie und Reinheit der Kunst verhandelt wird, sehen viele freie Künstler diese schon von kunstpädagogischen Fächern oder von gestalterischen Disziplinen bedroht.

Die Spannungen und Probleme zwischen den freien Kunstklassen und denen der Kunsterziehung sind alt und noch immer von dem Vorurteil geprägt, dass Pädagogik an einer Kunsthochschule nichts zu suchen habe und es hier einzig darum gehe, gute Künstler auszubilden, die – wollten sie denn in die Schule gehen – die anderen wissenschaftlichen Studien doch nach der künstlerischen Ausbildung ableisten könnten. Weitergehend: man solle doch keine Kunstpädagogen ausbilden, sondern gleich Künstler in die Schule schicken. Abgesehen davon, dass die an den übrigen Lehrern gemessene partielle Inkompetenz des Künstler-Lehrers den Kunstunterricht in den Schulen noch weiter als reines Exoticum isolieren würde, zeugt diese scheinbare Unbedingtheit künstlerischen Anspruchs auch von Kurzsichtigkeit; denn es kann nicht nur um Kunstproduktion gehen, sondern auch um Kunstvermittlung. Und da soll die Ausbildung der Kunstpädagogen an Kunsthochschulen nicht primär Künstler hervorbringen, sondern Lehrer, die vom induktiven Denken und dem labormäßigen Agieren künstlerischer Arbeit geprägt sind und dieses mit der gleichen Vermittlungskompetenz wie die Lehrer anderer Fächer in die Schulen hineintragen. Nur ein falsch verstandenes Reinhaltegebot kann sich dieser Aufgabe an Kunsthochschulen entledigen wollen – nicht ohne sich gleichzeitig über die völlig fehlgeleitete und unzureichende Kunstausbildung an den Schulen zu beklagen.

Allerdings ist dieses nicht nur ein Problem der Kunsthochschulen, sondern auch der Schule selbst, die aufgrund ihrer Ausrichtung der Kunstpädagogik die notwendigen Entfaltungsmöglichkeiten nimmt. Die Krise im Bereich der Kunsterziehung und ihre schwierige Stellung innerhalb der Leistungsschule ist auch dort zu suchen. Hier kommt der Druck im Namen der so genannten Leistungsgesellschaft vom Staat und ist einseitig an jenes Zweckdenken gekoppelt, für das die kunsterzieherische Ausbildung eigentlich ein existenziell notwendiges Korrektiv bilden will. In dem Maße, in dem Kunsterziehung dem nachgibt, etwa um den zweifelhaften Wert einer kurzsichtigen Nobilitierung als Leistungsfach im gängigen Verständnis, besser: Missverständnis der Leistungsschule, in dem Maße wird sie sich vom gemeinsamen Sujet entfernen, ja kontraproduktiv wirken und sich selbst aus dem Kontext Kunsthochschule ausgliedern.

Wenn ähnliche Spannungen immer wieder auch zwischen den freien und angewandten künstlerischen Bereichen entstehen, dann vor allem durch Ideologie und Desinteresse – Ideologie in Bezug auf Autonomie, als sei alles Künstlerische nur als interesseloses Wohlgefallen vorstellbar und bedürfe weder des Transfers noch der Vermittlung; und Desinteresse, weil es immer wieder zu beobachten ist, wie Bereiche der Vermittlung und angewandten Künste sich vom eigentlichen Kunstprozess abkoppeln wollen und zu verselbstständigen suchen.

Gerade die rasante Entwicklung in den Bereichen der digitalen Gestaltung und Kommunikation haben aber für die Kunsthochschulen völlig neue Möglichkeiten und Aufgaben erschlossen, die nur sie aufgrund ihrer uralten Kompetenz für das Visuelle und vor allem ihres fortwährenden Laborierens mit dem Visuellen wahrnehmen können. Je mehr in allen Bereichen unseres Lebens das Visuelle an Bedeutung gewinnt, umso mehr sind gestalterische Kompetenzen gefragt – nicht im bloßen Sinne eines Web-Designs, sondern als umfassende Fragen nach gestalterischer Analyse, nach der Struktur des Visuellen insgesamt und seinen Entwicklungsmöglichkeiten. Die sich entwickelnde Mediengesellschaft stellt für sie existenzielle Fragen expressis verbis an die Kunsthochschulen und erwartet zu Recht, dass wir uns darauf mit allen unseren Mitteln einlassen. Das ist eine große Herausforderung, die entgegen häufigen Befürchtungen nicht zu einer weiteren Spaltung in freie und angewandte Bereiche führen wird, sondern nur in einer engen Symbiose von beiden angenommen werden kann.

Hierbei bedarf es der klassischen Gattungen ebenso wie der digitalen Bildgenerierung. Beide stehen entgegen den Dekreten mancher Medienapologeten in einem engen Dialog miteinander, wobei die unterschiedlichen Impulse, die man voneinander empfängt, ebenso wichtig sind wie das Bewusstsein von den Grenzlinien, die ohne Aufgabe spezifischer Qualitäten nicht überschritten werden können.

Und noch immer gilt das Bild vom Reaktor, dem neue Brennelemente zugeführt worden sind und dessen Energie auf die gestalterischen Bereiche einwirkt und von dort aus in praktische Anwendungsbereiche transferiert wird. So entsteht eine Verbindung zwischen Kunsthochschulen und gesellschaftlichem Alltag, die der Autonomie des freien künstlerischen Schaffens jenseits der ideologischen Grundsatzerklärungen eine neue Bedeutung zuerkennt, weil sie nicht nur als Betrachter daran teilhat, sondern als Beteiligter bis in die Kommunikationsformen des gesellschaftlichen Alltags.

So gesehen – und diese Chance gilt es intensiv zu nutzen – stellt sich nicht mehr die Frage nach Kunst und Gesellschaft und den Brücken, die man zur gegenseitigen Akzeptanz bauen muss, sondern die nach der neuen Rolle von Kunst in Gesellschaft. Die Institution der Kunsthochschule muss sich, gerade wenn sie die Freiheit der Künste als oberstes Gut ansieht, dieser Aufgabe bewusst sein und sie in die Entwicklung ihrer inneren Strukturen einbeziehen.

"Forum Nordrhein-Westfalen" in Düsseldorf
The "Forum Nordrhein-Westfalen" in Düsseldorf

crisis faced by the field of art education and its difficult situation within the achievement-oriented school should be sought. Here, the pressure derives from the state—also on behalf of the so-called achievement-oriented society—and is one-sidedly bound to that calculated thinking for which the training of art educators actually intends to create an existentially-necessary corrective. The extent to which art education gives way, for example, to the dubious value of a short-sighted nobilitation as a special subject in the usual meaning of the word, or better a misunderstanding of the specialist school, that is the extent to which it will remove itself from the common subject, will indeed act counterproductively and will exclude itself from the context of the art college.

When similar tensions repeatedly arise between fine and applied art fields as well, then this is above all due to ideology and disinterest—ideology in respect of autonomy, as if everything artistic were only conceivable as some indifferent pleasure, requiring neither transfer nor mediation, and disinterest, because it can repeatedly be observed how aspects of that mediation and applied art seek to disassociate themselves from the art process as such in the quest for independence.

It is especially the rapid development experienced in digital design and communication, however, that has opened up completely new opportunities and responsibilities for the colleges of art, opportunities and responsibilities which only they can take on due to their age-old competence in the visual and above all their incessant preoccupation with the visual. The more that visual aspects manage to gain importance in all areas of our life, the more creative competences will be called for—not merely in the sense of web design, but also as comprehensive questions about creative analysis, about the structure of the visual, in general, and about its developmental potentials. The developing media societies expressis verbis *present the art colleges with questions which are of essential importance to those societies and they rightly expect us to become involved with all the resources at our disposal in answering these questions. That is a great challenge which, in contrast to frequently expressed fears, will not lead to further divisions into fine and applied fields, but can rather only be faced by a closer symbiosis of the two.*

This process requires both classical genres as well as digital image generation. In contrast to the decrees voiced by some media apologists, both areas are involved in close dialogue with each other in which the differing impulses which they receive from each other are just as important as is awareness of the borderlines which cannot be crossed without relinquishing specific qualities.

And the image of a reactor continues to apply; this reactor has had new fuel elements added to it and its energy now exerts an effect on the creative areas and is transferred from there to practical areas of application. Thus originates a connection between the colleges of art and everyday life in society, a connection with acknowledges that the autonomy of creative fine art beyond the sphere of ideological declarations of principle has gained a new significance, because it is not only involved in it as an observer, but is also actively involved as a participant—all the way through to the forms of communication in everyday social life.

Seen from such a perspective—and intensive use must be made of this opportunity—the question no longer needs to be put as to art and society and the bridges which need to be built between them for the purpose of achieving mutual acceptance; rather, questions must be put as to the new role which art holds in society. The institution of the art college must, especially when it views the freedom of art as the greatest good, be aware of this responsibility and must incorporate it in the development of its inner structures.

Hochschule für Musik "Carl Maria von Weber" Dresden

HOCHSCHULE FÜR MUSIK
Carl Maria von Weber
DRESDEN

Hausadresse / *Address*:
Wettiner Platz 13, D-01067 Dresden
Postadresse / *Postal Address*: Postfach 120039, D-01001 Dresden
Telefon / *Telephone*: 0049 / 351 / 492360
Telefax / *Telefax*: 0049 / 351 / 4923657
E-Mail / *e-mail*: rektorat@hfmdd.de
Internet / *Internet*: http: / / www.hfmdd.de

Gründungsjahr / *Founded*: 1856
Bundesland / *State*: Sachsen / *Saxony*

Studiengänge / *Degree Courses*:
Orchesterinstrumente / *Orchestral Instruments*; Gesang / *Singing*; Klavier / *Piano*; Dirigieren / *Conducting*; Korrepetition / *Répétiteur / Coaching*; Komposition / *Composition*; Musiktheorie / *Theory of Music*; Jazz / Rock / Pop / *Jazz / Rock / Pop*; Musikpädagogik / *Music Education*; Schulmusik / *School Music*; Alte Musik / *Early Music*, Rhythmik / *Rhythmics*; Musikalische Früherziehung / *Early Musical Training*

Lehrpersonal / *Teaching Staff*:
hauptamtliche Lehrkräfte / *Full-time Professors and Lecturers*: 80,
Lehrkräfte im Lehrauftrag / *Contract Lecturers*: 261

Studierende / *Students*: 656
Ausländische Studierende / *Foreign Students*: 67

Im Hauptgebäude war ehedem das "Wettiner Gymnasium" untergebracht
The main building: Formerly home to the "Wettiner" grammar school

Die Hochschule für Musik "Carl Maria von Weber" Dresden gehört zu den ältesten Bildungseinrichtungen ihrer Art in Deutschland. Weber, Morlacchi und Wagner gelten als die geistigen Väter; namhafte Persönlichkeiten wie Kurt Striegler, Fritz Busch, Karl Böhm, Paul Büttner und Fidelio F. Finke haben die Geschichte der Hochschule künstlerisch geprägt.
Durch den Geiger der Königlichen Sächsischen Hofkapelle Friedrich Tröstler wurde die Bildungsanstalt 1856 eröffnet. 1881 erhielt sie das anerkennende Prädikat "Königlich"; 1937 ging sie in den Besitz der Stadt über und wurde "Konservatorium der Landeshauptstadt Dresden – Akademie für Musik und Theater"; nach der Zerstörung im Zweiten Weltkrieg formierte sich 1946 eine "Akademie für Musik und Theater"; 1952 erfolgte die Umwandlung in eine staatliche Hochschule für Musik; 1959 wurde der Name "Carl Maria von Weber" verliehen.
Die äußerlich wechselvolle Geschichte ist seit jeher getragen von der gewachsenen Tradition anspruchsvoller Ausbildung in den Orchesterinstrumenten als wesentlichem Bestandteil, profitierend von der engen Bindung an die Sächsische Staatskapelle und die Dresdner Philharmonie. Schon während des Studiums besteht für die Studierenden die Möglichkeit, als Substituten in diesen Orchestern zu wirken. Das außerordentlich leistungsstarke Hochschulsinfonieorchester trägt mit jährlich vier Matineen in der Semperoper zum Konzertleben Dresdens bei. Auch die Gesangausbildung hat in Dresden eine herausragende Position; dafür sprechen Absolventen wie Dagmar Schellenberger, Ute Selbig, Peter Schreier, Olaf Bär, René Pape oder Reiner Goldberg. Die jährlichen Inszenierungen der Opernklasse, in Koproduktion mit Theatern der Region, mit den Kunsthochschulen Dresdens und anderen deutschen und ausländischen Hochschulen, dokumentieren den hohen Standard des praxisorientierten Studienkonzeptes. Der Dresdner Kammerchor ist aus der Hochschule hervorgegangen und in die Hochschularbeit einbezogen. Ein international anerkanntes Studio für Stimmforschung begleitet seit 1959 diese Arbeit und könnte zum Kern des künftigen Instituts für Musikmedizin an der Hochschule werden.
Für Komponisten reicht das Angebotsspektrum von Komposition-Musiktheorie bis zu Komposition-Arrangieren und wird komplettiert durch das 1984 gegründete Studio Elektronische Musik. Das Studium wird begleitet von Aufführungen durch das Studio Neue Musik, das Hochschulsinfonieorchester, die Opernklasse und jährliche Kompositionswerkstätten mit Orchestern sowie von der Zusammenarbeit mit dem Dresdner Zentrum für zeitgenössische Musik, die auch Kompositionsaufträge einschließt.
Eine Besonderheit ist das Fach Korrepetition als grundständiger Studiengang. Mit Blick auf die Berufspraxis ist dieses Studium eng mit den Studienrichtungen Orchester- und Chordirigieren verzahnt. Für Dirigierstudierende findet praktische Orchesterarbeit bei Absolventenkonzerten mit dem Hochschulsinfonieorchester und bei Aufführungen der Opernklasse sowie in Workshops mit Orchestern der Region statt.
Seit 1962 trägt die Fachgruppe Jazz / Rock / Pop mit einer der längsten Traditionen in Deutschland maßgeblich zum Hochschulprofil bei. Neben den instrumentalen und vokalen Hauptfächern steht auch hier die Ensemblearbeit in Big Band, Jazz-, Fusion- und Rockensemble im Mittelpunkt.
Neu wurde 1998 die Studienrichtung Gitarre / Worldmusic eingerichtet. Für Produktionen steht ein professionell ausgestattetes Tonstudio zur Verfügung.
In den musikpädagogischen Studiengängen werden zunehmend Mehrfachqualifikationen angestrebt. Durch die möglichen interdisziplinären Verbindungen finden vor allem auch die Studierenden des Studienganges Schulmusik hervorragende Bedingungen für ihr Studium vor.
Die Forschung setzt neben dem bereits erwähnten Studio für Stimmforschung im Institut für Musikwissenschaft mit dem Heinrich-Schütz-Archiv wichtige Akzente. Neben Ausbildungsaufgaben wird speziell zu Forschungsthemen der Dresdner und sächsischen Musik in Geschichte und Gegenwart gearbeitet.
1965 wurde die Spezialschule für Musik als Abteilung der Hochschule gegründet. Heute ein Gymnasium mit Abitur, blieb dieser Bildungseinrichtung die Besonderheit der künstlerischen Ausbildung durch Hochschullehrer erhalten; Ziel bleibt, durch hoch qualifizierte Ausbildung dem Bedarf an hoch qualifiziertem künstlerischen Nachwuchs zu entsprechen.
Zur Förderung der künstlerischen Entwicklung hervorragender Studierender vergibt die Stiftung Kunst und Kultur der Stadtsparkasse Dresden jährlich das Carl-Maria-von-Weber-Stipendium für Musik an bis zu zwei Studierende.
Die zahlreichen internationalen Kontakte und Kooperationen mit ausländischen Partnern, seit 1990 neu belebt und erheblich ausgebaut, pflegen den Studentenaustausch und die künstlerisch-wissenschaftliche Zusammenarbeit. Mit 18 Hochschulen in Europa, den USA und Fernost ist die Hochschule zurzeit verbunden.
Die im Oktober 1991 gegründete Gesellschaft der Freunde und Förderer der Hochschule hilft durch materielle und ideelle Unterstützung bei der Erfüllung der vielfältigen Aufgaben. Seit 1997 gibt sie ein Jahrbuch heraus, das der Öffentlichkeit die Arbeit der Hochschule vermittelt, den künstlerischen und wissenschaftlichen Disput auch innerhalb des Hauses befördert und die Geschichte der Hochschule als lebendige Chronik dokumentiert.

The Hochschule für Musik "Carl Maria von Weber" is among the oldest colleges of music in Germany. Weber, Morlacchi and Wagner are considered to be its intellectual fathers. Renowned personalities, such as Kurt Striegler, Fritz Busch, Karl Böhm, Paul Büttner and Fidelio F. Finke, shaped the artistic profile of the HfM's history. The violinist of the Royal Saxon Court Chapel, Friedrich Tröstler, opened the institution in 1856. In 1881, it received its "Royal" title in recognition of its achievements and services. 1937 saw the institution become the property of the city, known from then on as the Konservatorium der Landeshauptstadt Dresden—Akademie für Musik und Theater. Following the destruction of the building in the Second World War, an Akademie für Musik und Theater was established in 1946. In 1952, this academy of music and drama was restructured to become a state college of music known by the name of "Carl Maria von Weber" in 1959.
The institution's externally extremely eventful and chequered history has always been borne by a matured history and tradition of high-quality training in orchestral instruments, an essential component of the profile of the college which benefited from its close ties with the Sächsische Staatskapelle and the

"Gianni Schicchi" von Giacomo Puccini in einer eigenen Inszenierung
Giacomo Puccini's work "Gianni Schicchi" produced at the HfM Dresden

Dresdner Philharmonie. Even during their studies, students are given the opportunity of working in these orchestras as stand-ins. The HfM Dresden's excellent Symphony Orchestra contributes to Dresden's concert life with four matinees per year performed in the Semperoper. Dresden also enjoys an outstanding reputation in the training of vocalists, evidenced by graduates such as Dagmar Schellenberger, Ute Selbig, Peter Schreier, Olaf Bär, René Pape or Reiner Goldberg. Annual performances by the opera class, co-produced with theatres in and around Dresden, with Dresden's art colleges and with other German and foreign higher education institutions, document the high standard of the college's practical training. The Dresden Chamber Choir has evolved out of the HfM Dresden and is actively involved in the work of the college.

An internationally acknowledged studio for voice research has accompanied this work since 1959 and may form the core element of the planned Institute for Music Medicine at the college. The range of courses and opportunities offered to composers extends from composition-theory of music through to composition-arrangements and is rounded off by the Studio for Electronic Music established in 1984. Studies are accompanied by performances by the Studio Neue Musik, the Hochschulsinfonieorchester and the Opernklasse, as well as the annual composition workshops held with orchestras and cooperation with the Dresdner Zentrum für zeitgenössische Musik. In fact, this cooperation includes the commissioning of compositions.

One of the exceptional features at Dresden is the fact that répétiteur training/musical coaching is offered as an independent, first degree course. Bearing the needs of professional practice in mind, this degree course is closely linked to the courses in orchestral and choir conducting. Students studying conducting find opportunities for practical orchestra work at the graduation concerts held with the Hochschulsinfonieorchester and at performances produced by the opera class, as well as in workshops with orchestras from the region.

Since 1962, the Jazz/Pop/Rock unit with one of the longest traditions in this field in Germany has contributed decisively to the profile of the HfM Dresden. Besides instrumental and vocal main subjects, teaching also focuses on ensemble work, for example, in the big band, or in jazz, fusion or rock groups. Studies in guitar/world music were established in 1998 as a new field. A professionally equipped sound studio is available for productions of all kinds.

Teaching in the music education degree courses increasingly aims to provide students with multiple qualifications. By using the available interdisciplinary ties, it is above all the students of the school music degree course who can benefit from the excellent study conditions. Besides the above-mentioned Voice Research Studio at the Institute of Musicology, research at the HfM Dresden has made its important marks with its Heinrich-Schütz-Archive, again at the Institute of Musicology. Apart from its education and training role, research work focuses especially on the music of Dresden and Saxony past and present. In 1965, the Special School for Music was founded as a unit of the HfM Dresden. Today, operated as a grammar school which awards the Abitur, the general higher education entrance qualification in Germany, this school still distinguishes itself with the artistic training which is given to pupils by professors and lecturers of the HfM Dresden. Moreover, the school continues to provide high-quality training to help meet the need for highly qualified young artists.

To advance and support the artistic development of outstanding students, the Stiftung Kunst und Kultur, a foundation for art and culture maintained by the Stadtsparkasse Dresden, annually awards a music scholarship—the Carl-Maria-von-Weber-Stipendium für Musik—to one or two students.

The wealth of international contacts and cooperation agreements with partners around the world, revived and substantially extended since 1990, help to promote student exchange and cooperation in artistic, academic and scientific fields. The HfM Dresden currently maintains formal contacts with 18 universities and colleges in Europe, the United States and the Far East.

The Society of Friends and Sponsors established in October 1991 helps the HfM Dresden "Carl Maria von Weber" by providing material and intellectual support for the fulfilment of the wide range of responsibilities which the institution has. The society has published the HfM Dresden Yearbook on an annual basis since 1997 as a way of presenting the work of the HfM to the public at large. It advances artistic and scientific discussion, including within the institution itself, and documents the history of the HfM Dresden "Carl Maria von Weber" in the form of a vivid chronicle.

Hochschule für Bildende Künste Dresden

Hochschule für Bildende Künste Dresden

Hausadresse / *Address*:
Brühlsche Terrasse 1, D-01067 Dresden
Postadresse / *Postal Address*: D-01288 Dresden
Telefon / *Telephone*: 0049 / 351 / 49267-0
Telefax / *Telefax*: 0049 / 351 / 4952023
E-Mail / *e-mail*: post@rudolph.hfbk-dresden.de
Internet / *Internet*: http: / / www.hfbk-dresden.de
Gründungsjahr / *Founded*: 1764
Bundesland / *State*: Sachsen / *Saxony*

Fachbereiche / *Departments*:
Malerei / Grafik / Bildhauerei / andere bildnerische Medien / *Painting / Graphic Art / Sculpture / other Visual Media*;
Bühnen- und Kostümbild, Restaurierung, Theaterausstattung, Kunsttherapie / *Stage, Set and Costume Design, Restoration, Theatre Props / Technology, Art Therapy*

Lehrpersonal / *Teaching Staff*:
Professoren / Dozenten / *Professors and Senior Lecturers*: 62,
Lehrbeauftragte / *Contract Lecturers*: 113

Studierende / *Students*: 472
Ausländische Studierende / *Foreign Students*: 37

Atelier im Hauptgebäude an der Brühlschen Terrasse
Studio in the main building on Dresden's Brühlsche Terrasse

1764 als "Haupt-Kunstakademie" gegründet, ist die Dresdner Akademie eine der ältesten Kunstakademien in Europa. In der bald zweihundertfünfzigjährigen wechselvollen Geschichte dieser Akademie waren zahlreiche bekannte Künstlerpersönlichkeiten als Lehrer tätig; sie haben der Akademie ein internationales Ansehen beschert. Hierzu gehören unter anderem Bernardo Bellotto, gen. Canaletto, Giovanni Battista Casanova, Anton Graff, Ludwig Richter, Caspar David Friedrich und Gottfried Semper.
1950 wurde die Akademie der Bildenden Künste mit der Staatlichen Hochschule für Werkkunst zur "Hochschule für Bildende Künste Dresden" zusammengeschlossen. Zu den Studiengängen Malerei / Grafik / Bildhauerei (sowie damals noch Architektur) kam die Ausbildung von Bühnen- und Kostümbildnern hinzu. 1964 wurde der Hochschule eine Fachschulabteilung für Ausstattungsberufe des Theaters angegliedert, die 1993 den Fachhochschulstatus erhielt. Die Auffächerung des Studienganges Theaterausstattung in die Zweige Maskenbild, Kostümgestaltung, Theatermalerei und Theaterplastik findet sich auf Hochschulniveau europaweit nur in Dresden. 1974 wurde der Studiengang Restaurierung eingerichtet.
Die Hochschule, deren Gebäude seit 1991 umfangreich saniert werden, verfügt an allen drei Standorten über großzügige Ateliers und hervorragend ausgestattete Werkstätten (u.a. Grafische Werkstätten, eine neu errichtete Bronzegießerei und eine neue Metallwerkstatt). Die drei Ausstellungsräume der Hochschule, darunter die so genannte "Zitronenpresse", ein einzigartiger Kuppelraum, bieten Präsentationsmöglichkeiten für unterschiedliche Kunstdisziplinen. Mit der neu eingerichteten Studiobühne in der Güntzstraße 34 verfügt die Hochschule zukünftig über eine weitere interdisziplinär nutzbare Spielstätte für Lehr- und Kooperationsprojekte.
Die Hochschule pflegt intensiven Austausch mit anderen Kunsthochschulen in Deutschland sowie dem Ausland. Dies geschieht im Rahmen der offiziellen Austauschprogramme (SOKRATES / ERASMUS), durch hochschuleigene Preise (z.B. New-York-Stipendium für Meisterschüler-Innen der Philip-Morris-Kunstförderung an der Columbia University) sowie durch Ausstellungsaustausch (u.a. mit Prag, Amsterdam, Halle, Bremen, Stuttgart, Berlin und Düsseldorf).
In der von Studierenden organisierten Reihe "Kunst der Gegenwart", finanziert von der Kulturstiftung Dresden der Dresdner Bank und der Kulturstiftung des Freistaates Sachsen, werden Künstler aus dem In- und Ausland zu Werkstattgesprächen eingeladen. Besonders nachhaltig wirkt auch die unkomplizierte und engagierte Zusammenarbeit mit anderen Kultureinrichtungen der Stadt und des Freistaates, beispielsweise mit der Musikhochschule "Carl Maria von Weber", dem Dresdner "Kunsthaus", zahlreichen Museen und Institutionen der Kunst- und Kulturgütererhaltung. Nicht zuletzt dadurch wird der konsequente Praxisbezug in allen Studiengängen gewährleistet.

Founded in 1764 as the Haupt-Kunstakademie, the Hochschule für Bildende Künste Dresden is one of the oldest art academies in Europe. Soon it will be able to celebrate an eventful and chequered history of two hundred and fifty years in which numerous renowned art figures have taught at the academy and have provided the HfBK Dresden with its international standing. These personalities include, inter alia, Bernardo Bellotto, aka Canaletto, Giovanni Battista Casanova, Anton Graff, Ludwig Richter, Caspar David Friedrich and Gottfried Semper.
In 1950, the Akademie der Bildenden Künste was merged with the Staatliche Hochschule für Werkkunst—thereby bringing the fine and visual arts together with the field of industrial arts—to form the Hochschule für Bildende Künste. Degree courses in painting / graphic art / sculpture (and at the time architecture) were joined by courses in stage, set and costume design. In 1964, the institution gained a specialist school department for theatre technology professions, which was raised to the level of a Fachhochschule course in 1993 in recognition of the applied scientific nature of that course. Dresden is the only higher education institution in Europe to offer degree courses in theatre props / technology, which cover the following elements: make-up, costume design, theatre painting and theatre sculpture. 1974 saw the degree course in restoration added to Dresden's portfolio.
The HfBK Dresden, whose buildings have been undergoing a process of thorough redevelopment and modernisation since 1991, operates three sites, all of which can boast generous studios and excellently equipped workshops (including graphic art workshops, a new bronze-casting workshop, and a new metalworking workshop). The HfBK's three exhibition rooms, including the so-called Zitronenpresse—a unique domed room—provide opportunities for presenting works of art from various disciplines. The new studio stage at Güntzstrasse 34 provides the college with an additional interdisciplinary performance venue for future teaching and cooperation projects.
The HfBK Dresden is engaged in an intensive programme of exchange with other art colleges in Germany and abroad. This involves official exchange programmes (SOKRATES / ERASMUS), HfBK own prizes and scholarships (e.g., a New York Scholarship for Master Pupils awarded by the Philip Morris Art Sponsorship Program at Columbia University), as well as the exchange of exhibitions (including with Prague, Amsterdam, Halle, Bremen, Stuttgart, Berlin and Düsseldorf).
Within the context of the "Kunst der Gegenwart" series of art projects organised by students and funded by the Dresdner Bank's Kulturstiftung Dresden and the Kulturstiftung des Freistaates Sachsen, artists from home and abroad are invited to Dresden to take part in workshop discussions on modern art. The uncomplicated and committed cooperation with other cultural institutions in the city and in the Free State of Saxony is particularly long-standing, and involves, for example, the Carl Maria von Weber College of Music, the Dresden Kulturhaus, as well as numerous museums and institutions concerned with preserving cultural and artistic heritage. Indeed, these contacts serve to guarantee the absolute practical focus which characterises all degree courses offered at the Hochschule für Bildende Künste Dresden.

Palucca Schule Dresden – Hochschule für Tanz

PALUCCA SCHULE DRESDEN
HOCHSCHULE FÜR TANZ

Hausadresse / *Address*:
Basteiplatz 4, D-01277 Dresden
Postadresse / *Postal Address*: D-01192 Dresden
Telefon / *Telephone*: 0049 / 351 / 25906-0
Telefax / *Telefax*: 0049 / 351 / 25906-11
E-Mail / *e-mail*: palucca@smwk.de
Internet / *Internet*: http: //www.palucca.smwk.de
Gründungsjahr / *Founded*: 1925
Bundesland / *State*: Sachsen / *Saxony*

Lehrpersonal / *Teaching Staff*:
Professoren / *Professors*: 8,
weitere Lehrkräfte / *other Teaching Staff*: 27,
Lehrbeauftragte / *Contract Lecturers*: 55

Studierende / *Students*: 185
Ausländische Studierende / *Foreign Students*: 13

Die Palucca Schule Dresden wurde 1925 von der Tänzerin Gret Palucca (1902–1993) gegründet und über Jahrzehnte durch sie geprägt. Eine eigenständige Tanzhochschule war seit den zwanziger Jahren erklärtes Ziel der Modernen Tänzer. Palucca versuchte stets, diese Anforderungen zu erfüllen, indem sie die Tänzer tanzpraktisch und tanztheoretisch so ausbildete, dass sie unterschiedliche Tanz-Berufe ergreifen konnten. Die Palucca Schule Dresden erhielt 1993 den Status einer Hochschule, die Novellierung des Sächsischen Hochschulgesetzes 1999 brachte zudem die Genehmigung, den Zusatznamen "Hochschule für Tanz" zu führen.
Die derzeit einzige eigenständige Tanzhochschule Deutschlands vereinigt die Diplomstudiengänge Bühnentanz, Choreographie, Bühnentanz- und Tanzpädagogik unter einem Dach.
Die achtjährige Ausbildung zum Diplombühnentänzer besteht aus einem vierjährigen Grundstudium mit integrierter Mittelschule (Realschulbildungsgang mit musischem Profil) und einem vierjährigen Hauptstudium. Dieses setzt solide Fertigkeiten des Klassischen und Modernen Tanzes sowie den Realschul- oder Gymnasialabschluss voraus.
Die Ausbildung konzentriert sich auf die praktisch-künstlerischen Fächer Moderner Tanz (Technik, Komposition, Repertoire und Bewegungslehre), Klassischer Tanz (Technik, Repertoire, Spitze, Pas de deux), Improvisation, Jazz-Tanz, Folklore und Spanischer Tanz. Die theoretische Ausbildung umfasst die Fächer Tanzgeschichte, Tanztheorie, Tanzdramaturgie, Tanznotation, Musiktheorie und -geschichte sowie Anatomie.
Das Fach Improvisation genießt einen besonders hohen Stellenwert an der Palucca Schule Dresden. Jedem Studierenden wird ermöglicht, seine individuelle Kreativität auf dem Gebiet des Tanzes zu finden und zu entwickeln. Hierin liegt das künstlerische Erbe Paluccas; es kann in jeder Improvisationsstunde neu entdeckt werden.
Kurse mit internationalen Gastdozenten und eine umfangreiche Bühnenpraxis gehören zum Studium. Mensa, Internat, Bibliothek, Archiv und Physiotherapie stehen zur Verfügung.
Zwei jährlich stattfindende Kurse veranstaltet die Palucca Schule Dresden: zum einen den Internationalen Sommerkurs des Tanzes, der sich an professionelle Tänzer, Tanzpädagogen, Choreographen und fortgeschrittene Tanzstudenten richtet. In Kooperation mit europäischen Tanzausbildungsinstituten werden internationale Gastdozenten eingeladen.
Der Winterkurs IMPROVISATION – Musik – Tanz – Schauspiel – Malerei entsteht in Koproduktion mit der Hochschule für Musik und Theater "Felix Mendelssohn Bartholdy" Leipzig und dem Deutschen Institut für Improvisation. In den praktischen Kursen können die Teilnehmer der wechselseitigen Wirksamkeit von Strukturen der verschiedenen Künste nachspüren.

The Palucca Schule Dresden was founded in 1925 by the dancer Gret Palucca (1902–1993), who shaped the school for many decades. Since the 1920s, the establishment of an independent dance school had been the declared goal of modern dancers. Palucca endeavoured at all times to meet these demands by providing dancers with such practical and theoretical dance training that they could later pursue various careers in dancing. The Palucca Schule Dresden was given the status of a higher education institution in 1993, while the 1999 amendments to the Saxon higher education act permitted the school to add Hochschule für Tanz to its name.
Currently the only independent dance college in Germany, the Palucca Schule unites the Diplom degree courses in stage dance, choreography, stage dance education and dance education within a single institution.
The eight years of training in stage dance which students complete to qualify as a Diplombühnentänzer is made up of a four-year basic study period, including an integrated middle school period (intermediate secondary school with an artistic profile) and a four-year main study period. This calls for students to demonstrate a sound mastership of classical and modern dance skills as well as requiring them to hold an intermediate secondary or grammar school leaving certificate.
Education and training concentrates on the practical-artistic subjects of modern dance (technique, composition, repertoire, and theory of movement), classical dance (technique, repertoire, pointework, pas de deux), improvisation, jazz dance, folk and Spanish dance. Theoretical training covers the fields of dance history, dance theory, dance dramaturgy, dance notation, theory and history of music, as well as anatomy.
Improvisation enjoys particularly high standing at the Palucca Schule Dresden. Each student is given the opportunity of finding and developing his/her own individual creativity in the field of dance. This represents the cultural heritage of Gret Palucca and can be rediscovered in each and every improvisation lesson.
Courses with international guest lecturers and a policy of comprehensive stage practice form part of each degree course. The refectory, hall of residence, library, archive and physiotherapy practice are open to all students.
The Palucca Schule Dresden organises two special courses each year: The International Summer School of Dance is intended for professional dancers, dance educators, choreographers and advanced dance students. International guest lecturers are invited to Dresden in cooperation with other European dance colleges.
The winter course, called IMPROVISATION—Music—Dance—Drama—Painting, is co-produced with the Hochschule für Musik und Theater "Felix Mendelssohn Bartholdy" Leipzig and the Deutsches Institut für Improvisation. Practical courses enable participants to seek out and look into the interactive effects of structures originating from various fields of art.

"Dieselben Lieder immer wieder", choreografiert von Raymond Hilbert
"Always the same old songs", choreographed by Raymond Hilbert

Kunstakademie Düsseldorf

Hausadresse / *Address*:
Eiskellerstraße 1, D-40213 Düsseldorf
Postadresse / *Postal Address*: do.
Telefon / *Telephone*: 0049 / 211 / 1396-0
Telefax / *Telefax*: 0049 / 211 / 1396-225
E-Mail / *e-mail*: postmaster@kunstakademie-duesseldorf.de
Gründungsjahr / *Founded*: 1773
Bundesland / *State*: Nordrhein-Westfalen / *North Rhine-Westphalia*

Fachbereiche / *Departments*:
Kunst / *Art*;
Kunstbezogene Wissenschaften / *Art-related Sciences*

Lehrpersonal / *Teaching Staff*:
Professoren / *Professors*: 43,
künstlerische / wissenschaftliche Mitarbeiter / *Artistic / Academic Staff*: 24,
Lehrbeauftragte / *Contract Lecturers*: 25

Studierende / *Students*: 655
Ausländische Studierende / *Foreign Students*: 201

Die Kunstakademie Düsseldorf wurde 1773/74 als Kurfürstlich-Pfälzische Akademie der Maler-, Bildhauer- und Baukunst gegründet. Noch heute gilt diese Bestimmung. Erster Direktor war der Maler Lambert Krahe, in Personalunion auch Inspektor der berühmten Düsseldorfer Gemäldegalerie und noch dazu ein bedeutender Kunstsammler, dem die meisten Zeichnungen und Grafiken der Akademie-eigenen Sammlungen zu verdanken sind.
Seitdem ist die Düsseldorfer Kunstakademie eine Hochschule der Künstler. Nach der Napoleonischen Zeit lebte sie ab 1819 als Königliche Kunstakademie in den neu gewonnenen Rheinprovinzen Preußens wieder auf. Seit 1821 war Peter Cornelius ihr Direktor, der schon einen mehrstufigen Gang des Kunststudiums mit einer Abteilung für Kunstbezogene Wissenschaften einführte. Dieser Grundaufbau besteht noch immer, und als Wilhelm von Schadow, ab 1826 Cornelius' Nachfolger im Direktorat, die künstlerische "Meisterklasse" hinzufügte, war die Struktur der neuen Kunstakademie vollendet. Diese Ausrichtung zog die künstlerische Jugend nach Düsseldorf. Die "Düsseldorfer Malerschule" entstand, schon mit weiträumigen Wirkungen bis nach Nordamerika. Ihre Hauptvertreter waren Carl Friedrich Lessing, Johann Peter Hasenclever, Alfred Rethel sowie die Brüder Andreas und Oswald Achenbach. Bilder Lessings und Hasenclevers spielten in der Revolution von 1848 politisch eine Rolle. In Düsseldorf studierten auch Anselm Feuerbach und Arnold Böcklin. Nach dem Ersten Weltkrieg wurde versucht, die Akademie der Moderne zu öffnen. Dieses Verdienst gebührt Dr. Walter Kaesbach, der 1924 das Direktorat angetreten hatte und 1933 von den Nationalsozialisten sofort aus dem Amt gejagt wurde. Ihm gelang eine Neuorientierung der Akademie hin zur Modernen Kunst. Jan Thorn-Prikker, Heinrich Campendonk und Ewald Mataré wurden berufen, und 1931 kam Paul Klee. Aus der 1919 aufgelösten Kunstgewerbeschule übernahm die Akademie die Abteilung für Architektur; mit Emil Fahrenkamp und Clemens Holzmeister wirkten hier zwei ganz unterschiedliche Persönlichkeiten für eine moderne Baukunst. Das Jahr 1933 setzte allen neuen Bestrebungen ein Ende.
Nach dem Zweiten Weltkrieg knüpfte die Kunstakademie an die progressive Ära vor 1933 an. Mit der Wiederberufung Matarés gleich im Jahr 1945 begann die bis heute andauernde Bemühung, Protagonisten der aktuellen Kunst an die Akademie zu holen. Kunsthochschule und künstlerische Avantgarde begegnen sich. Otto Pankok, Bruno Goller und Georg Meistermann folgten ab 1947 dem Ruf nach Düsseldorf, mit Karl Otto Götz und Gerhard Hoehme unterrichteten seit 1959 zwei Exponenten des deutschen Informel, und Professuren für Joseph Beuys, Karl Bobek, Norbert Kricke und Erwin Heerich erneuerten in den sechziger Jahren die Bildhauerei. Die Baukunst hatte sich mit Walter Köngeter, Hans Schwippert und Rudolf Schwarz an die Spitze der architektonischen Entwicklung in der Zeit des Wiederaufbaus gesetzt.
An der Akademie wird Kunst weniger gelehrt denn durchlebt, erfahren und in persönlichster Betreuung weitergegeben. Alle künstlerischen Taten, die Düsseldorf auszeichnen, aber auch die Krisen, die seit den sechziger Jahren die Akademie erschütterten, entstammen dieser Grundhaltung. Sie war der Antrieb hinter den Affären um Beuys. Aus ihr bezieht die Akademie das Vermögen, sich durch frühere Schüler zu regenerieren. Die Berufungen von Gotthard Graubner, Gerhard Richter, Konrad Klapheck, Günter Uecker, Klaus Rinke und Bernhard Becher – lauter Absolventen – waren in den siebziger Jahren die Antwort der Kunstakademie auf ihre eigene Gefährdung. Heute repräsentieren die Künstler, die in Düsseldorf lehren, die internationale Kunstszene.
Die Akademie besitzt umfangreiche Kunstsammlungen und ein Archiv. Die Sammlungen sind zu einem Teil die vor Ort verbliebenen Bestände der Düsseldorfer Galerie, die nach dem Abzug der meisten Gemälde als Wittelsbacher Eigentum nach München 1805/06 in den Besitz der Akademie übergegangen waren, und zeigen vor allem Werke der europäischen Malerei vom 15. bis zum 19. Jahrhundert. Der andere Teil umfasst die Sammlung Krahe, die bereits 1777 für die Akademie erworben worden war, mit ihrem überreichen Fundus von Zeichnungen und grafischen Blättern, aus denen ein einmaliger

Künstlerklasse für Bildhauerei
Art class for sculptors

Das Atelier von Konrad Klapheck
Konrad Klapheck's studio

Bestand römisch-barocker Handzeichnungen hervorragt. Seit 1932 sind die Akademiesammlungen dem Städtischen Kunstmuseum Düsseldorf ausgeliehen.
Ab Herbst 1971 unterhielt die Akademie in Münster eine Abteilung für das Künstlerische Lehramt, aus der 1987 die Kunstakademie Münster hervorging. Das Joseph-Beuys-Archiv in Schloss Moyland ist ein Institut an der Kunstakademie Düsseldorf.
Die Akademie sieht ihre Aufgabe in der Heranbildung junger Künstler. So ist der Studiengang für das Künstlerische Lehramt in die Künstlerklassen integriert, und die Architektur wird in einem Aufbaustudium gelehrt, das in baukünstlerische Klassen aufgegliedert ist. In diesem Verständnis einer freien Kunst haben angewandte Fächer ebenso wenig eine eigene Stellung wie Design. Grundständig können also Malerei und Bildhauerei studiert werden, dazu Grafik, Fotografie, Bühnenbild, Buchkunst und Video mit Film. Die Kunstbezogenen Wissenschaften sind durch Kunstgeschichte, Philosophie, Kunstsoziologie, Pädagogik / Psychologie, Didaktik der Bildenden Künste sowie Poetik und künstlerische Ästhetik vertreten. Sie besitzen das Promotionsrecht (Dr. phil.).
Ein ehemaliger Schüler der Düsseldorfer Akademie ist auch Günter Grass, Nobelpreisträger für Literatur 1999.

The Kunstakademie Düsseldorf was founded in 1773/1775 as the Kurfürstlich-Pfälzische Akademie der Maler-, Bildhauer- und Baukunst for the training of painters, sculptors and architects. These continue to form the focus of activities to this very day. The academy's first director was the painter Lambert Krahe, who at the same time served as the Inspektor of the famous Düsseldorfer Gemäldegalerie. He was also an important art collector. Indeed, it is he who must be credited with having collected most of the drawings and graphics contained in the academy's collections. Since then, the Kunstakademie Düsseldorf has been a higher education institution for artists. From 1819 onwards, in the post-Napoleonic era, the academy's fortunes revived when it became the royal Königliche Kunstakademie in Prussia's newly-won Rhenish Provinces. Peter Cornelius became its director it 1821 and introduced a multiple-stage degree course in art, along with a department for art-related sciences. This basic structure continues to exist today. When Wilhelm von Schadow, Cornelius's successor in 1826, introduced the artistic "master class", the structure of the new art academy had been perfected.
This structure attracted young artists to Düsseldorf. The Düsseldorf School of Painting was established, with its reputation soon reaching as far as North America. The main representatives of this school were Carl Friedrich Lessing, Johann Peter Hasenclever, Alfred Rethel and the brothers Andreas and Oswald Achenbach. Lessing's and Hasenclever's pictures played a political role in the 1848 Revolution. Anselm Feuerbach and Arnold Böcklin also studied at Düsseldorf.
After the First World War, the academy sought to open itself to the modern world. Credit for this goes to Dr. Walter Kaesbach, who became the academy's director in 1924, although he was immediately hounded out of office when the Nazis came to power in 1933. Nevertheless, he succeeded in redefining the academy's focus towards modern art. Jan Thorn-Prikker, Heinrich Campendonk and Ewald Mataré were appointed as teachers, followed in 1931 by Paul Klee. The academy took on the architecture courses from the industrial arts school closed in 1919; Emil Fahrenkamp and Clemens Holzmeister were two very different figures who worked at the academy in the field of modern architecture. Yet, 1933 put an abrupt end to all these endeavours.
After the Second World War, the art academy continued in the sense of its pre-1933 progressive era. The reappointment of Mataré as early as 1945 marked the beginning of a policy which continues to this very day, namely of bringing protagonists of the most recent art genres to the academy. Art college and artistic avant-garde come together at Düsseldorf. Otto Pankok, Bruno Goller and Georg Meistermann followed the call to Düsseldorf from 1947 onwards, while two exponents of the German Informel taught at the academy from 1959 onwards in the form of Karl Otto Götz and Gerhard Hoehme.
Professorships for Joseph Beuys, Karl Bobek, Norbert Kricke and Erwin Heerich renewed the field of sculpture in the 1960s. Walter Köngeter, Hans Schwippert and Rudolf Schwarz ensured that the academy's activities in architecture led the way in the architectural development of the period of reconstruction.
Art is not so much taught at the academy as felt, encountered and experienced, and it is passed on through personal teaching, guidance and counselling. All the artistic deeds which distinguish Düsseldorf as well as the crises which have shaken the academy since the 1960s are rooted in this basic conviction. It was the driving force behind the affairs which revolved around the person of Beuys. It is the source from which the academy draws the ability to regenerate itself through former pupils and students. The appointments in the 1970s of Gotthard Graubner, Gerhard Richter, Konrad Klapheck, Günter Uecker, Klaus Rinke and Bernhard Becher —all of them academy graduates—marked Düsseldorf's response to its own imperilment. Today, artists working at the Kunstakademie represent the international art world.
The Kunstakademie owns comprehensive art collections and an archive. One part of the collections is made up of items from the Düsseldorfer Galerie, which where transferred to ownership of the academy when most of the paintings were returned to Munich in 1805/06 as property of the Wittelsbacher. Above all , they show European paintings from the 15th to the 19th centuries. The other part comprises the Krahe Collection, which had been bought for the academy as early as in 1777, with its wealth of drawings and graphic sheets from which a unique collection of Roman-baroque drawings stands out. The academy collections have been on loan to the Düsseldorf Municipal Art Museum since 1932.
As of autumn 1971 the Kunstakademie maintained a branch in Münster where art teachers are trained. In 1987 this became the independent Kunstakademie Münster. The Joseph-Beuys-Archiv located in Schloss Moyland is an institute affiliated to the Kunstakademie Düsseldorf.
The academy sees its mission in training and educating young artists. This is why the degree course for art teachers was integrated into the art classes and why architecture is taught in a postgraduate programme, divided into various architectural classes. This understanding of pure—fine—art means that just as little consideration is given to applied subjects in the capacity as independent aspects as is given to design. Painting and sculpture can be studied as first degree courses, along with graphic art, photography, stage and set design, book art and video with film. The art-related sciences are represented in the form of art history, philosophy, art sociology, education/ psychology, the didactics of fine and visual arts, plus poetics and artistic aesthetics. Doctorates (Dr. phil.) can be awarded in these areas as well.
Günter Grass, Nobel Laureate in literature in 1999, was also a former pupil of the Kunstakademie Düsseldorf.

Robert-Schumann-Hochschule Düsseldorf

Hausadresse / *Address*:
Fischerstraße 110, D-40476 Düsseldorf
Postadresse / *Postal Address*: do.
Telefon / *Telephone*: 0049 / 211 / 4918-0
Telefax / *Telefax*: 0049 / 211 / 4911618
Gründungsjahr / *Founded*: 1935
Bundesland / *State*: Nordrhein-Westfalen / *North Rhine-Westphalia*

Fachbereiche / *Departments*:
Künstlerische Instrumentalausbildung, Gesang, Komposition, Dirigieren / *Artistic Instrumental Training, Singing, Composition, Conducting*; Evangelische und Katholische Kirchenmusik, Musikpädagogik, Ton- und Bildtechnik / *Protestant and Catholic Church Music, Music Education, Sound and Video Engineering*

Lehrpersonal / *Teaching Staff*: 200
Studierende / *Students*: 800
Ausländische Studierende / *Foreign Students*: 194

Die Robert-Schumann-Hochschule Düsseldorf besitzt als musikalische Ausbildungseinrichtung eine Tradition, die mit unterschiedlichem rechtlichen Status bis in die dreißiger Jahre zurückreicht. 1935 entstand zunächst das Robert-Schumann-Konservatorium durch Zusammenlegung dreier großer privater Musikschulen. Nach 1945 und in den fünfziger Jahren erfolgte die Übernahme der privaten Trautweinschen Tonmeisterschule und der Aufbau einer Abteilung für katholische Kirchenmusik, die das Studienangebot – bis dahin Orchester-, Opern- und Musiklehrerausbildung – erweiterte.
1972 erhielt das Konservatorium den Rang einer Musikhochschule und hieß seither "Robert-Schumann-Institut der Staatlichen Hochschule für Musik Rheinland". Gleichzeitig ging die Trägerschaft auf das Land über. 1972 erfolgte außerdem die Angliederung der Landeskirchenmusikschule der Evangelischen Kirche im Rheinland. Im selben Jahr wurde die Toningenieurausbildung zu einer Ton- und Bildingenieurausbildung erweitert. Durch einen Vertrag von 1976 mit der Bundeswehr übernahm die Hochschule in Zusammenarbeit mit dem Ausbildungsmusikkorps Hilden die künstlerische Gesamtverantwortung für die Ausbildung der Bundeswehrmusiker. 1978 wurden die Stabskapellmeisterausbildung schließlich vollständig in Düsseldorf konzentriert und entsprechende Einrichtungen an anderen Musikhochschulen aufgelöst.
1987 begann der Aufbau eines Musikdidaktischen Museums. Ebenfalls 1987 erfolgte die Umbenennung in "Robert-Schumann-Hochschule Düsseldorf". 1989 erhielt die Hochschule

Schon lange zu klein: das Hauptgebäude aus dem Jahr 1970
Too small for too long: The main building erected in 1970

Berufung auf einen großen Namen: Robert Schumann war Kapellmeister in Düsseldorf
The tradition of a great name: Robert Schumann was director of music at Düsseldorf

das Promotionsrecht. In den neunziger Jahren wurden das Institut für Tonsatz (1990) sowie das Musikwissenschaftliche Institut (1994) gegründet.
Die Einrichtungen der Robert-Schumann-Hochschule Düsseldorf verteilen sich auf mehrere, zum Teil standortlich getrennt liegende Gebäude im Stadtgebiet. Hauptgebäude ist ein für die Hochschule 1970 fertig gestellter Neubau an der Fischerstraße 110. Das Gebäude beherbergt unter anderem Einrichtungen der künstlerischen Instrumental-, Gesangs- und Opernausbildung, der katholischen Kirchenmusik sowie ein Aufnahmestudio. In den Fluren des Gebäudes sind Exponate des Musikdidaktischen Museums aufgestellt.
Die Einrichtungen des Lehrbereichs Evangelische Kirchenmusik befinden sich in dem für die ehemalige Landeskirchenmusikschule im Jahre 1958 erbauten Gebäude Graf-Recke-Straße 209. Darüber hinaus nutzt die Hochschule zeitweise die Melanchthonkirche und -taufkapelle für die Kirchenmusikausbildung, die an das Gebäude der Außenstelle Graf-Recke-Straße unmittelbar angeschlossen sind. Mitte der achtziger Jahre bezog die Hochschule Räume in einem neu errichteten Gebäude Georg-Glock-Straße 15. Hier findet unter anderem der Unterricht in Musikwissenschaft, Musiktheorie und Gehörbildung sowie der überwiegende Teil der Ton- und Bildingenieurausbildung statt. Die Verwaltung der Hochschule ist seit 1990 in der so genannten Villa Engelhardt untergebracht.
1993 wurde das in direkter Nachbarschaft zum Hauptgebäude gelegene Konzertsaalgebäude, der so genannte "Partika-Saal", fertig gestellt. Dem Proben- und Aufführungssaal angeschlossen sind zwei Studios für die Ausbildung der Ton- und Bildingenieure. 1994 wurde schließlich nahe dem Hauptgebäude (in der Homberger Straße 12) das Sockelgeschoss eines größeren, aus den fünfziger Jahren stammenden Bürohauses angemietet. Hier befindet sich die umfangreiche Fachbibliothek. Außerdem wurden hier 1999 in einer weiteren Etage Räume für Übungszwecke und für das Musikwissenschaftliche Institut sowie ein Multimedia-Raum geschaffen.
Die überkommenen Studienabschlüsse (z. B. Künstlerische Abschlussprüfung bzw. staatliche Examina) laufen gänzlich aus. An deren Stelle ist einheitlich der Diplomgrad getreten. Die Aufbaustudiengänge bzw. Zusatzstudiengänge schließen mit dem Konzertexamen bzw. einem Zertifikat ab. Die Robert-Schumann-Hochschule Düsseldorf verleiht darüber hinaus den Grad eines Dr. phil. in Musikwissenschaft. Weiterhin ermöglicht sie ein Studium im Nebenfach Musikwissenschaft im Magisterstudiengang der Heinrich-Heine-Universität Düsseldorf.
Die Robert-Schumann-Hochschule verfügt über ein großes Symphonieorchester und mehrere Ensembles einschließlich unterschiedlicher Chöre. Sie stellt die Ergebnisse ihrer Arbeit in regelmäßigen Konzerten der Öffentlichkeit, überwiegend im eigenen Partika-Saal, aber auch in der Tonhalle oder in Kirchen der Stadt, vor. Einzelne Schwerpunkte werden neben Orchesterdarbietungen gesetzt durch regelmäßige Opernaufführungen und Wochen Alter und Neuer Musik. Ein wichtiger Faktor sind die Workshops und Wettbewerbskonzerte. Für die Ausbildung zum Ton- und Bildingenieur stehen mehrere Studioeinrichtungen und ein eigener Übertragungswagen zur Verfügung.
Mit dem Ziel der Öffnung nach außen unterhält die Hochschule Kontakte mit unterschiedlichen Hochschulen des In- und Auslandes, die zu festen Partnerschaften ausgebaut werden sollen.

In its capacity as an institution offering music education and training, the traditions of the Robert-Schumann-Hochschule Düsseldorf extend back—albeit under various forms of legal status—to the 1930s. In 1935, the Robert-Schumann-Konservatorium was first established through the merger of three major private music schools. After 1945 and in the course of the 1950s, the conservatory took over the private Trautweinsche Tonmeisterschule—a school for sound technicians—and established a Department for Catholic Church Music, thus extending the range of teaching provided at the Düsseldorf conservatory, which had previously concentrated on orchestral, opera and music teacher training.
In 1972 the conservatory was given the higher education status of a Hochschule für Musik and was called the Robert-Schumann-Institut der Staatlichen Hochschule für Musik Rheinland. At the same time, it became an institution of the state of North Rhine-Westphalia. 1972 also witnessed the affiliation of the church music school maintained by the Protestant church in the Rhineland. In the same year, the sound engineering course was extended to create a sound and video engineering course.
An agreement concluded with the German army in 1976 resulted in the college taking on—in cooperation with the Hilden Musical Training Corps—overall artistic responsibility for the education and training of military musicians. Finally, in 1978 the training of military bandmaster music officers (Stabskapellmeister) was centralised in Düsseldorf, with the resulting closure of similar facilities at other colleges of music.
The establishment of the Musikdidaktisches Museum began in 1987. This was also the year in which the institution took on its present name. In 1989 the HfM Düsseldorf gained the right to award doctorates. The 1990s witnessed the foundation of the Institut für Tonsatz in 1990 (composition and structure) and the Musikwissenschaftliches Institut in 1994 (musicology).
The facilities of the Robert-Schumann-Hochschule are located in several premises throughout the city of Düsseldorf. The main building was newly built in 1970 and is located at Fischerstrasse 110. Among other facilities, this building accommodates the departments of artistic instrumental, singing and opera training, Catholic church music, as well as a recording studio. The corridors are used to exhibit items from the Musikdidaktisches Museum.
The facilities of the department of Protestant church music are located at Graf-Recke-Strasse 209 in a building erected in 1958 for the former Church Music School. In addition to this, the college occasionally uses the Melanchton Church and Baptising Chapel for the training of church musicians, since these buildings are directly adjacent to the Graf-Recke-Strasse site. In the mid-1980s the college moved into the new building in Georg-Glock-Strasse 15. This is where courses in musicology, music theory and aural training, among others, are held, as well as a large proportion of the sound and video engineering courses. The college administration has been accommodated in the so-called Villa Engelhardt since 1990.
In 1993 the so-called Partika-Saal, a concert hall, was completed on a site directly adjacent to the main college building. This rehearsal and performance hall has two studios for the training of sound and video engineers. Finally, 1994 saw the college rent the basement of a larger office block built in the 1950s (Homberger Strasse 12) which is close to the main college building. This accommodates the comprehensive specialist library. 1999 saw another floor rented with exercise and rehearsal rooms, facilities for the Musikwissenschaftliches Institut and a multimedia room.
Traditional degrees (e.g., the Künstlerische Abschlußprüfung or state degrees) will be completely discontinued. They will be replaced by a uniform Diplom degree. Postgraduate degree courses and extension courses are completed with the Konzertexamen or a certificate. Moreover, the Robert-Schumann-Hochschule Düsseldorf awards the Dr. phil. in musicology. It also enables students studying in Magister degree courses at the Heinrich-Heine-University Düsseldorf to take musicology as a subsidiary subject.
The HfM Düsseldorf has a major symphony orchestra and several ensembles and groups, including various choirs and presents the results of its work and activities to the general public in concerts which it regularly arranges, largely in its own Partika-Saal, but also in Düsseldorf's Tonhalle (concert hall) or in churches throughout the city. Besides the orchestra performances, these presentations focus on opera productions and on special weeks dedicated to early and modern music. The workshops and competition concerts are an important factor. Several studio facilities and a dedicated outside broadcasting unit are available for the training of sound and video engineers.
With the goal of being open to the world, the college maintains contacts with various universities and colleges at home and abroad, which are to be developed into sound partnerships.

Folkwang-Hochschule Essen

Hausadresse / *Address*:
Klemensborn 39, D-45239 Essen
Postadresse / *Postal Address*: Postfach 4428, D-45224 Essen
Telefon / *Telephone*: 0049 / 201 / 4903–0
Telefax / *Telefax*: 0049 / 201 / 4903–288
Internet / *Internet*: http: / / www.folkwang.uni-essen.de
Gründungsjahr / *Founded*: 1927
Bundesland / *State*: Nordrhein-Westfalen / *North Rhine-Westphalia*

Fachbereiche / *Departments*:
Künstlerische Instrumentalausbildung, Jazz, Komposition, Dirigieren, Kammermusik / *Artistic Instrumental Training, Jazz, Composition, Conducting, Chamber Music*;
Lehramt Musik, Musikpädagogik, Kirchenmusik, Musikwissenschaft / *Music Teacher Training, Music Education, Church Music, Musicology*;
Schauspiel, Musiktheater, Tanz, Musical, Pantomime, Regie / *Drama, Music Theatre, Dance, Musical, Pantomime, Direction*;
Standort Duisburg / *Duisburg Branch*: Künstlerische Instrumentalausbildung, Musikpädagogik / *Artistic Instrumental Training, Music Education*

Lehrpersonal / *Teaching Staff*:
Professoren / *Professors*: 92,
Lehrbeauftragte / *Contract Lecturers*: 171

Studierende / *Students*: 952
Ausländische Studierende / *Foreign Students*: 369

Gelehrt wird nicht nur Musik: "Ein Fest der Pantomime"
Not only music is taught: "A Festival of Pantomime"

Die Folkwang-Idee von der spartenübergreifenden Zusammenarbeit der Künste ist nicht nur in Deutschland, sondern in der ganzen Welt zu einem Begriff geworden, der aus dem Kulturleben nicht mehr wegzudenken ist. Die Folkwang-Hochschule Essen ist durch ihre Struktur Trägerin dieses Gedankens: Seit ihrer Gründung vor über 70 Jahren lernen und arbeiten Instrumentalisten und Komponisten, Dirigenten, Jazzer, Kirchen- und Schulmusiker zusammen mit Schauspielern, Tänzern, Pantomimen, Sängern und Regisseuren an einer Hochschule. Gerade in Zeiten zunehmender Spezialisierung und enormer Konkurrenz auf dem Arbeitsmarkt kann der Folkwang-Gedanke durch die Vermittlung eines interdisziplinären Kunstverständnisses jungen Künstlern entscheidende neue Impulse vermitteln und die Qualität ihrer künstlerischen Arbeit erheblich fördern.
"Verschwisterung der Musen – in einer künstlerischen Begegnungsstätte": Dafür sollte der aus der nordischen Mythologie entlehnte Begriff Folkwang stehen, mit dem der Hagener Kunstsammler und Mäzen Karl-Ernst Osthaus 1921 seine Vorstellung von fortschrittlicher Kulturarbeit zusammenfasste. Unter dem Einfluss dieser Idee gründeten der Operndirektor Rudolf Schulz-Dornburg und der Choreograph Kurt Jooss 1927 die Folkwangschule für Musik, Tanz und Sprechen. Hochschule seit 1962, wurde die Folkwangschule 1967 in die Trägerschaft des Landes Nordrhein-Westfalen übernommen. Heute ist die Hochschule in vier Fachbereiche gegliedert: Der Fachbereich 1 umfasst die Studiengänge der künstlerisch-musikalischen Praxis. Dazu zählen die Solistenausbildung an nahezu allen Orchester- und Tasteninstrumenten, Orchester- und Chordirigieren, Komposition und ein Aufbaustudiengang Kammermusik. 1988 hat die Folkwang-Hochschule außerdem als erste künstlerische Hochschule einen Diplomstudiengang Jazz eingerichtet. Die Arbeit der Solisten findet ihre vielfältige Ergänzung in regelmäßigen Projekten mit Hochschulchor- und -orchester, der Big Band der Hochschule, Combos und Kammerensembles.
Das Zusammenspiel von Musikvermittlung und Reflexion über Musik gibt dem Fachbereich 2 der Folkwang-Hochschule sein besonderes Gepräge. Musikwissenschaftliche, -pädagogische und -theoretische Disziplinen, Lehramt Musik und Kirchenmusik sind hier zusammengefasst. Die Möglichkeit zur Promotion vervollständigt das wissenschaftliche Angebot.
1972 ist das Institut für Computermusik und elektronische Medien (ICEM) gegründet worden, das sich mit einer Reihe multimedialer und interdisziplinärer Projekte einen Namen weit über die Landesgrenzen hinaus gemacht hat.
Die klassischen Bühnenfächer Schauspiel, Tanz und Musiktheater sind im Fachbereich 3 der Folkwang-Hochschule angesiedelt. Ergänzt wird das Ausbildungsspektrum durch die Studiengänge der Regie – Schauspiel wie Musiktheater – und Tanzpädagogik. Außerdem ist die einzige deutsche Hochschul-Ausbildungsstätte für Pantomimen hier beheimatet, und seit 1989 rundet ein Diplomstudiengang Musical das Lehrangebot ab. Seit dem 1. Januar 2000 ist die Westfälische Schauspielschule Bochum in die Folkwang-Hochschule integriert worden.
Neben vielem anderen hat der von Kurt Jooss und Hans Züllig entwickelte und von Pina Bausch weltweit bekannt gemachte "Essener Tanzstil" zum internationalen Ruf der Folkwang-Hochschule beigetragen. Als Sprungbrett auf die großen Tanzbühnen dieser Welt hat die Ausbildung der Folkwang-Hochschule seither nicht nur Susanne Linke, Reinhild Hoffmann, Urs Dietrich und Joachim Schlömer, sondern auch vielen jüngeren Begabungen gedient.
Als künstlerisch eigenständige Compagnie ist das Folkwang Tanzstudio (FTS) dem Fachbereich 3 angeschlossen. Unter der künstlerischen Leitung von Pina Bausch beschäftigt das FTS derzeit elf Tänzerinnen und Tänzer aus acht Ländern, von denen die meisten ihr Studium an der Folkwang-Hochschule absolvierten. Das innovative und experimentelle Profil dieser Erprobungsstätte des Modernen Tanzes hat durch zahlreiche internationale Gastspiele und Tourneen weltweite Anerkennung erfahren.
Die beruflichen Zweige des ehemaligen Konservatoriums Duisburg, die seit 1972 zur Folkwang-Hochschule gehören, bilden heute als Abteilung Duisburg den Fachbereich 4. Einen besonderen Akzent setzt hier der Ausbildungsschwerpunkt Alte Musik mit seinen Wegen zur historischen Aufführungspraxis.
Seit 1945 ist die Folkwang-Hochschule in den Räumen der ehemaligen Benediktiner-Abtei in Essen-Werden beheimatet. In den barocken Gebäuden und den architektonisch behutsam angegliederten Neubauten werden vielfältige Aufführungsräume regelmäßig für künstlerische Projekte genutzt. In der Neuen Aula mit 400 Plätzen und modernster Bühnentechnik sowie auf mehreren Studiobühnen finden in jedem Semester etwa 100 Veranstaltungen statt. Konzerte mit Werken aller Stilepochen bis hin zu viel beachteten Jazzdarbietungen, Opern-, Schauspiel-, Pantomimen-, Tanz- und Musicalproduktionen und immer wieder auch spartenübergreifende Projekte bilden ein reichhaltiges Veranstaltungsprogramm, das die Hochschule zu einem Anziehungspunkt für Gäste weit über die Grenzen der Stadt Essen hinaus macht.

Die intensive Kooperation mit den Ruhrfestspielen Recklinghausen und dem Düsseldorfer Schauspielhaus ist der Hochschule ebenso wichtig wie die mit dem Internationalen Tanzfestival NRW und dem Tanztheater Wuppertal. Seit langen Jahren erhalten die Studierenden der Folkwang-Hochschule hier regelmäßig die Gelegenheit, in einem frühen Ausbildungsstadium professionelle Bühnenerfahrung zu sammeln. Den Auftakt zu einer Zusammenarbeit mit dem Essener Aalto-Theater bildete das "Folkwang Fest Musik" 1999. Partnerschaften mit Hochschulen in europäischen Staaten, den USA und Israel ermöglichen einen intensiven Austausch von Lehrenden und Studierenden. Gastlehrveranstaltungen, Workshops und gemeinsame künstlerische Projekte bieten den Studierenden der Folkwang-Hochschule regelmäßig Gelegenheit, sich mit fremden Ästhetiken, Lehrinhalten, Methoden und kulturellen Traditionen vertraut zu machen.

The Folkwang idea of cooperation between the arts not only became a byword in Germany but also throughout the world. In fact, cultural life cannot be imagined without it. The structure of the Folkwang-Hochschule incorporates this idea. Since its foundation more than 70 years ago, instrumentalists and composers, conductors, jazz, church and school musicians have been working and learning together with actors, dancers, pantomimists, singers and directors at one and the same higher education institution. Especially in an age of increasing specialisation and enormous competition in the labour market, the Folkwang idea can provide young artists with decisive new impulses by communicating an interdisciplinary understanding of art and thereby substantially advancing the quality of their artistic work.

"Forming a close union between the muses—in a place of artistic encounter"—this was the concept embodied by the name Folkwang, whose origins lie in Nordic mythology—under which the Hagen art collector and patron Karl-Ernst Osthaus summarised his idea of progressive cultural work in 1921. Influenced by this idea, opera director Rudolf Schulz-Dornburg and choreographer Kurt Jooss founded the Folkwangschule für Musik, Tanz und Sprechen (music, dance and speech) in 1927. With the status of a higher education institution from 1962 on, the Folkwangschule became an institution of the state of North Rhine-Westphalia in 1967.

Today, the Folkwang-Hochschule operates four departments: Department 1 covers degree courses in artistic-musical practice, including soloist training on practically all orchestral and keyboard instruments, orchestral and choir conducting, composition and a postgraduate degree course in chamber music. Moreover, the Folkwang-Hochschule was the first artistic college to open a Diplom degree course in jazz music in 1988. The work of the soloists is complemented in many ways by regular projects carried out with the Folkwang choir and orchestra, with the Folkwang big band, combos and chamber music ensembles.

The interaction between communicating and reflecting on music provides Department 2 at the Folkwang-Hochschule with its very special structure. Musicological, educational and theoretical disciplines, a course for school music teachers and church music join forces in this department. Opportunities for completing a doctorate round off the range of studies offered here.

The Institut für Computermusik und elektronische Medien (ICEM) was founded in 1972. This institute has made a name for itself far beyond the regional borders with a number of multimedia and interdisciplinary projects which it has carried out since its foundation.

The classical stage disciplines of acting/drama, dance and music theatre make up Department 3. The range of teaching is complemented by degree courses in directing—both drama and music theatre—and dance education. Moreover, Germany's only higher education training facility for pantomime is based here. The Diplom degree course in musicals, established in 1989, rounds off the range of teaching. Since 1 January 2000, the Westfälische Schauspielschule Bochum has been integrated into the Folkwang-Hochschule.

Besides many other aspects, the Essen Dance Style developed by Kurt Jooss and Hans Züllig at the Folkwang-Hochschule and taken out into the world by Pina Bausch has contributed to the international standing of the Folkwang-Hochschule. The education and training provided at the Folkwang-Hochschule has since served as a springboard to the world's major dance stages, not only for Susanne Linke, Reinhild Hoffmann, Urs Dietrich and Joachim Schlömer, but for many other younger artists as well.

The Folkwang Tanzstudio (FTS) is affiliated to Department 3 with the status of an artistically independent dance company. Under the artistic direction of Pina Bausch, the FTS currently employs eleven dancers from eight countries, most of whom had studied at the Folkwang-Hochschule. The innovative and experimental profile of this testing ground for modern dance has received worldwide recognition through the company's numerous international guest appearances and tours.

The professional branches of the former Duisburg Conservatory, which became part of the Folkwang-Hochschule in 1972, now form Department 4 under the name of Duisburg Branch. Department 4 sets a particular accent by focusing on studies in early music and by researching aspects of historical interpretation and performance.

Since 1945, the Folkwang-Hochschule has been located in the former Benedictine Abbey in Essen-Werden. A wide range of performance facilities are regularly used for artistic projects in the baroque buildings and in the extensions which have since been added with great architectural care to preserve the historical background. The new lecture hall with its 400 seats and state-of-the-art stage technology as well as several studio stages form the venue for some 100 events per semester. Concerts featuring works of different styles and periods join forces with highly regarded jazz concerts, opera, drama, pantomime, dance and musical productions, as well as crossover projects, providing a rich calendar of events and making the Folkwang-Hochschule a magnet of great appeal for guests from far beyond Essen's city borders.

The intensive cooperation with the Ruhrfestspiele in Recklinghausen and with the Düsseldorf Schauspielhaus is just as important to the Folkwang-Hochschule as is the collaboration with the NRW International Festival of Dance and the Wuppertal Dance Theatre. Students of the Folkwang-Hochschule have long been able to use these opportunities to gain professional stage experience at an early point in their studies. The Folkwang Fest Musik in 1999 marked the start of cooperation with Essen's Aalto-Theater—the city's opera house. The lively exchange with other cultural institutions in the region is mirrored by the international network that the Folkwang-Hochschule maintains. Partnerships with higher education institutions in the countries of Europe, in the United States and Israel pave the way for an intensive exchange of lecturers and students. Guest lectures, workshops and joint artistic projects offer students at the Folkwang-Hochschule regular opportunities for acquainting themselves with unfamiliar aesthetic concepts, teaching contents, methods and cultural traditions.

Stilvoll in barocken Mauern: ehemalige Benediktiner-Abtei in Essen-Werden
Stylish baroque walls: The former Benedictine Abbey of Essen-Werden

Hochschule für Musik und Darstellende Kunst Frankfurt am Main

Hausadresse / *Address*:
Eschersheimer Landstraße 29–39,
D-60322 Frankfurt am Main
Postadresse / *Postal Address*: do.
Telefon / *Telephone*: 0049 / 69 / 154007-0
Telefax / *Telefax*: 0049 / 69 / 154007-108
E-Mail / *e-mail*: odenkirchen@em.uni-frankfurt.de
Gründungsjahr / *Founded*: 1938
Bundesland / *State*: Hessen / *Hesse*

Fachbereiche / *Departments*:
Künstlerische Ausbildung / *Artistic Training*;
Musikpädagogik / Musikwissenschaft / *Music Education / Musicology*;
Instrumental- und Gesangspädagogik / *Instrumental and Singing Education*;
Kirchenmusik / *Church Music*;
Darstellende Kunst / *Performing Arts*

Lehrpersonal / *Teaching Staff*:
insgesamt / *in total*: 280

Studierende / *Students*: 750
Ausländische Studierende / *Foreign Students*: 250

Die Hochschule für Musik und Darstellende Kunst Frankfurt am Main, die einzige Hochschule dieser Art in Hessen, ist aus Dr. Hochs Konservatorium hervorgegangen, einer Stiftung des Frankfurter Bürgers Dr. Joseph Paul Johann Hoch mit einem Kapital von 900 000 Goldmark.
Gegründet im Jahre 1878, entwickelte sich das Institut insbesondere durch die Leistung so bedeutender Lehrerinnen und Lehrer wie Clara Schumann, Julius Stockhausen, Fritz Bassermann, Engelbert Humperdinck, Karl Höller, Gerhard Frommel, Kurt Hessenberg, Helmut Walcha und Gustav Lenzewski zu einer international anerkannten Ausbildungsstätte für Komponisten, Solisten, Dirigenten, Orchestermusiker und Musiklehrer.
Im Jahre 1937 verpflichteten sich das Konservatorium und die Stadt Frankfurt am Main zur Errichtung einer Hochschule, die schon im folgenden Jahr eröffnet werden konnte. Nach dem Zweiten Weltkrieg wurde der Unterrichtsbetrieb im April 1947 wieder aufgenommen und die Hochschule darüber hinaus durch die Ausbildungsgänge Ballett, Oper, Schauspiel und Theaterregie zu einer Musik- und Theaterhochschule erweitert.
Berühmte in- und ausländische Schülerinnen und Schüler wie Cyril Scott, Edward MacDowell, Hans Pfitzner, Paul Hindemith, Hans Rosbaud, Otto Klemperer, Hermann Zilcher, Walter Davisson, Hans-Jürgen von Bose, Güher und Süher Pekinel, Michael Ponti, Gabriele Schnaut, Robert Schunk, Wolfgang Schmidt, Ruth Ziesak, Ingrid Bjoner, Maria Kliegel, Aldo Baldin, Christoph Prégardien und Christian Elsner wurden hier ausgebildet.
Pflege und Fortentwicklung der Musik und der Darstellenden Kunst sind in Lehre und Forschung die Komponenten des Selbstverständnisses, nach denen an der Hochschule für Musik und Darstellende Kunst die künstlerisch-wissenschaftliche und musikpädagogische Berufsausbildung erfolgt.
Die Hochschule gliedert sich in fünf Fachbereiche. Fachbereich 1 (Künstlerische Ausbildung) umfasst die Bereiche Dirigieren, Komposition, Orchester, Soloklassen, Historische Interpretationspraxis, Klaviermusik und / oder Liedbegleitung; Fachbereich 2 die Musikpädagogik und die Musikwissenschaft; Fachbereich 3 die Instrumental- und Gesangspädagogik; Fachbereich 4 die Kirchenmusik; und Fachbereich 5 (Darstellende Kunst) die Bereiche Zeitgenössischer und Klassischer Tanz, Oper, Schauspiel, Theaterregie.
Seit der Fertigstellung des Erweiterungsbaues (1990) besitzt die Hochschule zwei Konzertsäle. Ein auf höchstem technischen Niveau ausgestattetes elektronisches Tonstudio ermöglicht Konzertmitschnitte und Musikproduktionen.
Von jeher besteht eine enge Zusammenarbeit mit anderen Kulturinstitutionen in und um Frankfurt am Main, und hier insbesondere mit dem Hessischen Rundfunk, dem Ballett und der Oper der Städtischen Bühnen Frankfurt am Main, der Polytechnischen Gesellschaft e. V. sowie mit den Staatstheatern in Wiesbaden und Darmstadt.
Seit Einzug des Paul-Hindemith-Institutes in das Gebäude der Hochschule lassen sich Projekte verwirklichen, die Theorie und Praxis kreativ verbinden.
Internationale Kontakte unterhält die Hochschule nach Großbritannien (Royal Northern College of Music Manchester), nach Frankreich (Conservatoire National Supérieur de Musique et de Danse de Paris), nach Israel (Rubin Academy of Music Tel Aviv) und Russland (Rimskij-Korsakow-Konservatorium St. Petersburg).
Für herausragende künstlerische Leistungen vergibt die Hochschule den Preis der Ina und Gustav Lenzewski-Stiftung zur Förderung junger deutscher Musikerinnen und Musiker, den DAAD-Preis für herausragende Leistungen ausländischer Studierender und den Kammermusikpreis der Polytechnischen Gesellschaft Frankfurt am Main.

The Hochschule für Musik und Darstellende Kunst Frankfurt am Main is the only college of music and performing arts in the state of Hesse. Its origins lie in Dr. Hoch's Conservatory, established with an endowment made by Dr. Joseph Paul Johann Hoch of Frankfurt.
Founded in 1878, the institution developed into an internationally renowned educational centre for composers, soloists, conductors, orchestral musicians and music teachers, especially as a result of the achievements of such outstanding teachers as Clara Schumann, Julius Stockhausen, Fritz Bassermann, Engelbert Humperdinck, Karl Höller, Gerhard Frommel, Kurt Hessenberg, Helmut Walcha and Gustav Lenzewski.
In 1937, the conservatory and the city of Frankfurt am Main undertook to establish a higher education institution. It was opened the very next year. After the Second World War, teaching recommenced in April 1947 and the institution was expanded to include degree courses in ballet, opera, drama and theatre direction, thereby making it an institution for the study of music and theatre (performing arts).
Famous students from home and abroad such as Cyril Scott, Edward MacDowell, Hans Pfitzner, Paul Hindemith, Hans Rosbaud, Otto Klemperer, Hermann Zilcher, Walter Davisson, Hans-Jürgen von Bose, Güher and Süher Pekinel, Michael Ponti, Gabriele Schnaut, Robert Schunk, Wolfgang Schmidt, Ruth Ziesak, Ingrid Bjoner, Maria Kliegel, Aldo Baldin, Christoph Prégardien and Christian Elsner studied at this institution.
The cultivation and ongoing development of music and the performing arts are the components of the self-awareness which the Hochschule pursues in its teaching and research activities and which form the basis for the artistic-academic and music-educational professional training offered at Frankfurt.
The Hochschule für Musik und Darstellende Kunst operates five departments. Department 1 (Artistic Training) covers the fields of conducting, composition, orchestra, solo classes, historical interpretation and performance, piano music and / or song accompaniment; Department 2 deals with music education and musicology; Department 3 is for future teachers of instrumental music and singing; Department 4

Student mit schwerem Gepäck
Heavily-laden student

Ein architektonischer Akzent: das Hauptgebäude
An interesting architectural element: The main building

covers church music; and Department 5 (Performing Arts) addresses the fields of contemporary (modern) and classical dance, opera, drama, theatre direction. Since the completion of an extension (1990) the institution has been able to use two concert halls for the events it stages. An electronic sound studio equipped with the very latest state-of-the-art technology enables the institution to record concerts and music productions.
Since its very earliest days, the Hochschule has co-operated closely with other cultural institutions in and around Frankfurt am Main, especially with Hessischer Rundfunk (the regional public broadcasting corporation), the Frankfurt am Main municipal ballet and opera, the Polytechnische Gesellschaft e. V., a cultural organisation, and the state theatres in Wiesbaden and Darmstadt.
With the arrival of the Paul-Hindemith-Institut on the premises of the institution, projects became possible which creatively combine fields of theory and practice.
The Hochschule maintains international contacts with Britain (Royal Northern College of Music Manchester), France (Conservatoire National Supérieur de Musique et de Danse de Paris), Israel (Rubin Academy of Music Tel Aviv) and Russia (Rimsky-Korsakov Conservatory St. Petersburg). The Hochschule awards the Ina und Gustav Lenzewski-Stiftung prize for outstanding artistic achievements by young German musicians, the DAAD-Prize for outstanding achievements by international students, and the Chamber Music Prize of the Polytechnische Gesellschaft Frankfurt am Main.

Staatliche Hochschule für Bildende Künste – Städelschule – Frankfurt am Main

Hausadresse / *Address*:
Dürerstraße 10, D-60596 Frankfurt am Main
Postadresse / *Postal Address*: do.
Telefon / *Telephone*: 0049 / 69 / 605008-0
Telefax / *Telefax*: 0049 / 69 / 605008-66
E-Mail / *e-mail*: grumam@pop.stadt-frankfurt.de
Internet / *Internet*: http: / / www.staedelschule.frankfurt-main.de
Gründungsjahr / *Founded*: 1817
Bundesland / *State*: Hessen / *Hesse*

Fachbereiche / *Departments*:
Freie Bildende Kunst / *Fine and Visual Arts*;
Architektur / *Architecture*

Lehrpersonal / *Teaching Staff*:
Professoren / *Professors*: 10,
Lehrbeauftragte / *Contract Lecturers*: 3

Studierende / *Students*: 146
Ausländische Studierende / *Foreign Students*: 44

Die Städelschule, die auf eine Stiftung des Frankfurter Bürgers Johann Friedrich Städel aus dem Jahre 1817 zurückgeht, ist eine Hochschule für Freie Bildende Künste.
Bedeutende Künstler wie die Maler Gustave Courbet und Moritz von Schwind lehrten hier bereits im 19. Jahrhundert. In den 1920er Jahren wurde die Städelschule mit Willi Baumeister, Max Beckmann und Ernst May neben dem Bauhaus die einflussreichste deutsche Kunstakademie. Nach Jörg Immendorff, Raimer Jochims und Ulrich Rückriem unterrichten heute u.a. Peter Angermann, Thomas Bayrle, Peter Cook, Per Kirkeby, Enric Miralles, Christa Näher, Hermann Nitsch, Monika Schwitte und Heimo Zobernig.
Malerei, Bildhauerei, Freie Grafik und Film können als Ausdrucks- und Darstellungsweisen der bildenden Kunst studiert werden. Mit 146 Studenten ist die Städelschule die kleinste Kunstakademie Deutschlands.
Das Studium der Freien Bildenden Kunst an der Städelschule dient der Förderung der künstlerischen Begabung, der kunstwissenschaftlichen Kenntnisse und der künstlerisch-technischen Fertigkeiten der Studierenden. Die Hochschule ist in Klassen gegliedert, die jeweils von einem Professor bzw. einer Professorin geleitet werden. Neben den bildenden Künsten wird ein zweijähriges Aufbaustudium Architektur angeboten. Begleitend zum Klassenstudium finden Vorlesungen und Seminare in Kunstgeschichte, Kunsttheorie und Philosophie sowie Kurse in Aktzeichnen, Mal- und Drucktechniken statt. Die Hochschule verfügt über Holz-, Stein-, Druck- und Modellbauwerkstätten sowie Computerlabors.
Jedes Semester geben eine Reihe von Gastvorträgen und wechselnde Gastprofessoren klassenübergreifend der Städelschule neue Impulse von außen. An Studenten mit herausragenden Leistungen verleiht die Hochschule den Titel des Meisterschülers.
Eine der Besonderheiten der Städelschule ist das "Gasthaus", das von Peter Kubelka ins Leben gerufen wurde und einmal im Jahr zum Ende des Sommersemesters stattfindet. Das ganze Jahr über werden Seminare in der Kochwerkstatt durchgeführt.
Die Städelschule ist bewusst eine "Europäische Kunsthochschule". Die europäische und internationale Öffnung fand bei uns bereits früh modellhaft ihre Entsprechung. Heute unterrichten international bedeutende Künstler / -innen Studenten aus mehr als 20 Staaten der Welt.

The Städelschule, established in 1817 with an endowment provided by the Frankfurt burgher Johann Friedrich Städel, is a college of fine and visual arts. Important artists such as the painters Gustave Courbet and Moritz von Schwind taught here back in the 19th century. The Bauhaus and the Städelschule became the most influential German art academies in the 1920s, with artists such as Willi Baumeister, Max Beckmann and Ernst May working in Frankfurt.
Following teaching spells by Jörg Immendorff, Raimer Jochims and Ulrich Rückriem, today's teaching staff includes Peter Angermann, Thomas Bayrle, Peter Cook, Per Kirkeby, Christa Näher, Hermann Nitsch, Monika Schwitte and Heimo Zobernig.
Painting, sculpture, fine graphic art and film can be studied at the Städelschule as forms of artistic expression and portrayal. With just 146 students, the Städelschule is Germany's smallest art academy.
Study of fine and visual arts at the Städelschule serves to promote and advance the students' artistic talent, and their aesthetic, academic and scientific skills. The Städelschule operates classes which are each taught by a professor. Besides fine and visual arts, the school offers a two-year postgraduate course in architecture.
The class-based studies are accompanied by lectures and seminars on topics such as art history, art theory and philosophy, plus courses in drawing nudes and in painting and printing techniques. The Städelschule has its own wood, stone, printing and modelling workshops as well as computer labs.
A number of guest lectures plus guest and visiting professors provide the Städelschule's classes with cross-disciplinary impulses from the outside world. The Städelschule awards the title of master pupil to students whose achievements are outstanding.
One of the particular features is the Gasthaus, which Peter Kubelka initiated. It is held once a year at the end of the summer semester. Seminars are held in the Kochwerkstatt all year round.
The Städelschule deliberately conceives of itself as a European art academy. An open European and international approach has been pursued at the Städelschule since its early days in a number of model programmes. Today, internationally significant artists instruct students from more than 20 countries around the world.

Im Frankfurter Museumsbezirk: die Städelschule
The Städelschule in Frankfurt's museum district

Staatliche Hochschule für Musik Freiburg im Breisgau

Staatliche Hochschule für Musik Freiburg

Hausadresse / *Address*:
Schwarzwaldstraße 141, D-79102 Freiburg
Postadresse / *Postal Address*: D-79095 Freiburg
Telefon / *Telephone*: 0049 / 761 / 31915-0
Telefax / *Telefax*: 0049 / 761 / 31915-42
E-Mail / *e-mail*: info@mh-freiburg.de
Internet / *Internet*: http: // www.mh-freiburg.de
Gründungsjahr / *Founded*: 1946
Bundesland / *State*: Baden-Württemberg / *Baden-Württemberg*

Lehrpersonal / *Teaching Staff*:
insgesamt / *in total*: 167

Studierende / *Students*: 538
Ausländische Studierende / *Foreign Students*: 193

Die Freiburger Musikhochschule wurde 1946 mit der Berufung des international renommierten Flötisten Gustav Scheck zunächst als städtische Einrichtung gegründet. Das räumliche Zentrum bildeten damals zwei Altstadthäuser im unmittelbaren Umkreis des Münsters. Erst 1984 konnte der Neubau im Osten Freiburgs bezogen werden. Im Oktober 2000 wurde der Erweiterungsbau mit einem Kammermusiksaal und zusätzlichen Übungsräumen eingeweiht und ein Jahr später soll die Mensa bezugsfertig sein.
Pionierarbeit hat die Hochschule mit dem 1954 von Wolfgang Fortner gegründeten Institut für Neue Musik geleistet. Dieses wurde von Klaus Huber übernommen und ausgebaut, sein jetziger Leiter ist Mathias Spahlinger. Dem Institut angeschlossen ist ein Lehrstudio für elektronische Musik, in dem die Kompositionsstudenten die Möglichkeit haben, erste Erfahrungen zu sammeln, die sie durch die Zusammenarbeit mit dem elektronischen Studio der Heinrich-Strobel-Stiftung im Südwestrundfunk-Studio Freiburg erweitern können.
Die Freiburger Musikhochschule hat seit der Gründung talentierte Studienbewerber aus aller Welt angezogen. Nach ihrem Studium haben viele von ihnen herausragende Positionen im Musikleben ihrer Heimatländer übernommen, sodass der ausgezeichnete Ruf der Musikhochschule Freiburg in alle Welt getragen wurde. Viele renommierte Musiker haben ihr Studium in Freiburg absolviert, der berühmteste unter ihnen ist sicherlich Fritz Wunderlich.
In den Reihen der Lehrenden befanden sich so herausragende Instrumentalisten und Pädagogen wie Aurèle Nicolet, Ulrich Koch, Wolfgang Marschner, Ludwig Doerr, Carl Seemann und Edith Picht-Axenfeld. Auch heute sind einige der bekanntesten Musiker und Pädagogen Mitglied des Lehrkörpers. Die Hochschule unterhält eine Reihe von Kontakten mit ausländischen Musikinstituten. So bestehen feste Partnerschaften mit dem Staatskonservatorium Odessa / Ukraine und der Eastman-School of Music, Rochester / USA.
Mit jährlich etwa 400 öffentlichen Konzerten, Opernaufführungen und Vortragsabenden ist die Freiburger Musikhochschule der größte Konzertveranstalter der Stadt und der Region Süd- / Mittelbaden. Seit kurzer Zeit werden gemeinsame Projekte mit dem Theater der Stadt Freiburg umgesetzt. Mit dem Klinikum der Universität Freiburg wird ein Unterrichtsfach "Musikermedizin" konzipiert und angeboten, das gleichzeitig ein Forschungsprojekt innerhalb des Universitätsklinikums darstellt. Alle drei Jahre findet in den Räumen der Hochschule der internationale Violin-Wettbewerb "Louis Spohr" statt.
Regelmäßig beste Kritiken werden den festen Ensembles der Hochschule ausgestellt: dem Sinfonieorchester, dem Hochschulchor, dem Kammerorchester und dem Schlagzeugensemble.
Mit ihren Studienangeboten, aber auch durch die Frühförderung hoch begabter Jugendlicher in der Vorklasse legt die Hochschule den Grundstein für spätere erfolgreiche künstlerische und pädagogische Arbeit. Eine große Zahl von Preisträgern bei nationalen und internationalen Musikwettbewerben sowie mittlerweile weltberühmte Ensembles wie das "Freiburger Barockorchester" oder das "Ensemble Recherche" sind Beleg für die Qualität der Freiburger Musikhochschule.

The Staatliche Hochschule für Musik Freiburg —initially a municipal facility—was founded in 1946 with the appointment of the internationally renowned flutist, Gustav Scheck. At that time the college of music was accommodated in two historical town centre houses, in the immediate vicinity of the Minster Church. Only in 1984 could the college move into long-awaited new premises in Freiburg's eastern districts. October 2000 saw the extension opened with a chamber music hall and additional practice and rehearsal rooms, while the new refectory will open a year later.
The Institut für Neue Musik (modern music), founded by Wolfgang Fortner in 1954, was a pioneering development. This institute was later taken over and extended by Klaus Huber. Its present director is Mathias Spahlinger. A teaching studio for electronic music is affiliated to the institute, in which students of composition are given the opportunity to gain their first experience with this medium, which they can then further expand by taking part in Freiburg's co-operation with the electronic studio of the Heinrich-Strobel-Foundation located in the local Südwestrundfunk broadcasting station in the city.
Since its foundation, the Hochschule has attracted talented students from around the world. After completing their studies, many of them have taken outstanding positions in the music industry in their home countries, and consequently the reputation of the HfM Freiburg has been carried all around the world. Many renowned musicians completed their studies at Freiburg, with Fritz Wunderlich certainly being the most famous of them.
Those who have taught at Freiburg include such outstanding instrumentalists and teachers as Aurèle Nicolet, Ulrich Koch, Wolfgang Marschner, Ludwig Doerr, Carl Seemann and Edith Picht-Axenfeld. And even today, some of the most well known musicians and teachers are members of the teaching staff at Freiburg. The college also maintains contacts with music academies, conservatories and colleges all around the world. For example, formal partnerships have been concluded with the State Conservatory of Odessa / Ukraine and the Eastman School of Music in Rochester / USA.
Annually, Freiburg's college of music performs around 400 public concerts, opera productions and lecture evenings, making it the largest concert promoter in the city and the region of Southern / Central Baden. Recently, the college began a programme of joint projects with the theatres in the city of Freiburg. The HfM Freiburg and the Freiburg University Clinics have jointly designed and jointly offer a course in Music Medicine, which simultaneously serves as a research project within the university clinic. Once every three years, the international Louis Spohr violin competition is held at the HfM Freiburg.
Freiburg's permanent ensembles, including the HfM symphony orchestra, the choir, the chamber orchestra and the percussion ensemble, regularly gain the very best reviews. These ensembles provide students with an opportunity to gain a closer insight into the practice of their later profession at the very highest level.
Offering study opportunities in four first degree courses as well as in the postgraduate course in soloist training, plus in the early promotion of highly-talented young musicians on the college's pre-class courses, the HfM Freiburg actively creates the foundation for its later successful artistic and educational work. A large number of award winners at national and international music competitions as well as the meanwhile world famous ensembles such as the Freiburger Barockorchester or the Ensemble Recherche are proof enough of the quality of the Staatliche Hochschule für Musik Freiburg.

Der Neubau aus dem Jahr 1984
The new building erected in 1984

Zur Böttcherstraße
KAFFEE HAG

„... Der Streit der Völker wär' versöhnt,
Freiheit und Fried' und Seligkeit
Trügen ihr Reich von Land zu Land,
Und Krieg und Knechtschaft wär' verbannt.–"
„... The jars of nations soon would cease,
Sweet liberty, beatific peace
Would stretch their reign from shore to shore,
And war and slav'ry be no more.–"

KUNSTHA

◂◂ Bremen: Böttcherstraße
Böttcherstrasse

Hannover: Sprengel-Museum
The Sprengel-Museum

Halle: Händelhaus
The Händel House

◂ Hamburg: Kunsthalle
Art Gallery

▴ Hamburg: Thalia-Theater
The Thalia-Theater

▾ Hannover: Sprengel-Museum
The Sprengel-Museum

Gemäldegalerie

SCHAUBÜHNE
WIE DIE ALTEN DEN TOD ÜBER-LEBEN
DAS JAGDGEWEHR
RESTAURANT UNIVERSUM

▲▲ Berlin: Kammermusiksaal und Philharmonie
The Chamber Music Hall and Philharmonic Concert Hall in Berlin

Berlin: Schauspielhaus am Gendarmenmarkt
Theatre House on Gendarmenmarkt

Berlin: Altes Museum
The Old Museum

Berlin: Staatsoper Unter den Linden
Berlin's State Opera House "Unter den Linden"

▲ Berlin: Museumsinsel mit dem Bode-Museum
Museumsinsel and Bode-Museum

Berlin: Kulturforum
Berlin's Culture Forum

◄ Berlin: Schaubühne am Lehniner Platz
The Schaubühne at Berlin's Lehniner Square

Berlin: Neue Nationalgalerie
The New National Gallery

► Berlin: Alte Nationalgalerie
The Old National Gallery

CINEDOM

SENSUCHT

▲ Düsseldorf: Tonhalle
The Tonhalle in Düsseldorf

Düsseldorf: Kunstmuseum – Hängung: Jan Hus auf dem Konstanzer Konzil
Düsseldorf's Art Museum—hanging up the painting "Jan Hus at the Council of Constance"

◄ Köln: Mediapark
The Media Park in Cologne

Essen: Aalto-Theater
Essen's Aalto-Theater

Düsseldorf: Kunstsammlung Nordrhein-Westfalen
North Rhine-Westphalia's Art Gallery

Bonn: Bundeskunsthalle
The Bundeskunsthalle art gallery in Bonn

Düsseldorf: Schauspielhaus
Düsseldorf's Theatre House

► Köln: Museum Ludwig und Dom
Museum Ludwig and Cologne Cathedral

Monika Grütters

Die Künste und ihre Sponsoren

Ansätze für eine moderne Hochschul-PR

Hochschulfinanzierung ist zurzeit eines der zentralen Themen der bildungspolitischen Diskussion. Die Hochschulen müssen neue Wege finden, Geld- und Sachmittel einzuwerben – eine anspruchsvolle Aufgabe, wenn man bedenkt, dass die Zeiten offensichtlich vorbei sind, in denen selbstlose Mäzene – Privatpersonen, aber auch große Unternehmen – Kunst und Kultur, Wissenschaft und Bildung oder Sozialeinrichtungen freigebig förderten. Das Spendenaufkommen für die Hochschulen stagniert, weil die Geldgeber – frei nach Erich Kästner – über das Gute, das sie tun, auch reden möchten. Im Gegensatz zur Spende, für die es lediglich eine abzugsfähige Quittung vom Geförderten gibt, ist steuerlich und rechtlich das Sponsoring auf Gegenseitigkeit angelegt. Insofern bieten sich hier den Sponsoren vielfache Chancen, nicht nur nützlich zu wirken, sondern sich und ihr Unternehmen auch wirksam in der Öffentlichkeit darzustellen. Auf der Suche nach den notwendigen neuen Finanzierungsmöglichkeiten öffnen sich daher inzwischen auch die Hochschulen dem Sponsoring als einem modernen und – wenn man es richtig macht – wirksamen Marketinginstrument.

An dieser Stelle seien noch einmal deutlich die einzelnen Formen privater Zuwendungen an Hochschulen voneinander unterschieden: Der Mäzen ist der selbstlose Förderer, der sich nicht von einem unmittelbar zu erwartenden Nutzen leiten lässt, sondern von seiner Begeisterung für Kultur, Wissenschaft oder für einzelne Kreative. Ein Stifter bringt Vermögen in eine Stiftung ein, die, wenn sie von steuerlichen Abgaben befreit sein will, gemeinnützige Zwecke verfolgen muss. Nach Angaben des Stifterverbandes für die Deutsche Wissenschaft von 1997 gibt es derzeit etwa 10 000 Stiftungen in Deutschland, von denen 13 Prozent wissenschaftlichen Zwecken gewidmet sind; 19 Prozent dienen der Bildung und der Erziehung, 11 Prozent Kunst und Kultur, und 36 Prozent sind sozialen Belangen verpflichtet.

Spenden, die der Förderung steuerbegünstigter Zwecke dienen, wie z. B. der Förderung gemeinnütziger Einrichtungen, der Kirchen, der Kultur, der Wissenschaft usw., sind Zuwendungen, die kein Entgelt für eine bestimmte Leistung des Empfängers sind und daher auch nicht in einem tatsächlichen wirtschaftlichen Zusammenhang mit dessen Leistung stehen. Im Gegensatz dazu definiert der Gesetzgeber Sponsoring als die Gewährung von Geld oder geldwerten Vorteilen zur Förderung von Personen, Institutionen oder Organisationen meist auf vertraglicher Grundlage, wobei der Sponsor auch eigene unternehmensbezogene Ziele der Werbung oder Öffentlichkeitsarbeit verfolgt. Dieser Grundsatz der Gegenseitigkeit ist für beide handelnden Seiten Herausforderung und Chance zugleich.

Im Sport und in der Kultur sind mittlerweile auch in Deutschland vielfältige Formen einer *public-private partnership* geläufig – lediglich der Bildungsbereich tut sich mit diesen Formen der Zusammenarbeit noch immer schwer. Und das hat gute Gründe, gilt es doch, die Freiheit der Künste, der Wissenschaft und die Schule weitgehend freizuhalten von allzu aufdringlicher Firmenwerbung.

So sieht auch die Bilanz des Sponsoringaufkommens für die einzelnen Bereiche im Jahr 1998 nach einer Erhebung des Kölner Instituts der deutschen Wirtschaft (IW) aus: Die Unternehmensspenden stagnieren bei etwa 550 Millionen DM jährlich. Für Sponsoring gaben die Unternehmen über 4 Milliarden DM aus, davon entfiel der Löwenanteil auf den Sport; zurückhaltender ist das Sponsoringaufkommen für die Kultur, für die insgesamt knapp 1 Milliarde DM aufgewendet wurde. Kaum populär sind die Bereiche Soziales und Umwelt. Auffällig ist auch, dass kaum Angaben für Sponsoringengagements in Bildung und Wissenschaft vorliegen.

Die Gegenseitigkeit, auf der das Verhältnis zwischen Sponsor und Empfänger beruht, äußert sich in dem konkreten Nutzen, den auch die gebende Seite geltend macht. Während es für die steuerliche Abzugsfähigkeit von Spenden eine finanzielle Grenze gibt, dürfen Aufwendungen im Sinne des Sponsoring als Betriebsausgaben abgezogen werden. Das bedeutet, dass der Sponsor die wirtschaftlichen Vorteile, die er mit dieser Maßnahme anstrebt, bewerten und benennen können muss.

Public Relations sind eine systematisch geplante, dialogorientierte Kommunikationsform, die mittel- oder langfristig angelegt ist und das Ziel verfolgt, das Verständnis für das eigene Handeln zu erhöhen und in der Öffentlichkeit Vertrauen zu erwerben. Voraussetzung dafür sind ein klar definiertes Selbstverständnis, das Wissen um die Zielgruppen, die erreicht werden sollen, und der souveräne Umgang mit den zur Verfügung stehenden Kommunikationsvarianten. Das Sponsoring ist eines der bedeutendsten Instrumente, das zudem außerordentlich phantasievoll in intelligenten Partnerschaften eingesetzt werden kann.

Monika Grütters

The Arts and their Sponsors

The Dawn of Modern University Public Relations

Funding for higher education, especially for the universities, colleges. and other institutions, is one of the central education policy topics currently under debate. The higher education institutions simply have to find new ways of attracting financial resources—be they in cash or in kind. A demanding task indeed, especially when we bear in mind that those times are very obviously a thing of the past when selfless patrons—private individuals or major corporations—would generously promote and support art and culture, science and education, and social institutions. The sum total of donations to universities and colleges is stagnant, because sponsors also want to speak out openly about the good they do. In contrast to a donation for which the receiving party merely issues a tax-deductible certificate, sponsorship is a matter of mutuality and reciprocity, both from the point of view of taxation and the law. In this respect, plenty of opportunities are open to sponsors which allow them not only to be useful in the deeds they do, but also enable them to present themselves or their companies effectively to the public at large. In the search for much-needed new sources of funding, higher education and its institutions have meanwhile also begun to take a more open view towards sponsorship in its capacity as a modern and—if properly practised—effective marketing instrument.

However, we do need to distinguish clearly between the various forms which private payments to higher education institutions may take. First, there is the patron, a selfless donor whose motives are not guided by some direct benefit to be gained from the generosity; rather, the patron is inspired by culture, science or individual creativity. A founder or donor places wealth into a foundation, which, if it wishes to be exempted from paying taxes, must pursue charitable or non-profit-making goals. According to figures provided for 1997, some 10,000 foundations are currently active in Germany, of which 13 per cent serve science, 19 per cent are involved in education and training, eleven per cent are active in art and culture, and 36 per cent dedicated to social concerns.

Donations that pursue tax-privileged goals, such as supporting charitable and non-profit-making institutions, the churches, culture, science and education, etc., are charitable contributions which do not constitute a payment for any specific service or product from the recipient and which therefore involve no actual economic relationship between the giving side and the recipient's services or products. By contrast, the legislator defines sponsorship as the act of granting financial or material resources with which to promote individuals, institutions or organisations, in most cases on a contractual basis, whereby the sponsoring side also pursues its own corporate goals in the form of advertising or public relations. This principle of reciprocity presents both sides with a challenge and an opportunity—and all at one and the same time.

A wide range of various forms of public-private partnership have meanwhile become commonplace in sport and culture in Germany; only the education sector still has difficulties in coming to terms with such kinds of cooperation. And there are good reasons for this, since the freedom of art, science, education and schooling has to be largely preserved and protected from the interests of all too pushy or powerful corporate advertising.

Thus, a survey carried out by the Institut der deutschen Wirtschaft (IW) showed the end result of sponsorship acquired in individual areas in 1998 to be as follows: Corporate donations are stagnating at around DM 550 million per annum. On the other hand, companies spent more than DM 4,000 million on sponsorship, with the lion's share going to sport; culture sponsorship is more modest, amounting to just under DM 1,000 million. Social and environmental areas prove to be not that popular. What is conspicuous is that hardly any data are available on the value of sponsorship in science and education.

The reciprocity, which is based on the relationship between the sponsor and the recipient, is expressed in the concrete gain that also falls to the giving side. While there are financial limits on the tax-deductibility of donations, payments made through sponsorship can be treated as operational business expenses. This means that sponsors must be able to name and place a value on the economic gain that they aspire to in taking such measures.

Public relations is a systematically-planned, two-way form of communication in which a company pursues medium- or long-term goals aimed at raising the level of mutual understanding with the public and of gaining the trust of the general public. In order to be able to undertake such measures, the company must be certain of how it wishes to define itself and its profile; it must have a clear idea about the target groups it aims to address and must have a commanding skill in the use of the various communication means at its disposal. Sponsorship is one of the most important communication instruments. Moreover, it can be very imaginatively deployed within intelligent partnerships.

The decisive advantage that a company hopes to gain lies in the cooperation between the two partners and how they jointly perceive of their responsibilities. The goal that both sides plan to achieve from their respective commitment to this joint identity

Der entscheidende Vorteil, den sich ein Unternehmen davon verspricht, liegt im Miteinander der beiden Partner und ihrer gemeinsamen Außenwahrnehmung. Als Ziel eines solcherart gemeinsamen Auftritts erhoffen sich beide Seiten von ihrem jeweiligen Engagement den so genannten Imagetransfer. Die Partner aus den unterschiedlichen Gesellschaftsbereichen möchten vom Ansehen des jeweils anderen in dessen Welt und bei dessen Zielgruppe profitieren in der Erwartung, dass dieses wiederum Rückwirkungen auf das eigene Image zeigt.

Der Mechanismus des Imagetransfers funktioniert gut, solange ein Unternehmen vom hohen Ansehen der geförderten Einrichtung profitieren kann. In der Kultur, die in Deutschland nach wie vor dieses hohe Ansehen genießt, ist daher Sponsoring gang und gäbe. Die Hochschulen aber tun sich viel schwerer in der Akquisition und Abwicklung professionell organisierter Partnerschaften mit kommerziellen Förderern. Hier, und gerade hier, sind die Kunsthochschulen in der Bundesrepublik allerdings in einem klaren Vorteil gegenüber anderen Wissenschaftseinrichtungen, handeln sie doch mit der "Ware", die sich im Umfeld der imageträchtigen Kultur bewegt. Aus dieser günstigen Startposition heraus ließen sich die Formen der Kooperation zwischen Hochschule und Unternehmen beliebig erweitern, wenn das Verständnis und die Techniken im Kontext dieser Marketingmaßnahme auf beiden Seiten besser bekannt und geläufiger wären.

Eine wesentliche Voraussetzung für eine erfolgreiche Sponsoringkampagne ist zunächst ein klar formuliertes Selbstverständnis der jeweiligen Partner, das die Grundlage für Gemeinsamkeiten in der Kommunikationspolitik ist. Sowohl die deutschen Hochschulen als auch viele mittelständische Unternehmen und Konzerne bleiben sich und der Öffentlichkeit gerade diese klare Aussage zur eigenen Corporate Identity schuldig. Leider sind mir nur wenige Unternehmen bekannt, die sich dem mühsamen Prozess der Formulierung spezifischer Werte und Verhaltensmerkmale bewusst unterzogen haben. Und für die Universitäten gilt dies leider in besonderer Weise, war es doch bisher völlig unnötig und überflüssig, überhaupt ein eigenes Profil herauszubilden, solange der Zugang der Studierenden zur Hochschule nicht individuell geregelt ist, sondern über einen nüchternen zentralen Verteilungsmechanismus wie die ZVS erfolgt.

Ein weiteres Hindernis für professionelle *public-private partnerships* ist die Tatsache, dass es oft an einer genauen Definition der Zielgruppe und der (Teil-)Öffentlichkeit fehlt, die es mit einer Kommunikationsmaßnahme zu erreichen gilt. Strategisch angelegte Public Relations bedürfen einer Analyse der Gruppen in einer diffusen Öffentlichkeit, die das Unternehmen erreichen möchte. Nur wer seine Zielgruppen kennt, kann seine Maßnahmen auf ebendiese hin planen und ausrichten. Doch auch dies ist in bundesdeutschen Profit- wie Non-Profit-Unternehmen noch unterentwickelt.

Das geringste Problem dürfte der fachlich versierte Umgang mit den Kommunikationsinstrumenten selber sein: Wer ausreichende Fachkenntnis für die Branche mitbringt, in der er als Public Relations-Manager tätig ist, und außerdem über ein entsprechendes Kommunikationstalent verfügt, der wird das Handwerk für die Umsetzung einzelner Projekte schnell erlernen. Wenn da bloß nicht die ganz grundsätzliche Fremdheit unterschiedlicher gesellschaftlicher Kulturen wäre, die zwischen der

is known as image transfer. The two sides in the partnership, coming as they do from various areas of society, wish to be positively perceived. This goal is to be attained by each side benefiting from the standing and status that the other partner enjoys in its respective "home" environment and with its own target group. Where this occurs, partners expect this to have positive effects on their own image.

The image-transfer mechanism works well as long as a corporation can benefit from the high status of the receiving institution. This is why sponsorship in the field of culture, which continues to enjoy such high standing in Germany, continues to be quite common. However, universities and colleges face a much more difficult time acquiring and managing professionally organised partnerships with commercial sponsors. In this field especially, it is Germany's colleges and academies of art that clearly have an advantage over other science and education institutions, since they deal with a "product" originating from the high-image sphere of culture. Using this favourable starting position as a launching pad, the forms of cooperation between colleges and companies could practically be extended at will, if the techniques and methods used for this marketing measure were better known and more familiar to both sides.

First of all, any successful sponsorship campaign must be based on each side defining a clearly formulated identity for itself, which then acts as a foundation for finding common ground and characteristics for the communication policy. Germany's higher education institutions as well as many small and medium-sized enterprises and corporations are guilty of failing to define this clear statement of corporate identity, both for their own sake and for that of the general public. Sadly, I know of only very few companies that have deliberately and purposefully subjected themselves to this arduous process of defining specific values and functional features. In fact, this unfortunately applies particularly to the universities, since they have considered the creation of their own profile and identity to be completely unnecessary and superfluous as long as student access to higher education was not individually governed.

A further obstacle to professional public-private partnerships lies in the frequent absence of any precise definition of the target group or of (that part of) the public that is to be addressed by a particular communication measure. Strategically-planned PR measures require analysis of those groups within the general public that the company aims to reach. Only those who know their target groups well can plan and align their measures in such a way as to deliver the message specifically to these groups. However, this is also a completely underdeveloped aspect in Germany—both in profit-making and non-profit-making corporations and organisations.

The least of the problems probably relates to the expert handling of the communication instruments as such. Those who are sufficiently qualified as PR managers for the industry in which they work and who are also appropriately talented as communicators will quickly learn the tradecraft required for implementing individual projects. If only there were not that fundamental strangeness and reservation with which various cultures in society view each other, with business and industry on the one side of this divide and the world of art, science, education, ecology and social welfare on the other.

Sponsorship is based on the exchange of products and services. This means that there needs to be clear contractual agreement on what each of the two sides will contribute within the scope of any collaborative project. Relevant and appropriate standard contracts have meanwhile been published. However, since they will form the basis for this longer-term collaboration and cooperation, great care should be practised. Such contracts must cover all areas, starting with the preamble describing the underlying idea of the partnership, the joint goal(s) and also fundamental questions such as observance of the freedom of art and science. It should go on to include the precise definition of what the sponsorship entails and of what the recipient will provide in exchange, right through to detailing the individual steps to be taken in implementing the project, rules of conduct, accountability, confidentiality, etc.

Ideally, the management of a sponsorship project is a responsibility to be shared. Such an approach will be decisive to the success of the project. The incorporation of and constant coordination between both partners are time-consuming and organisationally demanding tasks in view of the wealth of responsibilities that need to be tackled. These responsibilities include events, invitations, a press and information service, advertising presence, publications, involvement of VIPs and other target groups, such as clients, acquisition of other non-financial sponsors, Internet communication, etc. Above all, however, close coordination is the best way to avoid misunderstanding or disappointment and is the prerequisite with which failure and success can be equally shared by both sides.

A prime example for a successful mixture of culture and higher education sponsorship is offered by the degree course in culture and media management run at the "Hanns Eisler" College of Music in Berlin. Immediately after the fall of the Berlin Wall, this model programme, which was devised as an extension and postgraduate degree course, encountered difficulties because, at the time, new study opportunities could only be provided with state funding in the eastern part of the city and also only after a kind of test phase had been completed. So what approach could have suggested itself better than putting what students were to be taught in this discipline into practice? Cultural theory on the one hand, and the translation of this theory into the professional practice of the wide range of responsibilities that a culture manager has, on the other—these are the elements of a curriculum that aims to qualify students quickly for their entry into a career.

Since full funding could only be granted by Berlin's Senate after a five-year project test phase, bridging funds were needed from outside sources. The State of Berlin took on a third of the costs; the Donor's Association for the Promotion of Science and Humanities in Germany took on another third; private sponsors provided the final third. In exchange, these sponsors were mentioned in all publications—and there were plenty of publications, since it was after all a degree course in communication. Moreover, the college repeatedly recruited lecturers from the corporations that were also involved in financing this course of study.

Moreover, the content of the course was oriented towards the needs of the supporting business community. For example, companies could have studies carried out for their corporate use, supported by individual departments. The areas of cooperation range from surveying theatre-goers through to devising Corporate Identity concepts for clinics. In the meantime, the organisers of the culture and media management degree course can look back with pride on ten successful years and meanwhile receive 100 per cent state funding.

Wirtschaft einerseits und der Welt der Künste, der Wissenschaft, der Ökologie und der Wohlfahrtspflege andererseits besteht.

Sponsoring beruht auf der Grundlage eines Leistungsaustausches, das heißt, es bedarf einer klaren vertraglichen Regelung über die Beiträge, die beide Seiten im Rahmen des gemeinsamen Projekts vereinbaren. Einschlägige Musterverträge sind inzwischen veröffentlicht worden, und da sie die Grundlage für eine längere gemeinsame Zusammenarbeit sind, sollte hier große Sorgfalt geübt werden. Die Gegenstände derartiger Verträge müssen reichen von der Präambel, in der die Idee der Partnerschaft, das gemeinsame Ziel und auch Grundsätzliches wie die Beachtung der Freiheit der Künste und der Wissenschaft beschrieben werden, über die genaue Festlegung der Sponsorleistung, der Gegenleistung des Empfängers bis hin zu Angaben über die einzelnen Schritte der Durchführung, Verhaltensregeln, Berichtspflichten, Vertraulichkeit usw.

Idealiter ist die Durchführung eines Sponsoringprojekts eine gemeinsam zu lösende Aufgabe. Diese Einstellung ist entscheidend für das Gelingen des Vorhabens. Einbindung und laufende Abstimmung beider Partner sind zeitaufwendig und organisatorisch anspruchsvoll, wenn man die Fülle anstehender Aufgaben bedenkt: Veranstaltungen, Einladungen, Pressebegleitung, werbliche Präsenz, Erarbeiten von Publikationen, Einbindung von VIPs und anderen Zielgruppen wie Kunden, Akquisition weiterer Sach-Sponsoren, Internet-Kommunikation usw. Vor allem aber beugt eine enge Abstimmung Missverständnissen oder Enttäuschungen vor und ist die Voraussetzung dafür, dass Misserfolg und Erfolg gleichermaßen beiden Seiten zugerechnet werden können.

Ein Musterbeispiel für einen gelungenen Mix aus Kultur und Hochschul-Sponsoring ist der Studiengang Kultur- und Medienmanagement an der Hochschule für Musik "Hanns Eisler" in Berlin: Direkt nach dem Mauerfall konzipiert als Ergänzungs- und Aufbaustudiengang, traf das Modell auf die Schwierigkeit, dass damals neue Studienangebote nur im Ostteil der Stadt und auch nur nach einer Art Probephase in die staatliche Finanzierung aufgenommen werden konnten. Was also lag näher, als eben das am eigenen Beispiel zu exerzieren, was den Studierenden in diesem Fach als Praxiswissen vermittelt werden sollte? Kulturtheorie einerseits, die Umsetzung in die Berufspraxis im weiten Tätigkeitsfeld eines Kulturmanagers andererseits sind Bestandteile eines Curriculums, das die Studierenden zu einem zügigen Berufseinstieg qualifizieren will.

Da die Vollfinanzierung durch den Berliner Senat erst nach einer fünfjährigen Projektphase gewährt werden konnte, bedurfte es einer Übergangsfinanzierung durch Dritte. Ein Drittel der Kosten hat das Land übernommen, ein Drittel der Stifterverband für die Deutsche Wissenschaft, und das letzte Drittel wurde von privaten Geldgebern erbracht. Diese wurden im Gegenzug in allen Publikationen erwähnt – und deren gab und gibt es viele, handelt es sich doch um einen Kommunikationsstudiengang.

Darüber hinaus sind die Studieninhalte auf den Bedarf in den unterstützenden Unternehmen hin ausgerichtet worden, die beispielsweise mit Hilfe einzelner Seminare Studien für ihr Haus erstellen lassen konnten; von Besucherbefragungen für Theater bis hin zu Corporate Identity-Konzepten für Klinika reicht das Spektrum an Kooperationen. Inzwischen können die Träger des Studiengangs Kultur- und Medienmanagement auf die ersten erfolgreichen zehn Jahre zurückblicken und sind zu 100 Prozent staatlich finanziert.

Ein weiteres Beispiel bietet sich an aus der direkten Verbindung zwischen Kultur und Wirtschaft. Die Bankgesellschaft Berlin unterstützt als Hauptsponsor mit einem Fünfjahresvertrag die junge Kunstmesse art forum berlin, die seit 1996 in Berlin stattfindet. Den Partnern gemeinsam sind ihr jeweiliger Anspruch auf Qualität im eigenen Handeln, eine Ausrichtung auf junge, internationale Ansätze und der Berlin-Bezug. Sowohl auf die Bankgesellschaft mit ihrer internationalen Geschäftstätigkeit und dem Stammsitz in Berlin wie auch die Kunstmesse, die sich von ihren Konkurrenten durch die ausdrückliche Beschränkung auf knapp 150 Aussteller und auf einen Anteil internationaler Galerien von 65 Prozent unterscheidet, treffen diese Merkmale zu.

Vertraglich wurde vereinbart, dass die Bank die Kunstmesse durch flankierende Maßnahmen begleitet, wie u.a. einen gemeinsamen Internet-Auftritt, die Einladung wichtiger Kunstfachleute für den Messebesuch nach Berlin, die Produktion einer VIP-Card mit Zugangsmöglichkeit in Berliner Kunsthäuser, die Vergabe eines Preises für die zwei besten Messestände, die Unterstützung des Katalogdrucks und die Veranstaltung eines Empfangs für Persönlichkeiten aus Kunst und Wirtschaft.

Sponsoring ist ein Kommunikationsinstrument in Profit- und Non-Profit-Unternehmen, das mittlerweile im Bewusstsein vieler Verantwortlicher fest verankert ist. In der Umsetzung mangelt es aber offensichtlich auf beiden Seiten – in der Kultur- und Hochschulwelt einerseits und in den Wirtschaftsunternehmen andererseits – an der nötigen Professionalität. Dabei eröffnen sich für alle große Chancen: für die Unternehmen, weil Kultur und Wissenschaft ein hohes gesellschaftliches Ansehen genießen und daher positive Imageträger sind, für die Hochschulen und Kunsthäuser, weil sie in Zeiten immer komplexer werdender Ansprüche an die Unternehmenskommunikation daran partizipieren können, dass in der Wirtschaft die Budgets für so vielseitige Instrumente wie das Sponsoring erhöht werden.

Die im Vergleich zur Gesamtfinanzierung immer noch geringen Sponsoringaufwendungen können aber weder ein Heilmittel gegen die Finanznot der öffentlichen Institutionen sein, noch sollten wir den Staat aus seiner Pflicht für Kultur und Wissenschaft entlassen. Vielmehr sollten die Kommunikationsexperten im Profit- wie im Non-Profit-Bereich alle Anstrengungen unternehmen, um ein hohes Maß an Professionalität bei der Akquisition, Gestaltung und Durchführung von Sponsoringbeziehungen zu erreichen.

Gerade über *public-private partnerships*, wie sie beim Sponsoring betrieben werden, können die Welt der Wirtschaft und die der Kultur und der Wissenschaft viel voneinander erfahren. Vor diesem Hintergrund lassen viele hoffnungsfrohe Initiativen den Weg zu einem professionellen Umgang mit einem Kommunikationsinstrument erkennen, das hierzulande gerade erst am Beginn seiner großen Karriere steht.

Another classic example originates from a direct link between culture and business. The Bankgesellschaft Berlin has a five-year contract in which it is the main sponsor for the young art exhibition "art forum berlin", which has been held in Berlin since 1996. The partners involved in this project share their approach to high-quality standards which each aspires to in its own activities, a young and international orientation and a focus on Berlin. Both the Bankgesellschaft, with its international business activities and its traditional head office in Berlin, and the art forum berlin, which differs from its competitors by expressly limiting its scope to just under 150 exhibitors and a 65 per cent share of international galleries, find their identities and profiles adequately represented in these qualities.

The contractual agreement stipulates that the bank will accompany the art exhibition by engaging in supporting measures, such as a joint Internet presence and identity, inviting important art experts to attend the exhibition in Berlin, producing a VIP card that also provides access to Berlin's art galleries and museums, awarding a prize to the best two exhibition stands, contributing to the catalogue printing costs and arranging a reception for public figures and personalities from the worlds of art, business and industry.

Sponsorship as a communication instrument in profit and non-profit corporations and organisations has meanwhile firmly established itself in the awareness of many in positions of responsibility. However, it would seem that both sides—culture and higher education, on the one hand, and business and industry, on the other—still lack the requisite professionalism as far as the implementation of sponsorship projects is concerned. Yet, such projects open up enormous opportunities for all. Opportunities lend themselves to the companies and corporations, because culture, science and education enjoy high social standing and therefore function as positive image communicators. For the higher education institutions and art houses, the opportunities are to be found in the fact that although ever more complex demands are being made of corporate communications, they can still participate since business and industry are actually increasing the budgets they dedicate to such many-sided instruments as sponsorship undoubtedly is.

The level of sponsorship, which is still low in comparison to the total funding requirement, can neither be a remedy against the financial troubles faced by public institutions nor should we release the state from its obligations in the field of culture, education and science. Rather, communication experts in the profit and non-profit sectors should do everything in their power to achieve a high degree of professionalism in the acquisition, structuring and implementation of sponsorship agreements.

Public-private partnerships as are operated in the field of sponsorship, in particular, can enable the work of business and industry and that of culture, education and science to learn and experience much from each other. Seen against this background, many promising and hopeful initiatives can be identified on the path to professionally handling a communication instrument that is right at the start of its great career here in Germany.

RESTIE

◂◂ Weimar: Deutsches Nationaltheater
The German National Theatre in Weimar

Dresden: Semperoper
The Semper Opera House in Dresden

◂ Dresden: Semperoper, Detail
Detail of the Semper Opera House

▴ Leipzig: Oper
The Opera House in Leipzig

▾ Leipzig: Denkmal für Johann Sebastian Bach vor der Thomaskirche
The statue commemorating Johann Sebastian Bach outside St. Thomas's Church

FRANKFURT FESTE '86
Romantische Welten
Welt und Romantik
16.8. BIS 15.9.

Photographien
Andreas Neubauer

◂◂ Frankfurt am Main: Alte Oper
Frankfurt's Alte Oper

Frankfurt am Main: Deutsches Filmmuseum
The German Film Museum in Frankfurt am Main

▴ Frankfurt am Main: Städelsches Museum
The Städel Museum in Frankfurt am Main

Frankfurt am Main: Museum für Angewandte Kunst
The Museum of Applied Art in Frankfurt am Main

◂ Dresden: Zwinger
The Zwinger in Dresden

▲▲ München: Nationaltheater
The National Theatre in Munich

◄ Bad Cannstadt: Wilhelma-Theater
The Wilhelma-Theater in Bad Cannstadt

▲ Stuttgart: Staatsgalerie
The State Gallery in Stuttgart

Stuttgart: Weißenhof-Siedlung
Stuttgart's Weissenhof Estate

Christian Bode

Die schönen Seiten der Welt

Förderung von Künstlern und Designern durch internationalen Austausch

Als der Deutsche Akademische Austauschdienst im Jahr 2000 seine Gründung vor 75 Jahren feierte und seine Bilanz in einer dreibändigen Festschrift "Spuren in die Zukunft – Der Deutsche Akademische Austauschdienst 1925–2000" präsentierte, trat augenfällig hervor, was in der Öffentlichkeit wenig bekannt ist: Der DAAD fördert nicht nur die Wissenschaften, er ist inzwischen auch zu einer der größten Förderorganisationen des Nachwuchses in den künstlerisch-kreativen Disziplinen geworden, die mit den Begriffen bildende Kunst, Musik, Tanz, Schauspiel, Film, Design umschrieben werden. Gefördert werden Auslandsaufenthalte für Deutsche und Deutschlandaufenthalte für Ausländer, und das nicht nur für Studierende und Absolventen so genannter klassischer Ausrichtungen dieser Sparten: Auch neuere und neueste künstlerische Ausdrucksformen wie beispielsweise Musical, Performance, Video, Multimedia finden hier ihren Platz und werden ebenso einbezogen wie die Arbeitsgebiete Fotografie, Restaurierung und Bühnenbild.

Dabei fällt auf, auch im Vergleich zur übrigen Kunstförderung, dass die DAAD-Programme darauf abzielen, den jungen, unbekannten, noch nicht etablierten Künstlern durch Eigenbewerbung – nicht durch Nominierung zu einem späteren Lebenszeitpunkt – wichtige Entwicklungsmöglichkeiten zu bieten: in einem anderen kulturellen Umfeld neue Erfahrungen zu sammeln, das eigene Können und Wollen an den Maßstäben der internationalen Szene zu messen – und nicht zuletzt Kontakte zu knüpfen und Netzwerke aufzubauen, die oft genug für die weitere persönliche Entwicklung richtungsweisend sind.

Die Förderung dient zunächst und zuallererst dem Einzelnen, dem Individuum; über diese hinaus – und vermittelt durch die Geförderten – prüft sie aber auch die Institutionen, insbesondere die deutschen Kunst- und Musikhochschulen, die nahezu alle Mitglieder des DAAD sind. Exzellenz in allen Bereichen von Kunst und Wissenschaft ist das Merkmal, das als Ziel den Förderungsprogrammen des DAAD zugrunde liegt – schon deshalb sind beide Bereiche in einem Zusammenhang zu sehen. Darüber hinaus haben die "schönen Künste" den klassischen wissenschaftlichen Fächern etwas Eigenes mitzuteilen und gehören in diesem Sinne zur "Academia".

Die deutschen Kunst- und Musikhochschulen strahlen international starke Attraktivität aus. Seit jeher ist gerade bei ihnen der Anteil ausländischer Studierender besonders hoch: Er beträgt bei allen deutschen Hochschulen im Durchschnitt neun Prozent; die Kunst- und Musikhochschulen haben zwölf Prozent. Einzelne Musikhochschulen besitzen sogar einen Anteil von mehr als 40 Prozent Studierender aus dem Ausland; häufig sind Anteile von weit über 20 oder 30 Prozent anzutreffen.

Von den fast 9200 ausländischen Studierenden an deutschen Kunst- und Musikhochschulen im Wintersemester 1998/99 – das sind rund 5,5 Prozent der zurzeit 166000 ausländischen Studierenden an allen deutschen Hochschulen – studierten rund 5000 in Fächern der Musik. Waren vor 25 Jahren die Studierenden aus dem Ausland noch jeweils zur Hälfte männlich und weiblich, so überwiegen derzeit die Frauen mit einem Anteil von über 60 Prozent. Diese Zahlenbeispiele machen deutlich, welches Ansehen die deutschen Musik- und Kunsthochschulen im Ausland besitzen. Dabei ist zu beachten, dass bei diesen Hochschulen die Aufnahme nur durch den Nachweis besonderer künstlerischer beziehungsweise musischer Eignung und Begabung eröffnet wird, also von einer "Bestenauslese" ausgegangen werden kann.

In den Förderprogrammen des DAAD für deutsche Studierende und Graduierte von Kunst- und Musikhochschulen sowie von künstlerisch-kreativen Disziplinen an anderen Hochschulen einschließlich der Design-Studiengänge bewerben sich derzeit jährlich weit über 400 Personen, von denen etwas über 100 Auserwählte ein Jahres- oder Kurzzeitstipendium erhalten. Die Zahl der Bewerbungen hat sich dabei in den letzten 20 Jahren ungefähr verfünffacht, die Zahl der Stipendien, die jeweils vergeben werden können, allerdings leider nur verdreifacht. Durchschnittlich 80 Prozent dieser Bewerbungen kommen von Graduierten und 20 Prozent von Studierenden, die sich erst in höheren Semestern bewerben können. Bevorzugte Zielländer bei allen Sparten sind die USA und Großbritannien, die sich in jährlichem Wechsel den ersten Rang streitig machen. Andere Länder, gerade außerhalb Europas, rücken jedoch zunehmend in das Blickfeld der Bewerberinnen und Bewerber: Asien und Lateinamerika erfreuen sich inzwischen eines größeren Zuspruchs. Die künstlerischen Ausbildungsstätten im Osten Europas haben dagegen, wohl auch wegen ihres geringeren Bekanntheitsgrades und aufgrund fehlender Austauschtraditionen, noch nicht die Aufmerksamkeit, die sie verdienen.

Christian Bode

The Beautiful Sides of the World

Using International Exchange to promote Artists, Musicians and Designers

The year 2000, in which the German Academic Exchange Service (DAAD) was able to look back at a 75-year history and published a chronicle of its activities in the 3-volume festschrift entitled "Spuren in die Zukunft — Der Deutsche Akademische Austauschdienst 1925—2000" (Traces into the Future — The German Academic Exchange Service 1925—2000), revealed something which is not all that well known among the general public: The DAAD not only supports academic and scientific fields; it has also meanwhile become one of the largest funding organisations for young talent in artistic-creative disciplines which are perhaps best known as the fine and visual arts, music, dance, drama and theatre, film, and design. This support funding goes to Germans travelling abroad to complete a project or part of their studies as well as to foreigners coming to Germany for studies or research. What is more, this funding not only extends to students and graduates of the so-called classical genres within these branches: modern and more recent forms of artistic expression, such as the musical, performance, video and multimedia, also have a place and are incorporated into the programmes just as photography, restoration and stage and set design.

In contrast to other forms of art funding, the DAAD programmes stand out because they allow the young artist, not yet established in his or her field, to choose to apply personally on his or her own behalf for a chance to take part in these developmental opportunities — rather than having to wait for nomination at some later point in life. And these opportunities are important ones: the chance to gain new experience in a different cultural environment; the chance to measure one's own ability and intention against standards set by the international scene; and, last but not least, the chance to make new contacts and to build up networks which will, more often than not, prove decisive in pointing the way ahead for the artist's personal and artistic development.

Initially and above all, this support is based on a policy of serving the individual; over and above this, it also provides an opportunity to examine the institutions, especially Germany's colleges of art and music, practically all of them members of the DAAD, an examination which also takes place through the eyes of the funding recipient. Excellence in all fields of art and science is the essential characteristic and goal on which all DAAD funding programmes are based—and this is why art and science certainly are interrelated. Moreover, "the arts in all their beautiful forms" communicate their own special message for the classical academic and scientific disciplines and are thus rightly considered to be part of "Academia".

Germany's colleges of art and music radiate a strong international appeal. In fact, the proportion of international students enrolled at these institutions has always been particularly high. While the average share of international students across the overall student population of all German higher education institutions averages out at nine per cent, the figure for the colleges of art and music is 12 per cent. Individual colleges of music even have a student body of which more than 40 per cent are foreign students; figures of well above 20 or 30 per cent can be found quite frequently. Just under 9,200 foreign students were enrolled at colleges of art and music in Germany in the 1998/99 winter semester, i.e. around 5.5 per cent of the total number of foreign students (166,000) enrolled across all German higher education institutions. Around 5,000 were studying music subjects. Only 25 years ago the foreign student population was equally split between male and female students; however, women now predominate, accounting for a share of 60 per cent. These few statistics clearly show what reputation and appeal the German colleges of art and music enjoy abroad. It is also particularly important to note that this group of institutions stands out from other institutions by the fact that it practices an admissions policy based on proof of special artistic or musical talent and ability, meaning that we really can assume that the colleges of art and music do select the "best of the best".

The DAAD support programmes for German students and graduates reading art and music at the specialist colleges as well as for those studying artistic-creative disciplines at other higher education institutions, including design, currently receive well over 400 applications per year. Of these applicants, just over one hundred succeed in gaining a one-year or short-term scholarship. The number of incoming applications has increased more or less fivefold over the past 20 years, while the number of scholarships which the DAAD can award unfortunately only increased threefold. On average, eighty per cent of these applications are submitted by graduates, while twenty per cent come from students who can only apply once they reach a higher semester. Preferred target countries across all disciplines and genres continue to be primarily the United States and Britain, which compete with each other more or less every year for first place. Other countries, especially those outside Europe, are however increasingly moving into the focus of applicant interest: Asia and Latin America meanwhile enjoy greater popularity. By contrast, the art and

Die Mitglieder der Auswahlkommissionen "Bildende Kunst, Film, Design" sowie "Musik" und "Tanz und Schauspiel" werden vom Vorstand des DAAD berufen. Es handelt sich dabei um Professoren verschiedener Fachrichtungen deutscher Kunst- beziehungsweise Fachhochschulen mit Design-Ausbildungsgängen. Die Kommissionen tagen jährlich in mehrtägigen Auswahlsitzungen. Ihre Mitglieder treffen nach Durchsicht der umfangreichen schriftlichen Unterlagen als Ergebnis der persönlichen Vorstellung und Präsentation der Werke sowie des Arbeitsvorhabens im Ausland unter den Bewerberinnen und Bewerbern eine Auswahl für die Vergabe von Stipendien. Diese Auswahlen sind ein jährlich einmaliger Vergleich: Weil es die Möglichkeit der Eigenbewerbung ohne Vorauswahl gibt, sind sie offene, ungefilterte Leistungsschauen in Bezug auf die Qualität der Ausbildung an deutschen Kunst- und Musikhochschulen. Im jährlichen Vergleich haben diese Auswahlen fast die Funktion von Seismographen künstlerischen Potenzials, wie es sich an den Hochschulen in Deutschland entwickelt.

Ähnlich ist die Auswahlsituation bei den Bewerbern aus dem Ausland für Jahresstipendien zu Studienaufenthalten an deutschen Kunst- und Musikhochschulen oder anderen Hochschulen mit künstlerisch-kreativen Ausbildungsgängen: Bei derzeit jährlich rund 300 Bewerbungen von Absolventen ausländischer Akademien und Kunst- und Musikhochschulen werden pro Jahr rund 70 Stipendien an Erstbewerberinnen und Erstbewerber verliehen und etwa ebenso viele Verlängerungen ausgesprochen. Wie bei den ausländischen Studierenden an den deutschen Musikhochschulen insgesamt, kommen auch die ausländischen DAAD-Stipendiaten im Bereich der Musik überwiegend aus Japan, Korea und der Russischen Föderation sowie aus anderen osteuropäischen Ländern.

Die Anträge werden von den Auswahlkommissionen vor allem nach künstlerischen Kriterien beurteilt: Künstlerische Begabung und Leistungen der Bewerber/-innen sowie Qualität des Arbeits- oder des Ausbildungsvorhabens und Möglichkeiten der Realisierung wie nicht zuletzt auch ausreichende Sprachkenntnisse sind die maßgeblichen Aspekte, die eine Stipendienempfehlung begründen.

Mit seinen Stipendienprogrammen für junge Künstler hat der DAAD in den letzten 50 Jahren so mit Hilfe der finanziellen Zuwendungen aus Mitteln des Auswärtigen Amtes (für Ausländer) und des Bundesministeriums für Bildung und Forschung (für Deutsche) Tausenden junger Künstler und Designer die Möglichkeit zu Auslandsaufenthalten und zur künstlerischen Weiterbildung fern der Heimat geben können. Einige Namen ehemaliger deutscher Stipendiaten wie Lothar Baumgarten, Rainer Fetting, Hans Haacke, Rebecca Horn, Katharina Sieverding und Dorothee von Windheim aus der bildenden Kunst seien hier nur stellvertretend als wenige Beispiele für die vielen genannt, die inzwischen längst international Rang und Ansehen gewonnen haben. Auf dem Gebiet des Tanzes ist es die weltweit gefeierte Pina Bausch, die in jungen Jahren mit einem Stipendium des DAAD ins Ausland gehen konnte.

Auch unter den Musikern von Weltruf gibt es viele, die zu Beginn ihrer Karriere mit einer DAAD-Förderung professionelle Erfahrungen im Ausland sammelten.

music colleges of Eastern Europe do not yet receive the attention which they certainly deserve, probably also due to the fact that they are not so well known and also lack a tradition of exchange.

The members of the selection committees, with each committee dedicated to a specific field, i.e. "Fine and visual art, film, design" and "Music" and "Dance and drama/theatre", are appointed by the DAAD Executive Committee. These members are professors of the various disciplines offered by Germany's art or music colleges or are professors from the Fachhochschule universities of applied sciences which offer design courses. The committees convene annually for selection sessions which last several days. Once they have reviewed the written applications, an extensive body of forms and documents, and have considered the applicant's personal presentation and portfolio of work as well as the merits of the project proposal for the study or research to be completed during the stay abroad, the committee members select the applicants who have succeeded in qualifying for a scholarship. Because applicants have the opportunity to "nominate themselves" without going through any preselection phase, the selection process itself serves as an open and unfiltered exhibition of the quality of the education and training offered by Germany's colleges of art and music. In their capacity as an annual competition, these selection sessions almost take on the function of a seismograph of the artistic potential which has developed or is being developed in higher education in Germany.

The selection situation for candidates from abroad applying for one-year scholarships with which they can complete study stays at German colleges of art and music or at other higher education institutions offering artistic-creative degree courses is similar: The DAAD currently receives an average of 300 applications per year from graduates of academies and colleges of art and music around the world and can annually award some 70 scholarships to first-time applicants with around just as many scholarship extensions being approved as well. Just as the foreign students who are enrolled at German colleges of music in general, DAAD scholarship holders in the field of music also largely come from Japan, Korea and the Russian Federation as well as from other Eastern European countries.

All applications are judged by the selection committees above all on the basis of artistic criteria: the applicant's artistic talent, ability and achievements as well as the quality of the research or study projects as well as the realistic possibility of carrying these out and, last but not least, appropriate language skills are the decisive aspects on which scholarship recommendations are based.

With its scholarship programmes for young artists, the DAAD has, over the past 50 years, been able to use the financial resources which the Federal Ministry of Foreign Affairs (for foreigners) and the Federal Ministry of Education and Research (for Germans) made available to it to provide thousands of young artists and designers with an opportunity to engage in artistic continuing education away from the home environment. Some of the names of former German scholarship holders, such as Lothar Baumgarten, Rainer Fetting, Hans Haacke, Rebecca Horn, Katharina Sieverding and Dorothee von Windheim from the field of fine and visual art are named here only as representative examples of the many others who have long gained international recognation. In the field of dance, Pina Bausch, meanwhile celebrated around the world, was able to gain her first international experience with a scholarship from the DAAD. And there are also plenty of musicians of worldwide renown who, at the beginning of their career, received DAAD funding with which they acquired their first professional experience abroad.

The outstanding and internationally-renowned names, besides the Artemis-Quartett, include the cellists Johannes Goritzki, Claus Kanngiesser and Martin Ostertag, the pianists Klaus Hellwig and Volker Banfield as well as the composers Nicolaus A. Huber and Manfred Stahnke. They have all meanwhile become professors teaching at German colleges of music.

Among scholarship holders from abroad, we can name Süher and Güher Pekinel from Turkey, who enjoy international honours as a piano duo, the pianists Jara Tal from Israel and Elena Camarena from Mexico, who, together with partners from Germany, also enjoy international success as a piano duo, as well as the pianist Homero Francesch from Uruguay.

This direct support for artists is complemented by DAAD programmes which provide professors and lecturers from fields of art, music and design with the opportunity to compete research visits or teaching assignments abroad (short and long-term lectureships)—also an important aspect of international artistic exchange and of the internationalisation of our "higher education community" in Germany.

However, the crown jewel in the DAAD's range of support for artists is undoubtedly the "Artists-in-Berlin Programme", the "Berliner Künstlerprogramm", which extends invitations to selected top-class artists from abroad for a longer stay in the old and new German capital during which they can engage in free artistic creativity. Originally conceived as a kind of "frontline city programme", the Artists-in-Berlin Programme, was able to look back this year at its 35 years of successful work with a series of events and a publication entitled "Zeitenwechsel" (Changing Times). When the DAAD re-opened an office in Berlin in 1964, just three years after the building of the Berlin Wall, and took on responsibility in 1965 for the "Artist in Residence" programme initiated by the Ford-Foundation for the western sectors of the city in 1962, one could only hope that the idea would exert an appropriate effect and influence on the prevailing cultural and political climate. Today, and with the benefit of being able to look back at the effort exerted by all the guests for whom the programme made it possible to live and work in this city, we may claim in all modesty that this invitation-based programme has not only made a name for itself in the international art, music and literature scene, but has also unfolded a not to be underestimated political effect on the discussions about Germany abroad, and especially so among intellectual circles in Eastern Europe. The Artists-in-Berlin programme has become more important than ever before with the new central role which Berlin now has: it has, as it were, become the domestic flagship of Germany's foreign cultural policy by promoting dialogue between cultures and using Berlin as the centre of exchange.

Almost 1,000 guests from the four genres of literature, film, music and fine art have come to Berlin for a period of residence under the Artists-in-Berlin programme of the DAAD, have lived and worked in the city, have been able to give expression to their impressions in the form of books, films, concepts, photographs, exhibitions, etc.—in some cases only doing so much later, back in their home country.

Zu den herausragenden und international bekannten Namen gehören neben dem Artemis-Quartett die Cellisten Johannes Goritzki, Claus Kanngiesser und Martin Ostertag, die Pianisten Klaus Hellwig und Volker Banfield sowie die Komponisten Nicolaus A. Huber und Manfred Stahnke. Sie alle sind inzwischen auch als Hochschullehrer an deutschen Musikhochschulen tätig.

Bei den Geförderten aus dem Ausland sind es zum Beispiel die Geschwister Süher und Güher Pekinel aus der Türkei, die als Klavierduo internationalen Ruf genießen, die Pianistinnen Jara Tal aus Israel und Elena Camarena aus Mexiko, die zusammen mit Partnern aus Deutschland ebenfalls als Klavierduos internationalen Erfolg haben, sowie der Pianist Homero Francesch aus Uruguay.

Die unmittelbare Künstlerförderung wird von Programmen des DAAD ergänzt, mit denen Hochschullehrerinnen und Hochschullehrer künstlerischer Fachgebiete bei Arbeits- und Lehraufenthalten im Ausland gefördert werden (Kurz- und Langzeitdozenturen) – ebenfalls ein wichtiger Aspekt des internationalen künstlerischen Austausches und der Internationalisierung unserer "Hohen Schulen".

Das Kronjuwel der DAAD-Künstlerförderung aber ist das "Berliner Künstlerprogramm des DAAD", das ausgewählte hochkarätige Gäste aus dem Ausland für eine längere Periode freien künstlerischen Schaffens in die alte und neue deutsche Hauptstadt einlädt. Ursprünglich als eine Art "Frontstadt-Programm" aufgelegt, blickte das "BKP", das im Jahr 2001 mit Veranstaltungen und einer Veröffentlichung unter dem Titel "Zeitenwechsel" hervortrat, inzwischen auf eine erfolgreiche 35-jährige Tätigkeit zurück. Als der Deutsche Akademische Austauschdienst im Jahr 1964 – drei Jahre nach dem Mauerbau – wieder ein Büro in Berlin einrichtete und 1965 das von der Ford Foundation im Jahr 1962 initiierte Programm "Artist in Residence" übernahm, konnte man auf die Wirkung des Einflusses einer derartigen Idee auf das kulturelle und politische Klima nur hoffen. Heute, im Rückblick auf die Wirkung aller Gäste, die mit diesem Programm in Berlin gelebt und gearbeitet haben, darf festgestellt werden, dass dieses Einladungsprogramm sich nicht nur in der internationalen Kunst-, Musik- und Literaturszene einen Namen gemacht hat, sondern auch eine nicht zu unterschätzende politische Wirkung auf den Diskurs über Deutschland im Ausland, besonders auch in den intellektuellen Zirkeln Osteuropas, entfaltet hat. Das Berliner Künstlerprogramm ist mit der neuen zentralen Rolle Berlins wichtiger denn je: Es ist gewissermaßen ein inländisches Flaggschiff auswärtiger Kulturpolitik, indem es den Dialog der Kulturen fördert und Berlin als Ort des Austausches nutzt.

Fast 1000 Gäste aus den vier Sparten Literatur, Film, Musik und Bildende Kunst kamen im Rahmen des Berliner Künstlerprogramms des DAAD nach Berlin, haben dort gelebt und gearbeitet und konnten ihre Erfahrungen oder Eindrücke in Gestalt von Büchern, Filmen, Konzepten, Fotografien, Ausstellungen etc. zum Ausdruck bringen – manchmal auch erst wesentlich später, nach ihrer Rückkehr ins Heimatland.

Die Namensliste der Gäste aus den 35 Jahren erscheint wie ein "Who's who" der internationalen Kulturszene. Beispiele sind die Schriftsteller Witold Gombrowicz, Zbigniew Herbert und Stanisław Lem aus Polen, Lars Gustafsson und Jan Myrdal aus Schweden, Ingeborg Bachmann, Peter Handke, Gert Jonke, Ernst Jandl und Friederike Mayröcker aus Österreich, György Konrád aus Ungarn, Edoardo Sanguineti aus Italien, Wystan H. Auden und Susan Sontag aus den USA, Breyten Breytenbach aus Südafrika, Carlos Fuentes aus Mexiko, Mario Vargas Llosa aus Peru, Cees Noteboom aus den Niederlanden und nicht zuletzt der Literatur-Nobelpreisträger des Jahres 2000, Gao Xingjian aus China, der 1985 in Berlin weilte. Die Komponisten Luciano Berio und Luigi Nono aus Italien, Igor Strawinsky und John Cage aus den USA, György Kurtág und György Ligeti aus Ungarn, Krzysztof Penderecki aus Polen haben sich in Berlin ebenso inspirieren lassen wie die bildenden Künstler Jean Ipoustéguy aus Frankreich, Nam June Paik und George Rickey aus den USA, Michelangelo Pistoletto aus Italien und Daniel Spoerri aus der Schweiz oder die Filmemacher Otar Iosselliani und Andrej Tarkowskij aus der ehemaligen UdSSR, Jim Jarmusch aus den USA und István Szabó aus Ungarn.

Die meisten von ihnen wurden eingeladen und kamen, als ihre Namen noch nicht weltberühmt waren oder sie am Beginn internationaler Beachtung standen. Fast alle dieser Gäste sind als "Botschafter Deutschlands" in ihre Heimat zurückgekehrt; viele sind regelmäßig nach Deutschland wiedergekommen, manche auch länger oder auf Dauer. Zum Beispiel der Amerikaner Edward Kienholz und der Brite Peter Sedgley als bildende Künstler, der koreanische Komponist Isang Yun oder der Literat, Theatermann und gebürtige Ungar George Tabori. Und György Konrád ist derzeit Präsident der Akademie der Künste in Berlin.

Es bedarf keiner wortreichen Begründung, dass dieser rege künstlerische Austausch gerade in einer immer mehr von Wissenschaft geprägten Welt den Einsatz öffentlicher Fördermittel lohnt, auch wenn sich der "Ertrag" der rund fünf Millionen DM, die der DAAD jährlich aus Mitteln öffentlicher und privater Geldgeber nur für die Förderung der Künstler in den verschiedenen Programmen aufwendet, nicht vordergründig-wirtschaftlich errechnen lässt. Die Künstler, die nach Deutschland kommen, fordern uns auf spezifische Weise, Lerngemeinschaften zu bilden – und wir können in ihnen Freunde und Botschafter gewinnen, die eine besondere Ausstrahlung haben. Umgekehrt erfahren die Studierenden und Graduierten der deutschen Hochschulen im Ausland meist einen kräftigen Schub in ihrer persönlichen und künstlerischen Entwicklung, denn sie müssen sich den besonderen Herausforderungen einer interkulturellen Begegnung stellen und werden durch diese "Wanderjahre" offener und selbstreflexiver, stellen bisherige Sichtweisen in Frage und werden aufnahmebereiter für Neues. Und eben darum, um Grenzüberschreitung in des Wortes vielfältiger Bedeutung, geht es dem DAAD insgesamt – in der Kunst wie in den Wissenschaften.

The names of the guests resident in Berlin over the past 35 years read like a "Who's who" of international cultural life. Examples include Witold Gombrowicz, Zbigniew Herbert and Stanisław Lem from Poland, Lars Gustafsson and Jan Myrdal from Sweden, Ingeborg Bachmann, Peter Handke, Gert Jonke, Ernst Jandl and Friederike Mayröcker from Austria, György Konrád from Hungary, Edoardo Sanguineti from Italy, Wystan H. Auden and Susan Sontag from the United States, Breyten Breytenbach from South Africa, Carlos Fuentes from Mexico, Mario Vargas Llosa from Peru, Cees Noteboom from the Netherlands and, last but not least, the Nobel Laureate for Literature in 2000, Gao Xingjian from China, who was resident in Berlin in 1985. The composers Luciano Berio and Luigi Nono from Italy, Igor Strawinski and John Cage from the United States, György Kurtág and György Ligeti from Hungary, Krzysztof Penderecki from Poland were inspired by and in Berlin as were Jean Ipoustéguy from France, Nam June Paik and George Rickey from the United States, Michelangelo Pistoletto from Italy and Daniel Spoerri from Switzerland as representatives of the fine and visual arts, or filmmakers Otar Iosselliani and Andrei Tarkovsky from the former USSR, Jim Jarmusch from the United States and István Szabó from Hungary.

Most of these received and accepted the invitation at a time at which their names had not yet become known around the world or at which they stood at the very beginning of making an international name for themselves. Almost all of these guests returned to their home countries as "ambassadors of Germany"; many regularly returned to Germany, some stayed longer and some permanently.

Verbose explanations are not needed to understand that, especially in an age which is increasingly being shaped by science, this vibrant process of artistic exchange deserves support from public funds, even though the "return" on the investment of the DM 5 million or so, provided by public and private sponsors, which the DAAD annually spends solely on supporting artists in the various programmes cannot primarily be calculated on the basis of financial-economic criteria. The artists who come to Germany call on us very specifically to form communities of learning - and we can turn them into new friends and ambassadors who send out a very special message. On the other hand, students and graduates at Germany's universities and colleges generally experience powerful and positive personality-building impulses and artistic development when they are abroad, since they have to face up to the special challenges which intercultural encounter produces, since "the apprenticeship of their journey-days" makes them more open-minded and self-reflective, helps them question their previous views and become more receptive to what is new. And it is this very aspect of crossing borders, in all its meanings, which is what the DAAD actively pursues, in art as well as in science.

Auf dem Sprung – Förderung von Künstlern

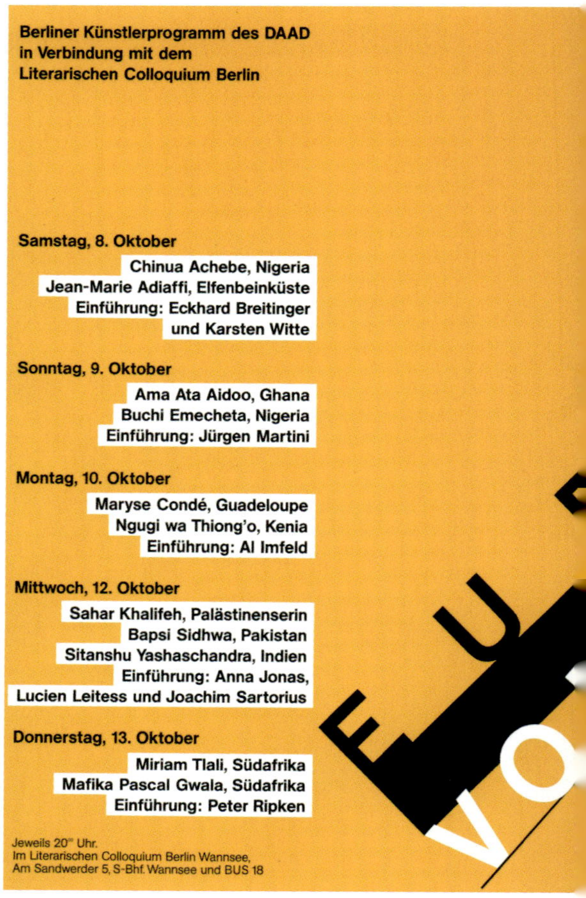

◂ Die daad-Galerie in Berlin-Tiergarten, Kurfürstenstraße
The daad Gallery in Berlin-Tiergarten

daad-Galerie: Ausstellungsort für die Gäste im Berliner Künstlerprogramm des DAAD
The daad Gallery: Exhibition venue for guests of the DAAD's Artists-in-Berlin programme

O P A
AUSSEN

LESEREIHE
AKADEMIE DER KÜNSTE
BERLINER KÜNSTLERPROGRAMM DES DAAD
19.9.78
György Dalos
Miklós Haraszti
György Konrad
Akademie der Künste 1000 Berlin 21 Hanseatenweg 10
Eintritt DM 4,- Studenten Ermäßigung Beginn 20 Uhr

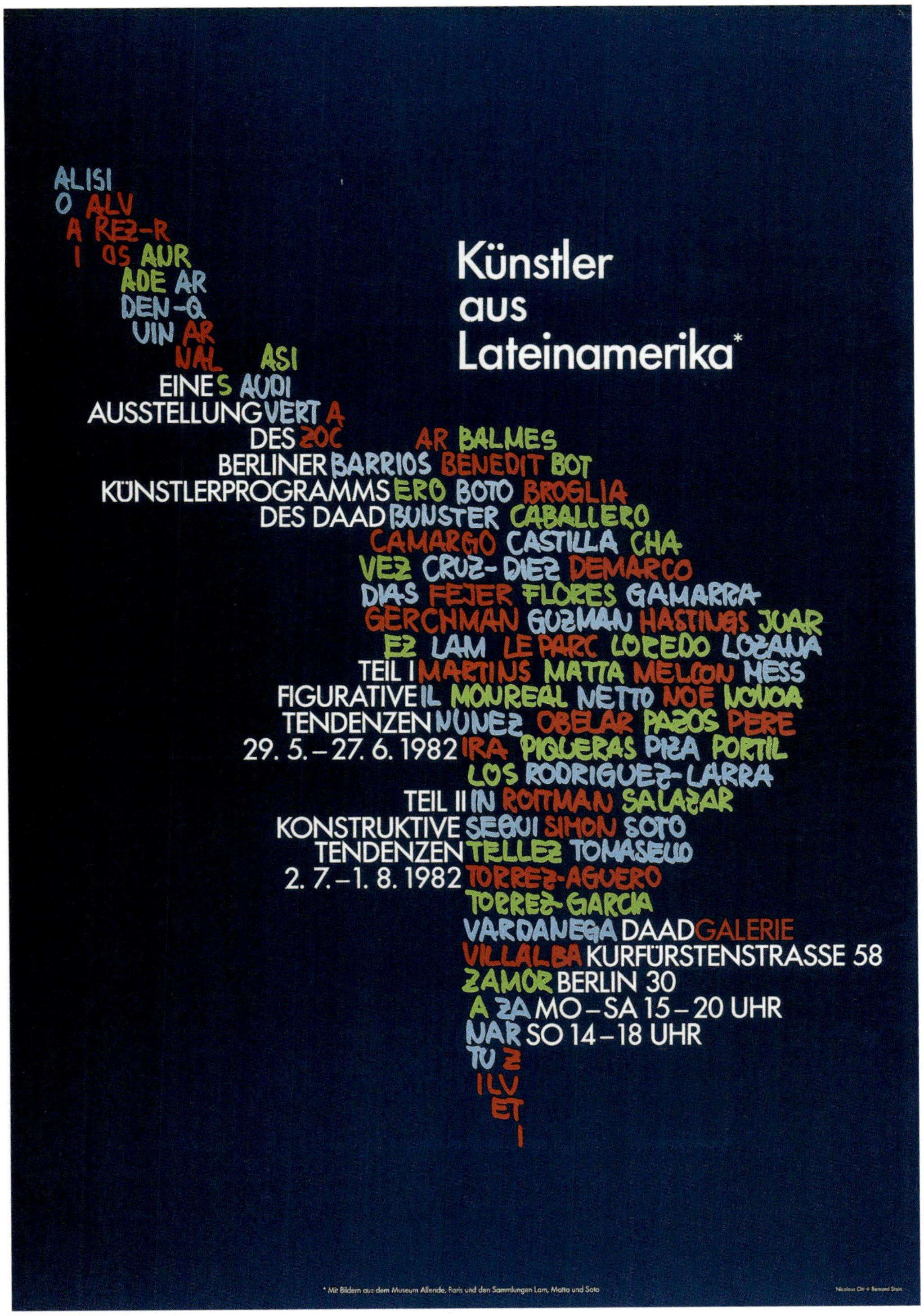
Künstler aus Lateinamerika*
EINES AUSSTELLUNG DES BERLINER KÜNSTLERPROGRAMMS DES DAAD
TEIL I FIGURATIVE TENDENZEN 29. 5. – 27. 6. 1982
TEIL II KONSTRUKTIVE TENDENZEN 2. 7. – 1. 8. 1982
DAADGALERIE
KURFÜRSTENSTRASSE 58
BERLIN 30
MO – SA 15 – 20 UHR
SO 14 – 18 UHR

Hans New York HAACKE
Rebecca Berlin HORN
Ilya Moskau/Paris KABAKOV
Informationen, Dokumente, Materialien: daadgalerie
Kurfürstenstraße 58 1000 Berlin 30 Telefon 2 61 36 40
Ein Ausstellungsprojekt in Ost und West
1. September bis 7. Oktober
geöffnet täglich 12.30 – 19 Uhr
Raffael Berlin RHEINSBERG
Krzysztof Warschau/New York WODICZKO

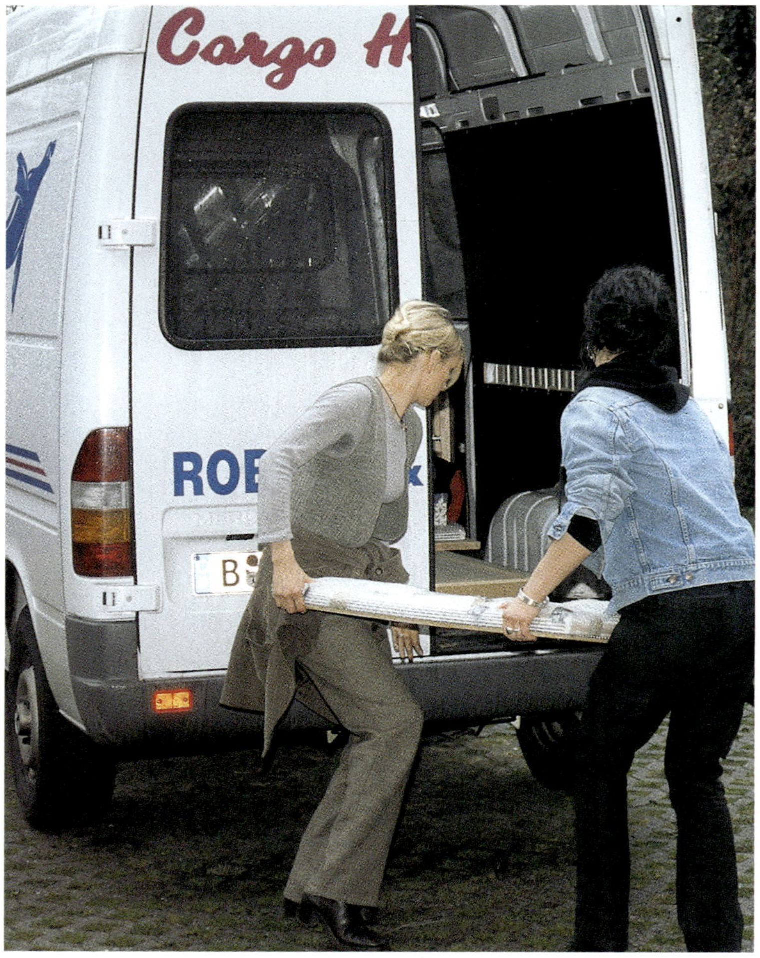
Cargo H

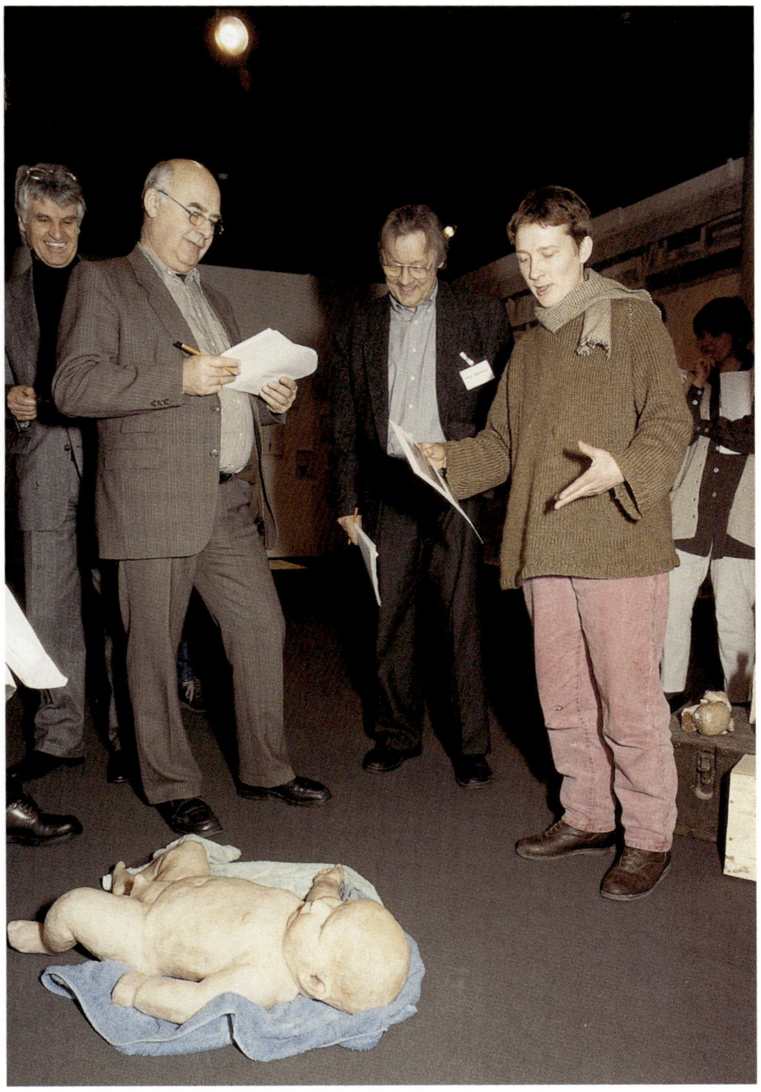

▲ Die Auswahlkommission "Bildende Kunst, Design, Film" begutachtet Werke der Bewerberinnen und Bewerber
The "Fine and Visual Art, Design, Film" Selection Committee judges work submitted by the applicants

▲ Die Präsentation der Arbeiten und Projekte gehört dazu
Presentation of work and projects is part of the process

◄ Aufbau einer studentischen Arbeit
A student's work of art takes shape

▲ Die Auswahl-Kommission Musik erwartet die Stipendien-Bewerber
The Music Selection Committee awaits scholarship applicants

► Persönliche Vorstellung und Vorspiel sind Teil der Bewerbung
The interview and audition form part of the application

►► Werden ebenso gefördert: Absolventen von Musikhochschulen im Ausland.
Foreign music graduates also receive support for their studies

◄ Nicht nur das Spiel ist wichtig: die Kommission stellt Fragen
Not only the playing is important as the committee asks its questions

Wie eine Prüfung: Bewerber vor der Auswahlkommission Musik
Very much like an exam. Applicant faces the Music Selection Committee

Keine leichte Entscheidung: Die Kommission beurteilt und benotet die Leistungen
Not an easy decision: the committee judges and grades the works of art

Burg Giebichenstein – Hochschule für Kunst und Design Halle

Hausadresse / *Address*:
Neuwerk 7, D-06108 Halle (Saale)
Postadresse / *Postal Address*: Postfach 200252, D-06003 Halle (Saale)
Telefon / *Telephone*: 0049 / 345 / 77515-0
Telefax / *Telefax*: 0049 / 345 / 77515-69
E-Mail / *e-mail*: burgpost@burg-halle.de
Internet / *Internet*: http: / / www.burg-halle.de
Gründungsjahr / *Founded*: 1915
Bundesland / *State*: Sachsen-Anhalt / *Saxony-Anhalt*

Fakultäten / *Faculties*:
Kunst / *Art*; Design / *Design*

Lehrpersonal / *Teaching Staff*:
Hochschullehrer / *Professors and Senior Lecturers*: 65,
Lehrende im Mittelbau / *Non-professorial Lecturers*: 48,
Lehrbeauftragte / *Contract Lecturers*: 73

Studierende / *Students*: 850
Ausländische Studierende / *Foreign Students*: 70

Die Burg Giebichenstein – Hochschule für Kunst und Design Halle ist eine moderne Kunst- und Designhochschule, die Elemente einer Hochschule für Gestaltung, einer Kunstakademie und einer Medienhochschule miteinander verbindet. Sie bietet ein vielseitiges Studienangebot und verfügt über ein gut ausgestattetes Netz von Ateliers und Werkstätten für nahezu alle technischen und handwerklichen Verfahren, die Neuen Medien darin eingeschlossen.

Blick auf die Unterburg Giebichenstein
View of the lower castle (Unterburg)

Die Hochschule hat im Jahr 2000 ihr 85-jähriges Gründungsjubiläum gefeiert. Ab 1915 reformierte der aus München stammende Architekt Paul Thiersch im Sinne der zeitgenössischen Bestrebungen des Deutschen Werkbundes die Hallesche Handwerkerschule praxisorientiert und antiakademisch. Seit 1921 mit Sitz in der Unterburg Giebichenstein, wurden die Kunstgewerbeschule und Werkstätten der Stadt Halle neben dem Bauhaus zu einer der bekanntesten und einflussreichsten Ausbildungsstätten in Deutschland.
Ab 1925 lehrten an der Burg Giebichenstein eine Reihe ehemaliger Bauhäusler, die sich der ab 1923 deutlich werdenden Technikeuphorie des Bauhauses entziehen wollten. Der Versuch, eine Vermittlung zwischen moderner Formgebung und traditionsbewusstem Handwerk zu finden, verband sie mit den Lehrenden auf Burg Giebichenstein. Die Machtergreifung der Nationalsozialisten war zerstörerisch: Auf den Status einer Handwerkerschule zurückgestuft, firmierte die Schule ab 1938 als "Meisterschule des Deutschen Handwerks".
Nach 1945 gab es beim Versuch, an die eigene Geschichte aus den zwanziger und frühen dreißiger Jahren anzuknüpfen, einen zunächst hoffnungsvollen Neubeginn. Die fünfziger und sechziger Jahre waren jedoch bestimmt von den ausgesprochen dogmatischen kulturpolitischen Doktrinen im Ostteil Deutschlands. Nach 1958 wurde die Burg als "Hochschule für industrielle Formgestaltung" zum einflussreichen Zentrum der Ausbildung für Designer und Kunsthandwerker in der DDR. In den Jahren seit 1989 gelang es, den besonderen Charakter der "Burg", die Vielseitigkeit und Differenziertheit ihres Studienangebotes zu erhalten und um eine Reihe neuer Studienrichtungen zu erweitern.
Im traditionellen wie im zukunftsorientierten Sinn ist das Zusammenwirken freier und angewandter Disziplinen bestimmend für das heutige Profil der Hochschule. Die Burg Giebichenstein bietet den Studierenden die Möglichkeit, theoretische Kenntnisse und praktische Fertigkeiten in den verschiedenen Gebieten von Kunst und Design zu erwerben und durch deren Anwendung in künstlerischen und gestalterischen Projekten eine ganzheitliche Sicht auf die Gestaltung der Umwelt zu entwickeln. Diese Bestrebungen finden ihre fachbezogene Unterstützung und praktische Anwendung im Rahmen der vielgestaltigen Zusammenarbeit mit Partnern in Industrie und Wirtschaft sowie in privaten und öffentlichen Institutionen.
Die Regelstudienzeit beträgt in den Studiengängen der Fakultät Design zehn und in den Studiengängen der Fakultät Kunst zwölf Semester. Das Studium schließt mit dem Diplom für Bildende Kunst oder Design, in der Kunsterziehung mit der ersten Staatsprüfung, in der Innenarchitektur mit dem Grad Diplomingenieur ab. Das Studium beginnt mit einem viersemestrigen Grundlagenstudium mit bildnerischen, kunst- und designtheoretischen, medientechnischen und naturwissenschaftlich-technischen Grundlagen. Es wird mit dem Vordiplom abgeschlossen. Das viersemestrige Hauptstudium ist problemorientiert und wird wesentlich als Projektstudium durchgeführt. Eine zweisemestrige Diplomarbeit schließt das Studium ab.
Das Programm der Fakultät Kunst umschließt alle Formen künstlerischen Arbeitens und vermittelt den formbildenden Umgang mit Werkstoffen zur Artikulation künstlerischer Ideen für die Lösung komplexer raumbezogener (Architektur, Umwelt) und freier Themen. In allen Diplomstudienrichtungen der Fakultät ist ein viersemestriges Meisterschülerstudium, in der Kunsterziehung ein viersemestriges Berufsbegleitendes Studium möglich.
Die Fakultät Design bietet eine vielfältige gestalterische Ausbildung zur Lösung gegenständlicher, räumlicher und prozesshafter Designaufgaben und berücksichtigt wesentlich experimentelles Arbeiten in Hinblick auf die künftige Entwicklung gestalterischer Problemfelder mittels alternativer Konzepte und Methoden. In den Diplomstudiengängen der Fakultät ist ein viersemestriges Aufbaustudium möglich. Das Fach Industrie-Design kann auch als Teilzeitstudium (Regelstudienzeit zwölf Semester) belegt werden.
Die Hochschule ist international ausgerichtet und verfügt über vielfältige Beziehungen zu Kunst- und Designhochschulen im Ausland: als Mitglied im internationalen Verbund unabhängiger Kunsthochschulen, im Rahmen des SOKRATES / ERASMUS-Programms der Europäischen Union (derzeit 24 Kooperationspartner) und über individuell abgeschlossene Kooperationsverträge mit Hochschulen in Europa und Übersee. Ausländische Studierende werden als wichtiger Teil der Studentenschaft verstanden und mit besonderer Aufmerksamkeit bedacht. Derzeit zählt die Schule etwa 70 voll eingeschriebene Studierende aus aller Welt und verzeichnet eine steigende Zahl von Gaststudenten aus Partnerhochschulen.
Zu den wichtigsten Zielen der Hochschule gehört es, sich im europäischen und internationalen Kontext zu integrieren. Gastdozenturen von

Arbeit im Fotoatelier
Working in the photo studio

ausländischen Künstlern und Designern, Workshops mit Studenten und Dozenten ausländischer Partnerhochschulen, Studienaufenthalte an ausländischen Hochschulen oder Praktika im Ausland sind selbstverständliche Bestandteile des Ausbildungsprofils und sollen die Studierenden auf eine berufliche Tätigkeit auch außerhalb des deutschen Sprachraums vorbereiten.

The Burg Giebichenstein—Hochschule für Kunst und Design Halle is a modern art and design college which unites elements of a design school, art academy and media college. It offers students a wide and diverse range of courses and maintains an excellent network of studios and workshops for practically all technical crafts and industrial arts processes, including the new media.
In the year 2000, the Burg Giebichenstein celebrated its 85th anniversary. In 1915, the architect Paul Thiersch from Munich began to reform the profile of the School of Industrial Arts in Halle in line with the contemporary endeavours pursued by the Deutscher Werkbund (German Industrial Arts Association) for a practical and anti-academic approach. From 1921 onwards and with its seat in the Unterburg Giebichenstein, the Kunstgewerbeschule (industrial arts school) and the workshops of the city of Halle joined forces to become one of the best-known and most influential educational facilities in Germany, along with the Bauhaus. From 1925 onwards, a number of former Bauhaus lecturers who wanted to escape from the clearly emerging technology euphoria of the Bauhaus taught at the Burg Giebichenstein. The attempt to mediate between modern design and traditional tradecrafts was synonymous with the teachers working at the Burg Giebichenstein. When the Nazis came to power, the effect was destructive: The institution was downgraded to an industrial arts school, known from 1938 as the Meisterschule des Deutschen Handwerks.
After 1945, the attempt to latch on to and continue from the institution's own history and traditions of the 1920s and early 1930s marked an initially hopeful new beginning. However, the 1950s and 1960s were shaped by the categorically dogmatic cultural policy doctrines of East Germany. After 1958, the Burg Giebichenstein was known as the Hochschule für industrielle Formgestaltung (industrial design) and became the most influential education and training centre for designers and craftworkers in East Germany. Since 1989, the special character of the Burg has been maintained along with the diversity of its courses, and they have been extended with a series of further disciplines. In the traditional as well as the future-oriented sense, the interaction between theoretical and practical disciplines continues to shape the present-day profile of the Burg Giebichenstein. Indeed, it offers students the opportunity to gain theoretical knowledge and practical skills in the various fields of art and design and to apply them in artistic and design projects that develop a holistic view of designing the environment. These endeavours are supported by the various specialist fields and are applied in practice within the wide range of cooperation agreements which the Burg maintains with partners from business and industry as well as with public and private institutions.

The standard study period for degree courses offered by the Design Faculty is 10 semesters and 12 semesters for those offered by the Art Faculty. Studies are completed with a Diplom degree in fine or visual art or design, or with a teaching qualification (1. Staatsexamen) for graduates of art education, or with an engineering degree (Dipl.-Ingenieur) for graduates of interior design. Studies begin with a four-semester basic course, incorporating artistic and visual, art and design theory, media and technical, scientific and engineering essentials. This stage ends with the pre-Diplom qualification. The four-semester main course is problem-oriented and is essentially completed in the form of project studies. A two-semester Diplom dissertation phase completes the degree course.
The Art Faculty programme encompasses all forms of artistic work and teaches the formative-visual (creative) treatment of materials as a means of articulating artistic ideas to solve complex, space-related topics (architecture, living environment) and free topics (fine and visual arts). The faculty offers a four-semester master class in all Diplom degree fields, while a four-semester career-integrated course is offered to art education graduates.
The Design Faculty provides a diverse range of design-focused education and training aimed at creatively solving object-oriented, spatial and process-related design problems. The programmes essentially consider future-oriented design responsibilities and encourage students to develop alternative methods and concepts by means of experimental work. A four-semester postgraduate degree course is available to graduates of disciplines taught in the faculty's Diplom degree courses. The field of industrial design may also be taken in a part-time study format (standard period of study = 12 semesters).
The Burg Giebichenstein is international and maintains a wide range of contacts and relations with art and design colleges around the world, through its membership in the international Association of Independent Art and Design Schools, its activities within the scope of the European Union's SOKRATES/ERASMUS programme (currently involving 24 cooperation partners), and via its individually-arranged cooperation agreements with universities and colleges in Europe and overseas. International students are perceived as an important part of the student body and are greeted with special attention. At present, the Burg Giebichenstein has around 70 fully registered students from around the world and is able to welcome an ever-growing number of guest students from its partner higher education institutions.
One of the prime goals of the Burg Giebichenstein involves integrating itself into the European and international context. Guest lectureships by foreign artists and designers, workshops with students and lecturers from foreign partner universities and colleges, and study periods spent at higher education institutions around the world or practical internships completed abroad all represent standard components of the education and training profile, which aims to prepare students for professional careers within and also beyond the borders of the German-speaking world.

Angehender Bildhauer auf der "Burg"
Aspiring sculptor working in the "Burg"

Hochschule für bildende Künste Hamburg

Hausadresse / *Address*:
Lerchenfeld 2, D-22081 Hamburg
Postadresse / *Postal Address*: do.
Telefon / *Telephone*: 0049 / 40 / 42832-3255
Telefax / *Telefax*: 0049 / 40 / 42832-2279
E-Mail / *e-mail*: presse@kunsthochschule.uni-hamburg.de
Internet / *Internet*: http://www.kunsthochschule.uni-hamburg.de
Gründungsjahr / *Founded*: 1767
Bundesland / *State*: Hamburg / *Hamburg*

Fachbereiche / *Departments*:
Freie Kunst / *Fine Art*;
Visuelle Kommunikation / *Visual Communication*;
Industrial Design / *Industrial Design*;
Kunstpädagogik und Techniklehre / *Art Education and Theory of Technology*;
Architektur und Städtebau / *Architecture and Urban Planning*

Lehrpersonal / *Teaching Staff*:
insgesamt / *in total*: 79

Studierende / *Students*: 1 300
Ausländische Studierende / *Foreign Students*: 93

Die Hochschule für bildende Künste Hamburg (HfbK) ist eine künstlerisch-wissenschaftliche Hochschule. Mit ihrem breiten Studienangebot gehört sie zu den namhaftesten Institutionen ihrer Art.
Bereits 1767 wurde sie als erste Gewerbeschule Deutschlands gegründet. 1896 avancierte sie zur Staatlichen Kunstgewerbeschule, die 1913 ein eigenes, von Fritz Schumacher entworfenes Gebäude am Lerchenfeld bezog. In der Zeit zwischen 1933 und 1945 war auch die Kunstschule der nationalsozialistischen Diktatur unterworfen: von der Erwägung, die Schule ganz zu schließen, über die abrupte Beendigung aller Reformansätze des damaligen Direktors Max Sauerlandt, die Verfolgung von jüdischen Professoren und zahlreichen Entlassungen bis hin zur Zerstörung der Schule im Bombenkrieg.
Nach dem Wiederaufbau 1955 schließlich wurde erreicht, was seit den dreißiger Jahren vergeblich angestrebt worden war: der Ausbau der Architekturabteilung und die Umwandlung der Landeskunstschule in die Staatliche Hochschule für bildende Künste.
Neben der Hochschule der Künste Berlin hat die Hochschule für bildende Künste Hamburg das breiteste Ausbildungsangebot. Es zeichnet sich durch eine große Vielfalt der Disziplinen aus. Dass sämtliche Bereiche des Visuellen unter einem Dach vereinigt sind, ermöglicht einen hohen Grad von Austausch und Interdisziplinarität.
Zu den Qualitäten der Hochschule zählt in diesem Kontext besonders die Vielzahl von Werkstätten. Den Studierenden stehen dreizehn Werkstätten zur Verfügung, von der Holz-, Textil- über die Siebdruck- und Metall- bis hin zur Typographie-, Foto-, Mixed-Media-, Film- und Video- sowie einer Architekturwerkstatt. Über den Ausbau dieser Infrastruktur ist es der HfbK gelungen, den hochschuleigenen "material-verlag" zu gründen, der bis heute über 100 Bucherscheinungen verzeichnen kann. Die Bücher des material-verlages der HfbK haben wiederholt Auszeichnungen und Preise für ihre Gestaltung erhalten, die von der Stiftung Buchkunst jeweils zur Buchmesse in Frankfurt vergeben werden.

Der ausgeprägt experimentelle Ansatz der Lehre an der HfbK beruht auch auf vielen Kooperationen mit anderen Institutionen. So hat sich zum Beispiel seit dem Herbst 1998 das "Labor für elektronische Medienkommunikation, Medieninformatik und Medienkunst", "LEM", etabliert. Es handelt sich dabei um eine künstlerisch-wissenschaftliche Forschungspartnerschaft zwischen dem Bereich Künstlerische Telematik der HfbK und der Informatik der Universität Hamburg.
Ein weiteres Beispiel ist das Projekt "LKW", das Labor für Kunst und Wissenschaft, eine Zusammenarbeit zwischen den Bereichen Kunstpädagogik an der HfbK sowie den Erziehungswissenschaften und dem Literaturwissenschaftlichen Seminar der Universität Hamburg.
Außerdem bemerkenswert ist die Internet-Zeitschrift "Zäsuren". Dieses Internet-Projekt schließt an die Zeitschriften "Spuren" und "Fragmente" an und setzt sich mit Philosophie, Kunst, Medienproblemen sowie politischen Fragen auseinander.
Eine Grundentscheidung der fünfziger Jahre, die bis heute das Profil der Kunstlehre an der HfbK prägt, ist die Einrichtung von Gastdozenturen in der Freien Kunst. Durch die Schaffung dieser befristeten Stellen soll das Lehrangebot flexibel ergänzt und auf die Veränderungen der Kunstwelt adäquat geantwortet werden.
Dieser offene Bezug zum Kunstgeschehen hat dazu geführt, dass traditionelle Lehrpositionen, die andernorts noch verteidigt werden, an der HfbK aufgegeben wurden. Verstärkt haben sich indessen die künstlerischen Kräfte, die grenzüberschreitend wirken.
GastprofessorInnen waren u.a.: Joseph Beuys, Michael Clegg, Enzo Cucchi, Hanne Darboven, Marlene Dumas, Zaha M. Hadid, Richard Hamilton, David Hockney, Rebecca Horn, Friedensreich Hundertwasser, Maria Nordmann, Jörg Immendorff, Allen Jones, Tadeusz Kantor, Daniel Libeskind, Meret Oppenheim, Nam June Paik, Ben Patterson, Dieter Roth, Thomas Schütte, Katharina Sieverding, Kiki Smith, Stelarc, Wolfgang Tillmans, Lawrence Weiner.
Ein weiterer Schwerpunkt der HfbK liegt in der Filmausbildung, die als grundständiger Diplomstudiengang angeboten wird. Während in den früheren Jahren an der HfbK eher experimentelle und politische Ansätze vertreten wurden, ist heute eine stärkere Öffnung in Richtung professioneller Kino- und TV-Spielfilmproduktionen zu verzeichnen. Dabei ist es eine gute Tradition, dass neben dem Berufsziel AutorIn und RegisseurIn auch immer wieder einzelne StudentInnen das Ziel Kameramann / -frau oder TonmeisterIn auf hohem Niveau realisieren. Die Filme der Studierenden sind regelmäßig mit großem Erfolg auf allen namhaften Filmfestivals vertreten.
Der interessierten Öffentlichkeit präsentiert sich die HfbK Hamburg mit einer Diplomausstellung Ende Februar und einer Jahresausstellung Anfang Juli eines jeden Jahres. 1999 hat die HfbK zum ersten Mal einen Preis für das beste Diplom vergeben und anlässlich der Jahresausstellung den Karl H. Ditze-Publikumspreis.
Neu ist auch das Aufnahmeverfahren für Architekturstudierende an der HfbK. Seit Oktober 1999 erfolgt das Vergabeverfahren wie in allen anderen Fachbereichen über eine künstlerische Eignungsprüfung. Der neu strukturierte Fachbereich Architektur hat seinen Ausbildungsschwerpunkt auf den künstlerisch-gestalterischen Entwurf gelegt.
Die bildenden Künste sind von ihrer Grundstruktur her auf Internationalität angelegt. Die Kontakte, die in dieser Beziehung aufgebaut werden konnten, sind entsprechend vielfältig: ob es sich um die Zusammenarbeit des Fachbereichs Architektur mit der Columbia University New York oder die AA London handelt, die Kooperation mit zwölf Hochschulen im AIAS-Verbund (Association of Independent Art and Design Schools) oder um die Kooperation des Fachbereichs Visuelle Kommunikation mit Chicago.

The Hochschule für bildende Künste Hamburg —HfbK—is an academic college of fine and visual arts offering a broad range of subjects and courses which makes it one of the most renowned institutions of its kind.
It can trace its roots to 1767, when it was founded as Germany's first polytechnic. In 1896, this institution advanced to become the Staatliche Kunstgewerbeschule, which, in 1913, moved into its own building in Lerchenweg designed by Fritz Schumacher. In the period from 1933 to 1945, the institution was subjected to the influence of the Nazi dictatorship, influences which ranged from possible closure, to the abrupt termination of all the reforms begun by Max Sauerlandt, the director at the time, through to the persecution of Jewish professors and numerous dismissals, and, finally, the college's destruction in a bombing raid.
After its reconstruction in 1955, the institution finally achieved what it had been striving for in vain since the 1930s, namely, the creation of a Department of Architecture and the transformation of the regional art school into a fully state-maintained college of fine and visual arts, the Staatliche Hochschule für bildende Künste.

Studentische Arbeit in der Jahresausstellung
Students' work at the annual exhibition

"Recht so!", eine akustisch-kinetische Installation (1989–1992)
"Quite right too!"—an acoustic-kinetic installation (1989–1992)

The Hochschule der Künste Berlin and the HfbK Hamburg are the institutions which offer the broadest range of art courses in Germany. Indeed, the HfbK distinguishes itself through the great variety of disciplines, which unite all visual fields under a single "umbrella", thereby facilitating a high degree of interchangeability and interdisciplinarity.

In this context, the qualities of the HfbK include the large number of workshops that it operates. Students have a choice of 13 workshops, ranging from wood, textile and screen printing through to metalwork and typography, photography, mixed media, film and video, and, last but not least, an architecture workshop.

By expanding this infrastructure, the HfbK Hamburg has succeeded in establishing its own publishing house, material-verlag, which has published more than 100 works. The material-verlag's books and their aesthetic layouts have repeatedly won prizes awarded by the Stiftung Buchkunst during the annual Frankfurt Book Fair.

The pronounced experimental approach of teaching at the HfbK Hamburg is also based on the many cooperation agreements that it maintains with other institutions. For example, the Labor für elektronische Medienkommunikation, Medieninformatik und Medienkunst (LEM) has been able to establish itself since autumn 1998 as a laboratory for electronic media communication, media computing and media art. It is operated as an artistic-scientific research partnership between the Artistic Telematics Unit at the HfbK and the Computer Science Department at Hamburg University.

The Labor für Kunst und Wissenschaft (LKW) project is another example, involving research into art and science by means of cooperation between the Art Education Unit at the HfbK, and the Education Department and Literary Studies Department at Hamburg University. The Internet magazine "Zäsuren" is another remarkable development. This Internet project follows on from the magazines called "Spuren" and "Fragmente" and examines aspects of philosophy, art, media problems as well as political questions.

A policy decision taken in the 1950s continues to shape the teaching of art at the HfbK, namely the establishment of guest lectureships. By creating these short-term posts, the HfbK has been able to pursue the goal of producing a flexible extension to its range of teaching so that it can respond and react adequately to changes in the world of art.

This constant link with the world of art has led to traditional teaching positions, which other institutions still defend, being abandoned at the HfbK Hamburg in favour of those artistic forces whose work is international in nature.

Among the many guest and visiting professors have been such figures as Joseph Beuys, Michael Clegg, Enzo Cucchi, Hanne Darboven, Marlene Dumas, Zaha M. Hadid, Richard Hamilton, David Hockney, Rebecca Horn, Friedensreich Hundertwasser, Maria Nordmann, Jörg Immendorff, Allen Jones, Tadeusz Kantor, Daniel Libeskind, Meret Oppenheim, Nam June Paik, Ben Patterson, Diether Roth, Thomas Schütte, Katherina Sieverding, Kiki Smith, Stelarc, Wolfgang Tillmans and Lawrence Wiener.

Another focus at the HfbK Hamburg is to be found in the film courses which lead to a first Diplom degree. While the early years of the HfbK saw more experimental and political approaches represented, today's orientation is directed more towards professional cinema and TV film productions. A good tradition has nevertheless been maintained, namely, that of not only offering professional qualifications for authors or directors, but also of occasionally enabling individual students to pursue high-level career qualifications as a cameraman/-woman or sound engineer. Films by HfbK students are regularly represented with great success at renowned film festivals.

Towards the end of February, the HfbK Hamburg regularly presents itself to an interested general public with its exhibition of Diplom papers and dissertations, while it also holds an annual Open Day in early July each year. 1999 was the first time that the HfbK awarded a prize for the best Diplom degree, while the Karl H. Ditze-Publikumspreis is annually awarded on the occasion of the annual Open Day.

The selection procedure for students of architecture is also new at the HfbK. Since October 1999, students have been selected via an artistic aptitude test, as for all other disciplines at the HfbK. The restructured Department of Architecture has shifted the focus of its education and training onto artistic-design work.

The underlying structure of fine and visual arts has always been based on internationalism. This is why the HfbK Hamburg attaches great importance to creating a wide and diverse range of international contacts. These contacts are expressed in many forms: as cooperation between the Department of Architecture and Columbia University New York or the AA London; cooperation projects with the twelve member institutions of the AIAS (Association of Independent Art and Design Schools); or as collaboration with the Department of Visual Communication, Chicago.

Hochschule für Musik und Theater Hamburg

hochschule für musik und theater

Hausadresse / *Address*:
Harvestehuder Weg 12, D-20148 Hamburg
Postadresse / *Postal Address*: do.
Telefon / *Telephone*: 0049 / 40 / 42848-0
Telefax / *Telefax*: 0049 / 40 / 42848-2666
E-Mail / *e-mail*: hfm-pressestelle-bastians@uni-hamburg.de
Internet / *Internet*: http://www.rrz.uni-hamburg.de/hfm
Gründungsjahr / *Founded*: 1950
Bundesland / *State*: Hamburg / *Hamburg*

Fachbereiche / *Departments*:
Komposition / Theorie / Musikwissenschaft und Dirigieren / *Composition / Theory / Musicology and Conducting*; Instrumentalmusik / *Instrumental Music*; Gesang und Musiktheater / *Singing and Music Theatre*; Musikpädagogik / *Music Education*; Evangelische Kirchenmusik / *Protestant Church Music*; Jazz und jazzverwandte Musik (Popularmusik) / *Jazz and Jazz-related Music (Popular Music)*; Schauspiel / *Drama*

Lehrpersonal / *Teaching Staff*:
insgesamt / *in total*: 224

Studierende / *Students*: 757
Ausländische Studierende / *Foreign Students*: 166

Die Hochschule für Musik und Theater Hamburg wurde 1950 als "Staatliche Hochschule für Musik" errichtet. Zu ihr gehörte die von Anne und Eduard Marks gegründete Schauspielschule. Als erster langjähriger Direktor wurde Philipp Jarnach berufen. Ihm folgten Wilhelm Maler (1959), Hajo Hinrichs (1969) und seit 1978 Hermann Rauhe.
Die Hochschule befindet sich im Zentrum Hamburgs an der Außenalster. Zur Hochschule gehören das um 1900 erbaute "Budge-Palais" mit einem prachtvollen historischen Kammermusiksaal sowie ein großzügiger Neubau mit 83 Unterrichtsräumen, Schauspiel- und Opernstudios, Bewegungs- und Übungsräumen. Besonders hervorzuheben ist das FORUM, ein professionell ausgestattetes Theater mit Orchestergraben, moderner Bühnentechnik und 460 Plätzen. Das AV-Medienzentrum umfasst ein digitales Produktionsstudio, die Tonregie für den Theaterbereich, ein Video- und ein Elektronikstudio.
Die Studienmöglichkeiten an der Hochschule umfassen alle Bereiche der Musik und des Theaters sowie einige stärker wissenschaftlich bzw. pädagogisch geprägte Fächer wie z. B. Musikwissenschaft und Musikpädagogik. Am Ende steht mit wenigen Ausnahmen das Diplom sowie zusätzlich im instrumentalen und vokalen Bereich das Konzertexamen. Die derzeit 42 Studiengänge – 34 grundständige und acht weiterbildende – sind sieben Fachbereichen und zwei hochschulsenatsunmittelbaren Bereichen zugeordnet.

Die Hochschule hat den Status einer künstlerisch-wissenschaftlichen Hochschule mit Promotionsrecht (Dr. scientiae musicae).
Die Hochschule hat seit ihrer Gründung ein breites Ausbildungsspektrum entwickelt, das praxisbezogene und mediengerechte Lehrangebote enthält. Zu den besonderen Studienangeboten zählen z. B.:

- die Studiengänge Musiktheater-Regie und Schauspieltheater-Regie;
- die Jazzausbildung im klassischen und Jazz-Instrument;
- das Kontaktstudium Popularmusik mit den Schwerpunkten Rock, Jazz und Performance;
- Computermusik und Neue Kompositionstechniken – hier werden Technik, Inhalte und Ästhetik elektronischer Medien vermittelt;
- das Diplomaufbaustudium Musiktherapie für Tätigkeiten in der Gesundheitsvorsorge, bei akuten Erkrankungen und in der Rehabilitation und der Bereich Musikmedizin;
- das Diplomaufbaustudium Kultur- und Medienmanagement, das auf berufliche Tätigkeiten in Kultur- und Medieneinrichtungen auf nationaler und internationaler Ebene vorbereitet.

Im Sinne eines engen Praxisbezuges arbeitet die Hochschule mit zahlreichen Orchestern, Chören, Theatern und Opernhäusern zusammen. Viele Professorinnen und Professoren sind gleichzeitig Mitglieder dieser Einrichtungen und bringen ihre Praxiserfahrung unmittelbar in die Ausbildung des künstlerischen Nachwuchses ein. Wesentlicher Bestandteil des künstlerischen Studiums ist die Mitwirkung im Hochschulchor und Hochschulorchester.

Mit ca. 300 Veranstaltungen pro Jahr zählt die Hochschule zu den großen Kulturträgern in Hamburg und Umgebung. Das breite Programmangebot umfasst Opern- und Schauspiel-Inszenierungen sowie zahlreiche Solo-, Kammermusik- und Liederabende, Chor- und Orchesterkonzerte.
In der Veranstaltungsreihe "Junges Forum Musiktheater" werden von Studierenden und Lehrenden der Musiktheater-Regie pro Spielzeit etwa neun Opern-Inszenierungen auf die Bühne gebracht und von Kulturmanagement-Studierenden professionell gemanagt.
Das von der Hochschule angebotene externe Veranstaltungswesen bietet den Studierenden vielfältige Auftrittsmöglichkeiten und frühzeitige Podiumserfahrung. Studierende bestreiten ganze Konzertreihen und musikalische Umrahmungen in allen Bereichen und wirken regelmäßig bei der Reihe START des Norddeutschen Rundfunks mit.
Vergleichbares gilt für die Studierenden des Studienganges Kultur- und Medienmanagement. Sie organisieren als Praxisprojekt Veranstaltungsreihen, Festivals, Wettbewerbe etc.
Kooperationsverträge bestehen mit den Musikhochschulen in St. Petersburg (Russland), Bydgoszcz (Polen) und Bukarest (Rumänien).
Im Rahmen der Mobilitätsprogramme der Europäischen Union arbeitet die Hochschule mit 16 Partnerhochschulen aus acht europäischen Ländern in den Bereichen Studierenden- und Dozentenaustausch zusammen.
Zahlreiche Absolventinnen und Absolventen avancierten zu international renommierten Künstlerinnen und Künstlern, wie z. B.:

Der Mendelssohn-Saal im Budge-Palais
The Mendelssohn Hall in the Budge-Palais

Eigene Produktionen sind das A und O: "Così fan tutte"
College productions are essential: "Così fan tutte"

- Gerd Albrecht, Michael Boder, Thomas Brandis, Christoph Eschenbach, Justus Frantz, Christof Prick, Andreas Röhn und Niklas Schmidt im Bereich Dirigieren und Instrumentalmusik;
- Kirsten Blanck, Angela Denoke, Evelyn Herlitzius, Robert Gambill, Julie Kaufmann, Michaela Kaune, Monika Krause, Ruth Maria Nicolay, Dorothea Röschmann, Jan Hendrik Rootering und Iris Vermillion im Opernbereich;
- Renate Ackermann, Kirsten Harms und Philipp Himmelmann im Musiktheater-Regiebereich;
- Babette Koblenz, Detlev Müller-Siemens, Wolfgang von Schweinitz und Manfred Trojahn im Bereich Komposition;
- Ingrid Andrée, Walter Giller, Matthias Habich, Evelyn Hamann, Hannelore Hoger, Dietmar König, Jutta Lampe, Susanne Lothar, Annette Paulmann und Peter Striebeck im Schauspielbereich;
- Ute Lemper im Popbereich.

Absolventinnen und Absolventen des Diplomaufbaustudienganges Kultur- und Medienmanagement bekleiden Schlüsselpositionen in den führenden Kultur- und Medieninstitutionen sowie kulturfördernden Unternehmen.
Im Rahmen des einmal jährlich von der Hochschule durchgeführten Elise-Meyer-Wettbewerbs für Instrumental- und Gesangsstudierende werden Preisgelder im Gesamtvolumen von ca. 120000 DM vergeben.

The Hochschule für Musik und Theater Hamburg (HfMT) was founded in 1950 as the Staatliche Hochschule für Musik. This state college of music also operated the drama school established by Anne and Eduard Marks. Philipp Jarnach was appointed as its first director, serving in this capacity for many years. He has since been succeeded by Wilhelm Maler (1959), Hajo Hinrichs (1969) and, since 1978, by Hermann Rauhe.
The HfMT is located in the heart of Hamburg, on the banks of the Außenalster (Outer Alster). The academy buildings include the Budge-Palais built in 1885, with its magnificent historical chamber music hall. The Hochschule also has a generously designed, new facility with 83 lecture and study rooms, drama and opera studios, movement and exercise rooms. Special mention must also be made of FORUM, a professionally equipped theatre with orchestra pit, modern stage technology and 460 seats. The audio-visual media centre incorporates its own digital production studio, the sound direction facilities for the theatre areas, a video and electronic studio.
The courses offered at the academy encompass all fields of music and theatre, as well as a number of more science- or education-focused areas, such as musicology and music education. Apart from some few exceptions, degree courses are completed with the Diplom plus the Konzertexamen for students of instrumental and vocal music. The 42 degree courses currently offered—34 as first degree courses and 8 as postgraduate or extension courses—are organised within seven departments and two institutes under the direct institutional responsibility of the academy senate. The Hochschule für Musik und Theater Hamburg has university status and is entitled to award doctorates (Dr. scientiae musicae).
Since its foundation, the academy has developed a broad range of education and training which contains practice-focused and media-based teaching contents. Special features of the teaching include:

- *the degree courses in music theatre direction and drama theatre direction;*
- *the jazz courses in classical and jazz instruments;*
- *the refresher course in popular music, focusing on rock, jazz and performance;*
- *computer music and new composition techniques —in which the technique, content and aesthetics of electronic media are taught;*
- *the postgraduate Diplom degree course in music therapy, qualifying graduates for careers in the health care services for patients suffering acute illnesses, and in the fields of rehabilitation and music medicine;*
- *the postgraduate Diplom degree course in culture and media management, which prepares graduates for professional careers in culture and media institutions at national and international level.*

In pursuing a policy of ensuring that its teaching is highly relevant to practical professional reality, the academy collaborates with numerous orchestras, choirs, theatre and opera houses. Many professors are simultaneously members of these institutions and introduce their practical experience directly into the education and training they give to young generations of artists. Participation in the academy choir and academy orchestra represents an essential component of the study of art.
With some 300 performances per year, the academy is one of the largest cultural organisations in and around Hamburg. The broad programme encompasses opera and drama performances, as well as numerous solo, chamber music and song evenings, choir and orchestra concerts.
The series of Junges Forum Musiktheater performances includes around nine opera productions per season, staged by students and lecturers from the music theatre direction unit, involving cross-departmental cooperation with students from other disciplines, all professionally marketed by students from the culture management department.
The external events arranged by the academy offer students a wide variety of performance opportunities and early stage experience. Students perform whole concert series and provide the musical setting for all occasions, including their regular involvement in the regional NDR broadcasting corporation's START series.
Much the same applies to students reading culture and media management. Part of their practical training involves taking on responsibility for organising various series of events, festivals, competitions, etc. Cooperation agreements have been concluded with schools and academies of music in St. Petersburg (Russia), Bydgoszcz (Poland) and Bucharest (Romania). Within the context of the European Union's mobility programmes, the academy meanwhile cooperates with 16 partner higher education institutions from eight European countries in providing an active programme of student and lecturer exchange. Many graduates have meanwhile advanced in their careers to become internationally-known artists, such as:

- *Gerd Albrecht, Michael Boder, Thomas Brandis, Christoph Eschenbach, Justus Frantz, Christof Prick, Andreas Röhn and Niklas Schmidt in the fields of conducting and instrumental music;*
- *Kirsten Blanck, Angela Denoke, Evelyn Herlitzius, Robert Gambill, Julie Kaufmann, Michaela Kaune, Monika Krause, Ruth Maria Nicolay, Dorothea Röschmann, Jan Hendrik Rootering and Iris Vermillion in opera;*
- *Renate Ackermann, Kirsten Harms and Philipp Himmelmann as directors of music theatre;*
- *Babette Koblenz, Detlev Müller-Siemens, Wolfgang von Schweinitz and Manfred Trojahn as composers;*
- *Ingrid Andrée, Walter Giller, Matthias Habich, Evelyn Hamann, Hannelore Hoger, Dietmar König, Jutta Lampe, Susanne Lothar, Annette Paulmann and Peter Striebeck as actors;*
- *Ute Lemper in the field of popular music.*

Graduates of the Diplom degree course in culture and media management hold key positions in leading cultural and media institutions as well as in culture-sponsoring corporations.
The Elise-Meyer competition which is held once a year at the academy allows the Hochschule für Musik und Theater Hamburg to award prizes valued at around DM 120,000 to students reading instrumental music and singing.

Hochschule für Musik und Theater Hannover

Hochschule für Musik und Theater Hannover

Hausadresse / *Address*:
Emmichplatz 1, D-30175 Hannover
Postadresse / *Postal Address*: do.
Telefon / *Telephone*: 0049 / 511 / 3100-1
Telefax / *Telefax*: 0049 / 511 / 3100-200
E-Mail / *e-mail*: hmt@hmt-hannover.de
Internet / *Internet*: http: // www.hmt-hannover.de
Gründungsjahr / *Founded*: 1897
Bundesland / *State*: Niedersachsen / *Lower Saxony*

Lehrpersonal / *Teaching Staff*:
Professoren / *Professors*: 89,
wissenschaftliche und künstlerische Mitarbeiter / *Academic and Artistic Staff*: 52,
Lehrbeauftragte / *Contract Lecturers*: 149

Studierende / *Students*: 1 076
Ausländische Studierende / *Foreign Students*: 239

Strenge Anmutung: das Hauptgebäude aus dem Jahr 1974
Functionalist charm: the main building erected in 1974

Die Hochschule für Musik und Theater Hannover (HMTH) ist eine künstlerisch-wissenschaftliche Hochschule mit Promotions- und Habilitationsrecht. An ihr werden derzeit knapp 1 100 Studierende in 20 Studiengängen zu Musikern, Schauspielern, Tänzern, Musiklehrern sowie Musik- und Medienwissenschaftlern ausgebildet. Eine hohe Zahl von Preisträgern zeigt, dass die HMTH auf hohem Niveau und in großer Vielfalt erfolgreich ausbildet.
Die HMTH bietet alle klassischen Studiengänge einer Musikhochschule an; der Schwerpunkt liegt auf der Ausbildung in den Bereichen Musikerziehung, Künstlerische Ausbildung, Soloklassen, Schulmusik, Theater und Tanz. Zur Verstärkung der Popularmusik-Ausbildung wurde außerdem ein neuer Studiengang "Jazz, Rock, Pop" innerhalb der Musikerziehung eingerichtet. Die Fächer Gesang, Musiktheorie / Komposition, Dirigieren sowie Jazz / Rock / Pop können seit kurzem auch als Hauptfach für das Lehramt Musik an Gymnasien studiert werden. Die Studienangebote sind in den Bereichen Klavier, Orchesterpraxis und Förderung der Kammermusik besonders ausgeprägt, vor allem in der Künstlerischen Ausbildung und Musikerziehung.
Musikwissenschaft, Musikpädagogik und Philosophie werden nicht nur als Ergänzung der klassischen Studiengänge einer Musikhochschule, sondern auch als eigenständige Magister- bzw. Promotionsstudiengänge angeboten. Außerdem besteht seit 1991 der Studiengang Medienmanagement, der seit Ende 1999 in Zusammenarbeit mit der Fachhochschule Hannover durch Bachelor- und Masterprogramme im Bereich Journalistik und Öffentlichkeitsarbeit ergänzt wird.
Aufgrund der für eine künstlerische Hochschule seltenen Einbindung starker wissenschaftlicher Aktivitäten wird neben der Ausbildung für die künstlerische Praxis intensive Forschung betrieben. Dies spiegeln auch die Aktivitäten der Institute der Hochschule wider, die Forschung und Praxis miteinander verbinden. Eine im bundesweiten Vergleich einzigartige Einrichtung ist das Institut für Musikphysiologie und Musiker-Medizin. Hier werden spezielle Forschungen auf dem Gebiet der anatomisch-physiologischen Voraussetzungen für Sänger, Instrumentalisten und Bühnentänzer betrieben. Auch das weltweit einzige Europäische Zentrum für Jüdische Musik ist an der HMTH angesiedelt, ebenso wie das für eine Musikhochschule außergewöhnliche Institut für Journalistik und Kommunikationsforschung. Das Institut für Musikpädagogische Forschung hat besondere Schwerpunkte in den Bereichen Geschichte der Musikpädagogik sowie musikalische Lernprozesse entwickelt.
Die Studierenden und Absolventen der Hochschule haben dank intensiver Ausbildung und Betreuung durch ihre Professoren in der Regel keine Probleme beim Einstieg ins Berufsleben. Der Berufseinstieg wird durch vielfältige Kooperationen der HMTH, wie z. B. mit den Städten Hannover, Hildesheim, Goslar, Nordhorn und Osnabrück, erleichtert. Mit dem Schauspielhaus und der Staatsoper Hannover besteht eine enge Zusammenarbeit. Sowohl das Symphonieorchester als auch die Big Band der Hochschule sind weit über die Grenzen Hannovers für Qualität und Programmvielfalt bekannt. Mehrere Opernproduktionen je Studienjahr – darunter auch Ur- und Erstaufführungen – bieten die Möglichkeit, die Praxisbedingungen und -anforderungen schon im Studium kennen zu lernen. Bei nationalen wie internationalen Wettbewerben ist die Zahl der Preisträger aus der HMTH jedes Jahr groß. Mit Unterstützung der Wirtschaft werden seit einigen Jahren zusätzlich hochschulinterne Wettbewerbe durchgeführt.
Die Hochschule für Musik und Theater Hannover unterhält künstlerische und wissenschaftliche Beziehungen mit mehreren in- und ausländischen Musikhochschulen und Universitäten, u. a. in den Niederlanden und in Osteuropa. Ein Studentenaustausch sowie mehrere Kooperationsprojekte vertiefen diese Beziehungen stetig.
Die große Veranstaltungszahl trägt zur Praxisorientierung der Ausbildung bei: Im Hauptgebäude der Hochschule am Emmichplatz finden fast täglich öffentliche Konzerte oder Theaterveranstaltungen der Opern-, Schauspiel- und Ballettabteilung statt. Jährlich veranstaltet die Hochschule als feste Programmpunkte drei Symphoniekonzerte sowie je zwei Opern- und Ballettproduktionen. Auf dem Programm steht inhaltlich die Förderung unbekannter Werke: Im "Konzert am Mittag" werden jeden Montag selten aufgeführte Werke der Kammermusik gespielt und im Rahmen der Reihen "Zeitpunkte" und "Unerhört" zeitgenössische Kompositionen und Komponisten und ihre Werke vorgestellt. Entsprechend der Vergrößerung der Aufgabenfelder und der damit einhergehenden Verbreiterung des Lehrangebotes war ein steter starker Anstieg der Studierendenzahlen zu verzeichnen. Die Zusammensetzung der Studierenden zeigt eine breite Palette verschiedener Nationalitäten, die der Hochschule internationales Flair verleihen und das Miteinander unterschiedlicher kultureller Strömungen begünstigen.
Die Ursprünge der HMTH bilden die Landesmusikschule und die Hannoversche Schauspielschule, die bereits im letzten Jahrhundert existierten. 1950 wurde aus ihnen die Akademie für Musik und Theater, seit 1973 mit dem Land Niedersachsen als Träger. 1978 erhielt die HMTH den Status einer künstlerisch-wissenschaftlichen Hochschule. Das Hauptgebäude der Hochschule wurde 1974 errichtet und galt damals als eines der modernsten Gebäude, die eigens für den Zweck einer künstlerischen Hochschule gebaut wurden.

The Hochschule für Musik und Theater Hannover (HMTH) is an art-focused, university-status institution which is entitled to confer doctorates and the habilitation (the professorial teaching qualification). Fewer than 1,100 students are studying as musicians, actors, dancers, music teachers, and music and media scientists in a total of 20 degree courses. The high number of prize and award winners demonstrates that the HMTH Hannover successfully qualifies its students at a high level and in many fields.
Hannover offers all the classical degree courses and disciplines expected of a college of music, thereby focusing on training in the field of music education,

artistic training, soloist classes, school music, theatre and dance. To further strengthen the training in popular music, a new degree course in jazz, rock, pop has been added to the field of music education. Courses are particularly well developed in the fields of piano, orchestral practice and in the advancement of chamber music, especially in courses covering artistic training and music education.
Musicology, music education and philosophy are not only offered as postgraduate extension courses to complement the traditional degree courses taught by a college of music, but also as independent Magister or doctoral programmes. Moreover, a degree course in media management has been on the course catalogue since 1991; since late 1999, students have been able to extend their skills in this field by taking Bachelor's and Master's programmes in journalism and public relations, which are offered in cooperation with the Fachhochschule Hannover.
The incorporation of extensive scientific activities, a somewhat rare development for an art college or academy, means that the HMTH not only offers training in aspects of artistic application and practice, but also opportunities for undertaking intensive research. This is also mirrored in the activities undertaken by the various institutes operating at the HMTH, which unite research and practice.
The HMTH operates a special and unique facility in Germany in the form of the Institute for Music Physiology and Music Medicine. The institute carries out special research in the field of the anatomic-physiological requirements which singers, instrumentalists and stage dancers must meet. The European Centre for Jewish Music, unique in the world, is also affiliated to the HMTH, as is the Institute for Journalism and Communication Research, again a somewhat unusual development for a college of music. The Institute for Music Education Research concentrates particularly on the fields of the history of music education as well as on musical learning processes.
Thanks to the intensive education, training, guidance and counselling provided by their professors, the HMTH's students and graduates generally encounter no difficulties when starting out on their professional careers. Indeed, the career start is facilitated by the HMTH's wide range of cooperation agreements and projects, such as with the cities of Hannover, Hildesheim, Goslar, Nordhorn and Osnabrück. The HMTH cooperates closely with the Schauspielhaus (theatre) and Staatsoper in Hannover. Both the symphony orchestra and the big band at the HMTH are known far beyond the city limits of Hannover for the quality and variety of their programmes. Several opera productions per academic year—including premieres—offer students the opportunity to get to know the practical conditions and requirements of their career while they are still studying. The number of annual prize and award winners from the HMTH at national and international competitions is very substantial indeed. Support from business and industry has enabled the institution to hold additional in-house competitions for a number of years now.
The Hochschule für Musik und Theater Hannover maintains artistic, academic and scientific relations as well as international exchange contacts with several colleges of music and universities at home and abroad, including in the Netherlands and Eastern Europe. Student exchange and a number of cooperation projects further intensify these contacts and relations.
The large number of events arranged by the Hochschule contributes particularly to the practical orientation of the education and training offered. The HMTH's main building, located at Emmichplatz, is the venue for public concerts or theatre performances with the opera, drama or ballet units on an almost daily basis. Once a year, the HMTH organises three symphony concerts, two opera productions and two ballet productions as firm dates in its calendar of events. The programme seeks to promote the content and substance of unknown works: The "Konzert am Mittag" series presents rarely-performed chamber music pieces every Monday midday, while the series called "Zeitpunkte" and "Unerhört" present contemporary composers and their works.
The expansion of these roles and responsibilities and, consequently, the ensuing enlargement of the range of teaching have resulted in a constant and strong increase in student numbers. The make-up of the student body reveals a broad range of nationalities, which gives the HMTH its international flair and encourages mix of different cultures.
The origins of the HMTH lie in the Landesmusikschule (State School of Music) and the Hannoversche Schauspielschule (Hannover Drama School) which existed as early as the 19th century. In 1950, they became the Akademie für Musik und Theater (Academy of Music and Theatre). In 1973 the state of Lower Saxony took on institutional responsbility for the college. In 1978 the Hochschule für Musik und Theater Hannover gained university status as an artistic-scientific higher education institution. The main building of the HMTH was built in 1974, and at the time was considered to be one of the most modern buildings to have been erected solely for the purpose of an art university.

Probe zur Welturaufführung der Oper "Max und Moritz" von Katia Tschemberdji
Rehearsal for the world premiere of the opera "Max und Moritz" by Katia Tschemberdji

Staatliche Akademie der Bildenden Künste Karlsruhe

Staatliche Akademie der Bildenden Künste Karlsruhe

Hausadresse / *Address*:
Reinhold-Frank-Straße 67, D-76133 Karlsruhe
Postadresse / *Postal Address*: Postfach 111209, D-76062 Karlsruhe
Telefon / *Telephone*: 0049 / 721 / 85018-0
Telefax / *Telefax*: 0049 / 721 / 848150
Gründungsjahr / *Founded*: 1854
Bundesland / *State*: Baden-Württemberg / *Baden-Württemberg*

Lehrpersonal / *Teaching Staff*:
Professoren / *Professors*: 19,
Lehrkräfte / *Other Teaching Staff*: 14,
Lehrbeauftragte / *Contract Lecturers*: 6

Studierende / *Students*: 274
Ausländische Studierende / *Foreign Students*: 29

Eine Kunsthochschule sollte nicht allein auf ihren guten Ruf rekurrieren. Sie muss sich dem ständigen Wandel in der Kunst der Gegenwart öffnen. Nur so gelingt es ihr immer wieder, sich – unabhängig von Schulen, Richtungen und Trends – maßgeblich in den Dialog der Kunstschulen einzubringen. Nicht als Beschränkung, sondern als Konzentration hat sich daher, zumal nach der Ausklammerung angewandter Studiengänge seit den fünfziger Jahren, die Ausrichtung auf die klassischen Disziplinen Malerei / Grafik und Bildhauerei erwiesen. Die von der Akademie ausgehenden Impulse lassen sich nicht zuletzt an der Ausstrahlung in die regionale und internationale Kunstszene ablesen.
Der Ursprung der Staatlichen Akademie der Bildenden Künste Karlsruhe geht auf die "Großherzogliche Kunstschule" zurück, die 1854 gegründet wurde. Als "Großherzoglich-Badische Kunstschule" 1876 verstaatlicht, war der Unterricht bereits nach differenzierten Programmen organisiert, die sich in acht Stoffgebiete unterteilten. Der Aufschwung im späteren Jahrhundert fand seinen Ausdruck in der 1882 erfolgten Änderung der Bezeichnung in "Großherzoglich-Badische Akademie der Bildenden Künste". Akademie und Kunstgewerbeschule wurden 1920 unter der Bezeichnung "Badische Landeskunstschule" vereint. Nach kriegsbedingter Schließung der Gebäude wurde die Akademie als "Badische Akademie der Bildenden Künste" 1947 wieder eröffnet und 1949 in "Staatliche Akademie der Bildenden Künste Karlsruhe" umbenannt. Die frühere Kunstakademie Freiburg i. Br. wurde 1956 der Akademie Karlsruhe als Außenstelle angeschlossen.
Der Unterricht gliedert sich in folgende Studiengänge: Malerei / Grafik (keine Werbe- und Gebrauchsgrafik bzw. Design), Bildhauerei, Kunsterziehung Malerei / Grafik, Kunsterziehung Bildhauerei. Aufnahme und Ausbildung erfolgen in einer Klasse bei einem Lehrer. Studenten der Freien Kunst und Kunsterzieher werden zusammen ausgebildet.
Zahlreiche Werkstätten stehen den Studierenden offen: Technik und Anwendung der monumentalen Malerei, Lithographie und Offsetdruck, Maltechnik, Radierung und Siebdruck, Typographie und Druck, Fotografie, Allgemeine bildhauerische Techniken, Gips- und Modellguss, Holz- und Steinbearbeitung, Metallbearbeitung, Holzbildhauerei und Modellbau, Werken.
Innerhalb des Austauschprogrammes SOKRATES / ERASMUS kooperiert die Karlsruher Akademie mit Kunsthochschulen in Großbritannien (Norwich, Dundee), Norwegen (Trondheim), den Niederlanden (Den Haag), Frankreich (Rouen, Saint-Etienne, Nantes, Quimper), Portugal (Lissabon, Porto), Italien (Viterbo), Irland (Limerick), Schweden (Stockholm, Göteborg) und Österreich (Wien). Studentische Austauschkontakte werden mit dem Surikow-Kunstinstitut in Moskau und den Kunsthochschulen in Prag und Bratislava gepflegt.
Namhafte Lehrer an der Akademie waren u.a. Erich Heckel, Karl Hubbuch, Horst Antes, H.E. Kalinowski, Wilhelm Loth, Emil Schumacher, Georg Meistermann, Georg Baselitz, Markus Lüpertz, Per Kirkeby, Michael Sandle, Peter Ackermann, Hiromi Akiyama, Peter Dreher, Gerd van Dülmen, Max Kaminski, Erwin Gross, Helmut Dorner, Harald Klingelhöller, Silvia Bächli, Ernst Caramelle, Meuser, Stephan Balkenhol.

An art academy should not rest on its good reputation alone. It must rather open itself to the constant process of change taking place in contemporary art. Only by doing so can it succeed time and time again in contributing decisively to the dialogue in which art institutions engage—regardless of all schools, directions and trends that may arise. This is why the focus on the traditional disciplines of painting / graphic art and sculpture adopted at Karlsruhe has not proven to be restrictive but has rather, and especially since the exclusion of applied degree courses in the 1950s, led to a process of concentration and clarity within an educational landscape. The impulses emanating from the academy cannot least be defined through its radiating effect on the regional and international art scenes.
The origins of the Staatliche Akademie der Bildenden Künste Karlsruhe (Karlsruhe Academy of Fine and Visual Arts) are to be found in the Großherzogliche Kunstschule—the Grand Ducal Art School—founded in 1854 by the Grand Duke Friedrich I of Baden. In 1876 the school was transferred to the state in the form of the Großherzoglich-Badische Kunstschule, with teaching already organised on the basis of differentiated programmes divided into eight material fields.
The art school experienced an upturn in its fortunes in 1892 when its name was changed to Großherzoglich-Badische Akademie der Bildenden Künste—Grand Ducal Academy of Fine and Visual Arts of Baden. 1920 saw the academy and the industrial arts school united under the name of Badische Landeskunstschule—State Art School of Baden. After temporary closure due to the effects of war, the academy reopened in 1947 under the name of Badische Akademie der Bildenden Künste—the Baden Academy of Fine and Visual Arts. Two years later, in 1949, it was named the Staatliche Akademie der Bildenden Künste Karlsruhe—State Academy of Fine and Visual Arts Karlsruhe—which it still bears today. In 1956 the former Art Academy in Freiburg i. Br. became a branch of the Karlsruhe Academy.
Teaching at the academy is arranged within the following degree courses: Painting / graphic art (excluding advertising or commercial art or design), sculpture, art education in painting / graphic art, art education in sculpture. Students are admitted to a specific class in which their education and training is provided by a single teacher. Students of fine and visual arts and art educators are trained together in joint courses.
Numerous workshops are available to students where they can pursue their active studies: technique and application of monumental painting, lithography and offset printing, painting technique, etching and screen printing, typography and printing, photography, general sculptural techniques, plaster and model casting, wood and stone working, metal working, wood sculpture and modelling, industrial arts.
Through the SOKRATES / ERASMUS exchange programme, the academy cooperates with art academies in Britain (Norwich, Dundee), Norway (Trondheim), the Netherlands (The Hague), France (Rouen, Saint-Etienne, Nantes, Quimper), Portugal (Lisbon, Porto), Italy (Viterbo), Ireland (Limerick), Sweden (Stockholm, Göteborg) and Austria (Vienna). Student exchange contacts are maintained through the Künstlerwege programme with the Surikov Art Institute in Moscow and art academies in Prague and Bratislava.
Renowned teachers at the academy have included Erich Heckel, Karl Hubbuch, Horst Antes, H.E. Kalinowski, Wilhelm Loth, Emil Schumacher, Georg Meistermann, Georg Baselitz, Markus Lüpertz, Per Kirkeby, Michael Sandle, Peter Ackermann, Hiromi Akiyama, Peter Dreher, Gerd van Dülmen, Max Kaminski, Erwin Gross, Helmut Dorner, Harald Klingelhöller, Silvia Bächli, Ernst Caramelle, Meuser, Stephan Balkenhol, and many more.

Ausstellung studentischer Arbeiten
Exhibition of students' work

Staatliche Hochschule für Gestaltung Karlsruhe

Hausadresse / *Address*:
Durmersheimerstraße 55, D-76185 Karlsruhe
Postadresse / *Postal Address*: do.
Telefon / *Telephone*: 0049 / 721 / 9541-0
Telefax / *Telefax*: 0049 / 721 / 9541-206
Internet / *Internet*: http: // www.hfg-karlsruhe.de
Gründungsjahr / *Founded*: 1992
Bundesland / *State*: Baden-Württemberg / *Baden-Württemberg*

Lehrpersonal / *Teaching Staff*: ca. 50
Studierende / *Students*: 363
Ausländische Studierende / *Foreign Students*: 52

Die Staatliche Hochschule für Gestaltung Karlsruhe (HfG) wurde am 15. April 1992 eröffnet. Gemeinsam mit dem Zentrum für Kunst und Medientechnologie (ZKM) und der Städtischen Galerie befindet sich die HfG in einem über 300 Meter langen revitalisierten Industriehallenbau – ein Kulturensemble bestehend aus Museen, künstlerischen Forschungseinrichtungen, Medientheater, Mediathek, Bibliothek und, nicht zuletzt, einer Hochschule.
Das Programm der jungen Hochschule zielt auf die Erweiterung traditioneller Künste um die neueren und neuesten Medien. Malerei, Film, Video, Fotografie, Animation, CD-ROM, Internet usw. werden Träger freien künstlerischen Ausdrucks. Darüber hinaus verändern die digitalen Medien die Anwendungsmöglichkeiten und den kreativen Prozess im angewandten Bereich. Dies in der Praxis zu vermitteln, aber auch in der Mediengeschichte und -theorie zu reflektieren, ist Anspruch der Ausbildung an der HfG.
Das Studienangebot weist einige Besonderheiten und Neuerungen auf:
- Die Medienkunst wird als selbstständiger Studiengang eingeführt;
- kunstwissenschaftliche sowie medientheoretische Ausbildung und Kunstpraxis der Gegenwart durchdringen sich;
- klassische Fächer wie Grafik-Design, Produkt-Design und Szenographie werden konsequent mit den digitalen Techniken gekoppelt;
- die apparative Ausstattung ist überdurchschnittlich gut;
- das Studium öffnet sich unmittelbar in die Praxis;
- die Stellenstruktur ist flexibel, auch mit Hilfe zeitlich befristeter Professuren.

Die vier Studiengänge der HfG sind durchlässige Studienfelder, die intensive Bezüge zu anderen Praxis- oder Theoriefächern zulassen und je nach Forschungs- und Entwicklungsschwerpunkt der beteiligten Hochschullehrer unterschiedliche Akzentuierungen erfahren. Kooperationsverträge mit den Universitäten Karlsruhe und Heidelberg ermöglichen die Teilnahme an dortigen Veranstaltungen. Diese können mit dem Angebot an der HfG kombiniert werden, wodurch sich das Studienangebot beträchtlich erweitert.
Insbesondere die unmittelbare Nachbarschaft und die Kooperation mit dem Zentrum für Kunst und Medientechnologie (ZKM) ermöglichen bereits während des Studiums Erfahrungen im Ausstellungswesen und in den Medien. Kunstkritik, Medienberufe und Ausstellungswesen erhalten in Karlsruhe ihre besondere Chance.
Das ZKM ist eine einzigartige kulturelle Neugründung, ein Symbol des Aufbruchs in das Multimediazeitalter. Als weltweit erste Institution widmet es sich konsequent der Kunst in der Verbindung mit den neuen Medien. Und das in ungewöhnlicher Form: In einem Haus vereint das ZKM Forschung, Entwicklung, Sammlung und Präsentation. Gastkünstlern aus aller Welt bietet es eine Plattform zur kritischen und kreativen Auseinandersetzung mit der technologischen Revolution und der Öffentlichkeit die Gelegenheit, an diesem spannenden Prozess auf spielerische Art teilzunehmen.
Das Europäische Institut des Kinofilms (EIKK) ist ein Forschungsinstitut an der HfG mit den Schwerpunkten Technologie- und Motivationsforschung sowie Aus- und Fortbildung zum Kino der Zukunft. Im Kontext der technischen Umwälzungen ist die Kinoindustrie in tief greifendem Wandel begriffen. Das EIKK versteht sich hier als "Competence Center" für die Technologiefolgenabschätzung.

The Staatliche Hochschule für Gestaltung Karlsruhe (HfG) was opened as a state design college on 15 April 1992. Together with the Zentrum für Kunst und Medientechnologie (ZKM), which concentrates on art and media technology, and the municipal Städtische Galerie, the HfG now occupies a 300-metre long, revitalised industrial factory—a cultural ensemble made up of museums, art research institutions, a media theatre, a media library, a "conventional" library, and last but not least, a higher education institution.
The policy pursued at this young higher education institution aims to expand the traditional arts by adding studies in recent and most recent media. Painting, film, video, photography, animation, CD-ROM, Internet, etc., become the media used for free artistic expression. Furthermore, the digital media serve to change the areas, possibilities and creative processes within the applied field. The HfG's mission aims to teach this knowledge in practice, but also to reflect this aspect in the fields of media history and media theory.
The range of study areas offered by the HfG Karlsruhe reveal a number of specialities and innovations:
- *media art is currently being introduced as an independent degree course,*
- *the training in art science and media theory and the present-day practice of art permeate each other,*
- *traditional fields, such as graphic design, product design, and scenography are thoroughly coupled with the opportunities offered by digital techniques,*
- *the equipment is of above-average quality,*
- *studies offer a direct opening to the world of practice,*
- *the flexible staffing structure, including time-limited professorships.*

The four practical (Diplom) degree courses offered at the HfG incorporate interchangeable study fields, which open up intensive points of contact and reference with practical or theoretical disciplines and in which the extent and kind of accentuation differs in accordance with the research and development focus pursued by the participating professors and lecturers. Cooperation agreements with the universities in Karlsruhe and Heidelberg enable students to take part in courses and events offered there. These can be combined with programmes offered by the HfG, representing a substantial enlargement of the range of study opportunities open to students.
In particular, the close proximity to and cooperation with the Zentrum für Kunst und Medientechnologie (ZKM) enable students to gain exhibition and media experience. Art criticism, media professions and exhibition studies enjoy special consideration at Karlsruhe.

Raum der Kommunikation: der Lichthof
Space and light for communication: The atrium

The ZKM is a unique and new cultural establishment, a symbol for the departure into the media age. It is the world's first institution to dedicate itself thoroughly to art in connection with the new media. And it does so in an unusual manner: Within a single institution, the ZKM unites research, development, collection and presentation. The ZKM offers guest artists from all around the world a platform from which they can critically and creatively explore and examine the technological revolution and provides the public at large with an opportunity to take a playful part in this exciting process.
The Europäisches Institut des Kinofilms (EIKK)—the European Institute of Cinema Film—is a research institution affiliated to the HfG. Its work concentrates on technology and motivation research as well as providing continuing education and training programmes on the cinema of the future. Within the context of the technical revolutions currently being experienced in the media sector as a result of digital information technologies, the cinema industry is involved in a deep and far-reaching process of change. In this respect, the EIKK sees itself as a Competence Centre for evaluating the technological consequences of this development.

Staatliche Hochschule für Musik Karlsruhe

Staatliche Hochschule für Musik Karlsruhe

Hausadresse / *Address*:
Wolfartsweierer Straße 7a, D-76040 Karlsruhe
Postadresse / *Postal Address*: Postfach 6040, D-76040 Karlsruhe
Telefon / *Telephone*: 0049 / 721 / 6629-0
Telefax / *Telefax*: 0049 / 721 / 6629-266
E-Mail / *e-mail*: sbkf@rz.uni-karlsruhe.de
Internet / *Internet*: http: / / www.karlsruhe.de / Kultur / Musikhochschule
Gründungsjahr / *Founded*: 1812
Bundesland / *State*: Baden-Württemberg / *Baden-Württemberg*

Lehrpersonal / *Teaching Staff*:
Professoren / *Professors*: 50,
Dozenten / *Senior Lecturers*: 10,
Lehrbeauftragte / *Contract Lecturers*: 110

Studierende / *Students*: 540
Ausländische Studierende / *Foreign Students*: 223

Die Staatliche Hochschule für Musik Karlsruhe wurde 1971 zu einer Institution des Landes Baden-Württemberg. Ihre Entwicklung lässt sich über Vorgängerinstitutionen bis in das Jahr 1812 zurückverfolgen. Seit 1989 nutzt die Hochschule das wieder erbaute Renaissanceschloss Gottesaue als ihren Hauptsitz und weitere Gebäude im Stadtzentrum.
Der Unterricht gliedert sich in grundständige und Aufbaustudiengänge, die den erfolgreichen Abschluss des Grundstudiums voraussetzen. Eigenständige Institute wie das Institut für MusikTheater (Opernschule) oder das Institut für Neue Musik mit dem Studio für elektronische Musik und Musikinformatik ermöglichen den Studierenden eine berufsorientierte Spezialisierung. Durch das Studio für Alte Musik wird der Bereich der historischen Aufführungspraxis intensiviert.
Das Ausbildungsangebot wird ergänzt durch Symposien und zahlreiche Meisterkurse international renommierter Künstlerinnen und Künstler. Alljährlich findet in Zusammenarbeit mit dem Badischen Staatstheater die Internationale Händel-Akademie statt, die sich intensiv mit Barockmusik auseinander setzt.
Die neueste Einrichtung der Karlsruher Musikhochschule ist das Institut "LernRadio", in dem qualifizierte Musikjournalisten / -innen aller Sparten für den Hörfunk ausgebildet werden. Auf der UKW-Frequenz 104,8 Karlsruhe werden Arbeitsergebnisse und Projekte aus den Seminaren und Übungen ausgestrahlt, aber auch Live-Konzerte aus dem Velte-Saal der Hochschule übertragen.
Ausgesuchte Sendungen können auch über die Homepage der Hochschule abgerufen werden, seit Januar 2000 sind Sendungen des LernRadios "online" über das Internet zu empfangen. Die Einrichtung eines Internet-Radios ist in Vorbereitung. Die Hochschule erweitert damit ihr Ausbildungsangebot für die zukünftigen Musikjournalisten und wendet sich über ein weiteres Medium an die kulturinteressierte Öffentlichkeit.
Der Praxisbezug in den klassischen Ausbildungsfächern wird gezielt gefördert durch Kooperationen mit Rundfunk- und Kulturorchestern, Berufschören, Opernhäusern und auswärtigen Kulturämtern. Darüber hinaus bestehen Kooperationen u. a. mit dem Zentrum für Kunst und Medientechnologie Karlsruhe (ZKM) und dem Badischen Staatstheater Karlsruhe.
Internationale Kontakte werden intensiv gepflegt durch Dozentenaustausch und Konzertreisen studentischer Ensembles. Mit der Universität Rio de Janeiro, dem Tschaikowsky-Konservatorium Moskau, den Musikakademien in Sarajewo, Jerusalem und Tallinn bestehen Partnerschaftsverträge. Die Hochschule steht über das SOKRATES / ERASMUS-Programm der EU in partnerschaftlicher Zusammenarbeit mit 13 europäischen Musikhochschulen.
Mit den Erfolgen bei internationalen und nationalen Wettbewerben demonstrieren die Studierenden der Musikhochschule Karlsruhe das hohe Niveau ihrer Ausbildung. Allein in den letzten fünf Jahren wurden an Instrumentalisten / innen und Sänger / -innen der Hochschule über 120 Preise und Auszeichnungen verliehen.
Mit regelmäßigen Sinfonie- und Chorkonzerten, Opernaufführungen und den Produktionen im Bereich des neuen Musiktheaters, mit insgesamt mehr als 300 Konzerten pro Jahr in Karlsruhe und in zahlreichen umliegenden Städten und Gemeinden ist die Musikhochschule ein bedeutender Faktor im öffentlichen Kulturleben Karlsruhes und der Region.

The Staatliche Hochschule für Musik Karlsruhe —HfM Karlsruhe—came under the institutional responsibility of the state of Baden-Württemberg in 1971. Its development can be traced back via various predecessors to the year 1812. Since 1989, the HfM has been able to use the rebuilt Renaissance palace Gottesaue as its main building, along with various other buildings in the city centre.
Teaching at the HfM Karlsruhe is divided into first-degree courses and postgraduate degree courses, whereby the latter require students to have completed their basic studies.
Independent institutions and departments of the HfM, such as the Institut für MusikTheater (the opera school) or the Institut für Neue Music (modern music), with its studio for electronic music and music computing, enable students to undertake professional specialisation in their respective field. The Studio für Alte Musik serves to intensify field research into early music and into the practice of historical interpretation and performance.
The range of studies and courses is complemented by symposiums and numerous master classes offered by internationally renowned artists. Once a year, the International Händel Academy is arranged in collaboration with the Badische Staatstheater, offering an opportunity for the intensive examination of baroque music.
The HfM's very latest facility is the institute called "LernRadio", in which qualified music journalists from all branches of radio undergo training. The results of their work and projects from the seminar and exercise courses are broadcast on FM 104.8 Karlsruhe, as are live concerts from the HfM's Velte-Saal stage.
Since the 1999 / 2000 winter semester, selected transmissions have also been accessible via the HfM's home page, while January 2000 saw users able to receive the LernRadio transmissions online on the Internet. An Internet radio programme is being prepared. In pursuing this project, the HfM Karlsruhe can extend its range of studies for future music journalists and can address the culturally interested public via an additional medium.
The practical relevance of the classical training disciplines is specifically promoted by means of co-operation projects with radio and culture orchestras, professional choirs, opera houses and external cultural agencies. Over and above these, cooperation agreements are in place with the Zentrum für Kunst und Medientechnologie Karlsruhe (ZKM)—a centre of art and media technology—and with the Badische Staatstheater Karlsruhe.
International relations are intensively maintained through the exchange of lecturers and the organisation of concert tours by student ensembles. Partnership agreements have been signed with the University of Rio de Janeiro, the Tchaikovsky-Conservatory Moscow, and the music academies of Sarajevo, Jerusalem and Tallinn. The HfM Karlsruhe has partnerships and cooperation agreements with 13 European music colleges and conservatories through the EU's SOKRATES / ERASMUS programme.
Through their successes at numerous international and national competitions, the students of the HfM Karlsruhe have demonstrated the high level of education and training which they have enjoyed. In the past five years alone, instrumentalists and singers from the HfM have won more than 120 prizes and awards.
With regular symphony and choir concerts, opera performances and productions in the field of modern music theatre, involving 300 or more concerts per year in Karlsruhe and in numerous towns in the surrounding areas, the HfM Karlsruhe has established itself as a significant factor in the public cultural life of Karlsruhe and the region.

Die Bibliothek im Dachgeschoss des Renaissance-Schlosses Gottesaue
The library in the attic of Gottesaue Renaissance palace

Kunsthochschule für Medien Köln

[redacted]

Hausadresse / *Address*:
Peter-Welter-Platz 2, D-50676 Köln
Postadresse / *Postal Address*: do.
Telefon / *Telephone*: 0049 / 221 / 20189-0
Telefax / *Telefax*: 0049 / 221 / 20189-17
E-Mail / *e-mail*: presse@khm.de
Internet / *Internet*: http: / / www.khm.de
Gründungsjahr / *Founded*: 1990
Bundesland / *State*: Nordrhein-Westfalen / *North Rhine-Westphalia*

Lehrpersonal / *Teaching Staff*:
Professoren / *Professors*: 32

Studierende / *Students*: 250
Ausländische Studierende / *Foreign Students*: ca. 50

Die Kunsthochschule für Medien Köln hat im Oktober 1990 ihren Studienbetrieb aufgenommen. Sie führt unterschiedliche Medien zusammen, die sich in der Praxis durchdringen, aber an anderen Hochschulen zumeist voneinander getrennt sind. Die Zusammenarbeit mit in- und ausländischen Hochschulen, kulturellen Institutionen, Fernsehanstalten und der Medienwirtschaft fördert diesen Integrationsprozess.
An der Kunsthochschule für Medien Köln kooperieren Künste, Technik und Wissenschaft. Unterschiedliche Denkweisen begegnen sich: Theorie trifft auf praktische Gestaltung, technologisches Programm und künstlerische Phantasie verbinden sich. Nicht zuletzt wird den Studierenden die Sensibilität für die gesellschaftliche und politische Verantwortung vermittelt, die sie als Künstler, Gestalter, Regisseure und Autoren im Umgang mit den Medien tragen.
Der Studiengang Audiovisuelle Medien setzt sich aus einer großen Vielfalt von Fächern zusammen. Die Studierenden können die folgenden Fächergruppen wählen und kombinieren: Fernsehen / Film, Mediengestaltung, Medienkunst sowie Kunst- und Medienwissenschaften.
Hohe Priorität im Studium hat die experimentelle kreative Praxis in Verbindung mit der Aneignung medientechnischer Kompetenzen. Die Arbeit in Atelier, Studio und Labor bildet, in Verbindung mit den Fachseminaren, das Gravitationszentrum des Curriculums. Fundiert werden diese vielfältigen Aktivitäten durch eine Reihe von Basisseminaren / Vorlesungen, in denen integriert historische und theoretische Grundlagen der audiovisuellen Medien vermittelt werden.
Kooperationen verbinden die Kunsthochschule u.a. mit Escuela Internacional de Cine y TV, Kuba; Northern Media School, Sheffield; Russian State University for Humanities, Moskau; Media Centre d'Art i Dessiny, Barcelona; Center for Culture & Communication C3, Budapest. Besonders zahlreich sind die Kontakte zu niederländischen Institutionen, u.a.: Amsterdam School for Cultural Analysis, Universität Amsterdam; De Balie, Amsterdam; Studio for Electro-Instrumental Music, Amsterdam; V 2, Rotterdam; Akademie voor beeldende Kunst, Enschede.
Zu den Aktivitäten der Hochschule zählen die DIGITALE, ein Treffen von internationalen Filmemachern, Künstler-Entwicklern und Managern, die sich mit der digitalen Welt des Computers beschäftigen; eine regelmäßige Vortragsreihe, "Dienstag", als Schnittstelle zwischen der Arbeit in den Seminaren und einer interessierten Öffentlichkeit; die "Tage der offenen Tür" mit umfangreichen Präsentationen von Arbeiten der Studierenden und Fellows; und das LAB Jahrbuch für Künste und Apparate.
Darüber hinaus ist die Kunsthochschule durch vielfältige Beteiligungen an Ausstellungen, Festivals, Symposien, Messen etc. in der Öffentlichkeit auch international präsent.
Der Nachlass des Medienphilosophen Vilém Flusser wurde der Kunsthochschule für Medien anvertraut. Er umfasst rund 2 500 Manuskripte, seine Veröffentlichungen, aber auch Bücher und Zeitschriften, mit denen er gearbeitet hat, sowie seine umfangreiche Korrespondenz.

The Kunsthochschule für Medien Köln (KfMK) commenced academic operations in Cologne in October 1990. Its courses bring together various media which pervade the field of everyday practice, but which are generally considered separately at other higher education institutions. Cooperation, at home and abroad, with universities, colleges and academies, with cultural institutions, TV stations and the media industry, advances and encourages this process of integration.
All kinds of art, technology and science work together within the KfMK. Various philosophies, attitudes and approaches come together: theory meets up with practical design, technological programmes and artistic imagination join forces. Last but not least, students are also taught a sensitive understanding for the social and political responsibility which they will bear as artists, designers, directors and authors whenever they deal with and use media of all kinds.
The degree course in audio-visual media is made up of a great and diverse variety of disciplines. Students can choose and combine their own programme from the following subject groups: TV/film, media design, media art as well as art and media sciences. Studies attach great priority to experimental, creative practice in connection with acquiring media technical skills and competences. Together with the specialist seminar courses, work in the studio and laboratory forms the curriculum's focal point. These various activities are given a sound foundation by a series of basic seminars/lectures in which the historical and theoretical essentials of the audio-visual media are delivered in an integrated format.
The KfMK Cologne maintains cooperation agreements with the Escuela Internacional de Cine y TV, Cuba; Northern Media School, Sheffield; Russian State University for Humanities, Moscow; Media Centre d'Art i Dessiny, Barcelona; Center for Culture & Communication C3, Budapest, and many other institutions around the world. Contacts with institutions in the Netherlands are especially numerous, including among others the Amsterdam School for Cultural Analysis, Amsterdam University; De Balie, Amsterdam; Studio for Electro-Instrumental Music, Amsterdam; V 2, Rotterdam; Akademie voor beeldende Kunst, Enschede.
Activities undertaken at the Kunsthochschule für Medien Köln include the so-called DIGITALE, a meeting of international filmmakers, artist-coaches and managers whose work focuses on the digital world of the computer; a regular lecture series entitled "Dienstag" provides an interface every Tuesday between the work in the seminars and interested members of the public. The HfKM's open house days present a comprehensive insight into the work of students and faculty. Finally, the Kunsthochschule für Medien publishes the annual LAB Jahrbuch für Künste und Apparate, a yearbook on art and technology. Beyond these activities, Cologne's media artists also present their work on the international public stage, participating in a whole range of exhibitions, fairs, festivals, symposiums, etc.
The estate of the media philosopher Vilém Flusser has been entrusted to the Kunsthochschule für Medien Köln. It is made up of around 2,500 manuscripts, his publications, as well as the books and journals which he used in his work, plus his extensive collection of correspondence.

Im Zentralen Projektarchiv
In the central project archive

Hochschule für Musik Köln

:m Hochschule für Musik Köln

Hausadresse / *Address*:
Dagobertstraße 38, D-50668 Köln
Postadresse / *Postal Address*: do.
Telefon / *Telephone*: 0049 / 221 / 912818-0
Telefax / *Telefax*: 0049 / 221 / 131204
E-Mail / *e-mail*: heike.sauer@uni-koeln.de
Internet / *Internet*: http: // www.mhs-koeln.de
Gründungsjahr / *Founded*: 1850
Bundesland / *State*: Nordrhein-Westfalen / *North Rhine-Westphalia*

Fachbereiche / *Departments*:
Komposition / Dirigieren / Tasteninstrumente / Tonsatz / Hörerziehung / Katholische und Evangelische Kirchenmusik / *Composition / Directing / Keyboard Instruments / Structure / Aural Training / Catholic and Protestant Church Music*;
Instrumente / Jazz / *Instruments / Jazz*;
Gesang / Rhythmik / Tanz / *Singing / Rhythmics / Dance*;
Musikwissenschaft, Musikpädagogik / *Musicology, Music Education*;
Abteilungen: Wuppertal und Aachen / *Branches: Wuppertal and Aachen*

Lehrpersonal / *Teaching Staff*:
insgesamt / *in total*: 457

Studierende / *Students*: 1 700
Ausländische Studierende / *Foreign Students*: 646

Die Hochschule für Musik Köln hat sich mit ihren Abteilungen in Aachen und Wuppertal und mit mehr als 1 700 Studierenden zur größten Musikhochschule Europas entwickelt und konnte im Jahr 2000 auf eine 150-jährige Geschichte zurückblicken. Das anerkannte Renommee der Hochschule gründet sich vor allem auf die Pflege und den Ausbau der klassischen Ausbildungsbereiche sowie auf die Aufgeschlossenheit gegenüber zeitgenössischer Musik.
Die Geschichte der Hochschule begann 1850 mit dem städtischen "Conservatorium der Musik in Coeln", an dem noch vornehmlich Laienmusikausbildung betrieben wurde. Um die Jahrhundertwende wurde das Unterrichtsangebot in Vorschul-, Konservatoriums- und Meisterklassen aufgeteilt und damit eine stärkere Orientierung hin zur beruflichen Musikausbildung eingeleitet. Die beiden Weltkriege und die mit ihnen verbundenen gesellschaftspolitischen Erschütterungen verursachten gravierende Einbrüche, gleichermaßen die Kontinuität der Ausbildung wie die Anzahl der Studierenden betreffend. Ein entscheidender Entwicklungsschritt auf dem Weg zur professionellen Musikausbildung wurde 1925 vollzogen, als nach Einführung einer Studien- und Prüfungsordnung die Ausbildungsbereiche weiter differenziert wurden.
Nach 1945 wurde das Institut in ein städtisches Konservatorium und die dem Land Nordrhein-Westfalen unterstellte Musikhochschule aufgeteilt, die von da an ausschließlich berufsbildende Studiengänge anbot. Durch die Angliederung der bis dato selbstständigen Konservatorien Aachen und Wuppertal konstituierte sich dieser Verbund 1972 als "Staatliche Hochschule für Musik Rheinland". Mit dem 1987 in Kraft getretenen Kunsthochschulgesetz änderte sich die Bezeichnung in "Hochschule für Musik Köln".
Seit 1975 verfügt die Hochschule über ein modernes, funktionelles Gebäude, in dem neben den Unterrichts- und Übungsräumen ein Orgelsaal, das Studio für Elektronische Musik, ein Kammermusiksaal mit 150 und der Konzertsaal mit 800 Plätzen untergebracht sind. Die Lage in der Nähe des Doms und des Hauptbahnhofs, inmitten eines alten kölnischen Stadtviertels bedingt eine ebenso lebendige wie lebensnahe Atmosphäre. Das umfangreiche, jährlich mehr als 300 Konzerte und Aufführungen umfassende Veranstaltungsangebot hat sich im kulturellen Leben der Stadt einen festen Platz erobert und der Hochschule regionale wie überregionale Anerkennung eingebracht. Für die beträchtliche Anziehungskraft sorgen kostenlos zugängliche Sinfoniekonzerte, Kammermusik- und Gesangsabende, Opern-, Oratorien- und Tanzaufführungen, Jazzveranstaltungen und Vernissagen bildender Künstler.
Seit 1997 sind an der Hochschule für Musik Köln drei internationale Wettbewerbe beheimatet, die allesamt in die renommierte "Fédération Mondiale des Concours Internationaux de Musique" aufgenommen wurden: der 1981 gegründete "Klavierwettbewerb – Stiftung Tomassoni", der 1988 erstmalig ausgetragene "Violinwettbewerb – Stiftung Georg Kulenkampff" sowie der "Gesangswettbewerb – Stiftung Helga und Paul Hohnen", der erst kürzlich ins Leben gerufen wurde. Die beiden erstgenannten Wettbewerbe haben sich seit ihrem Bestehen eine anerkannte Stellung in der internationalen Wettbewerbslandschaft erworben. Dazu tragen die attraktiven Geldprämien ebenso bei wie von der Hochschule vermittelte Konzertengagements mit bekannten Orchestern und Veranstaltern sowie das inzwischen fest etablierte Preisträgerkonzert in der Kölner Philharmonie, das seit 1998 vom Kölner Rundfunkorchester des WDR begleitet wird.
Die Hochschule für Musik Köln pflegt vielfältige Beziehungen zu Musikhochschulen und Konservatorien in aller Welt. Internationale Projekte, Wettbewerbe, Meisterkurse, Festivals und Austauschkonzerte sowie die Finanzierung von Auslandssemestern ermöglichen den Aufbau und die Pflege von Kontakten zwischen Lehrkräften und Studierenden verschiedener Länder und Institute. Durch Partnerschaften ist die Musikhochschule mit dem Tschaikowsky-Konservatorium in Moskau, der Musikhochschule Bukarest und der Hanyang-Universität Seoul verbunden. Zudem entsteht zurzeit in der italienischen Gemeinde Montepulciano / Toskana im Palazzo Ricci unter Federführung der Hochschule für Musik Köln eine "Europäische Akademie für Musik und Darstellende Kunst". In dieser, in etwa der Villa Massimo in Rom vergleichbaren Einrichtung sollen jungen Künstlerinnen und Künstlern mit Hilfe von Stipendien Arbeitsaufenthalte ermöglicht werden. Lehrkräfte deutscher und anderer europäischer Hochschulen bieten bereits seit 1998 Meisterkurse während der Monate März bis Oktober an.
Nicht zuletzt sorgen an der Hochschule für Musik Köln renommierte Künstlerpersönlichkeiten für die hoch qualifizierte Ausbildung der zukünftigen Berufsmusiker. Zu den Professoren zählen u.a. die Mitglieder des Alban-Berg-Quartetts, der international herausragende Geigenpädagoge Zakhar Bron, die Cellistin Maria Kliegel, der Dirigent und Komponist Peter Eötvös oder berühmte Sänger wie Kurt Moll und Hans Sotin. Federführend war die Hochschule für Musik Köln in der Einrichtung des Studienganges Jazz, in dem u.a. der international bekannte Jazz-Trompeter Manfred Schoof unterrichtet. 1995 wurde das Institut für Bühnentanz der Rheinischen Musikschule der Hochschule für Musik Köln angegliedert. Hier wird durch hochrangig besetzte Professuren eine international attraktive Tanz- und Tanzpädagogenausbildung angeboten.

The Hochschule für Musik Köln (HfM Cologne), with its branches in Aachen and Wuppertal and more than 1,700 students, has evolved into one of the largest colleges of music in Europe. In the year 2000 it was able to look back with pride on a 150-year history. The acknowledged renown of the HfM Cologne is founded above all on the cultivation and expansion of classical training areas, as well as the open mind it has maintained towards contemporary music.

Immer wieder: proben, proben, proben ...
Time and time again: rehearse, rehearse, rehearse ...

Für professionelle Auftritte bestens geeignet: der Konzertsaal
Perfect for professional performances: The concert hall

The HfM Cologne began life in 1850 as the municipal Conservatorium der Musik in Coeln, which predominantly undertook to train lay musicians. Around the turn of the century, teaching operations were divided into the areas of pre-school education, conservatory training and master classes, giving the conservatory a stronger focus on professional musicians. The two World Wars and the resulting sociopolitical troubles resulted in deep incisions, which equally affected the continuity of the training and the number of students. A decisive step in the development towards professional musician training was taken in 1925 when study areas were further differentiated in response to new study and examination regulations.

After 1945, the institution was split into a municipal conservatory and a college of music, the latter under the institutional responsibility of the state of North Rhine-Westphalia. From then on, this state institution exclusively offered degree courses leading to professional qualifications. The affiliation of the previously independent conservatories in Aachen and Wuppertal created a teaching association in 1972 known as the Staatliche Hochschule für Musik Rheinland—Rhineland State College of Music. The Art College Act of 1987 changed the institution's name to Hochschule für Musik Köln, which it still bears today.

Since 1975, the HfM Cologne has been accommodated in a modern, functional building which not only has teaching, exercise, practice and rehearsal rooms, but also an organ hall, a studio for electronic music, a chamber music hall with 150 seats and a concert hall with more than 800 seats. The building is situated close to the Cathedral and central station, right in the heart of an old Cologne district, which gives it a vibrant and lively atmosphere.

The comprehensive programme, with more than 300 concerts and performances per year, has forged a place of its own in the cultural life of the city and has gained regional and national recognition for the HfM. The admission-free symphony concerts, chamber music and song evenings, opera, oratorical and dance performances, as well as the jazz sessions and previews of work by painters, sculptors and other artists, are a great attraction.

Since 1997, the Hochschule für Musik Cologne has been home to three international competitions, all of which have been accepted into the renowned Fédération Mondiale des Concours Internationaux de Musique. These competitions are the piano competition, established in 1981 by the Tomassoni Foundation, the violin competition, first held in 1988 and awarded by the Georg Kulenkampff Foundation, and the singing competition recently launched by the Helga und Paul Hohnen Foundation. Since their introduction, the first two competitions have gained a recognised position among international competitions. The attractive value of the prizes contributes to this, as do the concert engagements which the HfM arranges with well-known orchestras and promoters. In addition to these, there is the meanwhile well-established concert of prizewinners, held in the Kölner Philharmonie, which the WDR Kölner Rundfunkorchester has accompanied since 1998.

The HfM Cologne maintains a wide range of contacts with music colleges, schools and conservatories around the world. International projects, competitions, master classes, festivals and exchange concerts as well as funding for semesters abroad make it possible to build and nurture contacts between teaching staff and students from various countries and institutions. In fact, the HfM has partnerships with the Tchaikovsky Conservatory in Moscow, the college of music in Bucharest and with the Hanyang University of Seoul. Additionally, the European Academy of Music and Performing Arts is currently being established in the Palazzo Ricci in the Italian town of Montepulciano/Tuscany. The HfM Köln is the lead institution in this academy, which is roughly comparable to the Villa Massimo in Rome, and which aims at enabling young artists to attend the Palazzo Ricci for working visits funded by appropriate scholarships. Since 1988, teaching staff from German and European higher education institutions have been holding master classes at the academy between March and October.

Last but not least, renowned artists ensure that these aspiring professional musicians can benefit from high-quality education and training. Professors at the HfM include the members of the Alban-Berg-Quartett, the outstanding international violin teacher Zakhar Bron, the cellist Maria Kliegel, the conductor and composer Peter Eötvös and famous singers, such as Kurt Moll and Hans Sotin. The Hochschule für Musik Köln was the lead institution in establishing a jazz degree course, in which, along with others, the internationally renowned jazz trumpeter Manfred Schoof is an instructor. In 1995 the stage dance institute was affiliated with the Hochschule für Musik Köln. Renowned professionals teach internationally attractive courses in dance and dance education at this facility.

C. Bernd Sucher

Es wäre fatal, einen neuen Fritz Kortner zu übersehen

Regie- und Schauspielausbildung in Deutschland

Deutschland ist ein Dorado für das Theater, nirgendwo sonst auf der Welt werden die darstellenden Künste so gefördert, subventioniert und geschätzt. Und das bedeutet, dass es in diesem Land auch mehr Ausbildungsstätten für Regisseure, Schauspieler, Sänger, Tänzer und Dramaturgen gibt (und geben muss) als irgendwo sonst. Die wichtigsten dieser Hochschulen und Akademien haben ihren Sitz in den Großstädten.

In Berlin werden an der Hochschule für Schauspielkunst "Ernst Busch" Schauspieler, Regisseure, Choreographen und Puppenspieler ausgebildet. In Essen, an der Folkwang-Hochschule, gibt es Studiengänge für Musiktheater/Gesang, Schauspiel, Musical, Pantomime und Tanz. An der Hochschule für Musik und Darstellende Kunst in Frankfurt am Main wird der Nachwuchs für Oper, Schauspiel und Ballett ausgebildet, hier lernen also Sänger, Schauspieler, Tänzer und Regisseure ihre zukünftigen Professionen.

An der Hamburger Hochschule für Musik und Theater liegt der Schwerpunkt der Ausbildung beim Gesang und dem Musiktheater, aber es gibt auch einen Fachbereich Schauspiel. Eine Ausbildung in Schauspieltheaterregie wird daneben auch am Institut für Theater-Musiktheater und Film angeboten. Es handelt sich dabei um einen integrierten Studiengang der Universität Hamburg und der Hochschule für Musik und Theater.

In München existieren gleich drei renommierte Ausbildungsstätten. Die Hochschule für Musik und Theater, die vor allem den Nachwuchs für das Musiktheater ausbildet: Orchestermusiker, Sänger, Dirigenten und Opernregisseure. Das zweite Institut ist die berühmte Otto-Falckenberg-Schule. Und seit 1993 widmet sich auch die Bayerische Theaterakademie "August Everding" der Ausbildung von Regisseuren, Schauspielern, Opernsängern, Bühnenbildnern. Sie ist – und das unterscheidet sie von allen anderen Ausbildungsinstituten – als Kooperationsmodell konzipiert, in dem Theorie und Praxis eng verbunden sind. Die Studenten kommen von der Universität München (Theaterwissenschaft), der Akademie der Bildenden Künste, der Hochschule für Fernsehen und Film oder der Hochschule für Musik und Theater, erhalten dort vornehmlich das theoretisch-wissenschaftliche Rüstzeug und werden daneben an der Theaterakademie praxisnah unterrichtet.

Von Gewicht sind außerdem die Hochschule für Musik und Theater "Felix Mendelssohn Bartholdy" in Leipzig, die sich vor allem mit dem Studiengang Dramaturgie einen Namen gemacht hat; und die Staatliche Hochschule für Musik und Darstellende Kunst in Stuttgart, an der zukünftige Opernsänger, Schauspieler und Regisseure Aufnahme finden. Naturgemäß bestehen alle Hochschulen und Akademien darauf, in der Ausbildung von Schauspielern und Regisseuren unterschiedliche Wege zu gehen. Und gewiss unterscheiden sich die einzelnen Curricula, aber ebenso gewiss werden den Studenten überall ähnliche Angebote gemacht.

Regisseuren wird, nach bestandener Aufnahmeprüfung, ein theoretisches Wissen vermittelt und zugleich eine praktische Arbeit angeboten. Sie werden lernen (müssen), was Dramaturgie ist, werden in Seminaren aufgefordert, dramatische Texte und Inszenierungen zu analysieren. Das heißt: Sie werden bekannt gemacht mit den Methoden der Theaterwissenschaft, die sich in den letzten Jahren verstärkt der Beschreibung und Auswertung von Aufführungen zuwendet und sich nicht mehr allein als positivistische Theatergeschichte begreift. Zu den theoretischen Fächern, die auch den Absolventen der Schauspielklassen offen stehen – wenn sie nicht gar obligatorisch sind –, zählen Seminare und Vorlesungen zur Theater- und Operngeschichte und Einführungen in die Theater- und Schauspielertheorien von Stanislawski, Meyerhold, Brecht, Peter Brook und anderen.

Nicht wichtiger, aber für die Entwicklung eines Regisseurs gewiss von zentraler Bedeutung sind die eigenen Inszenierungsprojekte und die Workshops, die an den meisten Hochschulen von Gastregisseuren angeboten werden. Die Regisseure berichten den Studenten nicht nur über ihre Arbeit – was manchmal (aber eher selten) durchaus lehrreich sein kann –, sondern sie inszenieren zusammen mit den Regiestudenten einzelne Szenen, zuweilen auch ganze Stücke. Oder anders formuliert: Die Studenten versuchen eine eigene Inszenierung – unter Anleitung.

Da kein Regielehrer seinen Studenten Talent beibringen kann, muss es im Studiengang Regie um anderes gehen. Die angehenden Künstler müssen Lesen und Hören lernen – deshalb ist oftmals Gehörbildung Pflichtfach. Und – viel wichtiger – sie müssen denken lernen, spielerisch dazu angestiftet werden, Phantasie zu entwickeln. Wenn Inszenieren heißt, einen Text nicht nur auf Figuren zu verteilen und diese dann im Raum zu arrangieren, sondern den Text auch zu interpretieren, so muss die Ausbildung darauf sehen, dass der Einfall

C. Bernd Sucher

To miss another Fritz Kortner would be a terrible mistake

The Training of Directors and Actors in Germany

In theatre terms, Germany is an El Dorado; nowhere else in the world are the performing arts so extensively promoted, financially supported, and appreciatively esteemed. And that means that the country also has (and must have) more educational institutions in which directors, actors, singers, dancers and dramaturgists are trained than anywhere else. The foremost colleges and academies in this field are to be found in the country's major cities.

In Berlin, it is the College of Dramatic Art, the Hochschule für Schauspielkunst "Ernst Busch", which trains actors, directors, choreographers and puppeteers. In Essen, the Folkwang-Hochschule offers degree courses in music theatre/singing, drama, musicals, pantomime and dance. The College of Music and Performing Arts in Frankfurt am Main, the Hochschule für Musik und Darstellende Kunst, prepares young artists for careers in the opera, theatre and ballet; this is where singers, actors, dancers and directors learn their future trade.

Training at Hamburg's Hochschule für Musik und Theater concentrates on singing and music theatre, although the college also operates a Drama Department. Besides, a course in drama directing is also offered at the city's Institut für Theater-Musiktheater und Film. This integrated degree course is jointly run by Hamburg University and the Hochschule für Musik und Theater.

Munich even has three renowned educational centres. The Hochschule für Musik und Theater, which above all trains young artists for the music theatre: orchestral musicians, singers, conductors and opera directors graduate from this college. The second institution is the famous Otto-Falckenberg-Schule. And, finally, the Bayerische Theaterakademie "August Everding" has dedicated itself to training directors, actors, opera singers, stage and set designers since 1993. This latter theatre academy was—and this is what distinguishes it from all other training establishments—conceived as an academy in which theory and practice interact closely. Students come from Munich University (theatrical art), from the Academy of Fine and Visual Art, the Akademie der Bildenden Künste, from the College of Television and Film, the Hochschule für Fernsehen und Film, and from the Hochschule für Musik und Theater. These "home" institutions largely provide the students with the theoretical-academic wherewithal, while the theatre academy teaches the practical ins and outs of careers in the theatre.

Other important institutions are the Hochschule für Musik und Theater "Felix Mendelssohn Bartholdy" in Leipzig, which has above all made a name for itself with its degree course in dramaturgy, as well as the Staatliche Hochschule für Musik und Darstellende Kunst in Stuttgart, at which future opera singers, actors and directors undergo their training in music and the performing arts. Naturally, all the colleges and academies insist on taking different approaches as far the training of actors and directors is concerned. Certainly, individual curriculums do differ, although we can be just as sure that the students will find similar programmes offered everywhere.

After passing the entrance exam, directors are provided with theory while at the same time engaging in practical work. They will (have to) learn what dramaturgy is, and will be called on in the seminar courses to analyse drama texts and productions. This means that they will be acquainted with the methods and principles of dramatic composition and theatrical art, a field which, over recent years, has increasingly turned to describing and evaluating performances, no longer seeing itself solely as a positivist treatment of the history of theatre. Theoretical subjects, which are also open to graduates of the drama classes—if they are not already compulsory—include seminars and lectures on the history of drama and opera plus introductions to the drama and acting theories of Stanislawski, Meyerhold, Brecht, Peter Brook and others.

Work on their own production projects and in workshops is not more significant, but nevertheless of central import to the development of directors. At most colleges, such projects and workshops are offered by visiting directors. These directors not only tell the students about their work—which sometimes (but quite rarely) can indeed be informative—but also jointly produce and direct individual scenes with students from the direction class, in some cases producing whole pieces. Or in other words: The students try to direct their own productions—under guidance.

Since no director in the world can teach talent, the degree course in directing must aspire to another goal. The up-and-coming artists must learn to read and listen—this is why aural training is often a compulsory subject. And—much more importantly still—they must learn to think, must be playfully inspired to develop their imaginative skills and potential. If directing a production not only means distributing sections of text among the characters and then arranging them in a spatial setting, but also interpreting the text, then the training must ensure that the idea is not already misunderstood while still in the concept stage. It must ensure that students learn not to lose sight of the whole because of their preoccupation with the detail.

Theatre is a follower of fashion—everybody involved in this medium knows this to be the case. So it is important that students of directing are encouraged to develop

Peter Stein bei der Arbeit...
Peter Stein at work

nicht schon als Konzept missverstanden wird; dass die Studenten lernen, nicht aus Lust am Detail das Ganze aus den Augen zu verlieren.

Das Theater folgt Moden – alle, die sich mit diesem Medium auseinander setzen, wissen das. Also kommt es darauf an, Regiestudenten zu einem eigenen Stil zu (ver)führen und nicht zu epigonalem Nachahmen zu ermuntern. Noch eines muss das Studium leisten: Die zukünftigen Regisseure, die nicht selten später Intendanzen übernehmen, müssen lernen, Menschen zu führen. Nicht zuletzt deshalb wurden Seminare in Psychologie eingeführt, die noch über jene längst etablierten Fächer Schauspieler- und Sängerführung hinausgehen.

Der begabte, ausgebildete Regisseur sollte vorzeitig gelernt haben, sich mit Schauspielern und Sängern verantwortungsbewusst und menschlich korrekt auseinander zu setzen und mit ihnen verantwortlich umzugehen; und dies selbst dann, wenn er ein Konzeptionalist ist, also mit einem ausgearbeiteten Regiebuch zur ersten Leseprobe erscheint, und nicht – was sich immer mehr durchsetzt – während der Proben, gemeinsam mit den Schauspielern, also im Kollektiv Weg und Ziel der Aufführung entwirft. Inszenierungen sind ein fragiles, rasch sich verflüchtigendes Kunstwerk, das leicht zerstört werden kann – absichtlich durch Verweigerung, unabsichtlich durch mangelndes künstlerisches Vermögen oder durch ganz simple Nachlässigkeit.

Was für die Regisseure gilt, hat Bedeutung auch für die Schauspieler und die Sänger. Wenngleich niemand von ihnen, den darstellenden Künstlern, ein ähnlich ausgebildetes und verfeinertes intellektuelles Analysierungsvermögen erwarten sollte – und kann. Bestimmt hat Thomas Bernhard Unrecht, der eine seiner Bühnenfiguren sagen lässt, ein intelligenter Schauspieler sei “so selten wie das Arschloch im Gesicht”. Allein, es ist wahr: Intellektuelle, belesene, analytisch denkende Schauspieler sind die Ausnahme. Schauspieler müssen andere Qualitäten haben!

Und sie, die anderen Begabungen, müssen gleichfalls an den Hochschulen und Akademien entwickelt und verstärkt werden: Körper- und Stimmbeherrschung vor allem. Dem Improvisationsunterricht nach unterschiedlichen schauspielerischen Methoden kommt eine besondere Wichtigkeit zu. Und zu Recht steht deshalb das Szenen- und Rollenstudium an erster Stelle der Stundenpläne. Wobei es sicherlich wünschenswert ist, die Studenten ausschließlich Lehrern anzuvertrauen, die noch im Beruf stehen. Das gilt übrigens, wie ich meine, ebenso für die Ausbildung von Dramaturgen, von Musicaldarstellern, Lichtgestaltern und Fernseh-, Film- und Theaterkritikern. Der Student sollte die Lehre und die Lehrer überprüfen können. Er sollte dazu angehalten, dazu erzogen werden – im Widerspruch zu seinen Lehrern und im Wettstreit mit ihnen –, sich selbst zu formen. Und zwar nicht allein in der praktischen Arbeit, sondern auch in der theoretischen.

Zunehmend wichtig geworden ist sowohl im theoretischen als auch im praktischen Unterricht der Versuch, die Grenzen des eigenen Mediums, also des Theaters, zu überschreiten. Zum einen, weil das europäische Theater – seit seiner Entstehung im antiken Griechenland – von der Grenzüberschreitung seine stärksten Impulse erhielt und erhält. Zum anderen, weil kaum noch ein Regisseur seit den 1920er Jahren gänzlich (und ein Leben lang) auf den Einsatz von Film und Video verzichtet. Daneben haben längst die Performance und der Tanz Einzug gehalten in die Inszenierung dramatischer Texte. Man denke nur an Andreas Kriegenburg, an Achim Freyer, an Pina Bausch, an die Aufführungen der New Yorker Wooster Group und, vor allen, an Robert Wilson, dessen Inszenierungen – wie gelungen oder misslungen sie auch erscheinen mögen – durch ihre Wort-Bewegung-Musik-Kunst-Choreographien dem Schauspiel ganz neue Möglichkeiten und Wirkungen verschafften.

Eine Anmerkung noch zur Ausbildung der Dramaturgen: Sie sollte nicht länger allein von Theaterwissenschaftlern übernommen und wohl auch nicht als Grundstudium angeboten werden. Viel besser wäre es, daraus einen Weiterbildungsstudiengang nach dem ersten Studienabschluss zu machen.

So richtig es ist, mit qualifizierten Studienangeboten die besonders Begabten zu fördern und sie nicht – etwa nach dem Motto Learning by Doing – gleich in die Theater zu schicken, so falsch ist es, den Unterricht an den Kunst- und Musikhochschulen zu verschulen. Im Mittelpunkt muss die (risikofreudige) Ausbildung für die Praxis stehen. Und dies mit genauer Kenntnis des Marktes.

August Everding – Schauspiel- und Opernregisseur, Intendant und Gründer der Bayerischen Theaterakademie – warnte von Anfang an und bis zu seinem Tod davor, die Blender für die Begabten zu halten und die Mittelbegabten zu fördern, die dann, weil es deren zu viele gebe, kein Engagement bekämen: “Wir müssen und wollen nur wahre Persönlichkeiten fördern, nicht solche, die blendend gleich gefallen, sondern die Begabtesten. Und wir dürfen nicht auf Halde ausbilden, sondern die Begabtesten gezielt und praxisbezogen auf den künftigen Beruf vorbereiten.” Dies muss die Aufgabe aller Ausbildungsinstitutionen sein – und ist es in den meisten Fällen.

Und eine letzte Bemerkung: Dass es weit einfacher ist, einen talentierten Sänger oder Musiker zu erkennen als einen in naher Zukunft genialischen Regisseur, Schauspieler, Dramaturgen oder Kritiker, ist klar und macht die Auswahl hier besonders schwer. Deshalb fällt den Professoren, die die Aufnahmeprüfungen vornehmen, die größte Verantwortung zu. Sie könnten, fallen sie auf Blender rein, auf modische Mitmacher, womöglich einen neuen Fritz Kortner übersehen oder eine Maria Wimmer für zu leicht empfinden. Das wäre fatal.

their own style and not to engage in mere imitation. And there is one more goal that the studies must achieve. The future directors, who in many cases will later take on their own theatre directorships, must learn human resource management. This is why seminars in psychology were introduced to extend such leadership skills far beyond the long established subject matter taught in actor and singer management courses.

Talented, trained directors should have learnt at an early stage how to argue and deal with actors and singers in a responsible and decent manner. And this should even be the case where the director is a conceptionalist, i.e., appears at the first reading rehearsal with fully worked out stage directions, rather than choosing to draw up the path and goal of the production in a collective effort with the actors during rehearsals —a method which is asserting itself more and more. Productions are a fragile, very volatile work of art which can easily be destroyed—intentionally through refusal or disobedience, unintentionally through lack of artistic talent, or quite simply through negligence.

What goes for the directors is also important for the actors and singers. Even though no one should—nor can—expect performing artists to have similarly developed and refined intellectual analytical ability. Thomas Bernhard was certainly unjustified in having one of his stage characters say that an intelligent actor "was as rare as an arsehole in the face". It is true, though, that intellectual, well-read, analytically thinking actors are the exception. Actors need different qualities.

And these qualities, these other skills and talents, must similarly be developed and strengthened at the colleges and academies, above all, control of the body and the voice. Particular importance is placed on improvisation training based on various acting methods. And this is why it is right that scene and role studies take pride of place in the curriculums. And it is certainly desirable to give students only teachers who still practise their profession. As I see it, this applies equally to the training of dramaturgists, musical performers, lighting designers, as well as television, film and theatre critics. Students should be given the opportunity to examine the teaching and the teacher. They should be encouraged, and trained, to shape themselves—thereby contradicting and competing with their teachers. This goes for theory as well practice.

The attempt to extend beyond the borders of one's own medium, i.e., the theatre, has become increasingly important, both in theoretical and practical training. On the one hand, this is so because European theatre—since its origins in ancient Greece—has received and continues to receive its strongest impulses and stimuli from crossing and going beyond those borders. And, on the other hand, because hardly a director since the 1920s has completely (and all life long) dispensed with the use of film and video. In addition, performance and dance have long found their way into the production of dramatic works. Just think of Andreas Kriegenburg, Achim Freyer, Pina Bausch, or the productions by the New York Wooster Group or, above all, Robert Wilson, whose productions—as successful or unsuccessful as they may seem—created completely new opportunities and effects for theatrical art through their word-movement-music-art-choreography.

Just a few words on the training of dramaturgists. This should no longer be provided solely by the theatrical art departments and should probably not be offered at all as a basic course. It would be much better to turn such studies into an extension or postgraduate course following on from the first degree.

As right as it is to promote particularly talented students by offering qualified study opportunities, rather than simply sending them straight to the theatre under the motto of learning by doing, it is just as wrong to turn the education and training offered by the colleges of art and music into school-like class instruction. The focus must be on vocational training, revelling in the risks this venture involves. Moreover, such training should be offered with an awareness for the prevailing market conditions.

August Everding—theatre and opera director, theatre manager and founder of the Bavarian Theatre Academy—warned all his life against confusing the phoneys and the truly talented and promoting those of mediocre talent who, because there are so many of them, would later find themselves out of work. "It is our duty to promote only true artists, not the ones who win us over instantly. Nor must our colleges churn out people for the sake of it. The most talented have to be trained specifically and practically for their future career". This must be the mission of all educational institutions —and in most cases it is.

One last thing: It is clear that it is much easier to spot a talented singer or musician than a soon-to-be brilliant director, actor, dramaturgist or critic. And this is what makes selecting them such a particularly difficult task. This is why the professors who adjudicate at entrance examinations bear the greatest responsibility. Were they to be fooled by the phoneys, by the followers of fashion, they could possibly miss another Fritz Kortner or find the art of a Maria Wimmer to be too light. That would be a terrible mistake.

...im Probensaal der HdF
in the rehearsals room at the HdF

▲ Seminar mit dem Schauspieler Hurd Hatfield (HfM Berlin)
Seminar with the actor Hurd Hatfield

"Dreyfus" von Jean-Claude Grumberg (HfM Berlin)
"Dreyfus" by Jean-Claude Grumberg

▲ "Satyakasisha – Zwei Legenden": "Savitri" von Gustav Holst und "Zerrissene Saiten" von Param Vir (HfM Berlin)
"Satyakasisha—Two Legends": "Savitri" by Gustav Holst and "Broken Strings" by Param Vir

"Recherche Faust/Artaud" (HfM Berlin)
"Recherche Faust/Artaud"

◄ "Der Fall Iphigenie" von Christoph Werner (HfM Berlin)
"The Case of Iphigeneia" by Christoph Werner

▼ "Sommernachtstraum" von Benjamin Britten (HfM Berlin)
Benjamin Britten's "Midsummer Night's Dream"

◂ Schauspielschüler im Probenraum (HfS Berlin, HfM Frankfurt am Main)
Student actors in the rehearsal room

▴ Spielfilmproduktion (HFF Potsdam-Babelsberg)
Producing a feature film

▸ Klassischer Filmschnitt (HfbK Frankfurt am Main)
Classical film-cutting

▾ Übung in Schauspielerführung für Regisseure (KHM Köln)
Exercises in how to direct and manage actors

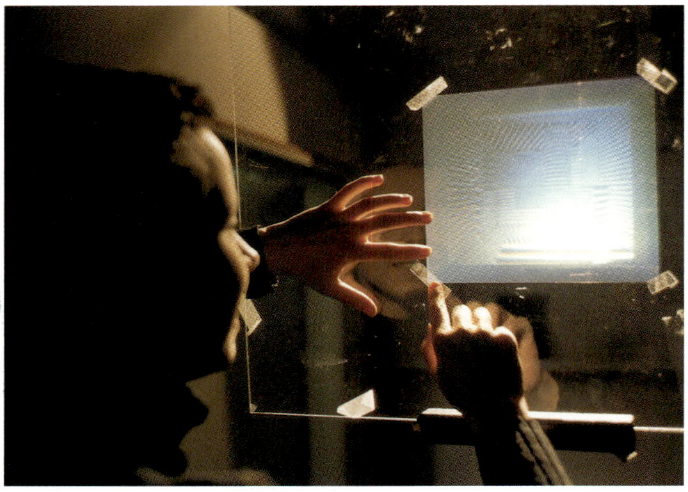

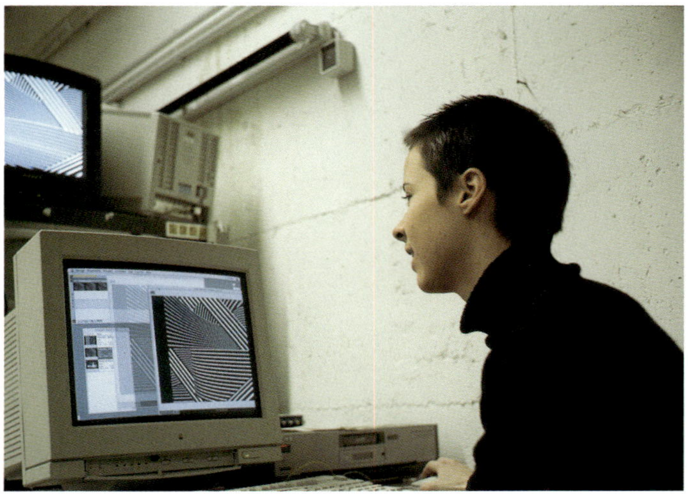

◂◂ Produktion von Transmissionshologrammen (KHM Köln)
Producing transmission holograms

▴ Im Schnittstudio: Elektronische Bildbearbeitung (KHM Köln)
In the cutting room: Electronic image processing

◂ Außenaufnahmen in Berlin-Prenzlauer Berg
(HFF Potsdam-Babelsberg)
Filming on location in Berlin's Prenzlauer Berg district

▾ Beim Drehen eines Dokumentarfilms
(HFF Potsdam-Babelsberg)
Filming a documentary

Wolfgang Längsfeld

Gesucht wird die besondere Begabung

Film, Fernsehen, Neue Medien

Struktur und Verfassung der Bundesrepublik Deutschland sind derart gestaltet, dass die Kompetenz für die so außerordentlich wichtigen Bereiche Kultur und Ausbildung nicht Sache der zentralen Regierung ist, sondern in der Hoheit der Bundesländer liegt. Damit wird der kulturellen und strukturellen Eigenart der Regionen Rechnung getragen. Die Konstruktion – eine Folge der sinnvollen Konsequenzen, welche die Gründungsväter der Bundesrepublik aus dem extremen Zentralismus des Dritten Reiches zu ziehen hatten – hat heute in den Jahren des Zusammenwachsens der Mitgliedsländer der Europäischen Union besondere Bedeutung, gilt es doch, die kulturellen Eigenarten und Qualitäten der Regionen zu stärken.

Diesen Voraussetzungen ist es zu verdanken, dass sich in Deutschland ein vielfältiges Angebot von Ausbildungsmöglichkeiten für die Bereiche Film, Fernsehen und Neue Medien entwickelt hat. Kritiker dieser Situation beklagen gelegentlich ein Überangebot, übersehen aber, dass sich durch die Erweiterung und Diversifizierung des Medienmarktes, vor allem des Fernsehens und der so genannten Neuen Medien, ein noch unübersehbar großer Bedarf an qualifizierten Fachkräften entwickelt hat.

Die Ergebnisse der von der Hochschule für Fernsehen und Film München, an welcher der Autor dieses Beitrags tätig ist, laufend beobachteten und ausgewerteten Absolventenbiographien ergeben, dass die Abgängerinnen und Abgänger zu 83 Prozent und mehr von dem leben, was sie an ihrer Hochschule gelernt haben, zahlreiche von ihnen in überaus prominenter Funktion kultureller und/oder wirtschaftlicher Art. Damit nehmen die Medienhochschulen einen besonderen Platz in der Landschaft der Kunsthochschulen ein.

Die spezifischen Charakteristika der einzelnen Hochschulen gehen aus den Porträts, die in diesem Band vorgestellt werden, hervor und müssen deshalb hier nicht dargestellt werden. Gemeinsam ist ihnen, dass sie den Anspruch erheben, Eliten heranzubilden, die künstlerisch, gesellschaftlich und wirtschaftlich zur Entwicklung der Medienlandschaft beitragen.

Natürlich ist der jungen Generation von Absolventen höherer Schulen, die zum Studium an Hochschulen zugangsberechtigt sind, die Attraktivität von Medienberufen nicht verborgen geblieben. Film, Fernsehen und Neue Medien üben durch ihren hohen Popularitätsgrad und durch die vermeintlich einfache Möglichkeit, "reich, berühmt und glücklich" zu werden, eine ungeheure Anziehungskraft aus.

Entsprechend hoch sind die Bewerberzahlen, ist die Konkurrenz um die dann doch – auch insgesamt – wenigen Ausbildungsplätze. Diese müssen notgedrungen gering sein; denn die Ausbildung auf diesem Gebiet gehört aufgrund hoher Investitionen und der teuren Produktion von Filmen zu den kostenträchtigsten im Lande. Das bedingt, dass alle in diesem Bande aufgeführten und vorgestellten Ausbildungsstätten ihre Bewerber zumeist aufwendigen Auswahlverfahren unterziehen, um möglichst sicher zu sein, dass sie die wirklich Begabten und möglichst die Hochbegabten aufnehmen.

Die Bewerberzahlen sind, wie gesagt, hoch. Es reicht nicht, "zum Film" oder "zum Fernsehen" zu wollen. Die Hochschulen suchen nicht nur Begabung, sie suchen die besondere Begabung; denn Talent ist nicht zu erlernen, aber wenn es vorhanden ist, kann es trainiert, entwickelt und mit Wissen angereichert werden. Besonders im Mediensektor, der sich sehr stark diversifiziert hat und weiter diversifiziert, sind flexible, offene, auch nach der Ausbildung weiterhin lernfähige Persönlichkeiten gefragt. Der reine Fachspezialist ist an den wenigsten Ausbildungsstätten Zielvorgabe für die Ausbildung.

Ein besonderes Merkmal der Medienausbildung in Deutschland ist die Praxisnähe. Diese manifestiert sich vielfältig. Zuerst ist sie am Engagement der "Medienindustrie" feststellbar, welche die Ausbildung in vielfältiger Weise ebenso aktiv begleitet, wie sie die regionalen und überregionalen Förderungsinstrumente stützt, die bemüht sind, die Medien des Landes, vor allem den Film, kulturell und wirtschaftlich zu beflügeln. Es gehört zur fast alltäglichen Praxis an den Filmhochschulen, dass Filme der Studierenden, vor allem Abschlussfilme, von Fernsehanstalten und/oder Förderungseinrichtungen sowie von anderen Partnern mitfinanziert oder koproduziert werden. Sie alle wissen, dass die Investitionen in den Nachwuchs gute Investitionen sind.

Ebenso beschäftigen die meisten Ausbildungsstätten regelmäßig eine große Zahl in- und ausländischer Fachkräfte als Lehrbeauftragte, um der Gefahr zu entgehen, dass über Jahrzehnte hinaus fest beschäftigte Lehrkräfte sich selbst nicht weiterentwickeln und so möglicherweise zu einer Verkrustung der Ausbildung beitragen, die sie selbst nicht wollen. Das heißt, an den meisten Ausbildungsstätten haben diejenigen Studierenden, die ihre Ausbildung aktiv und engagiert betreiben, die Chance,

Wolfgang Längsfeld

In Search of Special Talent

Film, Television and the New Media

The structure and constitution of the Federal Republic of Germany have been arranged in such a way as to make responsibility for eminently important areas such as culture and education not a matter for central government, but rather a sovereign matter for the regional states, the Bundesländer, an approach which also takes the cultural and structural individuality of the regions into account. This construction—a consequence of sensible conclusions which the founding fathers of the Federal Republic had to draw from the experiences of extreme centralism in the Third Reich—has now taken on special significance at a time in which the member countries of the European Union are growing together, since this process after all also means strengthening the cultural characteristics and qualities of the regions.

Credit for the fact that a wide and diverse range of educational opportunities has developed in the fields of film, television and the new media in Germany must go to these conditions. Critics of the situation complain about the occasional surplus that is produced, but in so doing fail to notice that the extension and diversification of the media market, and especially of television and the so-called new media, has resulted in a vast and growing need for qualified experts.

The continual observation and evaluation of graduate biographies carried out at the Hochschule für Fernsehen und Film München (Munich College of Television and Film), at which the author of this article works, shows that 83 per cent and more of the graduates earn their living in professions they learned at the college, with many of them working in very prominent cultural or management positions. This means that the media colleges enjoy a special position in the landscape of art colleges and academies in Germany.

The specific characteristics of each of the colleges can be read in the portraits presented in the book at hand and therefore do not need to be further explained. They all share the claim to train and educate an elite who will contribute in artistic, social and business management terms to developing the media landscape.

Naturally, the young generation of senior school leavers who qualify for entrance to higher education have not failed to notice the appeal of the media professions. Film, television and the new media exert an enormous attraction through their high degree of popularity and through the supposedly easy opportunity which they offer to become "rich, famous and happy".

Consequently, the number of applicants is very high, as is competition for the few available places. And the number of study places must be kept low out of necessity; after all, education and training in this field is among the most cost intensive in the country on account of the high investments and expensive production costs involved in making films. This means that all the educational centres presented in this book normally subject their applicants to demanding selection processes so that they can be as sure as possible of having selected the truly, and as far as possible, most talented students.

As mentioned, the number of incoming applications is high indeed. However, the wish to go into film or television alone is not enough. The colleges are not only in search of talent, they are in search of special talent. In fact, talent is not something that can be learned. Yet, when that special quality is there, it can be trained, developed, cultivated and enriched with knowledge. In the media sector, in particular, which has already become extremely diversified and is continuing to do so, flexible and open-minded personalities are in real demand, personalities that will continue to learn even after they have completed their degree course and training. Only rarely will colleges seek to train the specialist for one and only one area.

A particular feature of media education and training in Germany lies in the close practical relevance of courses. This manifests itself in many ways. First of all, there is the commitment shown by the "media industry", which actively accompanies the education and training in many ways as well as supporting it regionally and nationally through a wide range of instruments aimed at inspiring and spurring on the country's media, above all film, in cultural and economic terms. It has become virtually everyday practice at the film colleges for student films, especially graduation films, to be co-financed or co-produced by TV broadcasting stations and/or scholarship-awarding organisations, as well as by other partners. They all know

zahlreiche einflussreiche Persönlichkeiten der Medienbranche kennen zu lernen. Und sie können sicher sein, dass sie, falls sie sich ebenfalls aktiv und engagiert einbringen, bald auch in der Branche bekannt werden.

Dieses Charakteristikum einer Ausbildung im engen Zusammenhang mit der professionellen Welt entgeht der Gefahr frühzeitiger Anpassung an aktuelle Bedürfnisse nicht immer. Aber es wird aus der jeweiligen Eigenart der einzelnen Hochschulen bemerkbar, dass die Pflege individueller Talente und ihrer Entwicklung dank der vergleichsweise kleinen Zahl von Studierenden nicht nur gewollt, sondern auch möglich ist. Die individuelle Pflege jedes einzelnen Studierenden wird, soweit von dieser oder diesem akzeptiert, bewusst betrieben.

Der eigentliche Nachweis des Erfolgs der Medienhochschulen in Deutschland ist sicher nicht nur die Absolventenbilanz, sondern bereits die "Erfolgs"-bilanz der Studierenden. Zahlreiche Filme werden in Koproduktionen mit Partnern aus der "Industrie" hergestellt. Meist ist dies das Fernsehen. Die fertigen Filme werden nicht als Übungswerke archiviert, sondern so weit wie möglich veröffentlicht.

Festivals sind ein wirksames Instrument, sind erste Schaufenster für neue Talente, sind Eintrittskarten in den Markt, manchmal in den Olymp der Besten, vor allem wenn Preise und Auszeichnungen davongetragen werden können und den Studenten ebenso auszeichnen wie seine Hochschule. Die Festivals in München, Potsdam-Babelsberg und Ludwigsburg gehen direkt auf die Initiative der jeweiligen Hochschulen zurück. Aber bis hin zu den Oscars, den Student Academy Awards, sind Deutschlands Filmhochschulen auch sonst bestens dabei. Immer mehr internationale Festivals entdecken die Filmschulen als Talentschmieden und widmen ihren Produktionen Aufmerksamkeit und oft auch eigene Schaufenster.

Ein weiterer Aspekt der Medienausbildung in Deutschland soll nicht unerwähnt bleiben. Der Anteil von Frauen und Ausländern ist im Vergleich zur Gesamtzahl der Studierenden noch gering. Dabei ist festzustellen, dass sowohl auf den kreativen wie auf den organisatorisch-wirtschaftlichen Sektoren der Medienlandschaft Frauen ebenso hervorragende Chancen haben wie Männer. Ausländer sind in den meisten Hochschulen hochwillkommen, weil sie nicht nur ihre eigenen Horizonte und Möglichkeiten erweitern können, sondern weil sie auch die Hochschulen selbst bereichern, indem sie eigene Blickwinkel einbringen, größere kulturelle und soziale Kontexte herstellen, und – das sei nicht verschwiegen – oft die Engagierteren sind und so Vorbildcharakter erlangen. Zu beklagen ist, dass es die deutsche Bürokratie ausländischen Studierenden gelegentlich recht schwer macht. Aber das ist die Bürokratie außerhalb der Hochschulen, wo Ausländer willkommen sind, und das ist offenbar auch nicht nur in unserem Lande so.

Ein Wort noch zu Ausländern, die sich an einer deutschen Filmhochschule bewerben wollen: Das System hier ist nicht auf formale Voraussetzungen beschränkt. Es geht vor allem um Eignung und Begabung, die nachgewiesen werden muss. Die aktive und passive Kenntnis der deutschen Sprache ist dabei unerlässlich.

Die internationalen Beziehungen der Medienausbildungsstätten sind mannigfach. Fast alle sind Mitglieder im weltweiten Verband der Film- und Fernsehhochschulen CILECT und dessen euro-

that investments in young talent are good investments.

Similarly, most educational facilities regularly engage a large number of national and international experts as contract lecturers as part of a policy of making sure that there is no danger of teaching staff employed over decades failing to continue to learn and develop, which would possibly lead the courses becoming outdated, something that nobody and especially the teaching staff do not want. This means that at most colleges those students who proactively commit themselves to their studies get the opportunity to meet and to know numerous influential personalities from the media industry. And they can be sure that if they continue to be active and committed to their studies and career, they too will soon be known in the industry.

The characteristic feature of the education and training in close relationship to the reality of the professional world cannot always escape the danger of adapting early to current needs. But the respective individual qualities and profile which each college displays do show that the cultivation and advancement of individual talents and their development is not only intended but also possible because the number of students is relatively small. The individual furtherance of each and every student is a deliberate and purposeful policy as long as the student accepts it.

The real proof of the success achieved by the media colleges in Germany is not to be seen in the achievements of graduates, but rather in the successes achieved by students. Numerous films are co-produced with partners from the "industry". (In most cases, this means television.) The completed films are not only archived as study work, but are, as far as possible, published and broadcast.

Festivals are an effective instrument, providing a first showcase for new talents and opening the door to the market, sometimes to the very highest and best levels—Mount Olympus as it were, especially when prizes and awards can be won that pay tribute to both the student and his or her college. The festivals in Munich, Potsdam-Babelsberg and Ludwigsburg are the direct result of an initiative by the respective—local—college. However, Germany's film colleges are also excellently represented at the Oscars, the Student Academy Awards. More and more international festivals are discovering the film schools as talent nurseries and are therefore paying ever more attention to their productions, in some cases dedicating their showcases for these.

A further aspect of media education and training in Germany must not go unmentioned. The proportion of women and foreigners is still low in comparison to the total number of students. It should be noted in this respect that both the creative and the organisational-management sectors of the media landscape provide women with the same outstanding opportunities as men. Foreigners, or should we say international students, are highly welcomed at most colleges, because they cannot only extend their own horizons and opportunities, but also because they enrich the colleges themselves by bringing in their own personal perspectives, producing greater cultural and social contexts and—this should not remain unsaid—are often the most committed students, thereby acting as role models for others. It is to be lamented that German bureaucracy occasionally makes it quite difficult for international students. But that is the bureaucracy which exists outside the colleges; within the colleges, foreigners are more than welcome of course. And we all know that this duality is not only to be found in our country.

A few more words on foreigners who want to apply for admission to a German film college. The admissions system here is

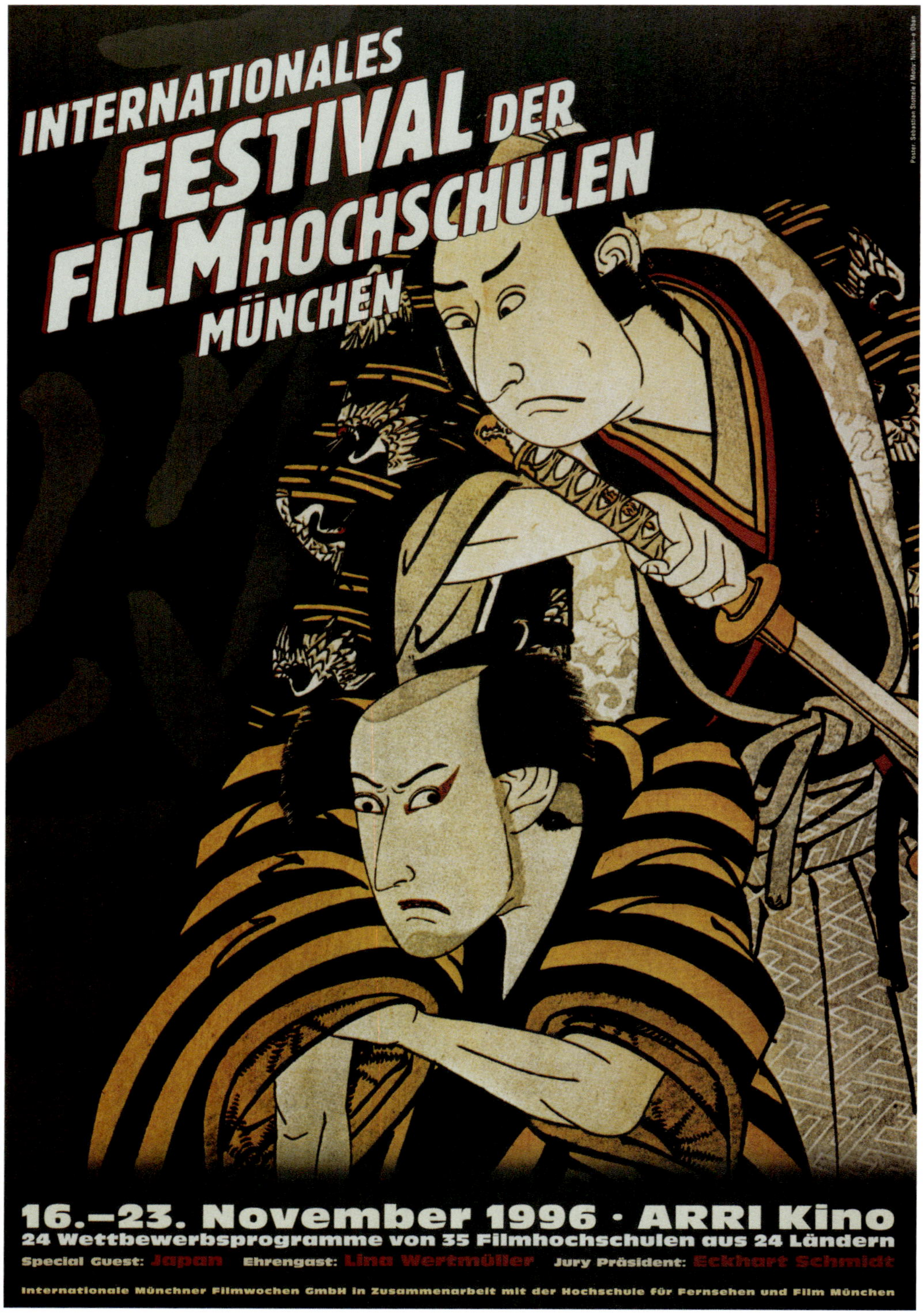

päischer Unterorganisation GEECT. Im Austausch zwischen verwandten Hochschulen in aller Welt sind der Deutsche Akademische Austauschdienst, das Goethe-Institut und mehrere Stiftungen und Organisationen eine große Hilfe. Innerhalb der Mitgliedsstaaten der Europäischen Union nutzen mehrere Hochschulen die Möglichkeiten, die sich etwa aus dem MEDIA Programm der Kommission der Gemeinschaft anbieten. Ebenso haben einige Hochschulen Einrichtungen zur Weiterbildung geschaffen, besonders zur Fortbildung von Drehbuchautoren.

Diese Skizze der deutschen Film-, Fernseh- und Medienlandschaft wäre nicht vollständig, wenn die zahlreichen Fachrichtungen an Kunsthochschulen, Fachhochschulen und Universitäten, an denen eine Film- oder Medienausbildung angeboten wird, unerwähnt blieben. Diese werden zumeist unter spezialisierten Aspekten betrieben. Häufig stehen Film und Medien hier im Kontext der bildenden Kunst oder technisch kreativer Bereiche der Medien. Gerade im letzteren Segment wird verdienstvolle Arbeit in der Entwicklung neuer Berufe geleistet.

Abschließend sei aus der jahrzehntelangen Kenntnis der weltweiten Situation der Medienausbildung vor allem auf den Gebieten Film und Fernsehen, die sich der Autor dieses Beitrages aktiv erwerben konnte, bemerkt, dass dieser Sektor der Ausbildung in Deutschland ein vergleichsweise sehr hohes Niveau erreichen konnte. Dies verdankt sich nicht nur der Einschätzung der Medien durch die Verantwortlichen in den jeweiligen Landesregierungen Deutschlands, sondern auch der Konkurrenz der einzelnen Schulen untereinander, die um die Bedeutung der eigenen Medienstandorte wissen. Dieser durchaus belebende Wettbewerb hat die Ausbildungssituation in Deutschland für In- und Ausländer außerordentlich befruchtet und attraktiv gemacht.

not limited to formal requirements. Attention is paid above all to aptitude and talent, which must be demonstrated of course. Active and passive knowledge of German is absolutely essential.

The international relations maintained by the media colleges are manifold indeed. Almost all are members of the worldwide association of film and television schools CILECT and of its European suborganisation GEECT. The German Academic Exchange Service, the Goethe Institute and several foundations and organisations are of great assistance in ensuring that colleges from the field can engage in exchange and cooperation around the world. Within the member states of the European Union, several colleges use the opportunities provided by the European Commission's MEDIA programme, as but one example. Similarly, several colleges have established continuing education and training institutions, especially advanced courses for screenplay writers.

This outline of the German film, television and media landscape would not be complete without mentioning the numerous disciplines and subjects offered by the art colleges, Fachhochschule institutions—the new universities of applied sciences—and by the traditional universities at which film or media degree courses are offered. In most cases, these offer their courses from a specialist perspective. Film and media are often offered in the context of fine and visual art or technical-creative media fields. In the latter segment, in particular, worthy work is being carried out in the development of new professions.

Finally, the decades of experience in and knowledge of the worldwide media training situation which the author of the article at hand has been able to gain, above all in the fields of film and television, have shown that this education sector has been able to achieve a relatively high level in Germany. Credit for this must not only go to those with responsibility for the media in Germany's regional governments, but also to the competition between the individual schools which are fully aware of the significance of their own media locations. This certainly invigorating competition has been of extraordinary benefit and stimulation to the education situation in Germany—for students from home and abroad—and has made Germany such an attractive study base.

Hochschule für Musik und Theater "Felix Mendelssohn Bartholdy" Leipzig

Hausadresse / *Address*:
Grassistraße 8, D-04107 Leipzig
Postadresse / *Postal Address*: Postfach 100809, D-04008 Leipzig
Telefon / *Telephone*: 0049 / 341 / 2144645
Telefax / *Telefax*: 0049 / 341 / 2144521
E-Mail / *e-mail*: presse@hmt-leipzig.de
Internet / *Internet*: http: / / www.hmt-leipzig.de
Gründungsjahr / *Founded*: 1843
Bundesland / *State*: Sachsen / *Saxony*

Lehrpersonal / *Teaching Staff*:
Professoren / *Professors*: 63,
Lehrbeauftragte / *Contract Lecturers*: 250,
wissenschaftlich-künstlerisches Personal / *Academic-Artistic Staff*: 39

Studierende / *Students*: 906
Ausländische Studierende / *Foreign Students*: 146

Die Hochschule für Musik und Theater "Felix Mendelssohn Bartholdy" Leipzig hat ihre Wurzeln im "Conservatorium der Musik", das 1843 als erstes seiner Art in Deutschland ins Leben gerufen wurde. Die Gründung geht auf eine Initiative Felix Mendelssohn Bartholdys und kunstsinniger Leipziger Bürger zurück. Von Anfang an bestand eine enge Verbindung zum Gewandhausorchester, die bis heute erhalten geblieben ist. Das Konservatorium hatte sich schnell zu einer der führenden musikalischen Lehranstalten Europas entwickelt. Musiker von internationalem Ruf – neben Mendelssohn Robert Schumann, Ignaz Moscheles, Max Reger, Arthur Nikisch, Henri Marteau, Julius Klengel, Karl Straube, Johann Nepomuk David u.a. – haben hier gelehrt.
Im 19. Jahrhundert war das Leipziger Konservatorium vor allem Anziehungspunkt für junge Musiker aus Skandinavien, Osteuropa, England, der Schweiz und Amerika. Edvard Grieg, Leoš Janáček, Frederick Delius, Gregor Piatigorsky, Wilhelm Backhaus und George Szell gehörten zu den Studenten. Zahlreiche Absolventen waren später Mitglieder des Lehrkörpers, unter ihnen Günther Ramin, Klaus Tennstedt, Karl Richter, Kurt Masur und Siegfried Thiele.
Das repräsentative Hauptgebäude der heutigen Hochschule für Musik und Theater befindet sich im "Musikviertel" der Stadt und wurde 1887 eingeweiht. Im Zweiten Weltkrieg erlitt es schwere Bombenschäden, u.a. den totalen Verlust des Konzertsaales. Das Haus konnte inzwischen aufwendig saniert werden. Ein moderner neuer Konzert- und Theatersaal befindet sich im Bau und wird bald eine Lücke im Musikleben der Stadt schließen. Trotz Abgrenzungspolitik und ideologischer Bevormundung in den Jahrzehnten des DDR-Sozialismus konnten beachtliche künstlerisch-pädagogische Erfolge erzielt werden.
Zu den Veränderungen nach dem Herbst 1989 zählte die Integration der kleinen, aber bedeutenden Theaterhochschule "Hans Otto" im Jahre 1992. Aus ihr sind so bedeutende Schauspieler und Regisseure hervorgegangen wie Harry Kupfer, Thomas Langhoff, Ulrich Mühe und Eberhard Esche.
Gleichzeitig wurde das um 1925 von Karl Straube gegründete Kirchenmusikalische Institut, das als "Leipziger KI" eine weltweit bekannte Institution war, wieder eingerichtet. Angehenden Kirchenmusikern beider Konfessionen bietet es die Ausbildung bis zum A-Diplom und hat daneben künstlerische Studiengänge für Konzertorganisten und Chordirigenten.
Neben den klassischen Ausbildungszweigen Komposition, Klavier, Dirigieren, Gesang / Musiktheater, Orchesterinstrumente (Streicher, Bläser, Schlagzeug) und Schauspiel bestehen heute weitere Fachrichtungen: Korrepetition (instrumental, vokal, Ballett), Popularmusik (instrumental, Gesang, Musical), Alte Musik (Cembalo, historische Instrumente, Gesang) sowie Dramaturgie. Fächerübergreifend kommen Tonsatz, Gehörbildung, Musikwissenschaft und Pädagogik hinzu.
Das Lehrangebot der Hochschule wurde 1999 um die Fachrichtung Schulmusik erweitert. Dieser wichtige Ausbildungszweig war 1956 auf staatliche Anordnung hin an die Universität überführt worden. Die Verbindung mit der Alma Mater bleibt allerdings insofern bestehen, als dort weiterhin das Kombinationsfach und die Erziehungswissenschaft studiert werden. Berufsziel ist das Lehramt an Gymnasien mit dem Abschluss der 1. Staatsprüfung.
In den letzten zehn Jahren hat sich die Gesamtzahl der Studierenden verdoppelt. Sie liegt heute bei etwa 900. Die Ausbildung der Studierenden im Musik- und Theaterbereich endet mit dem Diplom als Musikpädagoge. Postgraduale Ausbildungsmöglichkeiten sind das Künstlerische Aufbaustudium, das Meisterklassenstudium sowie Ergänzungsstudien, die zu einem weiteren Diplom führen.
Gegenwärtig umfasst die Bibliothek etwa 161 000 Medieneinheiten: Bücher, Noten, Tonträger, eine umfangreiche Chor- und Orchesterliteratur, Textbücher, Hochschulschriften, Programmsammlungen, Zeitschriften. Die Handbestände umfassen kritische Gesamtausgaben, Denkmäler der Tonkunst, Publikationsreihen zu Musik, Theater und Kunst, Werkverzeichnisse, Jahrbücher, Lexika, Diplomarbeiten und allgemeine Nachschlagewerke. Das Archiv enthält das Registriergut der Hochschule und dient mit seinem Gesamtbestand der Forschung. Im historischen Teil findet sich wichtiges Material zur Musikgeschichte des 19. und 20. Jahrhunderts. Für elektroakustische Musik steht ein modern ausgestattetes Studio zur Verfügung. Ergänzt wird es durch ein Ton-Video-Studio.
Intensive Verbindungen werden zu Musikhochschulen in anderen Ländern Europas gepflegt. Darüber hinaus wird es ab 2001 eine gemeinsam mit der Juilliard School of Music New York durchgeführte internationale Sommerakademie geben. Die Hochschule beteiligt sich aktiv am SOKRATES / ERASMUS-Programm der EU, wodurch ein stetig wachsender internationaler Austausch für Studierende und Lehrende möglich wird. Sie ist Mitglied der Vereinigung europäischer Musikhochschulen (AEC).
Jährlich werden mehrere interne Wettbewerbe ausgeschrieben, z.B. für Kammermusik, Improvisation und Komposition; der Preisträger des Citibank-Wettbewerbes erhält ein Jahresstipendium an der Juilliard School. In Zusammenarbeit mit Young Concert Artists International Auditions New York findet jeweils im September die europäische Vorrunde dieses renommierten Wettbewerbes an der Leipziger Hochschule statt.

The roots of the Hochschule für Musik und Theater "Felix Mendelssohn Bartholdy" Leipzig—the college of music and drama in Leipzig—lie in the Conservatorium der Musik founded in 1843 as the first of its kind in Germany. Its foundation occurred in response to an initiative started by Felix Mendelssohn Bartholdy and Leipzig burghers interested in art. Close ties were maintained from the very beginning with the Gewandhaus Orchestra and these ties still exist today. The conservatory quickly developed into one of the leading musical teaching institutions in Europe. Musicians of international repute—besides Mendelssohn, Robert Schumann, Ignaz Moscheles, Max Reger, Arthur Nikisch, Henri Marteau, Julius Klengel, Karl Straube, Johann Nepomuk David and others—taught here.
In the 19th century, the Leipzig conservatory above all attracted young musicians from Scandinavia,

Ein Trompeten-Ständchen für die Hochschule
A trumpet serenade for the college

Hauptgebäude im "Musikviertel"
The main building in the "Musicians' Quarter"

Eastern Europe, England, Switzerland and America. Edvard Grieg, Leoš Janáček, Frederick Delius, Gregor Piatigorsky, Wilhelm Backhaus and George Szell were all students at Leipzig. Numerous graduates later became members of the teaching staff, including such figures as Günther Ramin, Klaus Tennstedt, Karl Richter, Kurt Masur and Siegfried Thiele.
The distinctive main building of the present-day Hochschule für Musik und Theatre (HfMT) was opened in 1887 and is located in the city's musicians' quarter. It was severely damaged through bombings during the Second World War, including the total destruction of the concert hall. Meanwhile, the building has been generously restored. A modern concert and theatre hall is under construction and will soon fill a gap in the musical life of Leipzig. Despite the politics of separation and the imposition of ideological control in the decades of East German socialism, noteworthy artistic-educational successes were achieved. The changes experienced since the autumn of 1989 include the integration of the small, yet significant Theaterhochschule "Hans Otto" in 1992. Such important actors and directors as Harry Kupfer, Thomas Langhoff, Ulrich Mühe and Eberhard Esche graduated from this drama school.
At the same time, the Kirchenmusikalisches Institut, established by Karl Straube around 1925, which gained worldwide renown as a church music institute under the name of the "Leipziger KI", has been re-established. Young and aspiring church musicians—both Catholics and Protestants—can undergo training up to the A-Diplom, while artistic degree courses are also offered for concert organists and choir conductors.
Besides the classical branches of study, such as composition, piano, conducting, singing/music theatre, orchestral instruments (strings, wind, percussion) and drama, the HfMT now offers other disciplines as well: Répétiteur/coaching (instrumental, vocal, ballet), popular music (instrumental, singing, musical), early music (harpsichord, historical instruments, singing) as well as drama. Cross-disciplinary subjects include composition/structure, aural training, musicology and education.
The teaching offered by the HfMT was extended in 1999 with the addition of school music. This important educational branch had been transferred to the university in 1956. However, the ties with the alma mater remained intact to the extent that combined courses in the subject and in education continued to be studied there. Students in this field aim to graduate with the 1. Staatsexamen degree for teaching careers at grammar school level. Over the past 10 years, the total number of students has more or less doubled in size and is now around 900. Students of music and drama complete their studies with a Diplom degree, then being qualified as music educators. After graduation, the HfMT offers students additional opportunities, such as the artistic postgraduate degree course, the master class course, as well as extension courses leading to a further Diplom degree.
At present, the HfMT library has a stock of around 161,000 items: books, music scores, records, tapes, and other sound media, a comprehensive collection of choir and orchestra literature, textbooks, monographs, theses, dissertations and other academic texts, programme collections, magazines and journals. The reference stock is made up of critical complete editions, monuments of sound art, publication series on music, theatre and art, opus lists, almanacs, yearbooks and encyclopaedias, Diplom dissertations and general reference works.
The archive contains the HfMT registration and enrolment records and the whole stock is used for research purposes. The historical section contains important material on the history of music in the 19th and 20th centuries. A modern, well-equipped studio is available for students reading electroacoustic music. It is supported by a sound and video studio. The Hochschule für Musik und Theater "Felix Mendelssohn Bartholdy" Leipzig maintains intensive contacts with colleges, conservatories and schools of music elsewhere in Europe. Over and above this, the year 2001 will see the initiation of an international summer academy in collaboration with the Juilliard School of Music New York. The HfMT is actively involved in the European Union's SOCRATES/ERASMUS programme, which helps the international exchange of students and lecturers enjoy steady growth. The HfMT is a member of the Association of European Conservatories (AEC). Several internal competitions are held on an annual basis in fields such as chamber music, improvisation and composition; the prizewinner of the Citibank Competition receives a one-year scholarship for the Juilliard School. In cooperation with the Young Concert Artists International Auditions organisation in New York, the European pre-selection round of this renowned competition is held in Leipzig in September each year.

Hochschule für Grafik und Buchkunst Leipzig

Hochschule für Grafik und Buchkunst
Academy of Visual Arts
Leipzig

Hausadresse / *Address*:
Wächterstraße 11, D-04107 Leipzig
Postadresse / *Postal Address*: Postfach 100805, D-04008 Leipzig
Telefon / *Telephone*: 0049 / 341 / 2135-0
Telefax / *Telefax*: 0049 / 341 / 2135-166
E-Mail / *e-mail*: hgb@hgb-leipzig.de
Internet / *Internet*: http: // www.hgb-leipzig.de

Gründungsjahr / *Founded*: 1764
Bundesland / *State*: Sachsen / *Saxony*

Fachbereiche / *Departments*:
Grundkurs / Freie künstlerische Grafik / Wissenschaftsbereich / *Foundation Course / Graphic Art / Scientific Disciplines*;
Buchkunst / Grafik-Design / Medienkunst / *Book Art / Graphic Design / Media Art*;
Fotografie / Malerei / *Photography / Painting*

Lehrpersonal / *Teaching Staff*:
Professoren / *Professors*: 35

Studierende / *Students*: ca. 420
Ausländische Studierende / *Foreign Students*: 38

Die Hochschule für Grafik und Buchkunst Leipzig ist eine der ältesten deutschen Kunstakademien. Sie wurde 1764 gegründet, um dem Druck- und Verlagswesen der Bücherstadt Leipzig künstlerische Impulse zu geben und seine Wettbewerbsfähigkeit zu steigern. Als die Hochschule 1890 einen eigens für sie errichteten Neubau bezog, war sie Vorreiterin einer modernen Ausbildungsform: Die Verbindung von allgemeiner künstlerischer Lehre (Malen, Zeichnen, Entwerfen usw.) mit praktischem Werkunterricht sollte der Entfremdung zwischen Kunst und Praxis entgegenwirken.
Neue Technologien wurden schnell aufgegriffen; als erste bot die Hochschule bereits im 19. Jahrhundert eine Ausbildung für Fotografie an. Vor dem Zweiten Weltkrieg erlangte sie internationalen Ruf als einzigartige Ausbildungsstätte für Buchkunst. Die Protagonisten der "Leipziger Schule" – hervorzuheben vor allem der langjährige Rektor Bernhard Heisig – stärkten seit den sechziger Jahren die Position der Malerei. 1990 begann ein Prozess der Neuorientierung, der u.a. 1992 zur Gründung eines Fachbereiches Medienkunst führte.
Im Zentrum des Hochschulgebäudes schaffen die künstlerischen Werkstätten (Holzschnitt, Radierung, Lithographie) zusammen mit einem interdisziplinär ausgerichteten theoretischen Lehrangebot den für diese Hochschule spezifischen Anreiz zur Erprobung traditioneller wie innovativer Techniken, zu genreübergreifenden Arbeiten, zum produktiven Miteinander freier und angewandter Künste.
Neben den künstlerischen Werkstätten (demnächst erweitert durch ein zukunftsweisendes audiovisuelles Labor) stehen den Studierenden nicht nur eine Fachbibliothek, sondern auch eine eigene Galerie offen, die sowohl präsentiert, was an der Schule entsteht, als auch wichtige Anregungen von außen hereinholt. Das Institut für Buchkunst bildet die Schnittstelle zum Verlagswesen.
Die kleine, überschaubare Hochschule ermöglicht den direkten Austausch. Hier finden Reibungen statt, werden sichtbar und produktiv. Viele interdisziplinäre Projekte werden von Studierenden selbst initiiert und eigenverantwortlich umgesetzt. Gleichzeitig wird die internationale Öffnung gefördert, immer häufiger entstehen Projekte in Zusammenarbeit mit Hochschulen auf der ganzen Welt.
Bilder, Zeichen, Medien: Seit den achtziger Jahren verändern die Bilder unsere Gesellschaft. Ebenso schnell und unaufhörlich wie die Bilder wandeln sich die Medien, die uns die Bilder zutragen. Die Gegenstände des Studiums – gemalte und fotografierte Bilder, typographische Zeichen, elektronische Medien – sind Teil eines gesellschaftlichen Wandels, dessen Ende nicht abzusehen ist.
Diesen Prozess reflektiert die Hochschule für Grafik und Buchkunst, indem sie Altes und Neues bewusst miteinander verknüpft; Tradition und Innovation stehen nicht nebeneinander, sondern in intensivem Austausch. Über die neuen Medien erschließt sie sich einen anderen Zugang zu den traditionellen Künsten; diese wiederum sind unverzichtbar für das Verständnis und die Entwicklung moderner Techniken.

The Hochschule für Grafik und Buchkunst Leipzig (HfGB)—the Leipzig College of Graphic and Book Art—is one of the oldest German art academies. It was founded in 1764 with the intention of providing the printing and publishing guilds in Leipzig—the City of Books—with artistic impulses with which to enhance Leipzig's competitive edge. When the academy moved into specially-built new premises in 1890, it became a pioneer of a modern educational concept, combining general artistic teaching (painting, drawing, sketching, etc.) with practical workshop instruction for the specific purpose of counteracting the alienation between art and practice.
New technologies were quickly adopted. As early as the nineteenth century, the HfGB became the first academy in Germany to offer training in photography. Before the Second World War, it attained international renown as a unique educational centre for book art. The protagonists of the Leipzig School have strengthened the standing of painting since the 1960s. 1990 saw a process of reorientation set in, leading in 1992 to the establishment of a Department of Media Art, along with other developments. It is the artistic workshops (wood engraving, etching, lithography) that are busy at the heart of the academy building, together with interdisciplinary theoretical teaching, thereby creating the specific appeal of this academy as a testing ground for traditional as well as innovative techniques and technologies, cross-disciplinary and cross-branch activities, and productive crossover collaboration between fine and applied art.
Besides the artistic workshops and studios (soon to be extended by an advanced audio-visual laboratory), students can make use of the specialist library as well as the academy's own gallery which presents works created at the academy in addition to bringing in important ideas and work from outside. The Institute for Book Art acts as an interface with the world of publishing.
This small, personal institution provides ideal conditions for engaging in a direct exchange of ideas, views, opinions and information. This is where the friction can be experienced live, becoming visible and productive. Many interdisciplinary projects are initiated by the students themselves, who then also take on the responsibility of bringing them to fulfilment. At the same time, an international and open-minded approach is encouraged, increasingly resulting in cooperation projects with universities, academies and colleges throughout the world.
Images, Characters, Media: Since the 1980s, images have changed society. And just as quickly and incessantly as these images change, so, too, do the media that deliver them. The objects studied at the HfGB Leipzig—painted and photographed images, typographical characters, electronic media—are part and parcel of a process of social change whose outcome still remains to be seen.
This process is reflected at the Hochschule für Grafik und Buchkunst Leipzig by a policy which deliberately links old and new. Tradition and innovation are not placed next to each other, but rather find themselves engaged in an intensive exchange. The new media open up a different form of access to the traditional arts, while they, for their part, are indispensable to understanding and developing modern techniques and technologies.

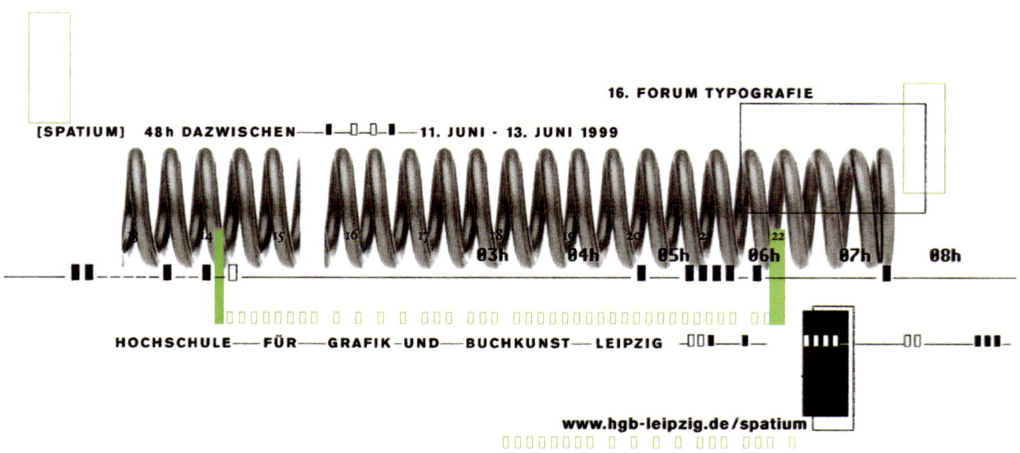

Arbeitsergebnis aus der Fachklasse Corporate Design
Work produced by the Corporate Design class

Musikhochschule Lübeck

MUSIKHOCHSCHULE LÜBECK

Hausadresse / *Address*:
Große Petersgrube 17–29, D-23552 Lübeck
Postadresse / *Postal Address*: do.
Telefon / *Telephone*: 0049 / 451 / 1505-0
Telefax / *Telefax*: 0049 / 451 / 1505-300
E-Mail / *e-mail*: Info@mh-luebeck.de
Internet / *Internet*: http: / / www.mh-luebeck.de
Gründungsjahr / *Founded*: 1933
Bundesland / *State*: Schleswig-Holstein / *Schleswig-Holstein*

Lehrpersonal / *Teaching Staff*:
Professoren / *Professors*: 36,
Lehrbeauftragte / *Contract Lecturers*: 114

Studierende / *Students*: 450
Ausländische Studierende / *Foreign Students*: 109

Die Klarinettistin Sabine Meyer im Unterricht
The clarinettist Sabine Meyer teaching

Inmitten der Lübecker Altstadt, kaum 200 Meter vom Holstentor entfernt, liegt die Musikhochschule Lübeck. Zweiundzwanzig denkmalgeschützte und vorbildlich restaurierte Kaufmannshäuser bilden eine Synthese aus historischer Baukunst und lebendiger Musikkultur und lassen labyrinthische Gänge, mit Stuck und Deckenmalereien verzierte Probensäle und verträumte Innenhöfe in ihrer Mitte entstehen.
Praxistraining auf den Bühnenbrettern, die später die Welt bedeuten, wird an der Musikhochschule Lübeck groß geschrieben: Als einer der größten Konzertveranstalter der Region lädt die Hochschule im Semester nahezu täglich zu Sinfonie- und Chorkonzerten, Opernaufführungen, Prüfungskonzerten, Live-Sendungen und Gesprächskonzerten, Klassenabenden oder Studiokonzerten ein. Dreimal jährlich präsentiert das Hochschulorchester unter Leitung von Gastdirigenten die Ergebnisse seiner Arbeit. Seit 1992 lockt das Brahms Festival Lübeck mit Kammermusikkonzerten viele Konzertbesucher an.
Auch die Meisterkurse bei weltweit renommierten Künstlern und Pädagogen zeugen davon, dass der Musikhochschule Lübeck die Pflege der Kammermusik besonders am Herzen liegt. Opernprojekte, auch in Kooperation mit dem Theater Lübeck, unterstützen den Einstieg der Studierenden in die professionelle Arbeit.
Im hochschuleigenen Wettbewerb spielen die Studierenden der Hochschule einmal im Jahr um den Musikpreis der Lübecker Possehl-Stiftung. Erfolge bei dem Deutschen Musikwettbewerb, dem Tschaikowsky-Wettbewerb in Moskau oder den Wettbewerben in Genf, Brüssel und Paris zeichnen die Studierenden der Musikhochschule Lübeck aus und belegen den hohen Standard ihrer Ausbildung.
Ein eigenes Tonstudio ermöglicht die Aufnahme herausragender künstlerischer Leistungen und die Produktion hochschuleigener Tonträger. Die Bibliothek der Musikhochschule Lübeck verfügt über ein breites Angebot an Noten, Tonträgern und Büchern zu Musik und angrenzenden Wissensgebieten.
Die Musikhochschule Lübeck geht auf eine private Initiative zurück: 1911 gründete die Musiklehrerin Luise Kaibel ein "Konservatorium der Musik", zu dem bereits vier Jahre später ein Seminar für Musiklehrer eingerichtet wurde. 1933 übernahm der Stadtstaat Lübeck das Konservatorium. 1937 führte das Institut den Namen "Landesmusikschule Schleswig-Holstein". Nach 1950 wurde es zur "Schleswig-Holsteinischen Musikakademie und Norddeutschen Orgelschule", bis es 1973 schließlich den Status einer Hochschule und den heutigen Namen erhielt.
Die Musikhochschule Lübeck unterhält einen Vertrag zur Zusammenarbeit mit der Chopin-Akademie Warschau. Sie hat außerdem Kooperationsverträge mit Riga und Stockholm geschlossen; Austausch und freundschaftliche Beziehungen gibt es auch in den Vereinigten Staaten von Amerika. Im Rahmen des Mobilitätsprogramms der EU besteht eine Kooperation mit acht Musikhochschulen aus fünf Ländern. Weltweit bekannt ist die Musikhochschule Lübeck durch die "Meisterkurse des Schleswig-Holstein Musik Festival". Seit 1987 reisen in den Sommersemesterferien Solisten und Pädagogen aus aller Welt an, um Studierende zu unterrichten und dem Publikum Einblick in die pädagogische Arbeit zu gewähren.

Set in the heart of Lübeck's old and historic city centre, hardly 200 metres from the Holstentor, lies the Musikhochschule Lübeck. Twenty-two listed and exemplarily restored merchants' houses form a synthesis of historical architecture and vibrant musical culture, creating labyrinthical corridors, with rehearsal rooms set with stucco work and ceiling frescos, and dreamy quadrangles.
Practical training on the stage that will later be home to the artist is a priority at the Musikhochschule Lübeck. In its capacity as one of the largest concert promoters in the region, Lübeck invites audiences to its symphony and choir concerts, opera performances, examination concerts, live broadcasts, class evenings and studio concerts on an almost daily basis during the semester. Its orchestra presents the results of its work three times a year, each directed by a guest conductor. Since 1992, the Brahms Festival Lübeck, with its chamber music concerts given by internationally renowned lecturers, has attracted many concert-goers to the stylish concert halls situated along the Obertrave.
Master classes with world-renowned artists and teachers bear witness to the fact that the Musikhochschule Lübeck is particularly committed to promoting and nurturing chamber music. Opera projects, sometimes in cooperation with the Theater Lübeck, help students enter the field of professional work.
Once a year the Musikhochschule holds its own competition, which allows students to play for the Lübecker Possehl-Stiftung Music Prize. Successes at the Deutscher Musikwettbewerb, at the Tchaikovsky Competition in Moscow, and at competitions in Geneva, Brussels and Paris, have distinguished the students of the Musikhochschule Lübeck and are evidence of the high standard of training which they have received.
Lübeck has its own sound studio, which facilitates the recording of outstanding artistic performances and the production of its own recordings. The library at the Musikhochschule Lübeck offers a wide range of music, scores, recordings and books on music and related fields.
The origins of the Musikhochschule Lübeck lie in a private initiative. In 1911, music teacher Luise Kaibel opened a Konservatorium der Musik, which only four years later had a seminar for music teachers added to it. In 1933 the city state of Lübeck took over institutional responsibility for the conservatory. In 1937 the institution became the Landesmusikschule Schleswig-Holstein. After 1950, it became the Schleswig-Holsteinische Musikakademie und Norddeutsche Orgelschule, until, in 1973, it finally gained the status of a higher education institution under its present name of Musikhochschule Lübeck.
The Musikhochschule has a cooperation agreement with the Chopin Academy in Warsaw. It also cooperates with Riga and Stockholm; exchange and friendship agreements have also been signed with institutions in the United States. The European Union exchange programmes have resulted in cooperation with eight colleges of music from five countries.
The Musikhochschule Lübeck is known throughout the world for the master classes that are held during the Schleswig-Holstein Musikfestival. Since 1987, soloists and teachers from around the world have travelled to Lübeck during the summer vacation to teach students and provide the public with insights into musical training.

Staatliche Hochschule für Musik und Darstellende Kunst Mannheim

Hausadresse / *Address*:
N 7, 18, D-68161 Mannheim
Postadresse / *Postal Address*: do.
Telefon / *Telephone*: 0049 / 621 / 292-3577
Telefax / *Telefax*: 0049 / 621 / 292-2072
E-Mail / *e-mail*: hartrott@muho-mannheim.de
Internet / *Internet*: http: //www.muho-mannheim.de

Gründungsjahr / *Founded*: 1776
Bundesland / *State*: Baden-Württemberg / *Baden-Württemberg*

Lehrpersonal / *Teaching Staff*:
Professoren / *Professors*: 64,
Künstlerische Mitarbeiter / *Artistic Staff*: 17,
Lehrbeauftragte / *Contract Lecturers*: 117

Studierende / *Students*: 567
Ausländische Studierende / *Foreign Students*: 157

In der Tradition der "Mannheimer Schule"
In the tradition of the "Mannheim School"

Obwohl die Hochschule erst 1971 in staatliche Trägerschaft überführt wurde, kann sie auf eine über zweihundertjährige, erfolgreiche Tradition zurückblicken. Bereits 1776 gründete Abbé Vogler die Mannheimer Tonschule am Hofe des Kurfürsten Carl Theodor, die Académie de Danse besteht sogar schon seit 1762. Sie wurden als Mannheimer Konservatorium und schließlich als Städtische Hochschule für Musik und Theater fortgeführt. Das Heidelberger Konservatorium wurde 1894 gegründet und 1971 mit der Mannheimer Hochschule vereinigt.
Im Jahr 1999 konnten nach der Errichtung eines Neubaus alle Studieneinrichtungen nach Mannheim verlegt werden. Die Musikhochschule konnte sich – auch aufgrund ihrer günstigen geographischen und verkehrstechnischen Lage – zur zweitgrößten in Baden-Württemberg entwickeln und ist nunmehr mit modernsten Unterrichtsräumen ausgestattet.
Von großer Bedeutung für den Standort Mannheim ist auch die bis heute lebendige kulturelle Tradition der Kurpfalz, insbesondere das Erbe der "Mannheimer Schule", dem bedeutendsten musikalischen Bindeglied zwischen Barock und Wiener Klassik. Diese Tradition ist heute noch zu spüren und wird von der Hochschule gepflegt.
Aus dem Kreis der hier wirkenden Lehrer seien Wilhelm Furtwängler, Max Pauer, Ernst Toch, Richard Laugs, Friedrich Wührer, Karl Heinrich Wörner, Erika Köth, Heinz Hoppe und Hans Vogt genannt. Bedeutende Preise bei internationalen Wettbewerben waren die Frucht dieser pädagogischen Arbeit.
Die Hochschule bietet heute in neun Fachgruppen Instrumental-, Gesangs- und Opernausbildung, Dirigieren und Komposition / Musiktheorie, Musikpädagogik und Musikwissenschaft sowie – als Besonderheiten – Jazz / Popularmusik und Tanz.
Für moderne Unterrichtsformen stehen zwei Tonstudios (mit hauptamtlichem Tonmeister), ein MIDI-(Musical Instrument Digital Interface-) Studio und computergestützte Lehrprogramme zur Verfügung. Zum Unterricht der 64 hauptamtlichen Professoren und der 134 weiteren Speziallehrkräfte kommen zahlreiche Meisterkurse internationaler Künstler und Pädagogen sowie wissenschaftliche Kongresse und Symposien.
Regelmäßig finden fächerübergreifende Projekte innerhalb der Hochschule wie auch in Kooperation mit Universitäten, Theatern, Orchestern, Musikschulen, Konzertveranstaltern und anderen kulturellen Institutionen statt. Dazu gehören gemeinsame Aufführungen in allen Bereichen (z. B. Orchester, Chor, Opern- und Tanzensemble, Kammermusik, Jazz-Big-Band) ebenso wie zahlreiche Praktika unserer Studierenden, die den Übergang in das Berufsleben reibungslos gestalten.
Nahezu 500 eigene Veranstaltungen jährlich ermöglichen nicht nur eine umfassende Information der Öffentlichkeit über unsere Arbeit, sondern auch frühzeitige Publikumserfahrung für unsere Studierenden. Ergänzend werden eigene CD-Produktionen sowie regelmäßige Wettbewerbe durchgeführt.
Zahlreiche internationale Kontakte, vor allem in die USA, nach Russland und zur Seoul National University in Südkorea vervollständigen das Lehrangebot.

Although the Staatliche Hochschule für Musik und Darstellende Kunst Mannheim (HfM) only became a state-maintained institution in 1971, it can nevertheless look back on a successful history and tradition of more than two hundred years. It was as early as 1776 that Abbé Vogler founded the Mannheim Tonschule at the court of Elector Carl Theodor, while the Académie de Danse had already been established four years earlier in 1762. These schools became the Mannheim Konservatorium and later came under municipal responsibility as the Städtische Hochschule für Musik und Theater. The Heidelberg Konservatorium, founded in 1894, merged with Mannheim in 1971 to form the present-day institution.
1999 saw all disciplines moved to Mannheim when a purpose-built facility with ample space was completed. The Hochschule is now equipped with modern, state-of-the-art course rooms and has become the second largest institution of its kind in the state of Baden-Württemberg as a result of its advantageous geographical and easy-to-reach location. The ever-vibrant cultural tradition of the Kurpfalz palatine region is of great significance, especially the cultural heritage of the Mannheim School, the foremost musical link between baroque and Viennese music. These traditions can still be sensed today and are actively maintained and encouraged by the HfM Mannheim.
Of those who have taught at Mannheim, outstanding figures such as Wilhelm Furtwängler, Max Pauer, Ernst Toch, Richard Laugs, Friedrich Wührer, Karl Heinrich Wörner, Erika Köth, Heinz Hoppe and Hans Vogt can be named as examples. The educational work of these teachers bore its fruit in important prizes won at international competitions.
The Hochschule now offers nine subject groups: Instrumental, singing and opera training, conducting and composition / music theory, music education and musicology, as well as—the special disciplines—of jazz / popular music and dance.
Modern teaching is assisted by two sound studios (staffed with a full-time sound engineer), a MIDI studio and computer-based instructional software. The teaching provided by the 64 full-time professors and 134 specialist lecturers is supported by numerous master classes held by renowned international artists and teachers as well as by academic and scientific conferences and symposiums.
Cross-disciplinary projects are regularly organised within the Hochschule as well as in cooperation with universities, theatres, orchestras, music schools, concert promoters and other cultural institutions. They include joint performances in all fields represented at Mannheim (e.g. orchestra, choir, opera and dance ensemble, chamber music, jazz-big band) as well as the many practical internships and placements which Mannheim's students complete as a means of helping them prepare for a trouble-free transition into their professional careers.
Mannheim holds almost 500 events of its own every year, not only providing the general public with a comprehensive insight into the work at the Hochschule, but also ensuring that students gain early experience of performing in front of an audience. In addition to these opportunities, the Hochschule produces its own CDs and regularly holds competitions for students.
A great many international contacts, above all with institutions in the United States, Russia and with the Seoul National University in South Korea, round off the range of studies which Mannheim's students can enjoy.

Hochschule für Fernsehen und Film München

Hausadresse / *Address*:
Frankenthaler Str. 23, D-81539 München
Postadresse / *Postal Address*: do.
Telefon / *Telephone*: 0049 / 89 / 68957-0
Telefax / *Telefax*: 0049 / 89 / 68957-189
E-Mail / *e-mail*: info@hff-muenchen.mhn.de
Internet / *Internet*: http: / / www.hff-muc.de
Gründungsjahr / *Founded*: 1967
Bundesland / *State*: Bayern / *Bavaria*

Abteilungen / *Departments*:
Kommunikationswissenschaft / *Communication Studies*; Technik / *Technology*;
Film- und Fernsehspiel / *Film and TV Drama*;
Dokumentarfilm und Fernsehpublizistik / *Documentary Film and TV Journalism*;
Produktion und Medienwirtschaft / *Production and Media Management*

Lehrpersonal / *Teaching Staff*:
Professoren / *Professors*: 14,
Assistenten / *Assistants*: 16,
Lehrbeauftragte / *Contract Lecturers*: 250

Studierende / *Students*: 338
Ausländische Studierende / *Foreign Students*: 58

Die Hochschule für Fernsehen und Film München besteht seit über dreißig Jahren. Ihr oberstes Ziel ist, den Studentinnen und Studenten ein tiefes Verständnis für den Umgang mit dem Medium Film und für die Praxis seines komplexen Entstehungs- und Produktionsprozesses zu vermitteln. Hierbei zeichnet sich die HFF in besonderem Maße durch die Ausgewogenheit von Theorie und Praxis aus. Hoch qualifizierte und namhafte Gastdozenten aus der Praxis der Medienberufe sowie erfolgreiche Film- und Fernsehschaffende unterstützen mit ihrer Erfahrung und mit konstruktiver Kritik die Studierenden bei ihrer Suche nach individuellem Ausdruck und der Umsetzung filmischer Visionen.
München als eine der wichtigsten Medienstädte Deutschlands ist für die Studentinnen und Studenten der HFF von hohem Nutzen: Öffentlich-rechtliche und private Fernsehsender, Filmproduktionsfirmen, Filmstudios, Verleihfirmen, Kopierwerke und technische Betriebe bieten den Studierenden mit der Möglichkeit zur zwanglosen Kooperation die Chance, sich beste Startbedingungen für einen erfolgreichen Berufseinstieg zu erarbeiten.
Das langjährige Engagement der HFF, einen intensiven Austausch mit internationalen Filmhochschulen, der Wissenschaft und der Gesellschaft zu pflegen, eröffnet den Studierenden Raum für Kreativität und Experiment. Hervorragende Bedeutung erhält in diesem Zusammenhang wiederum das Münchner Umfeld: Der Aufbaustudiengang Theater-, Film- und Fernsehkritik wird als Kooperationsmodell von HFF, Bayerischer Theaterakademie, Hochschule für Musik und Theater und Ludwig-Maximilians-Universität angeboten. Mit dem Studiengang Komposition für Film und Fernsehen ist die Hochschule für Musik und Theater München, mit dem Ergänzungsstudium Szenographie die Fachhochschule Rosenheim ein weiterer Kooperationspartner.
Ganz einfach ist es nicht, einen der begehrten Studienplätze an der HFF zu erhalten. BewerberInnen (Mindestalter 18 Jahre, Höchstalter 30 Jahre) müssen – entsprechend ihrer Wahl für eine der drei Fachabteilungen – die jeweils im Januar eines Jahres gestellten Aufgaben der HFF schriftlich bis zum 31. März bearbeiten. Anhand der von den BewerberInnen eingereichten Unterlagen und Aufgabenlösungen erfolgt die Vorauswahl. Jede / -r in die engere Wahl genommene BewerberIn wird zu einem Auswahlverfahren eingeladen, das aus einer praktischen und einer mündlichen Prüfung besteht. In jedem Jahr können pro Fachabteilung elf bis 13 StudentInnen aufgenommen werden.
Die Hochschule ist stolz auf die beachtliche Anzahl erfolgreicher Regisseurinnen wie Caroline Link, Doris Dörrie, Sherry Hormann, Katja von Garnier und Regisseure wie Roland Emmerich, Dominik Graf, Rainer Kaufmann, Wim Wenders, Sönke Wortmann; Produzentinnen wie Eva Karlström, Uschi Reich und Produzenten wie Bernd Eichinger, Sven Burgemeister und Kameraleute wie Axel Block, Tom Fährmann, Jo Heim, Walter Lindenlaub, die ebenso wie namhafte Redakteurinnen und Redakteure, Autorinnen und Autoren, Dramaturginnen und Dramaturgen, Produktionsleiterinnen und Produktionsleiter aus der HFF hervorgegangen sind.

The Hochschule für Fernsehen und Film München (HFF München)—Munich College of Television and Film—has been active in its field for more than 30 years. Its prime objective is to provide its students with a deep understanding of working with the medium of film and for the practical aspects of a film's complex development and production process. In so doing, the HFF stands out with the particular balance it achieves between theory and practice. Highly qualified and renowned guest lecturers from the media world of practice as well as film and television makers contribute their experience and constructive criticism to help students seek out their individual expression and realise their film concepts.
Munich is one of Germany's foremost media cities, making it very beneficial to students at the HFF: public and private TV broadcasting stations, film production companies, film studios, film distribution companies, film copying companies and technical companies provide students with opportunities for informal cooperation and with ideal conditions for embarking on a successful career.
The HFF's long-standing commitment to seeking and cultivating an intensive exchange with international film colleges, with science and education, as well as with society in general provides the space in which students create and experiment artistically. In this respect, the Munich setting is again of essential significance. The HFF operates a postgraduate degree course in drama, film and television reviewing in cooperation with the Bavarian Theatre Academy, the Munich Musikhochschule and the Ludwig Maximilian University of Munich. The HFF is also involved in various degree courses offered at the Bavarian Theatre Academy. Other areas of education and training cooperation include the degree course in film and TV music composition run with the Munich Musikhochschule and the postgraduate degree course in scenography offered in conjunction with the Fachhochschule Rosenheim. It is not very easy to gain one of the much-sought-after places at the HFF. Applicants (minimum age of 18, maximum age of 30) must produce a written paper—relevant which of the 3 departements they apply to—by 31 March on topics which the HFF sets in January every year. Based on the submitted applications and papers, a selection committee for each degree course completes a pre-selection process. Each short-listed applicant is invited to a selection examination which, consists of a practical and an oral section. Each department can admit between 11 and 13 students per annum.
The college is proud of the remarkable number of successful directors such as Caroline Link, Doris Dörrie, Sherry Hormann, Katja von Garnier, Roland Emmerich, Dominik Graf, Rainer Kaufmann, Wim Wenders, Sönke Wortmann, as well as producers such as Eva Karlström, Uschi Reich, Bernd Eichinger, Sven Burgemeister, plus cameramen such as Axel Block, Tom Fährmann, Jo Heim, Walter Lindenlaub and finally the many editors, authors, dramaturgists, production directors and countless others who have passed through and graduated from the HFF.

Talentschmiede für Film und Fernsehen
Preparing up-and-coming talent for film and television

Akademie der Bildenden Künste München

Hausadresse / *Address*:
Akademiestraße 2, D-80799 München
Postadresse / *Postal Address*: do.
Telefon / *Telephone*: 0049 / 89 / 3852-0
Telefax / *Telefax*: 0049 / 89 / 3852-206
E-Mail / *e-mail*: post@adbk.mhn.de
Internet / *Internet*: http: / / www.adbk.mhn.de
Gründungsjahr / *Founded*: 1808
Bundesland / *State*: Bayern / *Bavaria*

Abteilungen / *Departments*:
Freie Bildende Kunst / *Fine and Visual Arts*;
Angewandte Kunst / *Applied Art*;
Kunsterziehung / *Art Education*;
Innenarchitektur / *Interior Design*;
Architektur / *Architecture*;
Bildnerisches Gestalten und Therapie / *Creative Design and Therapy*

Lehrpersonal / *Teaching Staff*:
Professoren / *Professors*: 34,
Werkstattleiter / *Workshop Directors*: 19,
Lehrbeauftragte / *Contract Lecturers*: 50–70

Studierende / *Students*: 609
Ausländische Studierende / *Foreign Students*: 127

In alter Pracht wieder aufgebaut
Rebuilt in its former glory

Hervorgegangen aus einer 1770 gegründeten Zeichenschule, ist die "Königliche Akademie der Bildenden Künste" im Mai 1808 durch eine Konstitution begründet worden, zu deren Verfassern Friedrich Wilhelm Joseph von Schelling zählte. Von Beginn an bestimmten Malerei, Grafik, Bildhauerei und Architektur das Lehrprogramm der Akademie; zugleich fungierte sie als Künstler-Gesellschaft, die Hof und Staat in kulturellen Angelegenheiten beraten und unterstützen sollte. 1884 bezog sie ihr von Gottfried von Neureuther entworfenes Gebäude in Schwabing.
Neben der Pariser und der Düsseldorfer international die wichtigste Akademie des 19. Jahrhunderts, war die Münchner zugleich die künstlerische Metropole Mitteleuropas: Von Skandinavien über Russland, Polen und Slowenien bis nach Griechenland reichte ihr Einzugsgebiet; vor allem mit Ungarn stand sie in intensivem Austausch. Nach dem Bedeutungsverlust der Düsseldorfer Akademie um die Jahrhundertmitte zog es auch die Kunststudenten westlicher Länder, nicht zuletzt aus den Vereinigten Staaten, verstärkt nach München.
Noch für die späteren Protagonisten der radikalen Moderne war München Anziehungspunkt: Um die Jahrhundertwende studierten hier Lovis Corinth und Otto Mueller – die Bewerbung Emil Noldes wurde abgelehnt –, Giorgio de Chirico, Wassily Kandinsky, Alfred Kubin, Christian Schad, Alexander Kanoldt, Paul Klee, Franz Marc und Josef Albers, Richard Riemerschmid und Bruno Paul.
Mit dem Ersten Weltkrieg büßte die Akademie rasch ihre internationale Bedeutung ein und wurde nach 1933 in den Dienst der nationalsozialistischen Kunstpolitik gestellt. Im Zweiten Weltkrieg wurde das Akademiegebäude weitgehend zerstört, wobei umfangreiche Sammlungen von Kunstwerken, Gipsabgüssen und Kostümen sowie das Archiv verloren gingen. Die ausgelagerte Kunstbibliothek blieb weitgehend erhalten und ist heute mit rund 90 000 Bänden eine der besten ihrer Art, allerdings nur zum internen Gebrauch.
In der Nachkriegszeit konnte die Akademie durch die Berufung von Künstlern wie Georg Meistermann, Ernst Geitlinger, Karl Fred Dahmen oder Günter Fruhtrunk an ihre einstige Bedeutung anknüpfen. Bald wieder international orientiert, berief sie seither Künstler und Architekten aus

Modell von Coop Himmelb(l)au für den Erweiterungsbau
Model of the college extension designed by Coop Himmelb(l)au

der Schweiz und Österreich, aus Dänemark, Frankreich, Italien, Spanien, Griechenland, Großbritannien und den USA zu Professoren, darunter Robert Jakobsen, Eduardo Paolozzi oder Daniel Spoerri. Nach wie vor gilt, dass "die Akademie immer dann, wenn sie sich um Internationalität bemühte, stimulierend auf das Kunstleben wirkte" (Wolfgang Kehr).
1946 ist das Lehrangebot der Akademie erheblich erweitert worden: Die Kunstgewerbeschule wurde eingegliedert, und im gleichen Jahr begann die Ausbildung für das Lehramt am Gymnasium. Es gehört zu den Kennzeichen der Münchner Akademie, dass sie bei diesen Erweiterungen am Ausbildungsprinzip der Klasse festhielt: Es werden sowohl Kunsterziehung und die angewandten Künste – Bühnenbild, Glas, Grafik, Schmuck und Keramik – jeweils in eigenen Klassen unterrichtet. Darunter versteht man heute nicht mehr – wie noch zur Gründungszeit – aufeinander aufbauende Qualifikationsstufen, sondern die von einem Künstler geleitete Klasse, in welcher der Student während des gesamten Studiums verbleibt.
Eine weitere Besonderheit der Münchner Akademie besteht darin, dass die Klassen für angewandte Kunst von ausgewiesenen Künstlern geleitet werden, um die Übergänge zwischen freier und angewandter Kunst fließend zu halten. Hier geht es nicht allein um die kunsthandwerkliche, sondern allgemein um eine bildnerische Kompetenz; das Gleiche gilt für den Umgang mit den Neuen Medien. Seit den sechziger Jahren ist der Studiengang Innenarchitektur ausgebaut worden; zwei Aufbaustudien (Architektur sowie "Bildnerisches Gestalten und Therapie") runden heute das Lehrangebot ab, dessen Schwerpunkt nach wie vor die Klassen für freie und angewandte Kunst bilden.

With roots extending back to a school of drawing founded in 1770, the Königliche Akademie der Bildenden Künste—Royal Academy of Fine and Visual Arts—was founded in May 1808, when its constitution was drawn up by Friedrich Wilhelm Joseph von Schelling and others. From its very beginnings, the academy's teaching programme was determined by painting, graphic art, sculpture and architecture. At the same time, the academy served as a society of artists which advised and supported the court and state on cultural matters. In 1884, it moved into its new building in Schwabing, designed by Gottfried von Neureuther.
Internationally the most important academy of the 19th century, along with the academies in Paris and Düsseldorf, the Munich Academy at the same time became the artistic heart of Central Europe. Its catchment area extended from Scandinavia via Russia, Poland and Slovenia right through to Greece; Hungarian institutions, in particular, engaged in a lively exchange with Munich. After the Düsseldorf Academy lost its standing around the middle of the century, art students from western countries, and not least from the United States, were increasingly drawn to Munich.
In fact, Munich even served as a focal point for later protagonists of radical modern art. Around the turn of the century, Lovis Corinth and Otto Mueller studied at Munich, while Emil Nolde's application was rejected. Giorgio de Chirico, Wassily Kandinsky, Alfred Kubin, Christian Schad, Alexander Kanoldt, Paul Klee, Franz Marc and Josef Albers, Richard Riemerschmid and Bruno Paul also studied here.
After the First World War, the academy quickly lost its international significance and after 1933 it was placed in the service of the Nazi's art policy. The academy building was largely destroyed in the Second World War, with the loss of substantial collections of works of art, plaster casts and costumes, as well as of the archives. The evacuated content of the art library remained largely intact, and now, with its 90,000 or so volumes, is one of the best of its kind, although it is only open to internal users.
In the post-war era, the academy was able to regain its former significance by appointing artists such as Georg Meistermann, Ernst Geitlinger, Karl Fred Dahmen, or Günter Fruhtrunk. Quickly regaining its international focus, the academy began to appoint artists and architects from Switzerland and Austria, Denmark, France, Italy, Spain, Greece, Britain and the United States, including Robert Jakobsen, Eduardo Paolozzi and Daniel Spoerri. The view that "the academy always had a stimulating effect on artistic life when it pursued an international approach" (Wolfgang Kehr) still holds true today.
In 1946, the range of courses offered by the academy was substantially expanded when it merged with the Kunstgewerbeschule—arts and crafts school—while the same year saw teacher training courses for grammar school teachers commence. One of the academy's exceptional features is that despite this growth, it has always continued to pursue a policy of class-based education and training. For example, separate classes are available in art education and applied arts—stage and set design, glass, graphic art, jewellery and ceramics. These courses are no longer seen as a chain of qualification stages, as they were back in the founding days, building up on each other, but rather as classes directed by an artist in which the student completes a full course of studies.
A further feature of the Akademie der Bildenden Künste is the fact that the applied arts classes are held by proven and renowned artists, thereby ensuring that overlapping areas between fine and visual arts and the applied arts remain intact and are considered. This is not only a matter of proficiency in the industrial arts and crafts, but is also generally seen as a matter of artistic creativity and competence. The same applies to the treatment of new media.
The degree course in interior design has been offered and developed since the 1960s, with two postgraduate stages (architecture, on the one hand, and creative design and treatment, on the other) rounding off the range of study opportunities, which continue to focus on classes in fine and applied arts.

Hohe Räume, lange Flure: der Ostflügel
High ceilings, long corridors: The east wing

Hochschule für Musik und Theater München

h ochschule
für musik
und theater
münchen

Hausadresse / *Address*:
Arcisstraße 12, D-80333 München
Postadresse / *Postal Address*: do.
Telefon / *Telephone*: 0049 / 89 / 289-03
Telefax / *Telefax*: 0049 / 89 / 289-27419
E-Mail / *e-mail*: Verwaltung.HfMuT@extern.lrz-muenchen.de
Internet / *Internet*: http: / / www.musikhochschule-muenchen.mhn.de
Gründungsjahr / *Founded*: 1846
Bundesland / *State*: Bayern / *Bavaria*

Lehrpersonal / *Teaching Staff*:
insgesamt / *in total*: 410

Studierende / *Students*: 879
Ausländische Studierende / *Foreign Students*: 222

Die Hochschule für Musik und Theater München zählt zu den traditionsreichsten Ausbildungsstätten für Musik- und Theaterberufe in Deutschland. Aus einem 1846 als Privatinstitut gegründeten Konservatorium ging auf Anregung von Richard Wagner 1867 die "Königlich-Bayerische Musikschule" hervor, die König Ludwig II. privat finanziert hatte. Ihr erster Direktor war Hans von Bülow. 1874 wurde diese Musikschule königliche Staatsanstalt mit Carl von Perfall als erstem Direktor. 1892 fand eine Umbenennung in "Kgl. Akademie der Tonkunst" statt, 1924 wurde daraus die "Staatliche Akademie der Tonkunst, Hochschule für Musik München". Weitere prominente Musiker in der Leitung der Hochschule waren Josef Rheinberger, Felix Mottl und Siegmund von Hausegger.
Nach der Zerstörung des Hochschulgebäudes 1944 konnte der Unterrichtsbetrieb erst 1946 wieder aufgenommen werden. Die ersten Präsidenten nach dem Kriege waren Joseph Haas (1946–1950), Robert Heger (1950–1954) und Karl Höller (1954–1972). Ihnen folgten Fritz Schieri (1972–1981), Diethard Hellmann (1981–1988), Klaus Schilde (1988–1991), Cornelius Eberhardt (1991–1995) und Robert M. Helmschrott (seit 1995). 1957 wurde das Gebäude Arcisstraße 12 als Ausbildungsstätte übernommen. 1974 trat das Bayerische Hochschulgesetz in Kraft, das die Musikhochschulen den Kunsthochschulen gleichstellt.
Die Hochschule für Musik und Theater München unterhält ein breites Studienangebot im künstlerischen, wissenschaftlichen und pädagogischen Bereich. Besondere Ausbildungsschwerpunkte sind die Fächer Klavier, Gesang, Kirchenmusik, Komposition und Ballett. In den letzten Jahrzehnten wurde die Ausbildung für Holz- und Blechbläser entscheidend verbessert, und erfolgreiche Schlagzeug- und Harfenklassen konnten aufgebaut werden. An einer Hochschule, an der so bekannte Komponisten wie Carl Orff, Günter Bialas, Harald Genzmer und Wilhelm Killmayer lehrten, hat das Fach Komposition naturgemäß große Bedeutung. Im Herbst 1996 kam das Fach Filmmusik hinzu. Auch die Kirchenmusik spielt traditionell eine wichtige Rolle. Im Bereich der Streichinstrumente ist die Hochschule besonders eng mit den vier großen Münchner Orchestern verbunden.
In den vergangenen Jahren ist das Lehrangebot vor allem im Theaterbereich erheblich erweitert worden, u.a. in den Bühnenberufen Opernsänger, Schauspieler, Musical-Darsteller, Regisseur, Dirigent, Balletttänzer, Ballettpädagoge und Lichtgestalter.
Die Besonderheit dabei ist, dass die Studenten der Theaterfächer mit Blick auf die spätere Berufsqualifikation im Rahmen ihrer Ausbildung frühzeitig in die Bühnenpraxis aufgenommen werden. Die Ausbildung in den Theaterberufen erfolgt unter Einbezug der Bayerischen Staatstheater und in Zusammenarbeit mit der 1993 im Prinzregententheater gegründeten Bayerischen Theaterakademie, die als Koordinationsstelle die bestehenden Ausbildungsangebote in gemeinsamen Inszenierungen und Projekten spartenübergreifend zusammenfasst. Eine besonders erfolgreiche Abteilung mit internationalem Renommee ist die Ballett-Akademie mit eigenem Unterrichts- und Probengebäude, deren Unterricht nahtlos an die vorberufliche tänzerische Ausbildung durch die Heinz-Bosl-Stiftung anschließt.
Die Hochschule führt eigene Wettbewerbe und Meisterkurse durch (Felix Mottl-Gedächtnispreis, Carl Maria v. Weber-Wettbewerb, Günter Bialas-Kompositionswettbewerb für Kammermusik, Jan-Koetsier-Wettbewerb für Blechbläser-Kammermusik). Sie pflegt Partnerschaften und Zusammenarbeit mit Musikhochschulen und Konservatorien in Tokio, Salzburg, Prag, Kiew, Shanghai, Mailand, Harvard, Spokane / Washington, Cincinnati, Brisbane, Tbilissi, Warschau und Budapest.
Die Hochschule für Musik und Theater München veranstaltet während des gesamten Studienjahres eine Vielzahl von Konzerten. Ein besonderes Ereignis sind immer die Aufführungen der Opernschule sowie der Regie- und Schauspielklassen im Münchner Prinzregententheater.
Die Hochschule für Musik und Theater München bietet folgende Fachgebiete an: Komposition, Komposition für Film und Fernsehen, Musiktheorie, Gehörbildung, Chordirigieren, Orchesterdirigieren; Kirchenmusik (Evangelisch und Katholisch), Klavier, Orgel, Cembalo; Musikpädagogik (Lehrämter, Diplommusiklehrer), Musikwissenschaft; Streichinstrumente; Blasinstrumente, Schlag- und Zupfinstrumente; Gesang, Opernschule, Ballett, Regie, Schauspiel, Musical, Lichtgestaltung.
Die Studiengänge enden mit der Prüfung zum Künstlerischen Diplom oder zum Pädagogischen Diplom. Im Anschluss an nahezu alle Studienrichtungen mit Abschluss Künstlerisches Diplom ist, entsprechende Leistungen im Abschlusszeugnis vorausgesetzt, die Zulassung zur Fortbildungsklasse bzw. Meisterklasse möglich.

The Hochschule für Musik und Theater München (HfMT) is one of Germany's oldest educational institutions for music and theatre professions. The private conservatory founded in Munich in 1846 evolved into the Königlich-Bayerische Musikschule in 1867 at the suggestion of Richard Wagner, with private funding for this Royal Bavarian School of Music coming from King Ludwig II. Its first director was Hans von Bülow. In 1874, the school became a royal state institute with Carl von Perfall appointed as its director. 1892 saw its name changed to Königliche Akademie der Tonkunst and in 1924 this

Studenten aus aller Welt: Grande Soirée du Piano
Students from around the world: Grande Soirée du Piano

Der große Konzertsaal
The great concert hall

Royal Academy of Tonal Art became the Staatliche Akademie der Tonkunst, Hochschule für Musik München. Other famous musicians who have been academy principals are Josef Rheinberger, Felix Mottl and Siegmund von Hausegger.
Destruction of the main building in 1944 brought teaching activities to a stop until 1946, the year in which academic operations recommenced. The first post-war presidents were Joseph Haas (1946–50), Robert Heger (1950–54) and Karl Höller (1954–72). They were followed by Fritz Schieri (1972–81), Diethard Hellmann (1981–88), Klaus Schilde (1988–91), Cornelius Eberhardt (1991–95) and Robert M. Helmschrott (since 1995). In 1957, the Academy moved into new teaching premises at Arcistrasse 12. In 1974, the Bavarian Higher Education Act came into force, thereby ensuring parity between music and art colleges.
The HfMT Munich offers a broad range of courses in art, science and education. Particular focus is on piano, voice, church music, composition and ballet. The past few decades have seen the training of woodwind and brass players gain decisively in quality, while drum (percussion) and harp classes have been successfully established. Composition naturally plays a significant role at an institution at which such well-known composers as Carl Orff, Günter Bialas, Harald Genzmer and Wilhelm Killmayer have taught. Autumn 1996 saw the addition of courses in film music. Moreover, church music has traditionally played an important role at Munich. The HfMT maintains very close ties with Munich's four major orchestras, benefiting students studying string instruments.
Over recent years, teaching in the theatre/drama field, in particular, has been extensively extended, including courses for the stage professions of opera singer, actor, musical performer, director, conductor, ballet dancer, ballet teacher and lighting designer. This is a special feature because students of the theatre disciplines can be integrated into stage practice at a very early stage, namely during their studies, and so advance their professional qualifications for their future careers. The training in the theatre professions involves the Bayerisches Staatstheater. The HfMT also cooperates in this field with the Bayerische Theaterakademie, which was founded in 1993 as part of the Prinzregententheater. This drama academy coordinates the existing courses in a multidisciplinary approach and integrates them into jointly produced performances and projects. A particularly successful department of international renown is represented by the Ballett-Akademie, which is accommodated in its own teaching and rehearsal centre. Its teaching links up seamlessly with the pre-professional training provided by the Heinz-Bosl-Foundation.
Munich arranges its own contests and master classes (Felix Mottl Memorial Award, Carl Maria v. Weber Competition, Günter Bialas Composition Competition for Chamber Music, Jan Koetsier Competition in Chamber Music for Brass Players). Munich maintains partnerships and cooperation agreements with colleges of music and conservatories in Tokyo, Salzburg, Prague, Kiev, Shanghai, Milan, Harvard, Spokane/Washington, Cincinnati, Brisbane, Tbilisi, Warsaw and Budapest.
Munich organises a wide range of concerts throughout the academic year. The performances by the Opera School are always a special occasion, as are the directing and acting classes held in Munich's Prinzregententheater.
The Munich Hochschule für Musik und Theater offers the following disciplines: Composition, composition for film and television, music theory, aural training, choir conducting, orchestra conducting, church music (Protestant and Catholic), piano, organ, harpsichord, music education (for teaching qualifications, Diplom music teacher), musicology, string instruments; wind instruments, percussion and plucked string instruments, singing/voice, opera school, ballet, directing, acting, musical, and lighting design.
Degree courses are completed with an artistic Diplom degree (Künstlerisches Diplom) or an educational Diplom degree (Pädagogisches Diplom). Practically all degree courses ending with an artistic Diplom degree allow appropriately qualified students (final certificate grades) to be admitted to extension (postgraduate) courses or master classes.

Kunstakademie Münster – Hochschule für Bildende Künste

Hausadresse / *Address*:
Steinfurterstraße, Leonardo-Campus, D-48149 Münster
Postadresse / *Postal Address*: Postfach 4247, D-48024 Münster
Telefon / *Telephone*: 0049 / 251 / 97217-0
Telefax / *Telefax*: 0049 / 251 / 791674
E-Mail / *e-mail*: kunstakademie@muenster.de
Internet / *Internet*: http: / / www.kunstakademie-muenster.de
Gründungsjahr / *Founded*: 1971
Bundesland / *State*: Nordrhein-Westfalen / *North Rhine-Westphalia*

Abteilungen / *Departments*:
Freie Kunst / *Fine Art;*
Kunst für Lehrämter an Schulen / *Art Education (Teaching Qualification)*

Lehrpersonal / *Teaching Staff*:
Professoren / *Professors*: 16,
Lehrbeauftragte / *Contract Lecturers*: 22

Studierende / *Students*: 350
Ausländische Studierende / *Foreign Students*: 45

In der Metallwerkstatt
In the metal workshop

Die Kunstakademie Münster ist eine alte und zugleich junge Akademie. Sie wurde 1971 als Abteilung Münster für Kunsterzieher der Düsseldorfer Akademie gegründet; seit 1987 ist sie selbstständig. Die Studienordnung konstatiert lapidar: Kunst steht im Zentrum von Lehre, Studium und Forschung. Ausgebildet werden Freie Künstler und KunsterzieherInnen von der Primarstufe bis zur Sekundarstufe II. Der Anspruch zielt durchgehend auf eine künstlerische Ausbildung. Auch Kunsterziehung gilt als ein Berufsbild für Künstler. Alle Studentinnen und Studenten arbeiten ohne Unterschied in Klassen, die unter der Leitung eines Künstlerlehrers stehen.
Aufgrund ihrer Vorgeschichte transportiert die Kunstakademie weder Vorstellungen des 19. Jahrhunderts noch der zwanziger und sechziger Jahre: eine besonders schlanke Akademie, ohne Angewandtes oder visuelle Kommunikation.
Bei rund 350 Studierenden überwiegt die Freie Kunst heute (knapp) die Kunsterziehung, aber auch künftige StufenlehrerInnen durchlaufen ohne jeden Abstrich das reguläre Grundstudium. Für die Primarstufe wurde ein künstlerisch ausgerichtetes Projektstudium etabliert, das Kreativität mit pädagogischer Nutzanwendung in sich vereinigt.
Schwerpunkte sind Malerei, Bildhauerei, Grafik, Film / Video / Neue Medien, Performance und ein besonderer Bereich "Totalkunst". In den wissenschaftlichen Fächern liegt der Nachdruck zurzeit auf Kunstgeschichte, Kunst des 20. Jahrhunderts, Institutionen der Kunst, Kunstpädagogik, Kunst- und Wahrnehmungspsychologie. Die Ausbildung wird durch ein Lehrangebot in künstlerisch-technischen Werkstätten ergänzt. Es gibt Werkstätten für Maltechnik, Metall, Gussverfahren, Holz, Siebdruck, Lithographie, Radierung, Fotografie, Keramik. Dazu kommen expandierende Einrichtungen für Film / Video / Neue Medien, Computeranimation.
Für alle Prüfungsgänge sehen die Prüfungsordnungen eine abschließende Ausstellung vor, in der Freien Kunst auch ein Kolloquium unter Einbeziehung der Kunstwissenschaften. Im Studiengang Freie Kunst kann der Akademiebrief, der einem Hochschuldiplom entspricht, erworben werden. Darüber hinaus wird für hervorragende künstlerische Leistungen der MeisterschülerInnen-Titel verliehen. Die Kunstakademie Münster besitzt das Promotionsrecht (Dr. phil.). Die strikte Konzentration auf eine künstlerische Ausbildung wird durch eine enge Zusammenarbeit mit den Hochschulen vor Ort ergänzt. Das ermöglicht vor allem für Kunsterzieher ein Studium der kurzen Wege. Universität wie Fachhochschule werden auf dem Leonardo-Campus in enger räumlicher Nachbarschaft mit dem Neubau der Kunstakademie stehen. Ein Beispiel für gute Zusammenarbeit bietet die gemeinsame Bibliothek der Kunstakademie und des Architekturbereichs der Fachhochschule. Darüber hinaus pflegt die Kunstakademie Münster besonders intensiv internationale Kontakte und Kooperationen mit zahlreichen Kunsthochschulen, u.a. Jerusalem, Minsk und Wien.

The Kunstakademie Münster—Münster Academy of Art—is at the same time an old and a new academy. It was founded in 1971 as the Münster branch of the Düsseldorf Kunstakademie, responsible for training art teachers. However, it became an independent institution in 1987. The study regulations are quite succinct in their mission definition: Art forms the centre of life, studies and research. The academy trains artists and art teachers for schools ranging from primary to upper secondary level. All instruction aims to provide artistic training. Art education is also seen as a possible field of professional activity for artists. All students work in classes where no differentiation is made as far as the degree they are studying for is concerned. These classes are instructed by an artist teacher.
Through its development and history the Kunstakademie Münster neither relates to the conceptions of the 19th century nor to those of the 1920s or 1960s. It is a particularly lean academy which offers neither applied art nor visual communication. With a student body of around 350, the art branch now (only just) outweighs that of art education, although future art teachers do pass through the same standard basic study stage as other students, having to achieve the very same standards, without any concessions being made whatsoever. A project study-based degree course with an art focus has been established for students studying for primary school qualifications, thereby uniting creativity with educational practicality.
Studies focus on painting, sculpture, graphic art, film/video/new media, performance and a special field called "Totalkunst" (absolute art). The focuses in art-related studies currently concentrate on art history, twentieth-century art, art institutions, art education, art and the psychology of perception.
The range of teaching is complemented by training in art-technical workshops, covering areas such as painting technique, metal work, casting processes, wood work, screen printing, lithography, etching, photography and ceramics. Facilities for film/video/new media and computer animation are currently being expanded.
The examination regulations for all degree courses require students to present a final exhibition. Students of art are additionally required to take part in a colloquium which includes discussion of art-related studies and sciences. Graduates of the art branch may gain the "Akademiebrief"—Academy Certificate—which is equivalent to a Diplom degree. Furthermore, students whose artistic achievements are outstanding may gain the Master Pupil qualification. The Kunstakademie Münster is a university-status institution and is entitled to award doctorates (Dr. phil.).
The strict concentration on artistic training is complemented by close cooperation with the other universities and colleges in Münster. When the Leonardo-Campus opens, university, Fachhochschule and the Kunstakademie Münster with its newly built facility, will become close neighbours, meaning even closer cooperation. A good example of this cooperation is provided by the library which the Kunstakademie and the Department of Architecture at the Fachhochschule share. Moreover, the Kunstakademie maintains intensive international contacts and cooperation agreements with numerous art academies and colleges, including Jerusalem, Minsk and Vienna.

Akademie der Bildenden Künste Nürnberg

Hausadresse / *Address*:
Bingstraße 60, D-90480 Nürnberg
Postadresse / *Postal Address*: do.
Telefon / *Telephone*: 0049 / 911 / 9404-0
Telefax / *Telefax*: 0049 / 911 / 9404-150
E-Mail / *e-mail*: info@adbk-nuernberg.de
Internet / *Internet*: http: / / www.adbk-nuernberg.de
Gründungsjahr / *Founded*: 1662
Bundesland / *State*: Bayern / *Bavaria*

Fachbereiche / *Departments*:
Malerei / *Painting*; Bildhauerei / *Sculpture*;
Kunsterziehung / *Art Education*;
Gold- und Silberschmieden / *Gold and Silversmithing*;
Bildende Kunst / *Fine and Visual Arts*;
Graphikdesign / *Graphic Design*;
Innenarchitektur / *Interior Design*;
Kunst und Öffentlicher Raum / *Art and Public Space*;
Freie Graphik und Malerei / Objektkunst / *Graphic Art and Painting / Object Art*

Lehrpersonal / *Teaching Staff*:
Professoren / *Professors*: 16,
Dozenten / *Senior Lecturers*: 11,
Assistenten / *Research Assistants*: 8,
Lehrbeauftragte / *Contract Lecturers*: 28

Studierende / *Students*: 342
Ausländische Studierende / *Foreign Students*: 36

1662 von Jacob von Sandrart gegründet, ist die Akademie der Bildenden Künste in Nürnberg die älteste Kunstschule im deutschsprachigen Raum. Die freien und angewandten Künste bilden seitdem die zentralen Lehrbereiche, wenn auch die Gewichtung im Laufe der Jahrhunderte in die eine oder andere Richtung verschoben wurde. Heute kennzeichnet interdisziplinäres Agieren den Dialog zwischen den freien und den angewandten Disziplinen, gestützt durch neue Studiengänge und die Ergänzung durch medientechnologische Ausbildung.
1964 konnte die Akademie nach vorübergehendem kriegsbedingten Aufenthalt im Deutschordensschloss Ellingen in eigene, von Sep Ruf entworfene Bauten in einem Waldgebiet am Nürnberger Tiergarten umziehen. Die transparente Pavillonarchitektur im Osten der Stadt – die erste denkmalgeschützte Nachkriegsarchitektur Süddeutschlands – wurde mehrfach erweitert; seit 1985 befindet sich eine Außenstelle der Hochschule in der mittelalterlichen Kaiserburg in Lauf (wenige Kilometer östlich von Nürnberg).
Mit hervorragend ausgerüsteten Werkstätten und einem Medienlabor in Lauf bietet die campusähnliche Situation am Rande der Stadt eine intensive Arbeitsatmosphäre, die den Austausch unter den einzelnen Klassen und eine intensive Begegnung von Lehrenden und Lernenden ermöglicht. Die Hochschule versucht, alle Formen und Ausprägungen einer zeitgenössischen künstlerischen Praxis zu ermöglichen und diese auch im jeweiligen gesellschaftlichen und historisch-kritischen Zusammenhang zu erfassen.
Basis der Ausbildung ist die Förderung der individuellen Entwicklung der Studierenden. Die Studenten sind dabei selbst verantwortlich für die Konzeptuierung und Verwirklichung ihrer künstlerischen Vorhaben. Da Auseinandersetzung und Diskurs von unterschiedlichen künstlerischen Positionen leben, werden regelmäßig Fachleute zu Projekten eingeladen, um den Studierenden Einblick in die unterschiedlichen Arbeitsgebiete zu ermöglichen. Wechselnde Gastprofessoren und einzelne Berufungen auf kürzere Zeiträume schaffen ein Angebot, das es erlaubt, durch wechselseitige Anregungen ein breites Spektrum künstlerischen Arbeitens zu eröffnen.
Partnerschaften mit Hochschulen in West- und Osteuropa (Krakau, Lyon, Budapest, Palermo) ermöglichen es den Studierenden, einen Teil ihres Studiums im Ausland zu absolvieren.

The Akademie der Bildenden Künste Nuremberg was founded by Jacob von Sandrart in 1662, making it the oldest art academy in the German-speaking world. Since then, fine arts and applied arts have formed the two central fields of teaching, even though the concentration has occasionally shifted in the one or the other direction over the course of time. Today, interdisciplinary activities characterise the dialogue between disciplines of fine art and those of applied art, supported by new degree courses and extensions in the form of media technology training.
After the destruction of the academy building in 1943, the institution initially moved to the Deutschordenschloss Ellingen, from where in 1964 it was able to move into buildings specially designed by Sep Ruf and built in woodland adjacent to the Tiergarten Park, Nuremberg's zoo. The transparent pavilion architecture in the eastern parts of the city—the first post-war architecture to become a listed building in Southern Germany—has since seen several extensions. Since 1985, the academy has been operating a branch in the medieval Kaiserburg in Lauf (a few kilometres to the east of Nuremberg).
With its excellently equipped workshops and a media laboratory in Lauf, the campus-like setting on the outskirts of the city provides an intensive working climate, which facilitates the exchange of ideas and knowledge between individual classes and intensive encounter between lecturers and students. The academy seeks to enable students to study all forms and structures of contemporary art practice and to examine and understand them in their respective social and historical-critical context as well.
The education and training is based on promoting the student's individual development. Within this process, students are themselves responsible for the conception and realisation of their art projects. Since examination and discussion thrive on various artistic positions, experts are regularly invited to take part in the projects in order to provide students with insights into various, differing working areas.
A changing team of guest and visiting professorships as well as short-term individual appointments create a range of teaching whose mutual and interactive inspiration facilitates the opening of a broad spectrum of artistic and creative work.
Partnerships with colleges and academies in Western and Eastern Europe (Cracow, Lyon, Budapest, Palermo) provide students with opportunities to complete a section of their studies abroad.

Begegnung von Künstlern und Gästen: das Sommerfest der Akademie
Artists and guests meet: The academy's summer festival

Hochschule für Musik Nürnberg-Augsburg

Hausadresse / *Address*:
Abteilung Nürnberg, Am Katharinenkloster 6, D-90403 Nürnberg; Abteilung Augsburg, Maximilianstraße 59, D-86150 Augsburg
Postadresse / *Postal Address*: Spitalgasse 10, D-90403 Nürnberg
Telefon / *Telephone*: 0049 / 911 / 23184-41
Telefax / *Telefax*: 0049 / 911 / 23184-43
E-Mail / *e-mail*: HfM_Wolf@or4mr3.stadt.nuernberg.de
Internet / *Internet*: http: //www.kubiss.de / hfm-n-a
Gründungsjahr / *Founded*: 1998
Bundesland / *State*: Bayern / *Bavaria*

Abteilungen / *Branches*:
Abt. Nürnberg; Abt. Augsburg

Lehrpersonal / *Teaching Staff*:
insgesamt / *in total*: 179

Studierende / *Students*: 429
Ausländische Studierende / *Foreign Students*: 58

Abteilung Augsburg: Domizil aus dem 16. Jahrhundert
The Augsburg branch: Residence dates from the 16th century

Die Hochschule für Musik Nürnberg-Augsburg ist Deutschlands jüngste Musikhochschule. Sie wird getragen vom kommunalen "Zweckverband Hochschule für Musik Nürnberg-Augsburg", zu dem sich die Städte Nürnberg und Augsburg sowie die bayerischen Regierungsbezirke Mittelfranken und Schwaben zusammengeschlossen haben.
Nach dem Scheitern des Plans einer geschlossenen Übernahme der bayerischen Konservatorien in den staatlichen Hochschulbereich im Dezember 1996 ergriffen die Städte Nürnberg und Augsburg die Initiative. Am 29. April 1998 wurde im historischen Nürnberger Rathaussaal der "Zweckverband Hochschule für Musik Nürnberg-Augsburg" gegründet und der Gründungspräsident der neuen Hochschule, Professor Dr. Franz Müller-Heuser, berufen.
Am 29. Juli 1998 erfolgte im Augsburger Rathaussaal die staatliche Anerkennung, zugleich die staatliche Zusicherung, die Hochschule mit 60 Prozent Lehrpersonalkostenzuschuss zu unterstützen. Eine mit überregionalen Hochschulfachleuten besetzte Kommission hatte eine abgestimmte Aufgabenstellung des Ausbildungsangebots für beide Standorte bei Sicherung eines jeweils angemessenen Grundangebots erarbeitet. Die zentralen Organe, Rektorat, Senat und Verwaltung werden das gemeinsame Dach der Doppelhochschule bilden. Darunter werden die beiden Standorte Nürnberg und Augsburg als von den beiden Prorektoren geführte Abteilungen relativ eigenverantwortlich arbeiten.
Mit Beginn des Wintersemesters 1999 / 2000 hat die Hochschule ihren Lehrbetrieb aufgenommen. Es wurden über 100 neue Studierende aufgenommen; diejenigen der bisherigen Fachakademien unterzogen sich einer Übertrittsprüfung. Der Gründungspräsident hat eine Kommission für die Berufung neuer Professuren gebildet, die zum Wintersemester 2000 / 2001 berufen wurden.
An beiden Standorten ist der Grundstock einer jeden Musikhochschule (Orchesterinstrumente, Klavier, Gesang) angemessen vertreten. Die musikpädagogischen Studiengänge sind mit den künstlerischen Studiengängen eng verzahnt und dadurch in ihrem künstlerischen Profil gestärkt worden.
Der Standort Augsburg wird sein besonderes Profil in katholischer Kirchenmusik, der Neueinrichtung eines Studienganges "Musiktherapie" sowie in den Studiengängen Blasorchesterleitung und Gitarre finden. Nürnbergs Extras werden sein: Jazz, Alte Musik / Historische Instrumente, klassisches Saxophon, Akkordeon und Orgel. So füllt die neue Musikhochschule Lücken im bisherigen Ausbildungsangebot der bayerischen Musikhochschulen und reagiert auf sich verändernde Situationen in der Berufslandschaft. Beide Standorte werden ihren Lehrbetrieb selbstständig durchführen. Nicht vorgesehen ist, dass Studenten zwischen den Standorten pendeln. Gemeinsame Projekte wie Workshops, Konzerte oder Opernaufführungen sind jedoch vorgesehen und erwünscht. Den Studierenden werden in Form von Hochschulkonzerten professionelle Auftrittsmöglichkeiten geboten.

The Hochschule für Musik Nürnberg-Augsburg (HfM) is Germany's most recent college of music. Institutional responsibility for the HfM lies with a special local authority association—the Zweckverband Hochschule für Musik Nürnberg-Augsburg—whose members are the cities of Nuremberg and Augsburg, along with the administrative districts of Central Franconia and Swabia. Following the failure of the planned incorporation of all the Bavarian conservatories into the state higher education system in December 1996, the cities of Nuremberg and Augsburg decided to take the initiative and, on 29 April 1998, founded the special local authority association and appointed the founding president of the new higher education institution, Professor Dr. Franz Müller-Heuser.
On 29 July 1998, the new institution gained state recognition, with the state simultaneously promising to support the HfM Nuremberg-Augsburg in the form of a grant to cover 60 per cent of staffing costs. A commission made up of national higher education experts elaborated a coordinated system of shared responsibilities between the two campuses as far as the courses and programmes they offered were concerned, ensuring that each could provide the appropriate basic range of teaching required by any independent college. The central organisational units are the Rector's Office, the Senate and the Administration, which together form the single roof under which this double institution "resides". Under this general umbrella, the two campuses—one at Nuremberg and the other at Augsburg—are each managed as relatively independent branches, each headed by a Deputy-Rector.
The HfM Nuremberg-Augsburg commenced its academic operations at the start of the 1999/2000 winter semester. More than 100 new students enrolled; those who had previously studied at specialist academies sat a transition test (placement exam). The founding president formed a committee to appoint new professors, with these appointments being made in the 2000/2001 winter semester.
Each of the two campuses has the basic structure and substance of any music college or conservatory, with orchestral instruments, piano and voice being appropriately represented. The music education degree courses are closely interlinked with the artistic degree courses, thereby strengthening their creative profile.
The Augsburg campus will define its own profile in the field of Catholic church music, in the newly-established degree course in music therapy, as well as in the degree courses for wind orchestra conducting and guitar. Nuremberg's specialties will be jazz, early music/historical instruments, classical saxophone, accordion and organ. In taking this approach, this new music college is adapting to the changing landscape of career opportunities for musicians and music educators by filling gaps in the existing range of courses offered by Bavaria's music colleges.
Both branches will independently manage and run their academic operations. Students are not intended to commute between the two campuses. Joint projects, such as workshops, concerts or opera performances, are certainly planned and desired, however. Students will be given the opportunity of gaining professional experience by performing in the concerts which the Hochschule für Musik Nürnberg-Augsburg stages on a regular basis.

Hochschule für Gestaltung Offenbach am Main

HfG

Hausadresse / *Address*:
Schloßstraße 31, D-63065 Offenbach am Main
Postadresse / *Postal Address*: Postfach 100823,
D-63008 Offenbach am Main
Telefon / *Telephone*: 0049 / 69 / 80059-0
Telefax / *Telefax*: 0049 / 69 / 880791
E-Mail / *e-mail*: studieninfo@hfg-offenbach.de
Internet / *Internet*: http: / / www.hfg-offenbach.de
Gründungsjahr / *Founded*: 1970
Bundesland / *State*: Hessen / *Hesse*

Fachbereiche / *Departments*:
Visuelle Kommunikation / *Visual Communication*;
Produktgestaltung / *Product Design*

Lehrpersonal / *Teaching Staff*:
Professoren / *Professors*: 21

Studierende / *Students*: 514
Ausländische Studierende / *Foreign Students*: 45

Die heutige Hochschule für Gestaltung Offenbach am Main blickt auf eine 150-jährige Entwicklung zurück. 1832 als "Handwerkerschule" zur besseren Ausbildung des handwerklichen Nachwuchses gegründet, wurde sie bald zu einer "Kunstgewerbeschule", in der handwerkliche, künstlerische und theoretische Fächer unterrichtet wurden. 1970 erfolgte die Umwandlung der "Offenbacher Werkkunstschule" in eine künstlerisch-wissenschaftliche Hochschule des Landes Hessen. Heute umfasst das Tätigkeitsprofil der HfG Offenbach die künstlerische und wissenschaftliche Lehre und Forschung auf den vielfältigen Gebieten der Visuellen Kommunikation und der Produktgestaltung unter besonderer Berücksichtigung der elektronischen Medien und neuester Technologien.
Im Zentrum der Lehre stehen das künstlerische Experiment und die Bezüge zu den sich rapide wandelnden Realitäten der Berufspraxis von Künstlern und Designern. Das heute in Offenbach realisierte Modell einer Kunsthochschule verbindet daher die Ausbildungsfelder der Visuellen Kommunikation – Zeichnung, Malerei, Bildhauerei, Illustration und Buchgestaltung, Druckgrafik, Typographie, Grafikdesign, analoge und digitale Fotografie, Film, elektronische Medien und bildnerische Informatik, Bühnenbild und Kostüm – und die Themenfelder der Produktgestaltung – Design für den öffentlichen Bereich, Fahrzeugdesign, Möbel- und Ausstellungsdesign, Leder und weiche Materialien, Neue Medien und Neue Technologien, technische Produkte und Produktsysteme – in einer interdisziplinär verzahnten, dialogischen Studienkonstellation, in der auch Theoriefächer – Sprache und Ästhetik, Kunstgeschichte, Mediensoziologie, Designtheorie, Designmethodologie, Wahrnehmungspsychologie, Formalästhetik etc. – eine tragende Rolle spielen.
Eine aktive Zusammenarbeit mit Institutionen in Wirtschaft, Kultur und Medien ist Teil der Ausbildung. Mit anderen Hochschulen des In- und Auslands werden intensive Kooperationskontakte gepflegt.
Im Fachbereich Visuelle Kommunikation werden in den ersten beiden Semestern des viersemestrigen Grundstudiums grundlegende Kenntnisse der bildnerischen Gestaltungsmittel erworben. Ab dem dritten Semester werden Studiengänge in vier interdisziplinären Studienschwerpunkten angeboten: Angewandte Gestaltung, Freie Gestaltung, Audiovisuelle Medien, Bühnenbild.
Der Fachbereich Produktgestaltung sieht seinen Schwerpunkt in der Entwicklung und Vertiefung kommunikativer Kompetenz. Im Gegensatz zu mehr technisch orientierten Studiengängen anderer Hochschulen wird in Offenbach ein eher geisteswissenschaftlicher Ansatz verfolgt, der sowohl die Theorie als auch die Praxis bestimmt. Das erste Studienjahr des viersemestrigen Grundstudiums ist durch Workshops geprägt, in denen die erforderlichen produktsprachlichen Grundlagen erarbeitet werden. Bis zum Vordiplom werden dann entweder mehrere Kurzzeitentwürfe oder zwei ganzsemestrige Entwurfsprojekte durchgeführt. Im Hauptstudium werden drei Studienarbeiten zu komplexeren Fragestellungen bearbeitet.

Today's Hochschule für Gestaltung Offenbach am Main (HfG) can look back on a history of more than 150 years as a college of design. A Handwerkerschule was established in 1832, mainly for the purpose of improving the industrial arts qualifications of young generations of craftsmen. Soon, this was converted into a Kunstgewerbeschule in which teaching was provided in tradecrafts, industrial arts and in art and theoretical subjects.
In 1970, Offenbach's Werkkunstschule was converted into an artistic-academic higher education institution, with the state of Hesse taking on institutional responsibility. Today, the profile of activities pursued by the HfG Offenbach includes art and academic-scientific teaching and research in the many and varied areas covered by visual communication and product design, with special consideration being given to the electronic media and state-of-the-art technologies.
The core of the teaching is made up of artistic experimentation and how this ties up with the rapidly changing reality of professional practice which artists and designers face today. The model of an art college which Offenbach now encompasses therefore brings together the complex traditional and modern fields of education and training found in the world of visual communication—drawing, painting, sculpture, illustration and book design, printing graphics, typography, graphic design, analogue and digital photography, film, electronic media and visual computing, stage, set and costume design—and the topic areas pursued in the world of product design—designing for public areas, automobile design, fashion and exhibition design, leather and soft materials, new media and new technologies, technical products and product systems—into an interdisciplinary network of dialogue-based studies in which theoretical subjects—language and aesthetics, art history, media sociology, design theory, design methodology, perception psychology, formal aesthetics, and much more—play a fundamental role.
Active cooperation with other institutions from the worlds of business and industry, culture and media forms a constituent part of the education and training. Intensive cooperation activities are maintained with other universities and colleges, at home and abroad.
The Department of Visual Communication lets students use the first two semesters of the four-semester basic study stage to acquire the fundamental knowledge and skills relating to the means deployed in visual design. From the third semester onwards, courses are offered in four interdisciplinary study focuses; applied design, free design, audio-visual media, stage and set design.
The Department of Product Design concentrates on developing and intensifying communicative competence, which is relevant and applied to all areas of design. In contrast to the more technically oriented degree courses offered by other higher education institutions, Offenbach prefers to take a more academic (arts and humanities) approach, which determines both theory and practice. The first academic year of the four-semester basic study stage is dominated by workshops in which the necessary product-related fundamentals are acquired. By the pre-Diplom stage (which marks the end of the basic studies), students will be expected to have completed several short-term concepts or two full semester design projects. In the main study stage, students are required to complete three design studies on more complex problems.

Innenhof zwischen Alt- und Neubau
Inner courtyard between new and historical buildings

Peter Michael Lynen

Bildung einer künstlerischen Persönlichkeit

Studiengänge in Freier Bildender Kunst

Es ist nicht einfach, die Ausbildungsgänge der Freien Bildenden Kunst an deutschen Hochschulen zusammenfassend darzustellen. Künstlerische Studienangebote zeichnen sich durch eine besondere Vielfalt aus. Die Frage, ob und wie Kunst "lehrbar" ist, ist nicht nur eine Grundsatzfrage von großem Gewicht, die keine "endgültigen" Antworten zulässt, sondern sie führt auch zu ganz unterschiedlichen konkreten Schlussfolgerungen, was Strukturen, Inhalte, Begriffe und Profile der Ausbildungsgänge sowie Lehre, Studium, Prüfungen und Abschlüsse angeht. Die Gesetzgebung, die Bürokratie und die Hochschulen selber haben bislang glücklicherweise allen Versuchungen der "Vereinheitlichung" künstlerischer Studiengänge erfolgreich widerstanden. Der deutsche Föderalismus und die von den einzelnen Hochschulen und ihren Mitgliedern mehr oder weniger selbstbewusst in Anspruch genommene inhaltliche Autonomie wirken hier besonders fruchtbar.

Dieser Beitrag soll daher die unterschiedlichen Ansätze verdeutlichen, ohne dass Anspruch auf Vollständigkeit aller Details erhoben werden kann. Es handelt sich um eine kategorisierende Bestandsaufnahme mit einer Gesamtschau über die 16 deutschen Bundesländer und mehr als 20 Hochschulen, nicht um ein künstlerisches Programm oder eine kunstwissenschaftliche Analyse. Den Studienbewerbern aus dem In- und Ausland muss bewusst sein, dass sie sich bei den Hochschulen eingehend erkundigen müssen, wenn sie Klarheit über die Gestalt eines künstlerischen Studiengangs erzielen wollen.

Die Studiengänge der Freien Bildenden Kunst sind abzugrenzen gegenüber den Lehramtsstudiengängen im Bereich der Bildenden Kunst (Kunsterziehung) einerseits (mit dem Staatsexamen als Abschluss und dem Ziel des Lehramts an allgemein bildenden Schulen) und den Studiengängen der Angewandten Kunst (Design, Visuelle Kommunikation etc.) mit den entsprechenden Diplomen als Abschlüsse andererseits.

Einen wesentlichen Inhalt der Lehramtsstudiengänge bildet die "Kunstpraxis". Das bedeutet, dass den Studierenden die Möglichkeit gegeben wird, bei Betreuung durch Künstlerprofessoren eigene Kunstwerke zu schaffen und ihren eigenen künstlerischen Weg zu finden. Das ist gleichzeitig das wesentliche Charakteristikum der Studiengänge der Freien Bildenden Kunst. Einige Kunsthochschulen legen daher den Lehramtsstudiengängen in der künstlerisch-praktischen Lehre die gleichen Ziele, Inhalte, Organisations- und Lehrveranstaltungsformen zugrunde und bieten auch diese Lehre durch dieselben Professoren und Mitarbeiter an, wie es beim Studiengang Freie Bildende Kunst der Fall ist. Die künstlerisch-praktischen Studien können insoweit bei beiden Studiengängen nach Art und Umfang identisch oder mindestens sehr ähnlich sein. Bei anderen Hochschulen besteht eine stärkere organisatorische und inhaltliche Trennung. Der Lehramtsstudiengang wird insoweit mehr als ein pädagogisches und weniger als künstlerisch-praktisches Studium verstanden; die eigenständige künstlerische Entwicklung der Studierenden steht nicht so stark im Vordergrund und nimmt vergleichsweise weniger Zeit in Anspruch.

Das Verhältnis zwischen Studiengängen der Freien und der Angewandten Bildenden Kunst hängt dagegen besonders von den angebotenen Sparten und Studienfächern ab. Hier zeigt sich eine Fülle von unterschiedlichen Klassifizierungen und Zuordnungen.

Der Begriff der Freien Bildenden Kunst wird sowohl als Oberbegriff für voneinander getrennte Studiengänge verstanden als auch als Bezeichnung für einen zusammenfassenden Studiengang. Bei Modellen der getrennten Auflistung finden sich vor allem die drei klassischen Sparten Malerei, Bildhauerei (Plastik) und Freie Grafik als eigenständige Studiengänge. Dabei sind auch kombinierte Studiengänge festzustellen, z. B. "Malerei und Grafik". Da sich die bildende Kunst längst nicht mehr auf diese drei Sparten einengen lässt, sind weitere hinzugekommen, u. a. in letzter Zeit die Medienkunst (neue Medien, Film, Video, Computer), früher bereits auf bestimmte andere künstlerische Ausdrucksformen und Materialien bezogene Studiengänge (z. B. Bühnenbild, Fotografie, Keramik, Goldschmiedekunst).

Bei Modellen zusammenfassender Studiengänge der Freien Bildenden Kunst werden die genannten Bereiche als Studienfächer, Studienschwerpunkte, Projektgruppen oder besondere Künstlerklassen geführt. Hinzu kommen weitere Studienangebote, die deutlicher dem angewandten Bereich zuzuordnen sind, wie Restaurierung, Textilgestaltung und Kunsttherapie. Zusätzliche Sonderbereiche nehmen Architektur (Baukunst) und Innenarchitektur sowie kunstwissenschaftliche Studienangebote und solche im Bereich Kunst- und Kulturmanagement ein.

Was für wissenschaftliche Studiengänge von einigen gefordert, von anderen vehement abgelehnt wird, ist bei den

Peter Michael Lynen

Forming an Artistic Personality

Study Opportunities in Fine and Visual Art

The task of presenting the range of degree courses offered in fine and visual art by Germany's higher education institutions is no easy matter. Opportunities to study art stand out through their particular diversity. The question of whether or not and, if so, how art is 'teachable' is not only an eminent question of principle for which no 'full and final' answers are possible; it also leads to very different concrete conclusions as far as the structures, contents, conditions and profiles of the study courses and of the teaching, studies, examinations, degrees and qualifications are concerned. Fortunately, the legislation, bureaucracy and the higher education institutions themselves have so far succeeded in resisting all temptations to engage in 'standardising' art degree courses. German federalism and the autonomy of study content which each individual higher education institution and its members can more or less self-confidently count on are particularly productive in this respect.

This article therefore intends to illustrate the various approaches without making any claim as to the completeness of the details contained therein. It is a categorising stocktake of the 16 German regional states (Bundesländer) and 20 and more higher education institutions. It is not an artistic programme or an aesthetic analysis. Study applicants from home and abroad must be made aware of the fact that they must make thorough and detailed inquires at the universities and colleges of their choice if they wish to gain a clear impression of the structure, direction and make up of any particular art degree course.

Degree courses in fine and visual art have to be distinguished, on the one hand, from studies leading to an art teaching degree (art education programmes for which a Staatsexamen degree is awarded which, after practical training and a further exam, qualifies holders for teaching positions at general schools) and, on the other hand, degree courses in applied art (design, visual communication, etc.) for which the relevant 'Diplom' degrees are awarded.

One of the substantial factors in programmes leading to a teaching degree is that of 'art practice.' What I mean is that students are given the opportunity to create their own works of art under the guidance of artist professors, thus enabling them to find their own path of artistic expression. At the same time, this also represents the essential characteristic of degree courses in pure fine and visual art. This is why some art colleges base the art-practical elements of their teaching degree courses on the same objectives, contents, organisational and course formats as apply to the degree courses in pure fine and visual art; these courses are then instructed by the self-same professors and staff as well. This means that the manner and extent of art-practical studies can be arranged identically or at least very similarly in both study areas. Yet, other colleges differentiate the content more in terms of organisation and content. In these cases, the teaching degree course is seen more as an educational course and less as one of practical studies; this then involves less focus on the independent artistic development of the students with less time consequently being spent on this aspect.

By contrast, the relationship between degree courses in pure or applied art depends largely on the branches and disciplines specifically offered. A wealth of various classifications and groups can be found here. The term fine and visual art is used both as a generic term for degree courses offered separately from one another, but also serves as a title for combined degree courses. In those models which separately list disciplines, the three classic branches of painting, sculpture and drawing/graphic art will be mainly found as independent degree courses. Combined degree courses can also be found, e.g. painting and graphic art. Since fine and visual art has long ceased to be restrictively defined by just these three branches, others have naturally joined them, including in recent times media art (new media, film, video, computing) and degree courses which were formerly related to other specific forms of art expression and materials (e.g. stage and set design, photography, ceramics, goldsmithing).

Models which involve combined degree courses in fine and visual art naturally include the above-mentioned fields as study subjects, study focuses, project groups or special artist classes. These are then complemented by study opportunities which can clearly be assigned to applied, practical fields, such as restoration, textile design and art therapy. Additional special areas include architecture and interior design, as well as study opportunities in aspects of aesthetics and courses from the fields of art and culture management.

Art degree courses have long since made a reality of what some have long demanded for academic degree courses, while others have vehemently rejected this. Art colleges no longer regard a higher education entrance qualification alone as sufficient qualification for admission to higher education. This qualification must be supplemented by a course-related artistic aptitude test individually set for the applicant and evaluated by the college. In fact, a higher education entrance qualification is not even necessary for some degree courses, since it can be substituted by proof of special artistic talent. These principles apply to all degree courses in fine and visual art offered in Germany.

The admissions procedure generally involves several stages. Initially, the applicant

künstlerischen Studiengängen längst Realität: Die Hochschulreife ist keine hinreichende Voraussetzung für den Hochschulzugang. Hinzukommen muss die durch die aufnehmende Hochschule individuell festgestellte studiengangsbezogene künstlerische Eignung des Studienbewerbers. Die Hochschulreife ist nicht einmal bei allen Studiengängen notwendige Voraussetzung, weil sie durch den Nachweis einer besonderen künstlerischen Begabung ersetzt werden kann. Diese Grundsätze gelten für alle Studiengänge der Freien Bildenden Kunst in Deutschland.

Das Zulassungsverfahren hat in der Regel mehrere Stufen. Zunächst hat der Studienbewerber einen Antrag zu stellen, dem künstlerische Arbeitsproben ("Mappe") beizufügen sind. Es ist möglich, dass die Hochschule bestimmte Anforderungen an die vorzulegenden Unterlagen und Arbeiten stellt, die sich sowohl auf Formate, Materialien, Umfang als auch auf Themenstellungen beziehen können. Die vorgelegten Arbeiten werden von einer Prüfungskommission der Hochschule begutachtet und bewertet. Es können sich weitere Verfahrensschritte (klausurmäßiges Anfertigen weiterer Arbeiten, Bewerbergespräche) anschließen. Am Ende steht die Entscheidung der Hochschule als künstlerisches Werturteil über die studiengangsbezogene Begabung des Bewerbers, die dem Bewerber förmlich mitzuteilen ist und von diesem in einem rechtlichen Verfahren angefochten werden kann.

Dass solche Verfahren ein starkes subjektives und persönliches Element enthalten, liegt in der Natur der Sache. Dennoch zeigen die praktischen Erfahrungen große Übereinstimmungen in den Kommissionsentscheidungen. Der gelegentlich erhobene Vorwurf der Willkür ist unberechtigt. Die abgewiesenen Bewerber (die Erfolgsquoten liegen ungefähr zwischen 1:5 und 1:15 je nach Studiengang und Studienort) müssen zur Kenntnis nehmen, dass großzügige Entscheidungen angesichts der Konkurrenzsituation innerhalb und außerhalb der Hochschulen ihnen mehr Schaden als Nutzen bringen würden. Demgegenüber sind die positiven Wirkungen der Feststellungsprüfungen offensichtlich:

- Der "Input" ist relativ hoch, und die Homogenität der Studentenschaft – bezogen auf die studiengangsbezogenen Fähigkeiten – ist ziemlich groß, sodass die Ausbildung ein bestimmtes Niveau voraussetzen und darauf aufbauen kann;
- die Studierendenzahlen sind im Vergleich zu wissenschaftlichen Studiengängen gering und verhältnismäßig konstant, und die Betreuungsrelationen zwischen Lehrenden und Lernenden sind äußerst günstig;
- das Studium braucht daher nicht auf frontales Lehren und rezeptives Lernen ausgerichtet zu werden, sondern kann als projektorientiertes, experimentelles Arbeiten mit individueller Betreuung und dem Ziel einer künstlerischen Persönlichkeitsentwicklung stattfinden;
- die Aufnahmesituation ist eine Wettbewerbssituation, wobei nicht nur die Bewerber, sondern auch die Hochschulen selber im Wettbewerb miteinander stehen.

"Das Studium der Freien Kunst dient der Förderung der künstlerischen Begabung, der kunstwissenschaftlichen Kenntnisse und der künstlerisch-technischen Fertigkeiten der Studierenden. Sein Sinn ist die Bildung einer künstlerischen Persönlichkeit." Dieses Zitat stammt aus der Prüfungsordnung einer Hochschule. Auch wenn es sich hier nur um ein nicht bindendes Beispiel handelt, dürfte diese Formulierung doch einen seit langem bestehenden Grundkonsens umreißen. Seit dem 17. und 18. Jahrhundert gab es in Deutschland in bemerkenswerter Fülle Kunstakademien (vor allem in den Residenzstädten der Fürsten) mit Unterweisungen der Schüler in der Freien Bildenden Kunst. Seit dem 19. Jahrhundert ist die Erziehung zum Künstler mit "frei entwickelter Eigentümlichkeit und Selbständigkeit" erklärtes Ziel der Kunsthochschulen. Dieses Ziel wird vor allem dadurch verfolgt, dass hervorragende Künstlerpersönlichkeiten zu Professoren berufen werden, die mehr durch ihr vitales Beispiel als Meister auf die Schüler einwirken, als einen vorgegebenen Lehrstoff dozierend vermitteln sollen.

Im 20. Jahrhundert erfuhren die Hochschulen für Bildende Künste erneut tief greifende und längst nicht abgeschlossene Veränderungen, die sich vor allem aus vier Quellen speisten. Erstens erweiterten sich Fächerspektrum, Lehrinhalte und Kunstauffassungen. Aus Akademien, die der Maler-, Bildhauer- und Baukunst gewidmet waren, was auch Zeichnung und Freie Grafik einschloss, wurden Hochschulen der Freien und Angewandten Künste mit breiten Fächerspektren und unterschiedlichen Profilen. Zweitens mündete das alte Spannungsfeld des 19. Jahrhunderts (künstlerisch-technischer Drill versus freie Entwicklung zu Künstlerpersönlichkeiten) in die Fragen, ob Kunst über-

Studentische Arbeiten, Hochschule für Künste Bremen
Student work, Hochschule für Künste Bremen

Über dem Portal der Dresdner Akademie
Above the main entrance to the Academy in Dresden

must submit samples of his or her artwork (portfolio). The college may specify some conditions which the accompanying documents and works must fulfil; these conditions may apply to formats, materials, extent/length as well as topics. The submitted work is judged and evaluated by an examining board from the college or institution in question. Additional selection stages (production of further work under examination conditions, selection interviews) may follow. At the end of the process, the college will decide on the basis of artistic value on the applicant's aptitude and talent in relation to the degree course selected. The applicant is then duly advised of this decision and can choose to take steps to appeal.

The fact that such a process involves a strong subjective and personal element lies in the very nature of the subject matter. Nevertheless, experience gained from practice shows extensive agreement in the decisions reached by selection commissions. The occasional accusations of the arbitrary nature of such a process, are without justification. The rejected applicant (the success rates are between around 1:5 and 1:15, depending on the degree course and institution in question) must bear in mind that generous decision-making would do them more harm than good, especially in view of the competitive environment prevailing within and without the institutions. By contrast, the positive effects of the assessment tests are clearly evident:

- *the 'input' is of relatively high quality and there is a large degree of homogeneity within the student body, in terms of degree course related skills and ability. This means that training can start based on the assumption that students have already attained a certain level and can build on that foundation;*
- *in comparison to academic degree courses, student numbers are low and relatively constant, while the student-teacher ratio is extremely favourable;*
- *studies therefore need not be based on frontal teaching and receptive learning, but can rather be organised as project-oriented, experimental work processes with individual guidance-counselling pursuing the goal of developing an artistic personality;*
- *the selection procedure is competitive, meaning that not only applicants, but also the colleges themselves are engaged in a culture of competition with each other as well.*

"The study of fine and visual art serves to advance and promote a student's artistic talent, aesthetic knowledge and art-technical skills. Its purpose is the development of an artistic personality." This quotation comes from the examination regulations of a higher education institution. Even though this may only be a non-binding example, the wording very probably circumscribes a long-existing basic consensus. From the 17th and 18th centuries, Germany had a remarkable wealth of art academies (above all in the residential cities of the princes) at which pupils were instructed in pure and fine art. In the 19th century, the declared goal of the colleges of art was to educate and train artists with 'freely-developed uniqueness and independence.' This goal is above all pursued by appointing outstanding figures

Arbeit von Anca Muresan, Kunstakademie Düsseldorf
Work by Anca Muresan, Kunstakademie Düsseldorf

haupt lehrbar sei und was man unter der Kunst, dem Kunstbegriff, zu verstehen habe. Hinzu kamen die Fragen nach dem Gesellschafts- und Berufsbezug von Kunst und Kunstausbildung und den Zusammenhängen zwischen Kunst und Wissenschaft. Drittens hatte die zunehmende Internationalität der Kunst nicht nur Auswirkungen auf die inhaltliche Auseinandersetzung mit Kunst, sondern auch auf die personelle Zusammensetzung (Lehrende und Studierende) der deutschen Kunsthochschulen. Der Ausländeranteil reicht in einzelnen Hochschulen sowohl bei den Lehrenden als auch den Studierenden bis zu einem Drittel und darüber hinaus. Viertens haben die Kunsthochschulen den Weg von unselbstständigen Schulen zu universitätsadäquaten Körperschaften (Gleichwertigkeit bei Eigenständigkeit) mit eigenen Gestaltungsspielräumen erfolgreich beschritten.

Bei all diesen Veränderungen hat sich das Grundprinzip der künstlerischen Lehre als persönliche Beziehung zwischen "Meistern" und "Schülern", also vor allem zwischen Professoren und Studierenden, erhalten. Es hat aber unterschiedliche Ausprägungen erfahren. Etliche Kunsthochschulen betonen es besonders durch das traditionsreiche System der Künstlerklassen: Die Studierenden belegen nicht ein Fach, sondern sind einem Professor zugeordnet; die künstlerischen Interessen der Studierenden und deren fachliche Ausrichtung folgen notwendigerweise denen des jeweiligen Professors. Beispielsweise studiert man nicht in erster Linie das "Fach" Malerei, sondern befindet sich in einer Künstlerklasse "für" Malerei. Dies schließt die Befassung mit Bildhauerei, Freier Grafik oder Medienkunst keineswegs aus, vor allem dann nicht, wenn der Professor selber insoweit künstlerische Ambitionen hat.

Andere Hochschulen setzen auf Projekte und Projektbereiche und sind damit stärker disziplinorientiert, ohne den persönlichen Bezug von Lehre und Studium aufzugeben. Diese Tendenz verstärkt sich noch, wenn sich Studienpläne mehr auf Kurssysteme ausrichten, in denen vorgegebene Fächer und Lehrinhalte vermittelt werden sollen und für die Studierenden verbindlich (Pflichtveranstaltungen) oder mit Wahlmöglichkeiten (Wahlpflichtveranstaltungen) zu absolvieren sind. Allerdings bestünde ein Missverständnis, wenn man annähme, dass es Hochschulen gäbe, die überhaupt keine Vorgaben machten. Es geht hier nur um die Tendenz, den Umfang und den Grad dieser Vorgaben. Dies wird noch deutlicher, wenn man die Studienverläufe stärker in den Blick nimmt.

Das Studium der Freien Bildenden Kunst beginnt häufig mit einer Orientierungsphase, die auch mit einem System von Probesemestern verbunden sein kann. Dies hängt von den landesrechtlichen Ermächtigungen und den örtlichen Regelungen ab. Insoweit kann das Aufnahmeverfahren eine Fortsetzung erfahren Die Studierenden werden nach der Feststellungsprüfung nur "auf Probe" befristet (etwa für zwei Semester) eingeschrieben. Am Ende dieser Studienzeit, die entweder das gesamte Grundstudium darstellt oder nur einen Teil des Grundstudiums umfasst, steht eine Prüfung, in der endgültig festgestellt wird, ob die Studierenden die künstlerische Eignung hinreichend besitzen und zu erwarten ist, dass sie ihr Studium der Freien Kunst erfolgreich absolvieren werden. Danach werden sie endgültig eingeschrieben und können ihr Studium bis zum Abschluss fortsetzen.

Die Lehre in den Studiengängen der Freien Bildenden Kunst kann man insgesamt grob in die drei zitierten Kategorien einteilen:

- die Förderung der künstlerischen Begabung,
- die Vermittlung künstlerisch-technischer Fertigkeiten,
- die Vermittlung kunstwissenschaftlicher Kenntnisse.

Eine eindeutige und trennscharfe Zuordnung dieser Kategorien auf die Lehrenden und die Lehrveranstaltungen bzw. Lehrveranstaltungsformen ist sicherlich nicht möglich und wäre auch verfehlt. Die individuelle Förderung der künstlerischen Begabung ist vorrangige Aufgabe der Künstlerprofessoren, denen insbesondere bei der Vermittlung künstlerisch-technischer Fertigkeiten weitere Lehrende (vor allem Lehrkräfte für besondere Aufgaben oder künstlerische Mitarbeiter) zur Seite stehen.

Auch dieses Zusammenspiel ist an den Hochschulen unterschiedlich organisiert. Die künstlerisch-technische Lehre bezieht sich wesentlich auf die Umsetzungsmöglichkeiten künstlerischer Ideen und Intentionen, was im Atelierbetrieb, darüber hinaus auch in künstlerischen Werkstätten geschieht. Werkstätten gibt es etwa für die Bereiche Maltechnik, Holz-, Metall- und Steinbildhauerei, Modellieren in Gips, Ton und Kunststoffen, Erzguss, Druckgrafik, Bühnenbild, Fotografie, Film, Video, elektronische Medien und Restaurierung. Zusätzlich hierzu sind besondere künstlerische Angebote und Übungen – wie z. B. (Akt-)Zeichnen – zu nennen.

Skulptur von E. Gottschalk, Kunstmuseum Düsseldorf
Sculpture by E. Gottschalk, Kunstmuseum Düsseldorf

from the world of art as professors. These then influence and inspire their pupils and students more through their own vital example than through lecturing prescribed teaching material.

In the 20th century, the colleges of fine art again experienced changes that are far-reaching and far from over. These changes arose above all from four sources. Firstly, the range of subjects, teaching content and art conceptions expanded. Academies which had dedicated themselves to the training of painters, sculptors and architects, including drawing and graphic art, became colleges of fine and applied arts, each offering a wide range of subjects and each with differing profiles. Secondly, the old conflict stemming from the 19th century (art-technical drills versus the free development of artistic personalities) evolved into discussions of whether art could be taught at all and of what was to be understood by art and the conception of art. To this came questions regarding the social and professional relevance of art and art education and the interrelationships between art and science. Thirdly, the increasing internationality of art not only influenced the discussion on the content of art, but also that on the human make up (lecturers and students) of German colleges of art. In some colleges, the proportion of foreigners, both lecturers and students, amounts to a third and more. Fourthly, the art colleges successfully pursued a path which took them from being dependent schools to being university-like institutions (equality with independence) with their own creative freedom.

Despite all these changes, the underlying principle of art teaching as a personal relationship between masters and pupils, i.e. mainly between professors and students, has been maintained. However, it is expressed and experienced in various ways. Numerous art colleges place a particular emphasis on this by means of the traditional system of artist classes: in these, students do not take or read a subject; rather, they are assigned to a professor; the student's artistic interests and specialist orientation necessarily follow those of the respective professor. For example, it will not primarily be 'painting' that is studied; rather, the student will be in an artist class 'for' painting. And this certainly does not preclude the study of sculpture, graphic art or media art, especially not when the professor personally has artistic ambitions in this respect.

Other colleges concentrate on projects and fields, which mean that they focus more on the subject or discipline in question, without abandoning the personal aspect of teaching and studies. This trend becomes even stronger when curricula are based more on course or modular systems in which certain predefined subjects and study contents are to be delivered and in which students are expected to take required or elective courses. However, it would be mistaken to assume that there are any colleges which have set no standards or targets at all. All we are talking about here is the trend, the extent and degree of these pre-set targets. This becomes all the more clearer when one takes a look at the way studies proceed.

Study of fine and visual art often commences with an orientation or foundation phase which may involve a system of trial semesters. This depends on the regional legislation and local provisions. This means that the selection process may be a continuing one. Following the placement or assessment test, students enrol for a limited trial period (lasting around two semesters). At the end of this period, which either constitutes the whole basic study period or only part of that period, the student will take an examination which finally determines whether he

Für die kunstwissenschaftliche Lehre verfügen die Kunsthochschulen – bei unterschiedlichen Bedingungen bis hin zu gesonderten wissenschaftlichen Fachbereichen – über eigene wissenschaftliche Professoren und Lehrkräfte und/oder stehen in Kooperation mit anderen Hochschulen. Hier sind auch die an Universitäten typischen Lehrveranstaltungsformen (Vorlesungen, Übungen und Seminare) anzutreffen, während sich die künstlerische und künstlerisch-technische Lehre weitgehend in anderen Formen (Einzelgespräche und Korrekturen, Projektarbeit, Kolloquien) vollzieht.

Ursprünglich gab es in den Studiengängen der Freien Bildenden Kunst weder eine förmliche Abschlussprüfung noch einen offiziellen Hochschulgrad. Man verließ die Hochschule einfach, wenn der künstlerische Entwicklungsprozess einen gewissen Stand erreicht hatte. Dabei bürgerte sich die ständige Übung ein, das Studium nach einer gewissen Mindestsemesterzahl (meist acht oder zehn Semester) als abgeschlossen zu bezeichnen und dies den – die Hochschule verlassenden – Studierenden offiziell zu bescheinigen. Heute noch werden solche Bescheinigungen für frühere Absolventen ausgestellt. Seitdem das Hochschulrecht – auch für die Kunsthochschulen – durchnormiert ist, ist diese Praxis aber als Auslaufmodell zu kennzeichnen.

Für die Verleihung des Titels "Meisterschüler" haben die deutschen Kunsthochschulen im Wesentlichen zwei Modelle entwickelt, die nebeneinander existieren:

- den Meisterschüler als weiteren akademischen Grad im Anschluss an ein Aufbau- oder Zusatzstudium nach einem ersten berufsqualifizierenden Abschluss
- und den Meisterschüler als Titel im Sinne einer künstlerischen Auszeichnung, die während des grundständigen Studiums erworben und verliehen werden kann.

Die Unterschiede dieser Modelle, die selber verschiedene Ausprägungen an den einzelnen Hochschulen erfahren können, sind beträchtlich. Beim Meisterschüler als einem akademischen Grad erfolgt die Zulassung zum Meisterschülerstudium oder zu den "Meisterklassen" entweder beim ersten berufsqualifizierenden Abschluss oder getrennt davon in einer gesonderten Zulassungsprüfung. Das anschließende Meisterschülerstudium ist zeitlich begrenzt und schließt mit einer Prüfung ab. Wer die Prüfung besteht, hat Anspruch auf die Verleihung des Grades Meisterschüler.

Beim Meisterschüler als ehrenden Titel ist die Entscheidung des jeweiligen künstlerischen Professors in seiner Eigenschaft als Leiter einer Künstlerklasse maßgeblich. Dem geht keine Prüfung voraus, sondern nur die wertende Entscheidung des Professors als persönliche Auszeichnung, die auch mit dem Namen des Professors verbunden ist. Meisterschüler in diesem Sinne kann man unabhängig vom künstlerischen Abschluss werden. Ein Anspruch auf diese Ehrung besteht nicht. Damit hat keine der beiden Gestaltungen einen ersten berufsqualifizierenden Abschluss geschaffen; sie setzen diesen entweder voraus oder lassen ihn unberührt.

Die Hochschulen wurden deshalb nicht der Beantwortung der Frage enthoben, welche ersten Abschlussprüfungen und Hochschulgrade eingeführt werden sollten. Dabei hat sich an etlichen Hochschulen trotz erheblicher Bedenken das Diplom als Abschluss und Hochschulgrad in den Studiengängen der Freien Bildenden Kunst durchgesetzt. Einige Hochschulen verweisen insoweit darauf, dass es sich um "mögliche" oder "freiwillige" Abschlüsse handele, zu denen niemand verpflichtet sei. Diese Hinweise sind richtig, aber missverständlich, da an deutschen Hochschulen allgemein niemand verpflichtet werden kann, einen Abschluss abzulegen, er aber auch nicht mehr damit rechnen darf, nach seinem Studium so behandelt zu werden, als hätte er diesen Abschluss erworben. Er muss also mit dem Risiko leben, als "Studienabbrecher" eingestuft und behandelt zu werden.

Bei den Abschlussprüfungen in den Studiengängen der Freien Bildenden Kunst stehen als Prüfungsleistungen naturgemäß bewertete Präsentationen künstlerischer Arbeiten der Studierenden (Ausstellungen, aber auch Vorführungen von Filmen, Videos etc., Performances) im Vordergrund, wobei es sich sowohl um eigens angefertigte Abschlussarbeiten als auch um die Vorlage von Studienarbeiten handeln kann. Nach örtlicher Regelung in den Prüfungsordnungen können auch schriftliche Arbeiten (Hausarbeiten, Klausuren) und mündliche Prüfungen oder Kolloquien besondere Prüfungsleistungen darstellen. Auch die Frage der Benotung wird von den Hochschulen unterschiedlich gehandhabt. Es gibt Notenkataloge und Stufungen, aber auch den Verzicht darauf mit den nicht weiter differenzierten Bewertungen "bestanden" oder "nicht bestanden".

Die Zusammenfassung kann kurz ausfallen: Die Studienangebote der Freien Bildenden Kunst zielen darauf ab, die schöpferischen Initiativen der Studierenden zu fördern und deren Begabung zur künstlerischen Tätigkeit zu entwickeln und auszugestalten. Dazu lehren an deutschen Kunsthochschulen eine große Anzahl bedeutender Künstlerprofessoren aus dem In- und Ausland, die sich vornehmlich als Künstler, weniger als Pädagogen verstehen. Die künstlerische Lehre ist geprägt durch die Anregung und Betreuung seitens dieser Professoren und durch den künstlerischen Dialog zwischen diesen und den Studierenden. Ansonsten spiegeln die Hochschulen in ihren Ausgestaltungen der Studiengänge die Vielfalt wider, die auch sonst in der zeitgenössischen Kunst herrscht. Kunsthochschulen leiden nicht unter dem Phänomen der Massenuniversität, allenfalls unter dem Missverständnis, dass jeder ein Künstler sei.

or she is adequately artistically talented and can be expected to successfully complete a degree course in fine art. If this is the case, the student will be fully enrolled and can continue to study all the way through to completion.

Teaching in fine and visual art can be roughly divided into the three above-quoted categories:

- *promotion and advancement of artistic talent*
- *training in art-technical skills*
- *teaching of aesthetic knowledge.*

To be sure, it is neither possible to absolutely categorise these three fields in terms of lecturers, courses or forms of instruction, nor would it be right to do so. The individual promotion and advancement of artistic talent is the prime responsibility of the artist professors assisted in particularly by other lecturers (especially contract lecturers for special fields and artistic staff) in providing training in art-technical skills.

The way this teamwork is organised also differs from one college to the next. The art-technical teaching essentially relates to how artistic ideas and intentions can be realised and implemented, to how studies operate and to what happens in the art workshops. For example, there are workshops in painting techniques, wood, metal and stone sculpture, plaster, clay and plastics casting and modelling, brass and metal casting, printing graphics, stage and set design, photography, film, video, electronic media and restoration. In addition to these fields, special art courses and practica are offered, such as nude drawing.

As far as the teaching of aesthetic aspects is concerned, the art colleges—in various formats ranging right through to special academic departments and units—have their own academic professors and teaching staff and/or cooperate with other universities and colleges. This is where the typical university-like forms of teaching are found (lecturers, exercises and seminar courses), while the artistic and art-technical teaching is largely offered in quite different forms (one-to-one tutorial and correction sessions, project work, colloquia). Originally, courses in fine and visual art did not include a formal final examination nor did they count as 'official' degrees. Students would simply leave the college once the artistic development process had reached a certain level. Within this process, it became established practice that studies would be regarded as having been completed once a certain minimum number of semesters (in most cases eight or ten) had been taken. Students who graduated from the college after this time would have this officially certified. Today, such certificates are still awarded to graduates who studied in earlier times. However, now that the higher education act has been fully standardised, and this includes art colleges as well, this practice can be considered to be dying out.

Essentially, the German art colleges developed two models for awarding the title of 'Master Pupil' (Meisterschüler). These now exist side by side:

- *Firstly, there is the Master Pupil as an additional academic degree awarded for completion of a postgraduate or extension degree course taken after gaining a first professional degree;*
- *Secondly, there is the Master Pupil conferred as a title in the sense of an artistic award which can be gained even while taking the first degree course.*

The differences in these two models, which themselves can be variously structured at the individual colleges, are substantial. For a Meisterschüler qualification in the sense of an academic degree, admission to Meisterschüler studies or Master Classes (Meisterklassen) either follows the first professional degree or, independently of this first degree, requires that the student takes a special additional examination. The Meisterschüler studies which follow are time limited and are concluded with a formal examination. Those who pass the examination are entitled to receive the degree of Meisterschüler.

In the case of the Meisterschüler as an honorary title, it is the judgement of the respective artist professor in his or her capacity as the director of an artist class that is decisive. No examination is required, rather only the professor's judgement; this is a personal award which is also linked to the name of the professor. One can gain a Meisterschüler qualification in this sense independently of an art degree. There is no entitlement to this award. This means that neither of the two types of Meisterschüler represents a first professional degree; in the one case, a first degree is a prerequisite for admission, in the second, it is irrelevant.

This is why the colleges could not be released from their obligation to answer the question as to which first degree examinations and academic degrees were to be introduced. Despite substantial reservations, the Diplom has been able to assert itself as the degree awarded by many colleges for completion of studies in fine and visual art. Some colleges refer in this respect to the fact that these are 'possible' or 'voluntary' degrees which nobody is obliged to take. This is an important observation, but could be misunderstood, since it is generally true that nobody can be obliged to take a final examination at any German higher education institution. However, those who choose not to, cannot, after they have left the institution, expect to be treated as if they had taken this examination and gained a degree. They must live with the risk of being regarded and treated as someone who has failed to complete his or her studies—a drop out.

The requirements which students reading fine or visual art have to fulfil in their final examinations naturally concentrate primarily on graded presentations of student art work (exhibitions, as well as film, video and other showings, performances), whereby this may involve either specially produced final (examination) of works or the presentation of work competed in the course of the studies. The local provisions contained in the examination regulations may also involve special examination requirements, such as written papers (either completed during the studies or under examination conditions) and oral examinations or colloquia. The question of how papers are graded is also variously governed by the colleges. There certainly are grade catalogues and levels, but some colleges also choose to dispense with a grade, choosing to state that the student either 'passed' (bestanden) or 'failed' (nicht bestanden).

To summarise in brief: the study opportunities offered in fine and visual art aim to advance and promote the creative initiative of students and to develop and structure their talent for artistic activity. This is why a large number of outstanding artist professors from home and abroad teach at Germany's art colleges; these teachers are largely seen as artists and less as teachers. Art teaching is shaped by the inspiration, guidance and counselling given by these professors and by the artistic dialogue between them and their students.

In all other respects, the colleges and their degree courses mirror the diversity which otherwise also prevails in modern art. Art colleges do not suffer under the phenomenon of a mass university, but perhaps do from the misconception that everyone can be an artist.

Studenten bei der Arbeit: große Formate, kleine Formate (HdK Berlin, HfBK Frankfurt am Main, KA Düsseldorf)
Students at work on large-scale and small-scale works

◄▲ Orientierungskurs Aktzeichnen
(KA Düsseldorf)
Foundation course in nude drawing

◄► Konzentriertes Arbeiten am Detail
(KA Düsseldorf, HfbK Frankfurt am Main)
Concentrated work on details

▼ Arbeiten mit dem Material
(HfbK Frankfurt am Main)
Working with the material

◄ Bildhauer-Atelier (ABK Nürnberg)
Sculpture studio

Mit schwerem Gerät (HKD Halle)
Using heavy equipment

Bildhauer-Werkstatt (HKD Halle)
Sculpture workshop

► Metallwerkstatt (HKD Halle)
Metal workshop

►► Orientierungskurs: Holzbearbeitung (KA Düsseldorf)
Foundation course in woodworking

► Holzbildhauerei (KA Düsseldorf)
Wood sculpting

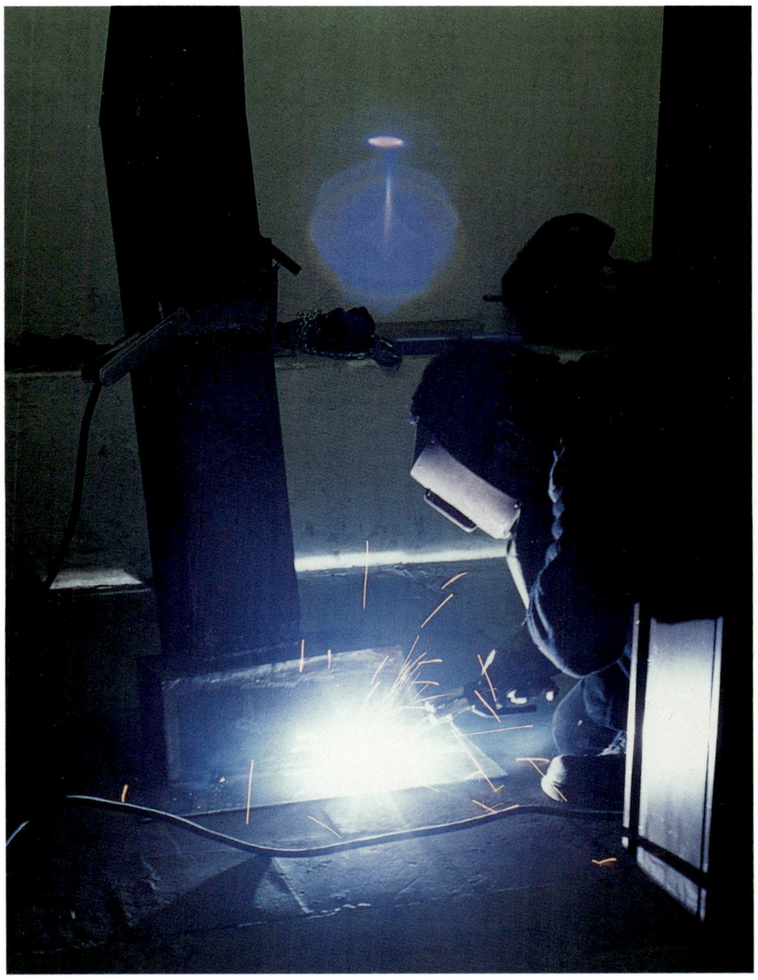

Vittel

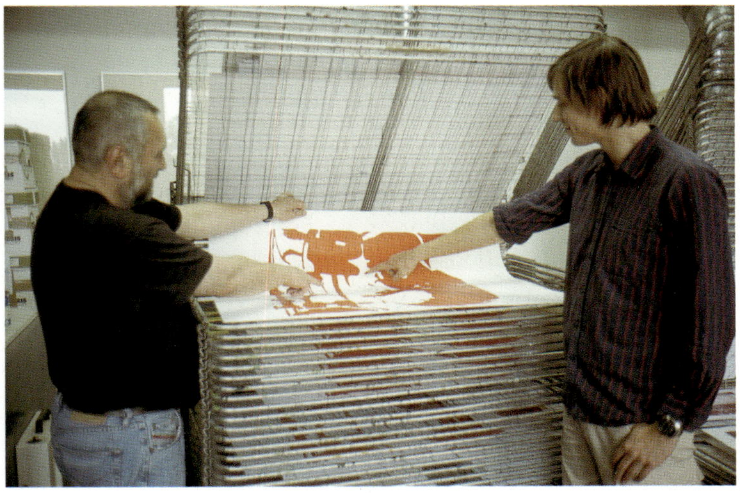

◂ Modeschau (HfK Bremen)
Fashion show

▴ Beim Drucken: kritische Prüfung (HfBK Dresden, HfG Offenbach)
Etching and screen printing: A critical eye

◂◂ Modedesign (KH Berlin-Weißensee)
Fashion design

Praktische Arbeit am Modell (HfK Bremen)
Practical work on a model

An der Töpferscheibe (HKD Halle)
At the potter's wheel

CARRES EN JAUN

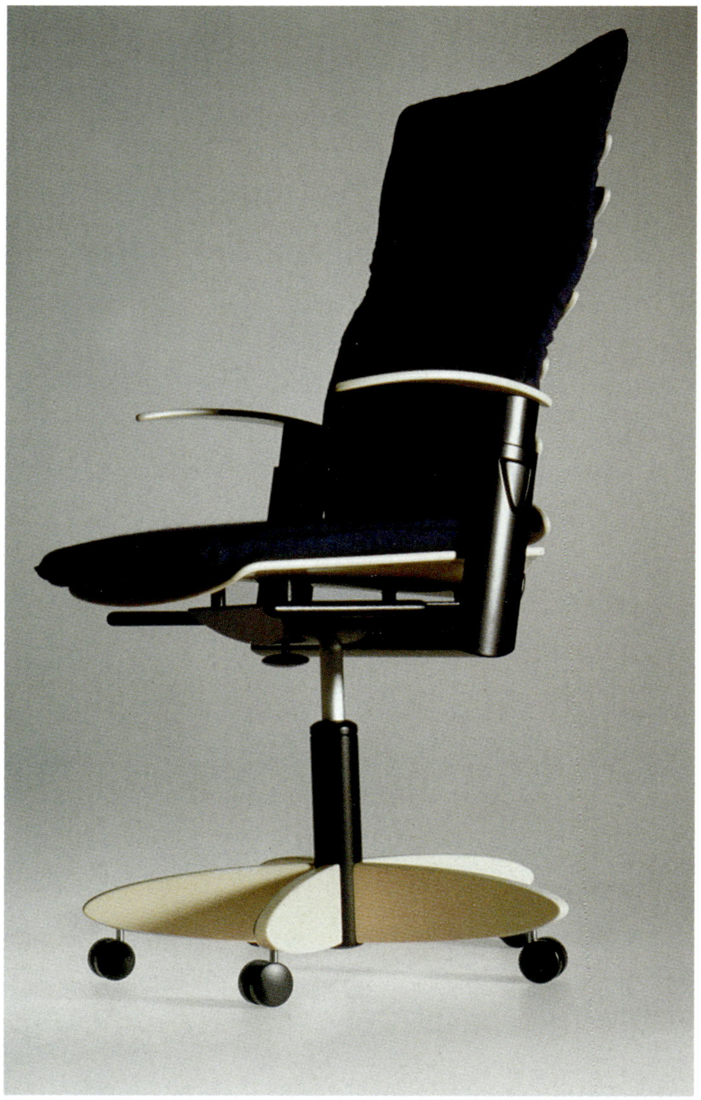

▲ Videoschnitt (HfG Offenbach)
Video cutting

► Fotografie-Kurs (HfG Offenbach)
Photography course

◄ "transportation design" (HBK Braunschweig) ,
"transportation design"

Studentische Arbeit: Solarbetriebene Litfaßsäule (HBK Saar)
Student work—a solar-powered advertising column

Studentische Arbeit: Bürostuhl (HBK Saar)
Student work—an office chair

► Gestalten mit modernen Mitteln: Design am PC (ABK Stuttgart)
Computer-aided design means designing with modern technology

▼ Schmuckwerkstatt (HKD Halle)
Jewellery workshop

Helmut Staubach

"Vom Löffel bis zur Stadt"

Design an Kunsthochschulen

Neben Fachhochschulen und Universitäten bieten in Deutschland 14 Kunsthochschulen Ausbildungsmöglichkeiten im Fach Design (Grafik- und/oder Produktdesign) an. Sosehr sich diese Einrichtungen einem unmittelbaren Vergleich entziehen, so problematisch ist es, über das Profil ihrer Designstudiengänge klassifizierende Aussagen zu treffen.

Die Designausbildung in Deutschland bietet ein heterogenes Bild. Sie wird weder von verbindlichen Theorien getragen, noch grenzt sie sich per definitionem von anderen Gestaltungsbereichen ab. Jede Schule und jeder Schultypus setzt eigene Akzente. Die Ausbildung von Gestaltern an Kunsthochschulen unterscheidet sich von der Situation an anderen Einrichtungen bereits durch eine historische und diskursive Vernetzung von Kunst und Gestaltung. Spätestens seit sich Ende des 19. Jahrhunderts die "angewandte Kunst" von den "freien Künsten" zu emanzipieren begann, hat sich das Verhältnis von Kunst und Gestaltung als ein ebenso dynamisches wie ambivalentes in die Kulturgeschichte eingeschrieben.

Noch immer greift die Frage, ob Design eine künstlerische Disziplin sei oder sich konträr zu ihr definiere, polarisierend in Debatten ein und prägt Lehrmeinungen. Sie mündet jedoch nicht in normativen Festlegungen von Lehrinhalten und Methoden. Kunsthochschulen verstehen sich heute als pluralistische Institutionen ohne spezifisch programmatische Vorgaben. Dennoch sind die visionären Ideen der beiden bedeutendsten Designschulen Deutschlands, des Bauhauses und der "hochschule für gestaltung" in Ulm, im kollektiven Bewusstsein der designausbildenden Institutionen präsent und inspirieren Designer nach wie vor zu kritischen Reflexionen von Entwurfsansätzen.

Mit dem Bauhaus erlangte "Gestaltung" als junge ästhetische Gattung erstmals in Deutschland auch institutionell Autonomie. In den Kontext von Industrieproduktion, technologischem Fortschritt und sozialen Utopien gestellt, avancierte "Gestaltung" in den Manifesten der Bauhäusler zu einer realitätsprägenden Kraft. Ludwig Mies van der Rohe, der letzte Direktor der Schule, war überzeugt davon, dass der weltweite Einfluss des Bauhauses auf die Tatsache zurückzuführen sei, "dass es eine Idee war". In der Tat wurde das Programmatische der Schule niemals restlos durch ihre Praxis aufgesogen, sodass ihr ideeller Überschuss im Nachkriegsdeutschland von den beiden neu gegründeten Gestaltungshochschulen gleichermaßen zu beerben war: 1946 von der Ostberliner "Hochschule für angewandte Kunst" und 1955 von der "hochschule für gestaltung" in Ulm.

Unbestritten ist der Einfluss, den die hfg Ulm auf die Designausbildung in der Bundesrepublik nahm. Allein die hohe Anzahl lehrender hfg-ler im westdeutschen Ausbildungsbetrieb sorgte dafür. Ähnlich dem Bauhaus verdankte auch die hfg ihre Ausstrahlung der Tatsache, dass sie vor allem ein Laboratorium für Ideen war. Aber während das Bauhaus noch die Einheit aller künstlerisch-gestalterischen Disziplinen unter dem Primat der Architektur anstrebte, nahm die hfg immer entschiedener Kurs auf wissenschaftlich fundierte Grundlagen des Entwerfens. In Ulm dominierte ein analytischer Rationalismus, der allen symbolischen und metaphysischen Bedeutungsebenen von Gestaltungsprozessen den Boden entzog. Fächer wie Soziologie, Mathematik, Informatik, Wahrnehmungspsychologie, Kommunikationstheorie u.a.m. gehörten zu den Theorieangeboten. Ihr hoher Stellenwert im Studium war signifikant für die Ulmer Ambitionen, objektive Kriterien für Produktformen zu finden.

Dieser Ansatz konterkarierte zwangsläufig auch den Anspruch auf Autorenschaft am Design. Ohnehin lag der Akzent hier weniger auf einem material- und gegenstandsfixierten Entwurfsprozess als auf der Entwicklung von Produktkonzepten mit einem hohen Vernetzungsgrad verschiedener Disziplinen. In Ulm wurde der gesellschaftliche Funktionsradius des Designers neu bemessen und die traditionelle Beschränkung auf Gegenstände des Wohnbereichs aufgegeben. "Vom Löffel bis zur Stadt" (Max Bill), von Radios bis zu landwirtschaftlichen Maschinen, von technischen Geräten bis zu Industriebauten, von Verkehrsmitteln bis zu visuellen Zeichensystemen unterlagen potenziell alle Produkte der rationalen Kontrolle des Designers.

Kritiker haben der hfg die Tendenz zur Verwissenschaftlichung und Optimierung von Gestaltungsprozessen als seelenlose Instrumentalisierung der Objektwelt vorgeworfen. Nicht zu Unrecht. Aber ihrer nachhaltigen Wirkung auf die Designausbildung in der Bundesrepublik tat dies keinen Abbruch. Die hfg-typische Methode, das Denken über Gegenstände dem Entwerfen von Gegenständen voranzustellen, hat im wahrsten Sinne des Wortes "Schule gemacht". In Ulm wurden Analysen erarbeitet und Konzepte entwickelt, um Aussagen über die Gestalt von Gegenständen treffen zu können. In dieser

Helmut Staubach

"From the spoon to the city"

The Study of Design at Colleges and Academies of Art

Besides the new universities of applied sciences (the Fachhochschule, *as they are called in Germany) and the traditional universities, there are 14 colleges of art offering courses in design (graphic and/or product design) in Germany. As much as it is difficult to make a direct comparison of these institutions, some classifications can be made as to the profile of their design degree courses.*

Study in the field of design in Germany is a heterogeneous affair. It is neither based on mandatory theories nor does it distinguish itself per definitionem *from other fields of design and creativity. Each school and each type of school sets its own special accents. The training given to aspiring designers at art colleges already differs from the situation found at other institutions as a result of the historical and discursive networking of art and design. Since the end of the 19th century at the very latest when "applied art" began to emancipate itself from "pure art", the relationship between art and design has been recorded in the history of culture as both a dynamic and an ambivalent relationship.*

The question as to whether design is an art subject or whether it defines itself from a position contrary to art still has a polarising effect in discussions and debates and continues to shape the various schools of thought today. However, it does not lead to normative determinations of course contents and methods. Nowadays, art colleges see themselves as pluralistic institutions without any specific programmatic targets or standards. Nevertheless, the visionary ideas of the two foremost design schools in Germany, the Bauhaus and the "hochschule für gestaltung" in Ulm, are indeed present in the collective awareness of institutions providing education and training in the field of design, and continue to inspire designers to reflect critically on conceptual design approaches.

It was with the Bauhaus that the young aesthetic genre called "design" first gained institutional autonomy. Placed in the context of industrial production, technological progress and social utopias, "design" advanced to the status of a reality-shaping force in the manifests produced by representatives of the Bauhaus. Ludwig Mies van der Rohe, the last director of the school, was convinced that the world-wide influence of the Bauhaus could be put down to the fact "that it was an idea". Indeed, the programmatic side of the school was never completely absorbed by practice, so that its ideational residue could be inherited by the two newly-established design schools in post-war Germany, namely by East Berlin's "Hochschule für angewandte Kunst" in 1946 and by the "hochschule für gestaltung" in Ulm in 1955.

Nobody would dispute the influence that the hfg Ulm exerted on the training and education of designers in the Federal Republic of Germany. The large number of hfg graduates who went into teaching in West Germany alone made sure of this. In much the same way as the Bauhaus, the hfg also owed its aura and influence to the fact that it above all served as a laboratory for new ideas. Yet, whereas the Bauhaus still strove for the unity and indivisibility of all artistic-design disciplines under the primacy of architecture, the hfg ever more decisively chose to set its course towards the scientifically founded fundamentals of concept and design. A spirit of analytical rationalism dominated in Ulm, which removed the foundation from all the symbolic and metaphysical levels of design process meaning. Subjects such as sociology, mathematics, computer science, perception psychology, communication theory, and many other fields were to be found as theoretical subjects. The high standing they enjoyed in the degree courses was significant for Ulm's ambitions, which aimed at finding objective criteria for shaping and forming products.

This approach inevitably also contradicted the claim to authorship in design. In any case, the accent was less on a material or object-focused design process than on the development of product concepts in which various disciplines were closely interlinked and networked. In Ulm, the designer's social functional radius was re-measured and the traditional restriction to objects from the domestic living area was abandoned. As Max Bill put it, design responsibilities ranged "from the spoon to the city", from radios to agricultural machinery, from technical equipment to industrial buildings, from means of transport to visual symbol systems—all products were potentially subjected to the rational control of the designer.

Critics accused the hfg of tending towards the "Verwissenschaftlichung" (scientification) and optimisation of design processes, thereby giving the object world a soulless kind of instrumentalisation. Not without some justification. However, its lasting effect on education and training in the field of design in West Germany remained unscathed and therefore unaffected. The typical hfg method, namely thinking about objects before drafting them, literally "became the prevailing school of thought". Within this dialectic of discourse skills and design competence lies the intellectual and cultural capital which the hfg handed its students for their path through life and which went on to breed and disseminate through the academic biographies of graduates who became active in education and training.

The training of designers in East German art colleges proceeded under completely different premises. It never led to that differen-

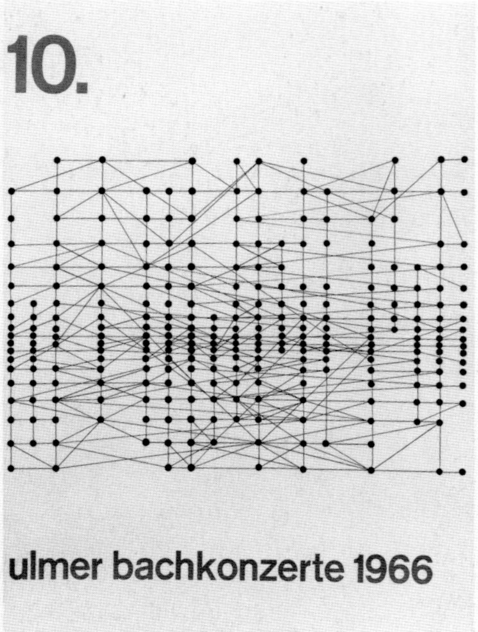

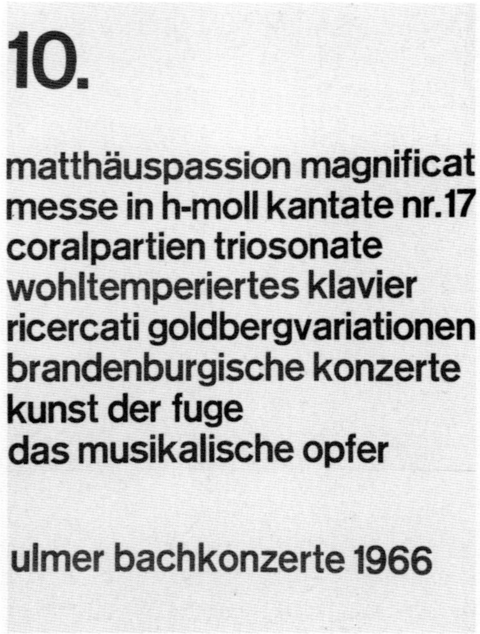

Dialektik von Diskursfähigkeit und Designkompetenz liegt das geistige und kulturelle Kapital, das die hfg ihren Studenten mitgab und sich via akademischer Biographien im Ausbildungsbetrieb vermehrte.

Die Designausbildung an ostdeutschen Kunsthochschulen verlief unter gänzlich anderen Prämissen. Sie hat nie zu jener Differenzierung der Methoden und Ansätze geführt, die für das Gesamtbild der westdeutschen Studiengänge charakteristisch ist. Dafür ist der kulturelle Führungsanspruch der SED-Elite verantwortlich zu machen, aus dem diese ihre Kontrolle und Definition von Lehrinhalten ableitete. Der holländische Architekt Mart Stam, 1950 zum Direktor der Kunsthochschule Berlin berufen, hatte noch versucht, Industrieproduktion, kulturelle Massenbedürfnisse und funktionalistische Ästhetik als Parameter eines zeitgemäßen Gestaltungsprogramms im Ausbildungskonzept zu verankern. Die kulturpolitische Kehrtwende zum "klassischen Erbe" beendete jedoch alle Illusionen über eine sozialistische Rezeption der Moderne und führte 1952 zur Entlassung Stams. Mit der Reaktivierung eines akademischen Traditionalismus verschwand die "Gestaltung" aus der offiziellen Terminologie und wurde durch "angewandte Kunst" ersetzt.

In den 60er Jahren mehrten sich die Anzeichen einer kritischen Reflexion der Kunstimmanenz von Entwurfsprozessen. Mit Rekurs auf das Bauhaus haben Gestalter in der DDR ihre Autonomie zu behaupten versucht. Analog zu seinem Grundkurs entwickelten Hochschullehrer ein Repertoire abstrakter Formenwerte als Grundlagenstudium. Die Arbeit an und mit Formgesetzen sicherte den Gestaltern zwar einen ideologiefreien, weil scheinbar zeitneutralen Zuständigkeitsbereich, aber langfristig musste sie in die Sackgasse ihrer Kanonisierung führen. Aus der politischen Unterbindung gesellschaftlicher Diskurse und der Verhinderung kosmopolitischer Orientierung rührte das Dilemma einer verordneten Selbstbezogenheit. Dass an den ostdeutschen Kunsthochschulen das material- und gegenstandsorientierte Gestalten vor diskursiven und kontextbezogenen Entwurfsprozessen rangierte, lag in der Konsequenz dieser Strukturen. Heute verwischen sich die deutsch-deutschen Gegensätze an den Kunsthochschulen. Auf die Vermittlung handwerklicher Grundlagen legt man zwar an den ehemaligen DDR-Instituten noch mehr Wert als im westlichen Teil des Landes, aber es gibt keinen Konsens mehr über ihren Stellenwert im Fächerkanon.

Wer Design an einer Kunsthochschule studieren möchte, wird sich über das Profil der Hochschulen und die Positionen der dort Lehrenden erkundigen müssen. An allen Instituten werden plurale, ja konträre Auffassungen zu Designproblemen vertreten. Es gibt viele Gründe, einen Designstudiengang an einer Kunsthochschule zu belegen. Im Unterschied zu Fachhochschulen ist das Studium in der Regel zwei Semester länger und das quantitative Verhältnis zwischen Studierenden und Lehrenden ausgeglichener. Das hat Vorteile für die fachliche Betreuung, die aufgrund kleinerer Studiengruppen beziehungsweise kleinerer Klassen intensiver sein kann. Kunsthochschulen bieten viel Spielraum für eine kreative Selbstgestaltung des Studiums, denn dessen Ablauf ist hier weniger fest strukturiert als an anderen Einrichtungen. Projektarbeit hat – wie auch an allen anderen Designausbildungsstätten – einen hohen Stellenwert im Spektrum der Vermittlungsformen. Aus dem Angebot der Themen stellen sich die Studierenden im Hauptstudium ihr eigenes Theorieprogramm zusammen. Das erfordert Selbstdisziplin und fördert Selbstverantwortung.

Zweifellos liegt aber der Reiz eines Designstudiums an einer Kunsthochschule in der Nähe zu den künstlerischen Disziplinen. An ihren akademischen Zöpfen ist schon kräftig geschnippelt worden. Im differenzierten Spektrum künstlerischer Intentionen sind genialische Attitüden nur noch eine Facette. Viele jüngere Künstlerinnen und Künstler suchen weniger nach Repräsentationsformen ihrer Subjektivität, als sie sich für kulturelle Strategien von Wahrnehmungsmustern und Visualisierungsmodellen interessieren. Für diesen Kreis haben die Konventionen traditioneller und materialspezifischer Formen der Bildproduktion kaum noch Bedeutung. Stattdessen interessieren medientheoretische Ansätze. Von der rasanten Auflösung der Gattungsgrenzen sind nicht nur die Künste, sondern auch das Verhältnis von Kunst und Design betroffen.

tiation of the methods and approaches which was so typical of the overall profile of the West German degree courses. The claim to cultural leadership as voiced by the SED elite is to be made responsible for this development from which this elite then derived its control and definition of teaching contents. The Dutch architect Mart Stam, who was appointed as the director of the Kunsthochschule Berlin in 1950, had indeed attempted to embed industrial production, cultural mass needs and functionalist aesthetics as the parameters of a modern design programme into the educational concept. However, the cultural policy about-turn back to the "classical heritage" put an end to all illusions about the socialist adoption of the modern age and led to Stam's dismissal in 1952. The reactivation of an academic traditionalism resulted in the word "Gestaltung" for design disappearing from the realm of official terminology to be replaced by "angewandte Kunst" or applied art.

In the 1960s, ever more indications could be seen for a critical adoption of design processes by the art immanence. Designers in East Germany sought to maintain their autonomy by taking recourse to the Bauhaus. Analogue to its fundamental course, professors developed a basic degree course made up of a repertoire of abstract morphologies. Although the work on and with the laws of form secured the designers areas of competence which were ideology-free because seemingly time-neutral, their canonising approach was however compelled to lead eventually to a dead end. The political prohibition of social discourse and the prevention of cosmopolitan orientation finally led to the dilemma of a prescribed term of self-reference. The fact that material and object-oriented design came before the discursive and context-related design process at East Germany's art colleges mirrored the consequence of these structures. Today, the German-German opposites are fading increasingly at the art colleges. Although the institutions on the territory of the former East Germany still attach more importance to conveying fundamental tradecrafts than is the case in the western part of the country, there is no consensus anymore on the status which this has in the canon of subjects.

Those who wish to study design at an art college will have to inform themselves thoroughly about the profile of the colleges and about the positions represented by the teaching staff. Plural and even contrary opinions on design problems will be represented at all institutions. There are many reasons that speak in favour of studying design at an art college. In contrast to the new universities of applied sciences (Fachhochschule), studies generally last two semesters longer and the teacher-student ratio is more balanced. This has advantages for the academic supervision, which can be more intensive as a result of the smaller student groups or smaller classes. Art colleges provide a lot of room for students to personally and creatively compose their degree course, since courses are generally less strictly structured and defined than in other institutions. Project work—as in all other design colleges as well—continues to rank high among the various forms of instruction. Choosing from the range of topics, students in the main study stage can compile their own theory programme. That calls for self-discipline and promotes a student's sense of personal responsibility.

There can be no doubt that the appeal of studying design at an art college lies in the proximity to art disciplines. Plenty of its academic customs have already been done away with. Within the differentiated spectrum of artistic intentions, brilliant or eccentric attitudes remain nothing more

Auch der Designdiskurs hat Spuren hinterlassen und das Selbstverständnis vieler Gestalter verändert. Der Fokus liegt nicht mehr auf dem gut gestalteten Produkt allein. Design ist ein kultureller Faktor mit Sprachvermögen und wird im Alltag als ästhetisches Zeichen wahrgenommen und benutzt.

Kunst- und Designstudenten verbindet mehr denn je ein gemeinsames Interesse am kulturellen und kommunikativen Kontext ihrer Arbeit. Dass sie sich bei der Realisierung ihrer Ideen zunehmend moderner Technologien und digitaler Medien bedienen, liegt in der Konsequenz dieses Ansatzes. Es ist nicht mehr ersichtlich, ob am Computer eine Malerin oder ein Produktgestalter arbeitet, ob ein Modedesigner oder eine Bildhauerin mit dem Videogerät hantiert. Macht man sich die Tragweite solcher Tatsachen bewusst, eröffnen sich interessante Perspektiven für das Designstudium an Kunsthochschulen.

Der Einsatz elektronischer Medien im Ausbildungsbetrieb treibt die Auflösung der traditionellen Gattungsgrenzen voran. Praktisch wird dieser Vorgang im hohen Stellenwert interdisziplinärer Projekte greifbar. Die Integration unterschiedlicher gestalterischer Kompetenzen ist aber mit der traditionellen Form von fachübergreifender Zusammenarbeit nicht mehr vergleichbar. Moderne visuelle Medien kreieren universelle Sprachen, die neue Formen der ästhetischen Kooperation der Fachbereiche ermöglichen und fordern. Den "freien" Künsten kommt in diesem Prozess keineswegs nur eine inspirierende Rolle zu. Viele konzeptuell arbeitende Künstler experimentieren mit interaktiven Systemen, die Theorie und Handeln, Raum und Zeit oder Realität und Fiktion verknüpfen. Das reflexive Einlassen auf transitorische, nichtdefinierbare Zustände ist von mentaler Bedeutung. Das Mögliche zu denken und nicht nur das Machbare im Blick zu haben – dieser kreative Ansatz entscheidet in wachsendem Maße auch über die Kompetenz von Gestaltern. Designstudenten partizipieren daher nicht nur am schöpferischen Luxus der Künste. Am Paradigma einer diskursiven Bewältigung gestalterischer Themen werden sich alle Disziplinen zu orientieren haben, wenn sie vor den Herausforderungen der Zukunft nicht kapitulieren wollen.

Kunsthochschulen bieten also hervorragende Voraussetzungen zur Einübung interaktiver und kooperativer Arbeitsformen. Die Attraktivität eines Designstudiums an einer Kunsthochschule hängt aber letztlich auch davon ab, ob und auf welche Weise strukturelle Konsequenzen aus diesen Vorteilen für die Studiengänge gezogen wurden. Werden die bewährten Methoden der Vermittlung und Aneignung den wachsenden Ansprüchen nach Flexibilität noch gerecht? Berufsbilder diffundieren, Berufsfelder verändern sich. Entwurfsprozesse sind reflexive Vorgänge, eingebettet in Kommunikationsnetze. Sie erfordern von Gestaltern ebenso integrative Kompetenz wie gestalterisches Vermögen. Kunsthochschulen bieten Studentinnen und Studenten gute Voraussetzungen für die Entwicklung dieser Fähigkeiten.

than a facet. Many younger artists are less in search of forms or representations of their subjectivity; rather, they are more interested in cultural strategies for perception patterns and visualisation models. The conventions of traditional and material-specific forms of visual production have practically lost all significance for this circle of artists. Instead, media-theoretical approaches attract their attention. The rapid dissolution of disciplinary borders has not only affected art, but also the relationship between art and design. The design discourse has also left its traces and has changed the self-perception of many designers. Attention is no longer solely focused on the well-designed product. Design is a cultural factor with linguistic wealth and is perceived and used as an aesthetic sign in everyday life.

More than ever before, art and design students share a joint interest in the cultural and communicative context of their work. That they increasingly make use of modern technologies and digital media in realising their ideas is a consequence of this approach. It is no longer apparent whether it is a painter or product designer who is working on the computer, or whether a fashion designer or a sculptor is operating the video. Once we become aware of the implications of facts such as these, then interesting perspectives open up for the study of design at art colleges.

The use of electronic media in education and training advances the dissolution of traditional disciplinary borders. This process becomes tangible in practice through the high status attached to interdisciplinary projects. However, the integration of various and differing artistic skills and competencies is no longer comparable to the traditional forms of cross-disciplinary cooperation. Modern visual media create universal languages, which facilitate and call for new forms of aesthetic cooperation between disciplines and departments. "Pure" art disciplines certainly not only have an inspirational role to play in this process. Many artists working in a conceptual capacity experiment with interactive systems that link up theory and action, space and time, or reality and fiction. The reflexive involvement with transitory, non-definable states is of mental significance. Thinking of what is possible and not only focusing on what is feasible—this is the creative approach which increasingly represents the decisive factor as far as the competence of designers is concerned. Design students therefore not only participate in the creative luxury of the arts. All disciplines will have to align themselves to the paradigm of discussing and managing design topics if they do not want to capitulate in the face of the challenges of the future.

So, art colleges offer outstanding requirements for exercising and familiarising interactive and cooperative forms of working. At the end of the day, the appeal of studying design at an art college also depends on whether and how the structural conclusions arising out of these advantages are drawn for the degree courses in question. Do the tried and trusted methods of content delivery and acquisition still meet the growing need for flexibility? Occupational profiles disperse, occupational fields change. Design processes are reflexive processes, embedded in communication networks. They expect designers to have integrative competence and a capacity for creative design. Art colleges do offer students good conditions with which to develop these skills.

Bauhaus-Archiv in Berlin
The Bauhaus Archive in Berlin

◂ Walter Gropius vor seinem Wettbewerbsbeitrag für den Chicago Tribune Tower von 1922, 1928
Walter Gropius in front of his competition entry for the Chicago Tribune Tower of 1922, 1928

▸ Das Bauhaus in Dessau
The Bauhaus in Dessau

▾ Dessau: Terrasse vor der Kantine, 1927
Dessau: The terrace outside the canteen, 1927

BAUHAUS

bauhaus
2. jahrgang
1928
4
junge menschen
kommt ans bauhaus!

komm ans
bauhaus dessau
bauhaus
bauhaus dessau
moderne qualitätsarbeit

kommen
RUMMELPLATZ
zukunft
tanzen
TANZKARUSSEL
SILBERSAAL
bauhausfasching

▲ Szenenentwurf für die Bauhausbühne: "Der Mann am Schaltbrett" von Kurt Schmidt, um 1924
Set design for "Der Mann am Schaltbrett" by Kurt Schmidt to be performed on the Bauhaus stage, 1924

► Einfamilienhaus, Entwurf von Farkas Molnar, 1922
House for single-family occupation, designed by Farkas Molnar, 1922

◄◄◄ Werben um den Nachwuchs: Zeitschrift des Bauhauses von 1928
Looking for new talent: Bauhaus magazine, 1928

Schreibtischlampe mit beweglichem Schirm, Aluminium
Desk lamp with movable shade, aluminium

Baumwollstoff (Spritztechnik), Entwurf von Felix Kube, um 1921
Woollen material (spray technique), design by Felix Rube, c. 1921

◄◄ Werbeprospekte, 1929; Entwürfe von Hannes Meyer und W. Funke/E. Mende
Advertising leaflet, 1929: designs by Hannes Meyer and W. Funke/E. Mende

Stahlrohrsessel, Entwurf von Marcel Breuer, 1925/26
Tubular steel chair, designed by Marcel Breuer, 1925/26

Bauhaus Weimar: Direktionszimmer, 1923
Bauhaus, Wiemar: The Director's room, 1923

◄ Einladung zum "Bauhausfasching" am 1. März 1930, Entwurf von Franz Ehrlich
Invitation to a carnival ball at the Bauhaus on 1 March 1930, designed by Franz Ehrlich

Zwei Kannen, Messingblech, um 1921/22
Two spouted vessels, brass, c. 1921/22

Hermann Fischer: Farbstudie für den Unterricht, 1932
Hermann Fischer: Colour tests for lectures, 1932

Die Hochschule für Gestaltung Ulm 1953–1968

▲ Kohei Sugiura 1964/65
Kohei Sugiura in 1964/65

◄ Max Bill und Walter Gropius bei der Eröffnung des Neubaus 1955
Max Bill and Walter Gropius at the opening of the new premises in 1955

► Der Neubau auf dem Oberen Kuhberg über Ulm 1955
The new facility on the Obere Kuhberg overlooking Ulm

◄ Otl Aicher 1958
Otl Aicher in 1958

► Max Bense 1953
Max Bense in 1953

►► Hermann von Baravalle 1955
Hermann von Baravalle in 1955

▼ Beleuchtungsanlage 1965/66
Lighting system

Reihbare Stabwerkkuppel 1962/63
Design for a dome's framework

Zahnarzt-Ausrüstung 1961/62
Equipment for a dentist's surgery

▼▼ Erscheinungsbild der Lufthansa
Lufthansa corporate logo

Hamburger Hochbahn 1959–62
Hamburg's elevated railway

Stadtauto "autonova fam" 1965
City car "autonova fam"

► Spiegelreflex-Kamera 1966/67
Reflex camera

Plattenspieler SK 4 für die Firma Braun 1955–57
SK4 record-player designed for the Braun corporation

Stapelgeschirr TC 100 1959
Stackable crockery TC 100

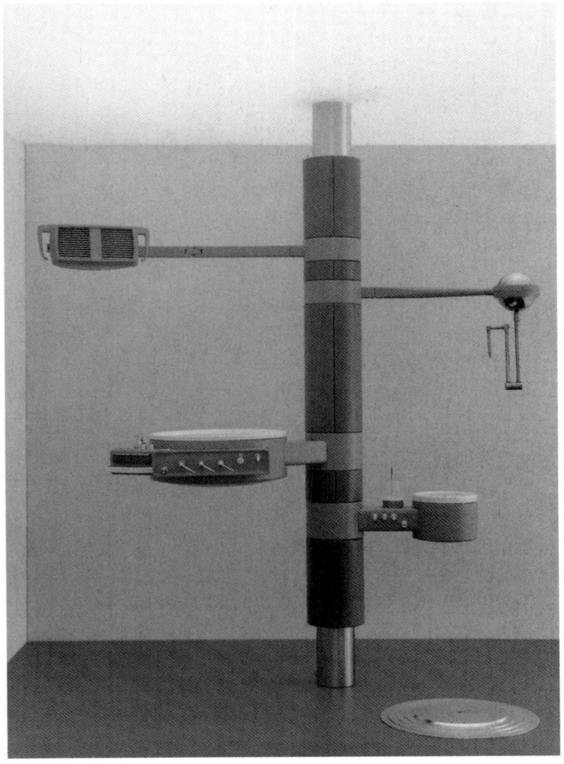

St. Pauli

Hochschule für Film und Fernsehen "Konrad Wolf" Potsdam-Babelsberg

Hausadresse / *Address*:
Marlene-Dietrich-Allee 11, D-14482 Potsdam
Postadresse / *Postal Address*: do.
Telefon / *Telephone*: 0049 / 331 / 7469-0
Telefax / *Telefax*: 0049 / 331 / 7469-202
E-Mail / *e-mail*: info@hff-potsdam.de
Internet / *Internet*: http: // www.hff-potsdam.de
Gründungsjahr / *Founded*: 1954
Bundesland / *State*: Brandenburg / *Brandenburg*

Lehrpersonal / *Teaching Staff*:
Professoren / *Professors*: 25,
akademische Mitarbeiter / *Academic Staff*: 28,
Honorarprofessoren / *Honorary Professors*: 8,
Gastprofessoren / *Guest and Visiting Professors*: 10,
Lehrbeauftragte / *Contract Lecturers*: 55

Studierende / *Students*: 573
Ausländische Studierende / *Foreign Students*: 37

Die 1954 (als Deutsche Hochschule für Filmkunst) gegründete Hochschule für Film und Fernsehen (HFF) "Konrad Wolf" Potsdam-Babelsberg ist die einzige Kunsthochschule des Landes Brandenburg und die älteste und größte von fünf Medienhochschulen in Deutschland.
In zehn Studiengängen wird der Nachwuchs für die Medienbranche ausgebildet. Wissenschaftliche Zielsetzung neben der Ausbildung ist die künstlerische Qualitätsverbesserung von Fernsehen, Video, Film etc. Außerdem werden ästhetische Gesichtspunkte in der medialen Kommunikation, produktionswirtschaftliche und -rechtliche sowie filmwissenschaftliche Fragen untersucht.
Im Jahr 2000 hat die HFF ihren Neubau in der Medienstadt Babelsberg bezogen. Sie erhofft sich vom neuen Standort eine Erhöhung der Synergieeffekte, z. B. die Steigerung des Kreativitätspotenzials und die effektivere Gestaltung und Intensivierung bestehender und künftiger Kooperationen mit Praxispartnern.
Ziel der Ausbildungsstruktur der HFF ist eine hohe Qualifizierung der Studierenden für wichtige Berufsgruppen der audiovisuellen Medien. Dies wird durch ein ausgewogenes Verhältnis von künstlerisch-praktischer und theoretisch-wissenschaftlicher Lehre erreicht. Die Studierenden werden nicht nur in ihren Spezialgebieten ausgebildet; grundlegendes Ausbildungsprinzip ist die inhaltliche Verzahnung aller Studiengänge und die interdisziplinäre Zusammenführung der Studierenden in gemeinsamen Studienprojekten.
Vielfältige Außenbeziehungen der HFF unterstützen die frühzeitige Kontaktaufnahme der Studierenden mit der Medienwelt. Arbeitskontakte gibt es zu allen nationalen und einigen internationalen Medienhochschulen. Die Mitgliedschaft im Centre International de Liaison des Écoles de Cinéma et de Télévision (CILECT) und in der European League of Institutes of the Arts (ELIA) sowie Kooperationen mit dem Ostdeutschen Rundfunk Brandenburg, der UFA, der Filmboard Berlin-Brandenburg GmbH, dem Hans Otto Theater Potsdam, der Studio Babelsberg GmbH, dem fx-Center Babelsberg und anderen Partnern sorgen für den Innovationstransfer zwischen Hochschule und Medienpraxis.
HFF-Studentenfilme werden intensiv ausgewertet. Sie sind jährlich auf rund 200 nationalen und internationalen Festivals präsent. Diese Aktivitäten führten bereits zu zahlreichen Preisen, z. B. Studenten-Oscar, Deutscher Kurzfilmpreis, sowie etlichen Koproduktionen mit Sendeanstalten und freien Produzenten.
Zusammen mit der Gesellschaft zur Wahrnehmung von Film- und Fernsehrechten (GWFF) München vergibt die HFF jährlich hoch dotierte Medienpreise, den "Erich Kästner-Fernsehpreis für das beste deutschsprachige Kinder- und Jugendprogramm" (dotiert mit 50 000 DM) und den "Förderpreis für den besten Absolventenfilm" (dotiert mit 25 000 DM).

Founded in 1954 as the Deutsche Hochschule für Filmkunst, the Hochschule für Film und Fernsehen "Konrad Wolf" (HFF) in Potsdam-Babelsberg is the only art college in the state of Brandenburg and is also the oldest and largest of the five media colleges in Germany.
In its ten degree courses, this institution, dedicated to film and television, trains and qualifies students as young and up-and-coming professionals for the media industry. The courses aim to improve the artistic quality of television, video, film, etc. The HFF also strives to examine aesthetic aspects in the fields of media communication, production management, production law and film studies issues.
In 2000, the HFF left the villas it had rented on the banks of the Griebnitzsee in Babelsberg to move with its faculties, departments and units under one roof into a purpose-built complex on the grounds of the Babelsberg Media City. The HFF hopes that its new home will enhance the synergetic effects, for example, by raising the creative potential of the Media City and enabling existing and future cooperation projects with partners from the world of practice to be arranged more efficiently and intensively.
The educational structure established at the HFF aims to provide students with high-level qualifications for important professional groups within the audio-visual media industry. This is achieved by creating a balanced relationship between artistic-practical and theoretical-scientific teaching. Students are not only trained in their own special fields; a fundamental principle of the education and training involves the conceptual interlinking of all degree courses and the interdisciplinary incorporation of students into joint study projects.
In order to introduce students to the media world and the relevant contacts at an early stage, the HFF maintains a wide and diverse range of relations with outside institutions. Working contacts are cultivated with all national and some international media colleges and universities. The HFF is a member of the CILECT (The International Liaison Centre of Schools of Cinema and Television) and of ELIA (The European League of Institutions of Art), and also engages in cooperation projects with the ORB (the regional broadcasting station), UFA, the Filmboard Berlin-Brandenburg GmbH, the Hans Otto Theater Potsdam, the Studio Babelsberg GmbH, the fx-Center Babelsberg, and other partners, thereby ensuring that there is a lively exchange of innovation between the college and the world of media practice.
HFF student films are intensively examined and reviewed. They are represented at some 200 national and international festivals each year. These activities have already resulted in students winning a whole range of prizes, such as the Student Oscar, the Deutscher Kurzfilmpreis (for short films), as well as involvement in untold co-productions with broadcasting stations and freelance producers.
The HFF annually awards high-value media prizes in collaboration with the GWFF—the film and television rights protection agency. These prizes are the Erich Kästner-Fernsehpreis for the best German language programme for children and youngsters (DM 50,000) and the Förderpreis für den besten Absolventenfilm, with DM 25,000 going to the best graduate film.

Riecht noch nach Farbe: der Neubau aus dem Jahr 2000
You can still smell the paint: New building premises from 2000

Hochschule für Musik und Theater Rostock

Hochschule für Musik und Theater Rostock

Hausadresse / *Address*:
Am Bussebart 10–11, D-18055 Rostock
Postadresse / *Postal Address*: do.
Telefon / *Telephone*: 0049 / 381 / 2020621
Telefax / *Telefax*: 0049 / 381 / 2020625
E-Mail / *e-mail*: hfmt@hfmt.uni-rostock.de
Internet / *Internet*: http: / / hfmt.uni-rostock.de
Gründungsjahr / *Founded*: 1994
Bundesland / *State*: Mecklenburg-Vorpommern / *Mecklenburg-West Pomerania*

Institute / *Institutes*:
Musik / *Music*;
Musikwissenschaft und Musikpädagogik / *Musicology and Music Education*;
Schauspiel / *Drama*

Lehrpersonal / *Teaching Staff*:
Professoren / *Professors*: 14,
Assistenten / *Assistants*: 3,
Lehrbeauftragte / *Contract Lecturers*: 152

Studierende / *Students*: 450
Ausländische Studierende / *Foreign Students*: 95

Restaurierung der Hochschule: Konzert auf der Baustelle
Restoration of the college: Concert on the building site

Die Hochschule für Musik und Theater Rostock ist neben der Universität die zweite Hochschuleinrichtung in der Hansestadt. Sie wurde 1994 gegründet. Die Bemühungen um die Gründung der Hochschule reichen jedoch bis in die Zeit nach dem Zweiten Weltkrieg zurück und verbinden sich insbesondere mit dem Pianisten und Komponisten Rudolf Wagner-Régeny. Zwischenzeitlich existierten in Rostock und Schwerin Außenstellen der Berliner Hochschulen "Hanns Eisler" (Musik) und "Ernst Busch" (Schauspiel). Nach dem politischen Umbruch 1989 fasste die Landesregierung von Mecklenburg-Vorpommern den Beschluss, eine Hochschule für Musik und Theater in Rostock zu errichten.
Die Hochschule für Musik und Theater hat sich nach ihrer Gründung sehr schnell in das Kulturleben der Hansestadt Rostock integriert. Zahlreiche künstlerische Lehrkräfte, die große Erfahrungen auf internationalen Bühnen nachweisen können, wurden als Professoren berufen. Die hohen Anforderungen in Aufnahmeprüfungen und Studiengängen garantieren von Anfang an eine hohe Ausbildungsqualität und ein hohes künstlerisches Niveau.
Die Arbeit zwischen den Instituten der Hochschule für Musik und Theater ist, z. B. in gemeinsamen Veranstaltungen, äußerst kooperativ. Im Musikbereich wird ein integratives Modell musikpädagogischer Ausbildung mit Verzweigungen in die Schulen realisiert. Zu dieser Ausbildung gehört auch das Fach Darstellendes Spiel. Einen besonderen Schwerpunkt im Bereich Komposition bildet die Neue Musik.
Im Veranstaltungsprogramm der Stadt Rostock hat die Hochschule für Musik und Theater inzwischen einen festen Platz inne. Im Rahmen ihrer Konzertreihe im Barocksaal stellen sich junge Künstler und neu berufene Professoren konzertant vor. Auf große Resonanz treffen auch die Veranstaltungen des Instituts für Schauspiel, so die Werkstattinszenierungen oder das alljährlich stattfindende Sommertheater.
Ein Kooperationsvertrag mit dem Volkstheater Rostock bietet den Studierenden der Hochschule für Musik und Theater zudem die Möglichkeit, Inszenierungen unter professionellen Bedingungen vor einem größeren Publikum zu präsentieren. Studierende der höheren Semester wirken in mehreren Produktionen als Substituten bzw. als Hospitanten des Orchesters mit.
Sowohl die Studierenden der instrumentalen Bereiche und des Opernstudios als auch das Institut für Schauspiel errangen auf Wettbewerben erste Preise. Besonders erfolgreich nahmen die Rostocker Schauspielstudenten seit 1990 am Theatertreffen deutschsprachiger Schauspielstudenten teil. Nach dem Vontobel-Preis 1997 in Zürich, dem Szene-Preis 1998 in München konnte die Hochschule beim Treffen in Rostock 1999 drei Solo-Preise für sich verbuchen.
Überregionale und international ausgerichtete Veranstaltungen wie z. B. der seit 1996 jährlich stattfindende Sommercampus mit jungen baltischen und osteuropäischen Künstlern schaffen intensive Begegnungsmöglichkeiten. Die Vision des europäisch integrierten Studienganges nimmt an der Rostocker Musikhochschule bereits Gestalt an.

The Hochschule für Musik und Theater Rostock (HfMT) is one of two higher education institutions in the Hanseatic city of Rostock, the other being the university. This college of music and drama was established in 1994. However, efforts to establish the college actually extend back to the immediate post Second World War period, and are particularly linked to the name of pianist and composer Rudolf Wagner-Régeny. Between then and now, branches of the Berlin colleges of music (Hanns Eisler) and drama (Ernst Busch) operated in Rostock and Schwerin. After the political turnabout of 1989, the regional government of Mecklenburg-West Pomerania decided to establish a college of music and drama in Rostock. After its foundation, the HfMT Rostock quickly integrated itself into the cultural life of the Hanseatic city of Rostock. Numerous artists were appointed as professors to the new institution, bringing to their teaching a wealth of experience gained on international stages. The high standards demanded in the selection exams and in the degree courses guarantee high quality education and training and a high artistic level from the very beginning, thus attracting many talented young artists.
The collaboration between the institutes and departments at the HfMT Rostock is extremely cooperative, with, for example, joint events organised by the Institute of Music and the Institute of Drama. In the field of music, an integrative model of music educational training has been established. This training includes elements from the performing arts. Modern music forms a special focus of the work in the field of composition.
The Hochschule für Musik und Theater has established a firm place for itself in the programme of events held in the city of Rostock. The series of concerts enables young artists and newly appointed professors to present themselves to the public in concert. Events organised by the Institute of Drama have met with great interest on the part of the Rostock public, with evenings such as the workshop performances or the annual summer theatre.
A cooperation agreement with the Volkstheater Rostock, covering all branches of opera and drama, offers students from the HfMT the opportunity to present productions to a broader public under professional conditions. Advanced students also work as assistants or guests with the orchestra in various productions.
Students from the instrumental departments as well as from the opera studio, and from the Institute of Drama, have come first at various competitions. Drama students from Rostock were particularly successful at the Theatre Meeting of German-speaking Drama Students, a competition which has been held since 1990 to promote young actors. Their success there was followed in 1997 when they won the Vontobel-Prize in Zurich and again in 1998, when they won the Szene-Prize in Munich, while the HfMT was able to mark up three solo prizes at the meeting held in Rostock in 1999.
National and international events, such as the Summer Campus, held annually since 1996 with particular attendance of young Baltic and Eastern European artists, create intensive opportunities for engaging in exchange and encounter. The vision of a European integrated degree course is already taking shape.

Hochschule der Bildenden Künste Saar

HBKsaar

Hausadresse / *Address*:
Keplerstraße 3–5, D-66117 Saarbrücken
Postadresse / *Postal Address*: do.
Telefon / *Telephone*: 0049 / 681 / 92652-0
Telefax / *Telefax*: 0049 / 681 / 5847-287
E-Mail / *e-mail*: info@hbks.uni-sb.de
Internet / *Internet*: http: // www.hbks.uni-sb.de
Gründungsjahr / *Founded*: 1989
Bundesland / *State*: Saarland / *Saarland*

Fachbereiche / *Departments*:
Freie Kunst / *Fine Art*;
Design / *Design*

Lehrpersonal / *Teaching Staff*:
Professoren / *Professors*: 16,
Lehrbeauftragte / *Contract Lecturers*: 35

Studierende / *Students*: 269
Ausländische Studierende / *Foreign Students*: 14

Präsentation von Diplomarbeiten: "Hautnah" von Jacqueline Wallach / *Presentation of Diplom degree work: "Close up" by Jacqueline Wallach*

Die HBKsaar zählt zu den jüngsten Kunsthochschulen Deutschlands. Merkmale der Hochschule sind u.a. eine enge Verbindung der Ausbildung von Freien Künstlern und Designern und das Prinzip des "problemorientierten Projektunterrichts". Besonderheiten sind auch die Berücksichtigung der neuen Medien, eine praxisnahe Ausbildung und hohe Kommunikationsfähigkeit der Absolventen sowie starke internationale Bezüge der Hochschule, vor allem zum Nachbarland Frankreich.
Das Hauptgebäude der HBKsaar, ein historischer Barockbau, befindet sich zusammen mit den Pavillonbauten im Zentrum Saarbrückens. In diesen Gebäuden sind das Rektorat, die Hochschulverwaltung, die Bibliothek, die Ateliereinrichtungen der Fachbereiche, mechanische Werkstätten sowie eine Cafeteria untergebracht. In der Nähe steht der Hochschule ein Druckzentrum zur Verfügung. 1994 wurde der Campus der Hochschule durch Inbetriebnahme eines ehemaligen Schulgebäudes erweitert. Dieses beherbergt heute den Computer- und Videobereich, ein Tonstudio, Teile des Arbeitsbereiches Neue Künstlerische Medien, ferner Professorenateliers, ein Fotolabor sowie ein Foto- und Videoaufnahmestudio.
Zusätzliche Flächen nutzt die HBKsaar in Völklingen auf dem Gelände eines ehemaligen Hüttenwerks, das als eines der größten seiner Art in Europa zum Weltkulturerbe erklärt wurde. Untergebracht sind hier eine Metallwerkstatt, eine Steinbildhauerei, ein Professorenatelier, Studentenateliers und Ausstellungsräume. Die Werkstatt- und Laboreinrichtungen sind fachbereichsübergreifend organisiert. Als zentrale Einrichtungen werden eine Bibliothek und eine Diathek geführt. Ein Hochschularchiv befindet sich im Aufbau.
Die Gründung der Hochschule der Bildenden Künste Saar erfolgte 1989 im Zusammenhang mit der wirtschaftlich-technologischen Entwicklung des Saarlandes, das mit dem Auf- und Ausbau alternativer Forschungseinrichtungen – insbesondere für Ökologie, Neue Technologien, Informatik und Künstliche Intelligenz – den Problemstellungen der Zukunft begegnen will. Kunst und Kunsthandwerk, am Bauhaus orientiert, bestimmten seit den zwanziger Jahren das Selbstverständnis der Saarbrücker Kunstschulen, der Vorläufereinrichtungen der heutigen Hochschule der Bildenden Künste. Neu an ihr ist die interdisziplinäre Vernetzung des Studienangebots. Das heißt einerseits, über experimentelle und interaktive Projekte die jeweils aktuellen Ressourcen aus Wissenschaft, Technik, Wirtschaft und Gesellschaft in das Lehrangebot einzubeziehen, und andererseits, den elektronischen Medien einen besonderen Platz einzuräumen. Das flexible Bildungskonzept fordert von den Studierenden Mündigkeit und ein kritisches Interesse an dem jeweils Anderen, an politischen, soziopolitischen, ethnosozialen, ökologischen und ökonomischen Veränderungen unserer Gesellschaft. Das Ziel liegt in der Heranbildung von Künstlern und Designern, deren ästhetische Qualifikation auf einer möglichst universellen Kenntnis gesellschaftsrelevanter Zusammenhänge beruht.

The Hochschule der Bildenden Künste (HBKsaar) is one of the newest art colleges in Germany. The HBKsaar's features include close links between the training of artists and designers and the principle of "problem-oriented project instruction". A special focus is placed on considering the new media, on providing practical training and on equipping graduates with a high degree of competence in communication skills, as well as ensuring close international contacts, especially with neighbouring France.
The HBKsaar's main building, a historical baroque edifice, is located in the heart of Saarbrücken, together with the pavilions. These buildings accommodate the rector's office, the administrative services, the library, departmental studio facilities, mechanical workshops, and a café.
The HBKsaar operates a printing centre nearby.
In 1994, the campus was expanded with the commissioning of a former school building, which is now "home" to the computer and video facilities, a sound studio, parts of the new artistic media section, plus lecturers' studios, a photo lab, along with photo and video recording studios.
The HBKsaar has an additional campus at Völklingen in the grounds of the former ironworks, which, one of the largest of its kind in Europe, has been declared a World Heritage site. This facility accommodates a metal workshop, a stone sculpture workshop, a lecturer's studio, student studios and exhibition rooms. The workshop and laboratory facilities are organised on a cross-departmental basis. A college archive is currently being set up.
The Hochschule der Bildenden Künste Saar was founded in 1989 as part of the economic regeneration of the Saarland, which aims to meet the problems and challenges of the future by establishing and expanding alternative research facilities—in particular in the fields of ecology, new technologies, computer science and artificial intelligence. Art and industrial arts, arranged along the lines of the Bauhaus, have shaped the image and policy of Saarbrücken's colleges of art since the 1920s, which served as the predecessors to today's HBKsaar. The interdisciplinary networking of studies offered by the college represents an innovative approach. On the one hand, it means that experimental and interactive projects can integrate the current resources of science and education, technology and engineering, business and industry, society and environment into the teaching offered, while, on the other hand, giving special consideration to the electronic media.
Such flexible educational concepts call on students to take on responsibility and to show a critical interest in the "other side", in the political, socio-political, ethno-social, ecological and economic changes to our society. This goal is reflected by training artists and designers whose aesthetic qualification is based on the most universal knowledge possible of socially relevant contexts and areas of interaction.

Hochschule des Saarlandes für Musik und Theater

hmt
Hochschule des Saarlandes
für Musik und Theater

Hausadresse / *Address*:
Bismarckstraße 1, D-66111 Saarbrücken
Postadresse / *Postal Address*: do.
Telefon / *Telephone*: 0049 / 681 / 96731-0
Telefax / *Telefax*: 0049 / 681 / 96731-30
E-Mail / *e-mail*: m.dings@hmt.uni-sb.de
Internet / *Internet*: http: / / www.hmt.uni-sb.de
Gründungsjahr / *Founded*: 1947
Bundesland / *State*: Saarland / *Saarland*

Studienbereiche / *Study Areas*:
Musiktheater / *Music Theatre*;
Schauspiel / *Drama*;
Orchestermusik / *Orchestral Music*;
Kirchenmusik / *Church Music*;
Schulmusik / *School Music*;
Musikerziehung / *Music Education*

Lehrpersonal / *Teaching Staff*:
insgesamt / *in total*: ca. 100

Studierende / *Students*: ca. 350
Ausländische Studierende / *Foreign Students*: ca. 60

Europa wächst zusammen – und kaum irgendwo lässt sich dieser Einigungsprozess so hautnah erleben wie in der Saar-Lor-Lux-Region. Hier liegt, im Zentrum der Region, in der Mitte der Landeshauptstadt Saarbrücken, die Hochschule des Saarlandes für Musik und Theater.
Seit nunmehr fünfzig Jahren stellen renommierte Künstlerpersönlichkeiten die Ausbildung zu traditionellen Musikberufen und zum Schauspiel sicher. Dabei konnte sich die Hochschule zu einer der tragenden Säulen im Kulturleben des Saarlandes und im Konzertleben Saarbrückens entwickeln. Durch feste Kooperationsabkommen mit dem Saarländischen Rundfunk, dem Saarländischen Staatstheater und der Universität des Saarlandes sind fruchtbare inhaltliche Vernetzungen geschaffen.
Die überschaubare Zahl von etwa 350 Studierenden ermöglicht ein Studium mit sehr viel persönlichem Kontakt – sowohl untereinander als auch zum Lehrkörper. Zahlreiche Auftritte des Hochschulorchesters, des Hochschulchores, der Schauspiel- und Opernensembles, der Jazz-Combo sowie etlicher Kammermusikgruppierungen belegen eindrucksvoll die Vielfalt der künstlerischen Gestaltungsmöglichkeiten.
Hinzu tritt die theoretische Auseinandersetzung besonders mit der Musik, ein Feld, welches an der Saarbrücker Hochschule traditionsgemäß besonders gut methodisch durchdacht ist: Komposition und Musiktheorie, Neue und Alte Musik im Wechselspiel mit Vorträgen, Workshops, Kursen und Seminaren.
Neben diesen Veranstaltungen finden zahlreiche zusätzliche Hochschulkonzerte statt. Des Weiteren gehören Podiumskonzerte zu den künstlerischen Aktivitäten der Hochschule; hier können sich die Studierenden in echter Konzert-Atmosphäre der Öffentlichkeit stellen. An unsere Studierenden richtet sich auch der in zweijährigem Turnus ausgerichtete Walter-Gieseking-Wettbewerb.
Wenn darüber hinaus Austauschkonzerte mit den Konservatorien Luxembourg, Metz oder Nancy veranstaltet werden oder das "Saar-Lor-Lux-Orchester" spielt – spätestens dann ist "Europa" ein Stück greifbare Realität geworden.
1947 wurde die Musikhochschule unter französischem Protektorat als "Staatliches Konservatorium Saarbrücken" (Conservatoire de Sarrebruck) gegründet. Am 20. Oktober 1947 begann der Unterricht in den wichtigsten Instrumentalfächern, Gesang und Schauspiel. Bald wurde ein Institut für Katholische Kirchenmusik eingerichtet. 1957 wurde das Konservatorium in eine "Staatliche Hochschule für Musik" umgewandelt. 1971 erfolgte der Einzug in das neue Gebäude in der Saarbrücker Innenstadt. Im Jahr 1989 wurde der Erweiterungsbau fertig gestellt, und die neuen, größeren Räume konnten für Schauspiel, Studienbereich Orchestermusik, Kammermusik und andere Ensembles zur Verfügung gestellt werden.
Die Hochschule führt gemeinsame Vorhaben mit dem Verband Deutscher Musikerzieher und konzertierender Künstler (VDMK), dem Verband Deutscher Schulmusikerzieher (VDS), dem Verband deutscher Musikschulen (VdM) und dem Landesmusikrat Saar durch, an denen sich, beispielsweise im Rahmen des Landeswettbewerbs "Schüler komponieren", auch das Kultusministerium des Landes beteiligt.

Europe is growing ever closer together, and nowhere can this process be better and so immediately experienced than in the Saar-Lor-Lux region. And here, in the heart of the region, in the centre of the state capital of Saarbrücken, lies the Hochschule des Saarlandes für Musik und Theater (HfMT) —the Saarland College of Music and Drama.
For more than 50 years now, famous personalities from the world of art and music have formed the backbone of the education and training provided in the traditional music and drama professions. Within this process, the Hochschule des Saarlandes has evolved into one of the pillars of cultural life in its home state and in Saarbrücken's concert life. Formal cooperation agreements with Saarland's SRF regional broadcasting corporation, with the Saarländisches Staatstheater and with the University of the Saarland have created productive and substantive networks.
The manageable size and structure of the college, with some 350 students, paves the way for studies in which personal contact plays a major role—both among students and with teaching staff. Numerous and regular performances by the HfMT orchestra, choir, drama and opera ensemble, the jazz combo, as well as a whole series of chamber music groups impressively mirror the diversity of artistic possibilities on offer at the Saarland HfMT. This practical side of performance is backed up by theoretical treatment and discussion, especially in the field of music, which has traditionally been given a sound methodological foundation at Saarbrücken, where composition and music theory, modern and early music are complemented by lectures, workshops, courses and seminars.
Apart from these events, numerous additional concerts are offered at the Saarland HfMT, partly subsidised by the society of friends and sponsors. In addition, podium and platform concerts also make up part of the package of artistic activities which the college presents. Students can use them to face a real concert atmosphere, including performing in front of outside audiences. The Walter-Gieseking Competition held once every two years is also open to students at the Saarland HfMT.
And when, over and above this, exchange concerts are organised with the conservatories in Luxembourg, Metz or Nancy, or when the "Saar-Lor-Lux Orchestra" joins forces for a performance, then that is the moment when "Europe" becomes real and full of life.
In 1947, a college of music was established as a "State Conservatory Saarbrücken" (Conservatoire de Sarrebruck) under the administration of the French protectorate. A villa in one of Saarbrücken's outlying districts served as the first "home". Teaching commenced on 20 October 1947 in the major instruments, in singing and drama. Soon an Institute for Catholic Church Music was opened. 1957 saw the conservatory transformed into a "State College of Music". In 1971, the Hochschule moved into new premises in Saarbrücken's city centre. An extension was completed in 1989, providing new and better facilities for drama, orchestral music, chamber music and other ensemble courses.
Various associations of music teachers, both national and regional, contribute to the competition called "Schüler komponieren", in which the state cultural affairs ministry also supports school-age composers.

Einklang von Gesang und Darstellung: Aufführung der Opernklasse
Song and performance in harmony: Opera class production

Staatliche Akademie der Bildenden Künste Stuttgart

Staatliche Akademie der Bildenden Künste Stuttgart

Hausadresse / *Address*:
Am Weißenhof 1, D-70191 Stuttgart
Postadresse / *Postal Address*: do.
Telefon / *Telephone*: 0049 / 711 / 2575-0
Telefax / *Telefax*: 0049 / 711 / 2575-225
E-Mail / *e-mail*: info@abk-stuttgart.de
Internet / *Internet*: http: // www.abk-stuttgart.de
Gründungsjahr / *Founded*: 1761
Bundesland / *State*: Baden-Württemberg / *Baden-Württemberg*

Lehrpersonal / *Teaching Staff*:
Professoren / *Professors*: 46,
Künstlerische / wissenschaftliche Mitarbeiter / *Artistic / Academic Staff*: 20,
Lehrbeauftragte / *Contract Lecturers*: 73

Studierende / *Students*: 735
Ausländische Studierende / *Foreign Students*: 100

Die Staatliche Akademie der Bildenden Künste Stuttgart mit ihren etwa 750 Studierenden ist eine Hochschule, an der die freien und angewandten Künste neben- und miteinander wirken. Aus ihrer Tradition und ihrem Selbstverständnis heraus sieht sie darin eine Qualität, die sie erhalten und kultivieren will.
Die Akademie bietet 15 Studiengänge an. Ein wichtiger Fachbereich der künstlerischen Ausbildung ist die Freie Kunst mit insgesamt sieben Studiengängen. Daneben existieren drei Studiengänge für Restauratoren und in den angewandten Bereichen der Studiengang Kommunikationsdesign sowie vier Studiengänge im Bereich Architektur und Design.
Die Akademie – als älteste Hochschule Stuttgarts – ist aus zwei Institutionen hervorgegangen: der 1761 entstandenen "Académie des Arts" und der 1869 gegründeten "Württembergischen staatlichen Kunstgewerbeschule", zu der 1902 die "Königlichen Lehr- und Versuchswerkstätten" kamen. Der Architekt, Maler und Designer Bernhard Pankok, der die Akademie in ihrer jetzigen Ausrichtung mitbegründete, hatte die Bedeutung der praktischen Tätigkeit für die künstlerische Ausbildung klar erkannt. Der Kerngedanke dieser für Deutschland neuartigen Konzeption, welche Gedanken des Bauhauses vorwegnimmt, ist es, den bisherigen Zeichenunterricht der Kunstgewerbeschule durch Werkstattarbeit zu ergänzen, um eine hohe technische Qualität sicherzustellen, aber auch, um die praktische Durchführbarkeit der studentischen Entwürfe zu erproben.
Pankok projektierte bereits 1906 – damals ein bahnbrechender Gedanke – die Fusion sämtlicher Stuttgarter Kunstlehranstalten und skizzierte damit die erste staatliche Reformschule der Moderne in Deutschland. Er sah als Standort für diese Lehranstalt das Weißenhof-Areal auf dem Killesberg vor. Die Staatliche Akademie der Bildenden Künste befindet sich deshalb heute zwischen der architektonisch bedeutsamen Weißenhofsiedlung und dem Messegelände, hinter dem das Naherholungsgebiet Höhenpark Killesberg liegt.
Von 1916 bis 1919 unterrichtete der in seinen Lehrmethoden unkonventionelle Adolf Hölzel an der Akademie. Die von Hölzel im Lauf der Jahre entwickelte "Lehre von den bildnerischen Mitteln" gehört zum Grundsätzlichen und Beispielhaften der Künstler-Lehren des 20. Jahrhunderts.
Zu Adolf Hölzels Schülern gehörten so bekannte Künstler wie Ida Kerkovius, Willi Baumeister sowie Johannes Itten und Oskar Schlemmer, die zusammen mit anderen Hölzels Lehre zur Bauhaus-Grundlehre weiterentwickelten. Willi Baumeister gilt als einer der maßgeblichen Repräsentanten der Kunst nach 1945. Er war bei der Neuorganisation der Akademie, die seit 1946 unter dem Namen Staatliche Akademie der Bildenden Künste Stuttgart firmiert, beteiligt und unterrichtete dort bis zu seinem Tod im August 1955.
Die künstlerische Ausbildung fußt auf dem Prinzip gemeinsamer Grundklassen für alle Studierenden der Freien Kunst und des Kommunikationsdesigns. Ziel ist eine genaue Kenntnis der Grundlagen künstlerischen Denkens und Arbeitens und der verwendeten Materialien. Diese elementaren Grundlagen vermittelt den Studierenden zunächst die Allgemeine Künstlerische Ausbildung, erst dann folgt eine Spezialisierung in den Fachklassen. Die Ausbildung ist aus ihrer Tradition heraus geprägt von der direkten Auseinandersetzung mit den Lehrerpersönlichkeiten. Sie bietet ihren Studierenden die Chance, Lehrangebote anderer Disziplinen wahrzunehmen, und ist ein Ort, an dem Transdisziplinarität nicht Ausnahme, sondern Programm ist. Sie fordert von ihren Studierenden in allen Studiengängen die Bereitschaft zum kreativen Experiment, ein hohes Maß an Eigeninitiative und Mut zum praktischen Tun.
Die solide Ausstattung mit 31 Werkstätten ermöglicht den Erwerb vielfältiger Fertigkeiten in enger Beziehung zu künstlerischen Vorhaben. Es gibt z. B. noch eine Werkstätte für traditionellen Handsatz. Ebenso unverzichtbar ist die Arbeit im Multimedia-Bereich, z. B. mit Labors und Studios für Fototechnik, Film / Video und Computeranwendungen im Studiengang Kommunikationsdesign.
Studiengänge wie Glasgestaltung, freie und angewandte Keramik, Bühnenbild, Restaurierung und Technologie von Gemälden und gefassten Skulpturen werden im süddeutschen Raum nahezu allein in Stuttgart angeboten. Stuttgarts Kunsthochschule ist die einzige Hochschule in Baden-Württemberg, die den angewandten Bereich mit Architektur und Design, mit Produktgestaltung, Textilgestaltung und Investitionsgüter-Design (einem in der Bundesrepublik einmaligen Aufbaustudium für Diplomingenieure aus technischen Disziplinen) in einem derart breiten Spektrum anbietet.
Die Kunstakademie Stuttgart hat eine eigene Ausstellungshalle, die für studentische Arbeitspräsentationen zur Verfügung steht. Seit 1978 gibt es Debütantenausstellungen, die ausgewählte Absolventen der Akademie auf ihrem Weg in die künstlerische Selbstständigkeit unterstützen.

Videoskulptur "Two Way Communication" von Nam June Paik in der Eingangshalle
Video sculpture "Two Way Communication" by Nam June Paik in the foyer

Arbeitsraum für Maler / *Painters' workshop and studio*

Anlässlich einer Gesamtausstellung der Studierenden, die jährlich stattfindet, vergibt die Akademie Preise für herausragende künstlerische Leistungen in Höhe von insgesamt 10 000 DM. 1980 wurde das "Weißenhof-Institut" gegründet, das jährlich ein Arbeitsstipendium für Schreinermeister vergibt, um die heimische Möbelindustrie zu unterstützen. Seit 1975 besteht eine Sammlung, die Werke von Lehrern, aber auch von Schülern der Akademie zum Schwerpunkt hat.
Die Staatliche Akademie der Bildenden Künste legt großen Wert auf den Austausch von Erfahrungen mit Menschen aus anderen Kulturen. Jeder siebte Studierende an der Hochschule kommt deshalb aus dem Ausland. Allein im EU-Austauschprogramm SOKRATES / ERASMUS gibt es 17 Partner. Das Austauschprogramm "Künstlerwege" verbindet Stuttgart mit den Kunstakademien in Moskau, Prag, Bratislava und Lodz. Es bestehen traditionell gute Beziehungen zum asiatischen Raum (dort vor allem zu Korea, China, Japan, Singapur und Indien), nach Osteuropa (Litauen, Ungarn, Polen, Rumänien), in die USA und nach Israel.

The Staatliche Akademie der Bildenden Künste Stuttgart—Stuttgart State Academy of Fine and Visual Arts—is a higher education institution with some 750 students actively working with and next to each other in the fields of fine and applied arts. The ABK Stuttgart defines the quality which it intends to maintain and cultivate in terms of its tradition and self-perception.
The academy operates 15 degree courses. The core of the artistic training is provided in fine and visual arts, covering a total of seven degree courses. The academy also offers three degree courses for restorators, while in the applied arts, the academy offers a degree course in communication theory and four degree courses in architecture and design.
The academy—the oldest higher education institution in Stuttgart—has evolved from two predecessor institutions. On the one hand, there was the Académie des Arts, established in 1761, and, on the other, there was the Württembergische Kunstgewerbeschule—industrial arts school—founded in 1869. These two institutions were joined in 1902 by the Königliche Lehr- und Versuchswerkstätten—royal teaching and experimentation workshops—which combined a theoretical and practical approach. The architect, painter and designer Bernhard Pankok, the co-founder of the academy in its present format, clearly identified the significance of practical activity for the field of artistic training. The core idea of this innovative concept in Germany, which anticipates ideas later established in the Bauhaus, was to complement the instruction in drawing previously given in the industrial arts school by introducing workshop activities with the aim of securing a high standard of technical quality, while also testing the practical feasibility of students' designs.
As early as 1906—a pioneering idea at the time—Pankok planned to merge all the art teaching establishments in Stuttgart, referring to the artistic benefit of such a merger and sketching out the first state reform school of the modern age in Germany. He planned to use the Weißenhof estate on the Killesberg as the site for this teaching establishment. This is why the academy now lies situated between the architecturally significant Weißenhof campus and the exhibition grounds, just behind the recreation area known as Höhenpark Killesberg.
From 1916 to 1919 Adolf Hölzel worked at the academy with his unconventional teaching methods. The "Theory of Creative Means" which Hölzel developed over the years is one of the fundamental and exemplary artistic theories of the 20th century.
Adolf Hölzel's pupils and students included such well-known art figures as Ida Kerkovius, Willi Baumeister, Johannes Itten and Oskar Schlemmer, who together with others developed Hölzel's theory into the Fundamental Bauhaus Theory. Willi Baumeister is considered to be a decisive representative of art in the post–1945 period. He was involved in reorganising the academy, which has been known as the Staatliche Akademie der Bildenden Künste Stuttgart since 1946, and taught there until his death in August 1955.
The artistic training offered at Stuttgart is based on the principle of common basic classes for all students, regardless of whether they are reading fine and visual arts or communication design. The goal is to achieve a precise knowledge of the fundamentals of artistic thought and work and of the materials used. These elementary fundamentals are initially communicated to the student via general artistic training. Only when this has been achieved does specialisation in specific classes begin. The education and training is traditionally shaped by direct discourse with the teaching staff. This gives students the opportunity to try out courses offered in other disciplines and makes the academy a place at which transdisciplinarity is not an exception, but rather a deliberate consequence of purposeful policy. It demands willingness on the part of students to engage in creative experiment, to show a high degree of personal initiative and the courage to practise their art.
The good equipment available in the 31 workshops enables students to acquire a wide range of skills closely related to their artistic projects. For example, the academy still has a workshop for traditional manual typesetting/hand composition. Just as indispensable is multimedia work, such as in the labs and studios for photo technology, film/video and computer applications, which operate within the communication design degree course.
Degree courses such as in glass design, fine and applied ceramic art, stage and set design, restoration and technology of paintings and composed sculptures are practically only offered at Stuttgart. Stuttgart's academy of fine and visual arts is the only higher education institution in Baden-Württemberg to offer the applied field of architecture and design, including product design, textile design and consumer goods design (which is, in fact, the only degree course of its kind in Germany for graduate Diplom engineers from technical fields) in such a wide range of fields.
Stuttgart's art academy has its own exhibition hall, which is made available to students for the presentation of their works, but which also regularly presents public exhibitions. Since 1978, Stuttgart has offered the Débutante Exhibition, which supports selected graduates from the academy on their way into artistic independence.
The occasion of an annual general exhibition of students' works enables the academy to award prizes totalling DM 10,000 for outstanding works of art. The Weißenhof-Institut, established in 1980, annually awards a working scholarship to master carpenters as a means of supporting the local furniture industry. 1975 saw the introduction of a collection that focuses on the works of teaching staff and students from the academy.
The academy attaches particular importance to the exchange of experience with people from other cultures. One in seven students at the academy therefore comes from abroad. The European Union exchange programmes SOCRATES/ERASMUS alone account for 17 partner institutions. The Künstlerwege exchange programme links Stuttgart with the art academies in Moscow, Prague, Bratislava and Lodz. Traditionally good relations are maintained with Asia (above all, Korea, China, Japan, Singapore and India), Eastern Europe (Lithuania, Poland, Romania), the United States and Israel.

Staatliche Hochschule für Musik und Darstellende Kunst Stuttgart

Hausadresse / *Address*:
Urbanstraße 25, D-70182 Stuttgart
Postadresse / *Postal Address*: do.
Telefon / *Telephone*: 0049 / 711 / 212-4631
Telefax / *Telefax*: 0049 / 711 / 212-4632
E-Mail / *e-mail*: rektor@mh-stuttgart.de
Internet / *Internet*: http: / / www.mh-stuttgart.de
Gründungsjahr / *Founded*: 1857
Bundesland / *State*: Baden-Württemberg / *Baden-Württemberg*

Lehrpersonal / *Teaching Staff*:
Professoren und Dozenten / *Professors and Senior Lecturers*: 93,
Lehrbeauftragte / *Contract Lecturers*: 163

Studierende / *Students*: 756
Ausländische Studierende / *Foreign Students*: 228

Die älteste Musikhochschule des Landes Baden-Württemberg wurde 1857 als "Stuttgarter Musikschule" gegründet und 1865 in "Konservatorium für Musik" umbenannt. 1921 folgte die Namensänderung in "Württembergische Hochschule für Musik", 1938 die Verstaatlichung. Der pädagogische Schwerpunkt der Gründerjahre lag mit Sigmund Lebert und dem ersten Direktor Immanuel Faißt im Fach Klavier. Nach Ausscheiden der Gründergeneration wirkten Samuel de Lange, Max Pauer, Wilhelm Kempff, Carl Wendling, Hugo Holle und Hermann Erpf als Direktoren, nach dem Zweiten Weltkrieg Hermann Keller, Hermann Reutter und – als Rektoren – Arno Erfurth, Wolfgang Gönnenwein, Martin Gümbel, Konrad Richter, Rolf Hempel und Rainer Wehinger.
Der Diplomstudiengang Künstlerische Ausbildung umfasst die Fachrichtungen Komposition und Musiktheorie, Dirigieren, die Opernschule und – ebenso wie der Diplomstudiengang Musiklehrer / Musiklehrerin – Streich-, Blas- und Zupfinstrumente, Schlagzeug, Gesang, Klavier, Orgel und historische Tasteninstrumente, Jazz und Popularmusik sowie Sprecherziehung. Im Studiengang Schulmusik erfolgt die Ausbildung für das Lehramt an Gymnasien, der Studiengang Kirchenmusik leistet die Ausbildung zum Kirchenmusiker (Kirchenmusik B). Ein Aufbaustudium Kirchenmusik A ist möglich. Die Darstellende Kunst ist mit dem Studiengang Schauspielschule und Figurentheater vertreten. Besonders begabte Absolventen des Studiengangs Künstlerische Ausbildung können ihre Fertigkeiten im Aufbaustudium Solistenklasse vervollkommnen. Die Vorschule gibt begabten Jugendlichen die Gelegenheit, sich auf das Hochschulstudium vorzubereiten. Fortbildung für bereits im Beruf stehende Künstler und Pädagogen ermöglicht ein Kontaktstudium. Wichtige Lerninstrumente der Hochschulausbildung sind das Hochschul-Sinfonieorchester, das Studio-Orchester, die Big Band und der Hochschulchor. Die Hochschule bietet die Ausbildung in der Klasse für Streichquartett und in der Klasse für Liedinterpretation. Projektbezogene Arbeit leisten das Percussion Ensemble Stuttgart, das Blechbläser-Ensemble und das Seminar Neue Musik. Für Studierende des Faches Informatik der Universität Stuttgart ist das Studium Musiktheorie als Nebenfach möglich.
Das Lehrangebot der Hochschule wird regelmäßig durch Gastkurse und -vorlesungen bedeutender Persönlichkeiten aus Kunst und Wissenschaft ergänzt und bereichert. Durch solche Ergänzungsstudien wird der Forderung nach Zusatzqualifikationen Rechnung getragen, die Berufschancen beträchtlich erhöhen können. Das "studio gesprochenes wort" erarbeitet regelmäßig interdisziplinäre Projekte zusätzlich zu den Studienangeboten des Faches Sprecherziehung. Mit modernster Technik ausgestattet ist das "Studio für Elektronische Musik". Besonders aktuell ist der Diplomstudiengang Musiklehrer / -lehrerin für Musiktheorie und neue Medien sowie das Fach Computermusik International. Letzteres sieht Studienanteile in mehreren europäischen Studios vor.
Das Fach Musikwissenschaft bietet die Möglichkeit der Promotion zum Doktor der Philosophie.
Die Hochschulbibliothek ist mit über 100 000 Medieneinheiten eine der größten Musikhochschulbibliotheken Deutschlands. Das Tonstudio stellt vielseitige Dienstleistungen für Lehre, Bewerbungen und CD-Produktionen bereit. Unter dem Motto "den Opfern der Gewalt" ist ein Manuskript- und Notenarchiv angelegt worden mit Werken europäischer Komponisten, die in den Weltkriegen und Konzentrationslagern ihr Leben lassen mussten. Die Hochschule führt alle zwei Jahre den Internationalen Violoncello-Wettbewerb der Domnick-Stiftung durch.
Das nach Entwürfen der englischen Architekten J. Sterling und M. Wilford neu erbaute und 1996 bezogene Hochschulgebäude liegt zentral an der "Kulturmeile" Stuttgarts: unmittelbar neben der Neuen Staatsgalerie und der Landesbibliothek, fünf Gehminuten von Oper und Theater, zehn Gehminuten vom Hauptbahnhof entfernt. Zentrum und Blickfang des Gebäudes ist der "Turm", der u.a. den Konzertsaal (512 Plätze) enthält. Er verfügt über eine große Orgel der Firma Rieger mit 5 761 Pfeifen und 81 Registern.
Das im Bau befindliche zweite Gebäude wird u.a. einen Kammermusiksaal (180 Plätze), eine Probebühne und Unterrichtsräume für den Studiengang Schauspiel sowie Räume für Bewegungsunterricht enthalten. Ein wahres Kleinod

Ungewöhnliche Ausblicke: der "Turm" mit großem Konzertsaal
Unusual outlook: The "Tower" with the main concert hall

An der Stuttgarter "Kulturmeile": der Neubau von Sterling und Wilford
Set on the "Kulturmeile" – Stuttgart's cultural heart: The new building by Sterling and Wilford

ist das 1839 erbaute klassizistische Wilhelma-Theater (350 Plätze) in Bad Cannstatt. 1987 für Zwecke der Hochschule hergerichtet, dient es den darstellenden Studiengängen als professionell geführtes Lerntheater.
Mit über 100 Eigenveranstaltungen pro Jahr leistet die Hochschule einen wichtigen Beitrag zum Kulturleben der Stadt und der Region. Sie veranstaltet Opern- und Theateraufführungen, Sinfonie-, Chor-, Kammermusik- und Solistenkonzerte sowie Konzertreihen (Meisterinterpreten, Dozentenkonzerte, WerkStadtKonzerte, Orgelkonzerte). Dazu kommen öffentliche Vortragsabende. Das Studio für Elektronische Musik veranstaltet regelmäßig im Sommer die "Elektronische Nacht".
Die Hochschule kooperiert mit zahlreichen Kulturinstitutionen des Landes, u.a. mit dem Südwestrundfunk (SWR), den Stuttgarter Philharmonikern und der Stuttgarter Musikschule, im Bereich der Lehre mit der Universität Stuttgart und der Filmakademie Ludwigsburg. Sie unterhält außerdem Partnerschaften zu Hochschulen in Russland, Tschechien, Ungarn, Polen, Spanien, Japan, Südafrika und China.
Die "Gesellschaft der Freunde der Staatlichen Hochschule für Musik und Darstellende Kunst e.V." hat sich zur Aufgabe gemacht, Studierende der Hochschule zu unterstützen. Ähnlichen Zielen ist der "Freundeskreis Wilhelma-Theater e.V." verpflichtet. Unterstützung erhalten die Studierenden und die Hochschule auch durch Stiftungen ortsansässiger Banken, Bausparkassen, Versicherungsgesellschaften und Unternehmen.

Baden-Württemberg's oldest college of music was founded in 1857 as the Stuttgart Musikschule and was renamed Konservatorium für Musik in 1865. The name changed again in 1921, this time to Württembergische Hochschule für Musik and in 1938 it became a state institution. In those founding years, the educational focus lay on piano, influenced by the teaching of Sigmund Lebert and by Immanuel Faißt as the school's first director. Following the departure of this founding generation, Samuel de Lange, Max Pauer, Wilhelm Kempff, Carl Wendling, Hugo Holle and Hermann Erpf served the Hochschule as directors, succeeded—after the Second World War—by Hermann Keller, Hermann Reutter and—as rectors—Arno Erfurth, Wolfgang Gönnenwein, Martin Gümbel, Konrad Richter, Rolf Hempel and Rainer Wehinger.
The degree course in Artistic Training comprises composition and music theory, conducting, the opera school and, as the Diplom degree course for music teachers, bowed strings, plucked instruments and wind instruments, percussion, singing, piano, organ and historical keyboard instruments, jazz and popular music, as well as speech training. The degree course in school music trains and qualifies students for positions as grammar school teachers, while the church music degree course trains church musicians (Kirchenmusik B qualification). Appropriately qualified students may opt for the postgraduate course leading to a Kirchenmusik A qualification. The performing arts are represented through the degree course in drama and puppet theatre.
Especially talented graduates of Artistic Training can opt to perfect their skill in the soloist class postgraduate degree programme. The pre-school facility gives talented young musicians an opportunity to prepare for higher education study. Career-integrated continuing education and training is provided for professional artists and teachers in the form of a refresher course.
Major features of Stuttgart's academy include the symphony orchestra, a studio orchestra, a big band and a choir. The Hochschule provides class-based teaching for string quartets and for song interpretation.
Project-based work is provided by the Percussion Ensemble Stuttgart, the Blechbläser-Ensemble (brass) and the Seminar Neue Musik (modern music). Students reading computer science at Stuttgart University can choose to study music theory as a subsidiary subject.
The range of teaching offered at the Hochschule is regularly complemented and enriched by guest courses and lectures held by outstanding figures from art and science. These extension courses meet the need for additional qualifications and substantially raise the career prospects of graduates.
The "studio gesprochenes wort" (spoken word) regularly devises interdisciplinary projects as complementary elements to the courses already offered by the speech training unit. The "Studio für Elektronische Musik" is equipped with the very latest, state-of-the-art technology.
The field of musicology offers graduates the opportunity to study for a doctorate (Dr. phil.). The library at the Hochschule is one of the largest music university libraries in Germany, offering users access to more than 100,000 items. The sound studio provides a wide range of services for teaching, applications and CD productions. An archive of manuscripts and musical scores dedicated to "the victims of violence" has been established at the college, made up of the works of European composers who lost their lives during the world wars and in the concentration camps. Once every two years, Stuttgart holds the international violoncello competition sponsored by the Domnick Foundation.
The purpose-built facility for the Hochschule was designed by the British architects J. Stirling and M. Wilford and occupied in 1996. It is centrally located near the Kulturmeile, Stuttgart's cultural heart, right next to the Neue Staatsgalerie and the state library, just a five-minute walk from the opera and theatre houses, ten minutes on foot from the central station. The Turm—a tower which accommodates the concert hall (512 seats) and other facilities—is the central and eye-catching element of this new facility.
A second building, currently under construction, will house a chamber music hall (180 seats), a rehearsal stage as well as course and classrooms for the drama degree course, plus rooms for movement training and many other facilities. The Wilhelma-Theater (350 seats), built in 1838 and located in Bad Cannstatt, is another jewel. Refurbished for Stuttgart's Hochschule in 1987, it now serves as a professionally managed teaching stage for use by the performing arts degree courses.
With around 100 of its own events every year, the Hochschule makes a substantial contribution to cultural life in the city and the region. It arranges opera and theatre performances, symphony, choir, chamber music and soloist concerts, as well as various concert series (master interpretation concerts, professorial concerts, "WerkStadt" concerts, and organ concerts). These are backed up by the numerous public lecture evenings. The Studio für Elektronische Musik annually holds the summer "Elektronische Nacht", offering a night of electronic music and sound.
The Hochschule cooperates with numerous cultural institutions, including the regional SWR broadcasting station, the Stuttgart Philharmonic Orchestra and the Stuttgart Musikschule, while, in the field of teaching, it collaborates with Stuttgart University and the Filmakademie Ludwigsburg. In addition to these contacts, Stuttgart has partnership agreements with colleges, conservatories and universities in Russia, the Czech Republic, Hungary, Poland, Spain, Japan, South Africa and China.
The Gesellschaft der Freunde der Staatlichen Hochschule für Musik und Darstellende Kunst e.V.—an association of friends and sponsors—has set itself the task of supporting students at Stuttgart in a wide variety of ways. The Freundeskreis Wilhelma-Theater e.V. has set itself very similar goals. Students and Hochschule are also supported by foundations, local banks, building societies, insurance companies and business and industry.

Staatliche Hochschule für Musik Trossingen

STAATLICHE HOCHSCHULE FÜR MUSIK TROSSINGEN

Hausadresse / *Address*:
Schultheiß-Koch-Platz 3, D-78647 Trossingen
Postadresse / *Postal Address*: do.
Telefon / *Telephone*: 0049 / 7425 / 9491-0
Telefax / *Telefax*: 0049 / 7425 / 9491-48
E-Mail / *e-mail*: presse@mh-trossingen.de
Internet / *Internet*: http: / / www.mh-trossingen.de
Gründungsjahr / *Founded*: 1947
Bundesland / *State*: Baden-Württemberg / *Baden-Württemberg*

Lehrpersonal / *Teaching Staff*:
insgesamt / *in total*: 140

Studierende / *Students*: 420
Ausländische Studierende / *Foreign Students*: 135

Neubau in idyllischer Umgebung
New building set in idyllic surroundings

Auf der Hochfläche der Baar zwischen Schwarzwald und Bodensee, auf halber Strecke zwischen Stuttgart und Zürich, liegt die württembergische Kleinstadt Trossingen, die sich rühmen darf, eine Musikstadt zu sein. Eine Musikhochschule, die Bundesakademie für musikalische Jugendbildung, ein Konservatorium für Harmonika-Instrumente, ein Konzerthaus und eine regionale Jugendmusikschule begründen diesen Ruf. Ausgangspunkt ist jedoch die Trossinger Harmonika-Industrie, die Mitte des 19. Jahrhunderts aus handwerklichen Anfängen Fabriken entstehen ließ, welche nach dem Ersten Weltkrieg alle in der Matth. Hohner AG aufgingen, die in ihrer Blütezeit viertausend Beschäftigte zählte. Heute arbeiten dort wenige hundert Spezialisten in hoch automatisierten Produktionsanlagen, beschränkt auf den ursprünglichen Kernbereich der Harmonika-Instrumente.
Das war nicht immer so. Hohner hatte nach vielen Seiten expandiert und weitere Instrumentengruppen ins Programm genommen. Daraus resultieren letztlich auch die Anfänge der heutigen Staatlichen Hochschule für Musik Trossingen. Als im Zweiten Weltkrieg die Bombenangriffe auf deutsche Großstädte einsetzten, wurden Teile der Musikhochschulen Stuttgart, Frankfurt und Köln ins relativ sichere Trossingen ausgelagert, wo der Lehrbetrieb provisorisch weitergeführt werden konnte.
So entstand 1944 ein "Staatliches Hochschulinstitut für Musikerziehung an der Universität Heidelberg mit Sitz in Trossingen". Von der französischen Besatzungsmacht 1945 geschlossen, doch bald darauf wieder eröffnet, wurde daraus 1947 eine Staatliche Hochschule für Musik des Landes Südwürttemberg-Hohenzollern. Vorübergehend wieder aufgelöst, dann als Hochschulinstitut ohne Schul- und Kirchenmusik weitergeführt, in verschiedenen Altbauten notdürftig untergebracht, fristete das Institut ein bescheidenes Dasein. Eine Hohner-Stiftung hatte die Trägerschaft übernommen und wirkte als Bauträger weiter, als mit der erneuten Verstaatlichung 1971 ein Neuanfang gelang. In drei Bauabschnitten 1978 bis 1991 wurde das heutige Hochschulgebäude mit eigenem Konzertsaal errichtet. Ein vierter Bauabschnitt für die Orchestermusik und das Institut für Alte Musik ist geplant.
Im Mittelpunkt der Ausbildung stehen Diplomstudiengänge für Musiklehrer, Orchestermusiker und evangelische Kirchenmusik, der Studiengang Schulmusik und das Verbreiterungsfach Jazz und Popularmusik. Aufbaustudiengänge enthalten die künstlerische Ausbildung in Gesang und Instrumentalfächern einschließlich des Schwerpunkts Alte Musik und Musiktheorie mit Komposition, Kammermusik, Klavier / Lied und feste Ensembles sowie Dirigat Chor und Orchester, ferner die A-Prüfung Kirchenmusik. 1990 wurde das Institut für Alte Musik mit einem internationalen Dozententeam ins Leben gerufen. Die Trossinger Hochschule hat als "Musikhochschule der Euregio Bodensee" besondere Aufgaben der Kulturförderung im ländlichen Raum übernommen.

Set on the Baar plateau between the Black Forest and Lake Constance, halfway between Stuttgart and Zurich, lies the small Württemberg town of Trossingen, which prides itself on being a town of music. This reputation comes from the fact that Trossingen has a college of music, the Staatliche Hochschule für Musik, a federal academy in which young musicians are trained, a conservatory specialising in harmonica instruments, a concert hall and a regional youth music school. The roots of this development lie in Trossingen's harmonica industry, which arose when craftsmen set up shop here in the mid-19th century. After the First World War, they were incorporated to form the Matth. Hohner AG, which counted a workforce of four thousand in its prime. Today, a few hundred specialists operate the highly automated production plants, concentrating on the production of harmonica instruments, the company's original main business.
This has not always been the case, though. Hohner once expanded in many directions and incorporated other groups of instruments into its product range. And, at the end of the day, it was this development that marked the start of the Staatliche Hochschule für Musik Trossingen. When bombs began to fall on Germany's major cities during the Second World War, sections of the colleges of music in Stuttgart, Frankfurt and Cologne were evacuated to the relatively safe town of Trossingen. Teaching continued provisionally.
In 1944, this led to the institutional birth of the Staatliches Hochschulinstitut für Musikerziehung in Trossingen, a branch of Heidelberg University. Closed by the French occupying forces in 1945, it soon reopened in 1947 to become the Staatliche Hochschule für Musik des Landes Südwürttemberg-Hohenzollern. Temporarily closed again, then revitalised as a branch of the university, but without offering school or church music training, the college was accommodated in makeshift old buildings and led a modest life. A Hohner foundation took on institutional (and financial) responsibility and later also financed building work after the state of Baden-Württemberg had taken on institutional responsibility in 1971, marking a new beginning. The present college building, equipped with its own concert hall, was built in three stages from 1978 to 1991. A fourth stage is planned for the Department of Orchestral Music and for the Institut für Alte Musik (early music).
Studies focus on Diplom degree courses for music teachers, orchestral musicians and on Protestant church music, on the degree course for school music and on an extension course in jazz and popular music. Postgraduate degree courses offer artistic training in singing and instrumental subjects, including the institution's core areas of early music and music theory, along with composition, chamber music, piano / song, and permanent ensembles, as well as the Dirigat choir and orchestra, plus courses leading to an A-Qualification in church music. 1990 saw the opening of the Institut für Alte Music (early music), staffed with an international faculty team. In its capacity as the college of music for the Lake Constance Euregio, the HfM Trossingen has taken on particular responsibilities for promoting culture in rural areas.

Lehren: Konzentration und Intensität
Teaching: Concentration and intensity

Hochschule für Musik "Franz Liszt" Weimar

Hausadresse / *Address*:
Platz der Demokratie 2/3, D-99423 Weimar
Postadresse / *Postal Address*: Postfach 2552, D-99406 Weimar
Telefon / *Telephone*: 0049/3643/555-0
Telefax / *Telefax*: 0049/3643/555-117
Internet / *Internet*: http://www.uni-weimar.de/hfm
Gründungsjahr / *Founded*: 1872
Bundesland / *State*: Thüringen / *Thuringia*

Lehrpersonal / *Teaching Staff*:
insgesamt / *in total*: 134

Studierende / *Students*: 863
Ausländische Studierende / *Foreign Students*: 172

Die Geburtsstunde der Hochschule für Musik "Franz Liszt" Weimar schlug im Jahre 1872, als Carl Müllerhartung die erste Orchesterschule Deutschlands eröffnete. Hinter Müllerhartungs Initiative stand die Idee seines Lehrers Franz Liszt von "Fortschrittschulen" zur umfassenden Pflege des Musikernachwuchses.
Pragmatismus und Vision, Praxisorientierung und pädagogischer Fortschritt sind unverändert die Pfeiler der musikalischen Ausbildung an Thüringens einziger Kunsthochschule. Die Arbeit am Modell "Franz-Liszt-Hochschule" dauert, seit Liszts Leitbilder Einzug in das frühere Franziskanerkloster Am Palais hielten, und sie fordert die Mitarbeiterinnen und Mitarbeiter des Hauses auch jenseits des Weimarer Kulturstadtjahres 1999 und des Jahrtausendwechsels. Schließlich ist die Aufgabe, junge Musiker für ein Arbeitsleben zu qualifizieren, das kulturelle Allgemeinbildung voraussetzt und instrumentale Höchstleistungen ebenso abverlangt wie geschicktes Agieren auf dem "Musikmarkt", heute aktueller und zukunftsträchtiger denn je.
Das Bekenntnis zum "work in progress" schließt aber eine positive Zwischenbilanz nicht aus. So können Studierende und Beschäftigte nicht nur an einzigartig gelegenen, historisch gewachsenen Orten, sondern auch unter den Voraussetzungen struktureller und personeller Erneuerung und reformierter Lehrpläne arbeiten. Wer in Weimar studiert, kann sich zudem durch eine gut ausgestattete Bibliothek / Mediathek lesen und hören, in zahlreichen öffentlichen Konzerten mitwirken, im modernen Studiotheater erste Bühnenerfahrungen sammeln, Tonstudioarbeit live erleben und sich musikalisch wie organisatorisch an vielerlei Projekten beteiligen.
Nach einer Strukturreform werden sich zukünftig zwei Fachbereiche die Lehre teilen. Ein erster widmet sich der Ausbildung von Musikern für Orchester und Theater (mit den Abteilungen Streichinstrumente und Harfe, Blasinstrumente und Schlagwerk, Dirigieren, Gesang und Musiktheater, Gitarre), ein zweiter der Ausbildung von Musikpädagogen, freien Künstlern und von Musikwissenschaftlern (mit den Abteilungen Tasteninstrumente, Jazz- und Popularmusik und mit den Instituten für Neue Musik, für Schulmusik, für Musikwissenschaft, für Musikpädagogik und -theorie). Kooperationen mit der Friedrich-Schiller-Universität Jena und der Bauhaus-Universität Weimar machen die Breite des Angebots möglich.

Mit "leichtem Gepäck": auf dem Weg zur Probe
Travelling "light": On the way to a rehearsal

Nach Abschluss der Sanierungsmaßnahmen an der historischen Bausubstanz hat die Hochschule, das Zentrum der musikalischen Ausbildung in Thüringen, auch geographisch wieder ihren angestammten Platz in der Mitte Weimars eingenommen. Das geschichtsträchtige Fürstenhaus am Platz der Demokratie (mit dem benachbarten Rößlerschen Haus, dem Sitz der Verwaltung) und das Gründungsgebäude Am Palais sind aber nicht nur Mittelpunkt des akademischen Lebens, sondern mit ihren Konzertsälen auch viel besuchte Orte öffentlicher Veranstaltungen. Oberhalb der Stadt, am Schloss Belvedere, wird in den Kavaliershäusern studiert. Und einige weitere, kleinere Standorte im Stadtgebiet ergänzen einstweilen das Raumangebot, das mit der Übernahme der ehemaligen Streichhan-Kaserne in der Leibnizallee im Jahr 2001 nahezu optimal sein wird.
Das Laboratorium Hochschule, in dem vergangene, gegenwärtige und zukünftige Modelle der Musikausbildung und -ausübung erprobt werden, kann freilich nur erfolgreich arbeiten, wenn es regelmäßig zum Podium wird, seine Versuchsanordnungen einer kritischen Öffentlichkeit präsentiert. Innerhalb des Hauses, aber auch an zahlreichen anderen Orten Weimars und der Region geschieht dies in einer großen Anzahl von Vorspielen und Konzerten der Studierenden im Rahmen ihrer Ausbildung, in zahlreichen Projekten der Fachbereiche und ihrer Abteilungen bzw. Institute (vom Kammer-, Chor- oder Orchesterkonzert über die "Jazznacht" bis zur Elektroakustischen Installation oder Oper im Studiotheater Belvedere), in den Preisträgerkonzerten der internationalen Wettbewerbe und den Auftritten namhafter Gäste der allsommerlichen Weimarer Meisterkurse. In jeweils dreijährigem Turnus werden der Internationale Franz-Liszt-Klavierwettbewerb, der Louis-Spohr-Wettbewerb für junge Geiger und der Joseph-Joachim-Kammermusikwettbewerb ausgetragen. Den Preisträgern winken Prämien bis zu 20 000 DM, CD-Produktionen und attraktive Anschlusskonzerte.
Die praxisorientierte Ausbildung von Orchestermusikern, von Pianisten, Dirigenten und Komponisten auf der Höhe zukünftiger Anforderungen und das Kammermusikspiel: Sie bekräftigen jene "Liszt-Identität", der sich die Hochschule verpflichtet fühlt, die sie aber auch durch die Studiengänge Schulmusik und Musikwissenschaft und den postgradualen Studiengang Kulturmanagement, durch Forschungsleistungen mit wissenschaftlichen Schriften oder Editionen sowie durch vielerlei Dienstleistungen erweitert, insbesondere mit der musikalischen Spezialausbildung im Musikgymnasium Belvedere. Liszt, der Europäer, schließlich steht Pate bei den vielfältigen internationalen Kontakten auf der Brücke zwischen Ost- und Westeuropa. Seine "Fortschrittschule" gehört zu den aktivsten Mitgliedern im europäischen Hochschulverband C.H.A.I.N., ist am EU-Programm SOKRATES / ERASMUS rege beteiligt und nutzt viele Möglichkeiten, um den internationalen Austausch von Lehre, Forschung und Musizierpraxis zu beleben.

The Hochschule für Musik "Franz Liszt" in Weimar was founded in 1872 when Carl Müllerhartung opened Germany's first school of orchestral music. Müllerhartung's initiative was inspired by the idea of a "progressive school" dedicated to the comprehensive cultivation of music which had been put forward by his teacher Franz Liszt.
Pragmatism and vision, practical focus and educational progress continue unaltered to form the pillars on which musical training is built at Thuringia's only higher education institution specialising in an artistic field. Work on the model of the "Franz-Liszt-Hochschule" continues, since the guiding principles set by Liszt still permeate the former Franciscan monastery with its main building, Am Palais, and carry on challenging and inspiring the staff at the HfM even after Weimar's year as the 1999 Cultural Capital of Europe came to an end and the new millennium began. After all, the mission of qualifying young musicians for a professional career which requires general cultural education and the highest instrumental skills as well as proficiency and confidence in the "music market" is today more topical and relevant to the future than ever before.
The dedication to "work in progress" does not mean that a positive intermediate stocktake cannot be completed. Students and staff not only currently have the opportunity to work in uniquely positioned,

Erstrahlt in alter Pracht: das "Fürstenhaus"
Bathed in renewed splendour: The "Fürstenhaus"

historically-evolved locations, but can also do so in the wake of the new structures, staff and reformed curriculums which have been introduced. Those who study at Weimar can also read and listen their way through a well-stocked and equipped book and media library. They can play their part in the many public concerts given by the Hochschule für Musik "Franz Liszt", gain their first stage experience in the modern Studiotheater, take a real life look at work in the sound studio, and participate in the many projects in a musical or organisational capacity.
Upon completion of the structural reform, Weimar henceforth offers teaching in two departments. The first department is dedicated to educating and training musicians for orchestra and theatre (with courses for bowed strings and harp, wind and percussion, conducting, singing and music theatre, guitar), while the second concentrates on training music teachers, freelance artists and musicologists (with courses in keyboard instruments, jazz and popular music, and the Institut für Neue Music—modern music—, the Institut für Schulmusik—school music—, the Institut für Musikwissenschaft—musicology—, the Institut für Musikpädagogik und -theorie—music education and theory). Agreements on cooperation with Jena University and Weimar University make it possible to offer such a breadth of courses.
Following completion of the refurbishment and redevelopment work on the historical buildings, the HfM Weimar will also have moved geographically back into its traditional home in the heart of Weimar. The Fürstenhaus, with its wealth of history, located on the Platz der Demokratie (with the HfM's administration in the neighbouring Rößlersches Haus) and the HfM's first building, Am Palais, not only form the heart of academic life, but are also well-frequented whenever their concert halls serve as venues for public concerts. In the upper town, at Schloss Belvedere, students can study in the Kavaliershäusern, once the home of the cavalry. A few other small facilities in the city of Weimar currently round off the campus on which the HfM Weimar can operate, although it is the move to the former Streichhan Barracks scheduled for 2001 that will finally create a practically perfect campus.
The Laboratorium Hochschule serves as a test-bed for past, present and future models of music training and practice, although it can only work successfully when it can regularly operate as a platform for presenting the results of its tests and experiments to a critical public at large. Within the Hochschule, as well as at many other venues in the city of Weimar and the region, this presentation occurs through the many performances and concerts offered by students within the scope of their studies, in the numerous projects carried out by the departments and their units or institutes (from chamber, choir and orchestra concerts to the Jazznacht, electroacoustic installation or opera productions in the Studiotheater Belvedere), in the concerts given by the prize-winners of the international competitions and in the appearances by renowned guests at the Weimar Meisterkurse, held every summer. International competitions—Franz-Liszt-Klavierwettbewerb (piano), Louis-Spohr-Wettbewerb für junge Geiger (young violinists), and the Joseph-Joachim Kammermusikwettbewerb (chamber music)—are held on a three-year rota. Laureates can receive awards of up to DM 20,000, plus the chance to produce their own CDs and perform in attractive follow-up concerts.
The focus on practical studies for orchestral musicians, such as pianists, conductors and composers, which the HfM Weimar provides at the very highest standards, and in chamber music, confirm that the Liszt identity, which Weimar is dedicated to, is very much alive. However, the HfM Weimar has also extended its range of activities by introducing degree courses in school music and musicology and the postgraduate degree course in culture management, by researching and producing scientific papers and editions, as well as by providing a whole range of services, particularly special music training at the Musikgymnasium Belvedere (a special grammar school for talented pupils). Last but not least, Liszt the European is the patron for the many international contacts which the HfM Weimar maintains as a bridge between Eastern and Western Europe. Franz Liszt's "progressive school" is one of the most active members of the European Association of Higher Education Institutions C.H.A.I.N., is involved in the EU's SOCRATES / ERASMUS programme and makes use of the many opportunities on offer to promote international exchange in the fields of teaching, research and music practice.

Hochschule für Musik Würzburg

Hausadresse / *Address*:
Hofstallstraße 6–8, D-97070 Würzburg
Postadresse / *Postal Address*: do.
Telefon / *Telephone*: 0049 / 931 / 32187-0
Telefax / *Telefax*: 0049 / 931 / 32187-44
Internet / *Internet*: http: / / www.hfm-wuerzburg.de
Gründungsjahr / *Founded*: 1973
Bundesland / *State*: Bayern / *Bavaria*

Lehrpersonal / *Teaching Staff*:
hauptamtliche Dozenten / *Full-time Professors and Senior Lecturers*: 53,
Lehrbeauftragte / *Contract Lecturers*: 136

Studierende / *Students*: 500
Ausländische Studierende / *Foreign Students*: 110

Wenn die Hochschule für Musik in Würzburg, 1973 in diesen Status erhoben, sich auf die ältesten Wurzeln unter allen deutschen Musikausbildungsstätten beruft, geschieht das im Bewusstsein einer langen Vorgeschichte.
Das 1797 gegründete Collegium Musicum Academicum Wirceburgense bildete den Grundstock für das 1804 als Attribut der Universität errichtete Musikalische Institut. Unter wechselnden Bezeichnungen – Königliches Musikinstitut (1821), Königliche Musikschule (1875), Königliches Konservatorium (1912) und Bayerisches Staatskonservatorium der Musik (1921) – stand es bis auf eine zweijährige Unterbrechung nach Ende des Zweiten Weltkriegs permanent im Dienst der Ausbildung von Musikern.
Von den Persönlichkeiten, die dieses Institut geprägt haben, ist an erster Stelle dessen Gründer Professor Dr. Franz Joseph Fröhlich zu erwähnen, der in seiner 54-jährigen Amtszeit vor allem zwei Ziele verfolgte: die nachdrückliche Pflege der Orchestermusik und die gründliche musikalische Ausbildung von Schullehrern, zwei Bereiche, die auch heute noch von zentraler Bedeutung sind. Dr. Karl Kliebert erwirkte 1875 eine gründliche Reform, in deren Folge den theoretischen Fächern ein fester Platz in der Ausbildung eingeräumt wurde. Unter seinem Nachfolger Professor Max Meyer-Olbersleben stieg Anfang der zwanziger Jahre die Schülerzahl auf über 1 000 an. Dr. Hermann Zilcher war es, der ab 1920 das Haus mit neuen Ideen füllte. Eine Klasse für künstlerisches Klavierspiel wurde eingerichtet, ebenso ein dreijähriger Kurs für angehende Schulmusiker. Aus einer in der Residenz durchgeführten Konzertreihe des damaligen Bayerischen Staatskonservatoriums entstand das heute noch florierende Mozartfest Würzburg.
Mit dem Bombenangriff vom 16. März 1945 sank auch das Konservatoriumsgebäude – 1814 von Peter Speeth errichtet – in Schutt und Asche. Dabei verbrannten die wertvolle Instrumentensammlung und – als unschätzbarer Verlust – die reiche Bibliothek, in der u.a. das gesamte Repertoire der ehemaligen fürstbischöflichen Hofkapelle aufbewahrt war.
Nach einigen provisorischen Notlösungen konnte in den sechziger Jahren unter Direktor Hanns Reinartz ein neues Gebäude mit Unterrichts- und Konzerttrakt in Betrieb genommen werden. Der durch die Erhebung zur Hochschule ausgelöste abermalige Raummangel wurde 1997 mit der Eröffnung eines zweiten großen Gebäudes endgültig behoben. Seitdem sind die Fachbereiche auch räumlich gegliedert: Während im "alten Haus" Orchesterinstrumente, Tasteninstrumente, Kirchenmusik und Verwaltung verblieben, sind im "Neubau" die Opernschule mit Probebühne, die Musiktheorie mit Seminarräumen, Hörsälen und die historischen Instrumente untergebracht. 30 Übungsräume stehen den Studierenden zur Verfügung und bieten ihnen die erforderlichen räumlichen Bedingungen für ein erfolgreiches Studium.

When the Hochschule für Musik Würzburg (HfM), which became a higher education institution in 1973, refers to its roots as being the oldest of all centres of music training in Germany, then it does so in the confidence of the long history which it can look back on with pride.
The Collegium Musicum Academicum Wirceburgens, established in 1797, was the foundation on which the Musical Institute was established in 1804 as part of the university. Under changing names—Königliches Musikinstitut—Royal Music Institute (1821), Königliche Musikschule—Royal School of Music (1875), Königliches Konservatorium—Royal Conservatory (1912) and Bayerisches Staatskonservatorium der Musik—Bavarian State Conservatory of Music (1921), the institution has, with the exception of a two-year break after the Second World War, constantly striven to provide quality education and training for musicians.

Schwingungen durchdringen Mauern: Resonanzkörper von Bernhard Hauser – außen ...
Sound vibrates through the walls: Soundboxes by Bernhard Hauser—outside ...

... und innen
... and inside

Of the personalities who have shaped the institute, first mention must be made of its founder, Prof. Dr. Franz Joseph Fröhlich, who, in his 54-year period in office, above all pursued two goals. First, there was the long-standing cultivation of orchestral music and, second, thorough musical training for schoolteachers, two fields which still represent core areas today. In 1875, Dr. Karl Kliebert carried out fundamental reforms, and as a consequence, the theoretical subjects were given a regular place in the curriculum. Under his successor, Prof. Max Meyer-Olbersleben, the number of students rose to 1,000 in the early 1920s. It was Dr. Herman Zilcher who, from 1920, introduced new ideas into the academy. A class for artistic piano was established, as was a three-year course for aspiring music teachers. A concert series staged in the Residenz by the Bavarian State Conservatory evolved into the Würzburg Mozart Festival, which still flourishes today.
Besides some other buildings, the air raid of 16 March 1945 also destroyed the conservatory building—built in 1814 by Peter Speeth. The valuable collection of instruments perished in the flames, as did the invaluable treasure of the library, whose wealth of material included the full repertoire of the former Prince Bishop's Court Orchestra.
After a series of provisional emergency solutions, the 1960s saw a new building with teaching and concert wings opened under the direction of Hanns Reinartz. When the institution's status was raised to that of a Hochschule für Musik, space was again in short supply, and so a second major building was built and opened in 1997. Since then, the departments have also been able to enjoy their own premises. While the "old house" accommodates the orchestral instruments, keyboard instruments and administration, the new-build facility is home to the opera school rehearsal stage, the theory of music department with seminar rooms and lecture hall, and the historical instruments. Those who want to practice their art can choose from a total of 30 exercise and rehearsal rooms, and so students can be sure to find everything they need for successful study at the Hochschule für Musik Würzburg.

Lernen: Ausdauer und Disziplin
Learning: Staying power and discipline

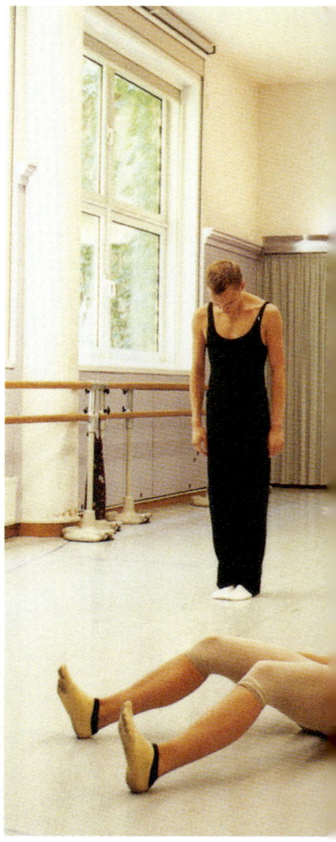

◂ Modern Dance (Folkwang Hochschule Essen)
Modern dance

▴ Bewegungsunterricht für Sänger (HMT Leipzig)
Singers learn how to move

▸ Abendliche Tänze" (Palucca Schule Dresden)
"Evening Dances"

◂ Proben für "Medusa" (Palucca Schule Dresden)
Rehearsals for "Medusa"

▾ Ausdrucksübung (HfM Frankfurt am Main)
Exercises in expression

◂ Probenarbeit (HfM Frankfurt am Main)
Rehearsals

▸ Ballettkurs (HfM Frankfurt am Main)
Ballet course

Proben in der Gruppe (HfS Berlin)
Group rehearsals

Christoph Richter

Das Studium ist eine Vielbahnstraße

Musikhochschulen im Wandel

Die Musikhochschulen in Deutschland erfüllen, wie in anderen Ländern die Konservatorien und Music Departments, sowohl die Aufgaben der beruflichen Ausbildung von Musikern, Schauspielern, Tänzern als auch jene von Pflege, Forschung und Entwicklung der Musik, des Musizierens und der darstellenden Künste. Die Entwicklung der heutigen Musikhochschulen zu künstlerischen und wissenschaftlichen Hochschuleinrichtungen zeichnet einen wichtigen Teil der Musikgeschichte seit dem Mittelalter nach. Anders als die Universitäten, die von ihrer Gründung an wissenschaftlichen Normen verpflichtet waren, durchliefen die Musikhochschulen viele institutionelle, konzeptionelle und inhaltliche Stationen.

Musikalische Berufsausbildung wurde in Gilden, beim Militär, in Stadtpfeifereien (städtische Handwerksbetriebe mit dem Auftrag, für Musikerausbildung zu sorgen und musikalische Aufführungen aller Art zu garantieren) sowie in städtischen, kirchlichen und höfischen Kapellen betrieben, bis seit der Mitte des 19. Jahrhunderts namhafte Musiker jenen Typ des Konservatoriums gründeten, welcher als unmittelbarer Vorläufer der Musikhochschulen gelten kann.

Auch die frühen Konservatorien des 16., 17. und 18. Jahrhunderts, zum Beispiel das zunächst "Ospedale" genannte Konservatorium in Venedig seit 1517 oder das Conservatoire National des Musiques in Paris seit 1784, wurden für eng gefasste Berufsaufgaben, nämlich für den Kirchen-, Opern- und Konzertdienst gegründet. Einige von ihnen bildeten einen institutionellen Verbund mit Opernhäusern, Kapellen und Kirchen. Allmählich jedoch entwickelten sich die beruflichen Musikschulen zu Einrichtungen mit vielseitigeren und längerfristig angelegten Ausbildungsgängen. Der Lehrling wandelte sich im 19. Jahrhundert zum Musikstudenten, der eine sorgfältige Spezialausbildung und gleichzeitig eine breite musikalische und allgemeine Bildung erhielt.

Als Prototyp für diese Vorstufe ist das von Felix Mendelssohn Bartholdy 1843 mit einigen Musikerfreunden geplante und errichtete Konservatorium in Leipzig zu nennen. Dieses ist in dreifacher Hinsicht Vorbild und Modell der heutigen Musikhochschulen. Die Ausbildung zielte auf eine vielseitige und zugleich hoch spezialisierte, selbstständige Berufsfähigkeit für musikalische Tätigkeiten auf hohem künstlerischem Niveau. Sie bestand in einem System von künstlerischen, musikpraktischen, theoretischen und wissenschaftlichen Haupt-, Pflicht- und Nebenfächern, von Aufnahmeprüfungen und Abschlussgraden. Und sie war organisiert in einer Struktur von Fächergruppen einerseits und auf Berufsabschlüsse bezogenen Studiengängen andererseits.

Eine entscheidende Veränderung erfuhr dieses Modell durch die Gründung und Entwicklung der Schulmusikabteilungen. Diese Abteilungen vermehrten das bisherige Fächer- und Ausbildungssystem um einen Studiengang von besonderer Ausbildungsbreite, bestehend aus künstlerischen, musiktheoretischen, pädagogischen und wissenschaftlichen Disziplinen. Dass eine solche umfassende und allgemeine, das Praktische mit dem Theoretischen verbindende Musikausbildung ein ebenso beliebtes wie notwendiges Studienangebot darstellt, zeigt sich darin, dass keineswegs alle Absolventen Musiklehrer werden, sondern dass viele Musikwissenschaftler, Journalisten, Musikhochschullehrer, ausübende Musiker und andere mit Musik befasste Menschen dieses Studium als Basis ihrer musikalischen Bildung schätzen.

Ein zweiter, für die Entwicklung der Musikhochschulen vielleicht noch wichtigerer Fortschritt lag darin, dass durch die Errichtung musikwissenschaftlicher und musikpädagogischer Lehrstühle sowie durch die Ausbildung für das "höhere Lehramt" an Schulen der Status einer künstlerisch-wissenschaftlichen Hochschule erreichbar war.

Auf der Grundlage des Mendelssohnschen Konzepts und seiner Weiterentwicklung in den 1920er Jahren sind darüber hinaus neue Ausbildungsrichtungen entstanden. So gibt es Angebote der Beschäftigung mit der Neuen Musik, dem Jazz, der Pop- und Rockmusik, mit Rhythmik und Musiktherapie, mit dem Musical; ferner der Ausbildung zum Musikmanager, der Möglichkeit wissenschaftlicher Qualifikation und der Verbindung von Musik, Theater, bildender Kunst und Film.

Begriff, Zielsetzung und inhaltliche Konkretisierung von Bildung und von musikalischer Bildung wurden allerdings sowohl von den Gründern als auch von ihren Kritikern durchaus unterschiedlich verstanden. Die Bildungsvorstellungen, die für die Konservatorien und später für die Musikhochschulen formuliert wurden, lassen sich zu zwei alternativen Programmen zusammenfassen. Die eine Alternative stellt der Forderung nach fachlicher Bildung eine allgemeine, über Musik hinausgehende Bildungsvorstellung entgegen. Die andere setzt Bildung als ein fachliches Wissen und Vermögen gegen jene Humboldtsche Bildungsidee der Ausprägung des

Christoph Richter

Studying Music Gets You Places

Colleges of Music in Times of Change

The responsibilities of Germany's colleges of music, much as those of conservatories and music departments in other countries, include the provision of professional training for musicians, actors, dancers, as well as that of cultivating, researching and developing music, music-making and the performing arts. The evolution of today's colleges of music into artistic and academic institutions portrays an important section of post-mediaeval music history. In contrast to the universities, which since their foundation have been committed to scientific and academic standards, the colleges of music have passed through many institutional, concept- and content-related phases.

Training for professions in music used to be carried out in the guilds, the military, the Stadtpfeifereien *(workshops responsible for training musicians and making sure that all kinds of musical performances were carried out) as well as in various town, church and court music corps, until, starting in the mid-19th century, renowned musicians began to establish the type of conservatory that may be considered to be the direct predecessor to the colleges of music.*

The early conservatories of the 16th, 17th and 18th centuries, for example, the conservatory in Venice existing since 1517 and initially known as the "Ospedale" or the Conservatoire National des Musiqes operating in Paris from 1784 onwards, were also established to provide closely-defined professional training, namely to serve the requirements of church opera and concert life. Some of them formed an institutional union with operas houses, ensembles, choirs and orchestras, and with churches, Gradually, however, these professional music schools developed into institutions offering much more all-round and longer-term courses. In the 19th century, the apprentice evolved into the student of music who received scrupulous specialist training coupled with a broad musical and general education.

The conservatory which Felix Mendelssohn Bartholdy and some musician friends planned and established in Leipzig in 1843, can be called the prototype for this preliminary stage. There are three reasons why this institution is considered to be an example and model for the modern-day college of music. The training aimed at providing aspiring musicians with a diverse and, at the same time, highly specialised range of independent professional skills with which they could practise music at a high artistic level. The training involved a system of artistic, practical, theoretical and academic major, mandatory and subsidiary subjects, of entrance exams, final degrees and qualifications. And all this was organised within a structure of subject groups, on the one hand, and of courses based on professional qualifications, on the other.

This model experienced decisive change in the wake of the foundation and development of school music departments. These departments added a particularly broad range of training to the earlier system of subject and qualification-based training; this new range brought in artistic, music theoretical, education and academic disciplines. The fact that such comprehensive and general music training, combining the practical with the theoretical, represented a popular and necessary study opportunity can be seen in the fact that far from all graduates ended up becoming music teachers; rather, many musicologists, journalists, music lecturers and professors, practising musicians and other people concerned with music came to appreciate these studies as a basis for their musical training.

Perhaps even more important for the development of the music colleges was the fact that the establishment of musicological and music educational professorial chairs as well as training for "advanced school teaching posts" meant that the status of an artistic-academic college became really achievable.

Based on Mendelssohn's concept and its further development in the 1920s, new educational fields were created, for example courses for people occupied with modern music, jazz, pop and rock music, rhythm and music therapy, and the musical. There are also programmes to qualify music managers, to gain academic qualifications, or to combine music, theatre, fine art and film studies.

The concept, objective and specific content of education and music training were, however, certainly understood in different ways, both by the founders and their critics. The educational concepts formulated for the conservatories and later for the colleges of music can be summarised as two alternative programmes. One contrasts the call for specialist training with a general educational concept, which extends beyond music. The other juxtaposes education and training as specialist knowledge with Humboldt's educational idea of the individual shaped by attitudes, opinions and responsibility towards himself and others.

Three criteria which can provide a standard measure for the structures, organisation and study opportunities need to be considered in order to elucidate the multi-defined educational mission of the colleges of music within the field of specialist professional preparation.

Initially, one needs to mention the discussion and cooperation between students and their teachers, whose responsibilities include that of acting as exemplary models of musical and general education and knowledge, extending beyond their specialist skills as artists and educators. Universities have always been characterised by a special

Menschen zur Person, die von Haltungen, Einstellungen und Verantwortung sich selbst und der Mitwelt gegenüber geprägt ist.

Um diesen mehrfach bestimmten Bildungsauftrag der Musikhochschulen innerhalb der fachlichen Berufsvorbereitung zu verdeutlichen, sollen drei Kriterien herangezogen werden, die einen Maßstab für die Strukturen, für die Organisation und für die Studienangebote abgeben können.

Zu nennen ist zunächst die Auseinandersetzung und Zusammenarbeit der Studierenden mit den Lehrenden, zu deren Aufgaben es gehört, die musikalische und allgemeine Bildung als Vorbild zu erfüllen, über ihr fachliches Können als Künstler und Pädagogen hinaus und im Vollzug ihrer Lehrtätigkeit. Seit je sind Universitäten durch ein besonderes Verhältnis der Professoren zu den Studierenden charakterisiert. Im Unterschied zu anderen Ausbildungsstätten ist dieses Verhältnis an Musikhochschulen bestimmt durch direkte Teilhabe an der künstlerischen Arbeit der Professoren und ihrer künstlerischen und menschlichen Haltung den Dingen und ihrer Arbeit gegenüber.

Es ist ferner bestimmt durch die gemeinsame Arbeit in einem verbindlichen, persönlichen und auf gegenseitiges Vertrauen gestellten Meister-Schüler-Verhältnis, das über fachliche Anleitung und Nachahmung hinausgeht. Und es ist schließlich geprägt durch die beim Wort genommene Kollegialität, d.h. durch die Gemeinsamkeit der künstlerischen und pädagogischen Haltung.

Ein zweiter Weg für die Erfüllung des Bildungsauftrags der Musikhochschulen liegt in der Art der Auseinandersetzung mit Musik. Sie sollte in die Weite (Breite) und in die Tiefe gehen. Damit ist ein doppelter, beinahe gegenläufiger Weg bezeichnet. Um einer Musik auf den Grund ihrer Machart und Bedeutung zu gehen, ist es unverzichtbar, mehr zur Kenntnis zu nehmen als ihre musikalischen "Texte" und die Bedingungen und Möglichkeiten ihrer spieltechnischen Realisierung. Sie muss vielmehr als Bild, als Sprache ihrer Zeit und ihrer Rezeptions- und Wirkungsgeschichte erschlossen werden. Sie als Zeugnis für menschliches Ausdrucksbemühen zu verstehen und darzustellen nötigt dazu, über die klangliche Fassade hinaus in das gleichzeitige oder vorgängige Denken, Fühlen und Handeln in anderen Lebens- und Ausdrucksbereichen zu blicken.

Der gegenläufige Weg zur Entdeckung von künstlerischen Bildungslandschaften führt gleichsam nach innen, zu jenen Schichten der Musik, die ihr Elementares oder Zugrundeliegendes freigeben. Die Entdeckung (oder besser: Aufdeckung) des Zugrundeliegenden zeigt uns, was eine Musik darstellt und wie sie es zum Ausdruck bringt. Beide Weg-Richtungen verhalten sich komplementär zueinander. Ihre Ergebnisse ergänzen und bestätigen sich. Beide er-

relationship between the professors and their students. In contrast to other places of learning, this relationship is defined at music colleges by direct participation in the artistic work performed by the professors and in their artistic and human attitude towards the subject matter and their work.

It is further defined by their collaboration within a forthcoming, personal master-pupil relationship based on mutual trust, which extends beyond specialist guidance and imitation. And, finally, it is shaped by a concept of co-operation that is taken literally, i.e. by the shared experience of artistic and educational attitude.

A second path towards fulfilling the educational mission of the colleges of music lies in the method in which music is examined and discussed. It should be both broad and deep. This describes a double, practically contradictory approach. In order to get to the roots of the music in its style and significance, attention must be given to more than just its musical "texts" and the conditions and opportunities of how it is actually played or performed. Rather, music must be deciphered as an image, as the language of its day and of the history of its adoption and effect. Understanding and presenting this as a witness of human expressive endeavours necessarily means looking beyond the tonal façade into the simultaneous or previous thoughts, feelings and actions found in other areas of life and expression.

The opposite path to discovering artistic educational landscapes leads inwards, as it were, to those layers of music which release its elementary or fundamental characteristics. The discovery (or better: exposure) of the fundamental reveals to us what a musical piece represents and how it expresses this. Both directions relate to each other in complementary fashion. Their results augment and confirm each other. Both develop the relationship between the respectively special and unique, on the one hand, and the general, i.e. that which is humanly-existentially valid, on the other.

Both directions aim at interpretation. They serve the goal of artistic-harmonic presentation, i.e. the playing and technical interpretation of the musical text. Artistic presentation alone will not content itself with the exact and appropriate style of tonal realisation, but will rather strive to demonstrate through music how the field of music—through the body and its tool, the instrument—makes it possible to represent human feeling, thinking and attitude and to offer these to others in shared experience. Interpretation fulfils itself in letting presentation and explanation coincide. Establishing this interrelationship characterises the main responsibility of a college of music, a responsibility to which all subjects—knowing full well the contributions made by other disciplines—made their own contribution. Interpretation is at the core of the college of music's educational and training mission.

The third way of fulfilling the educational mission beyond the scope of specialist and technical aspects consists of engaging in continual discourse on learning, on music making and on interpretation. This means engaging in forms of mutuality which are able to mould the college of music into a place of particular vitality: technical and artistic instruction, music-theoretical elucidation, aural training, the cultural historical blossoming of musical meanings, performance practice, interpretation.

Germany's colleges of music present a colourful and diverse landscape. On the one hand, this picture stems from differences in their local, royal, church and other regional predecessors. Only few of the colleges of music were not established on the basis of a forerunner (notably Leipzig and Berlin). Most of the others evolved gradually out of orchestra schools, conservatories, church music schools, specialist schools and other educational institutions. This development more or less took place in four phases: in the second half of the 19th century, in the 1920s, after the Second World War and since 1970. The two "absolutely" new institutions founded after the Second World War, again without predecessors, were based on special higher education concepts—one with a focus on modern and early music (Freiburg) and one following the concept of a school for string instruments set in a remote location (Detmold).

The wealth of architectural styles and designs also contributes to the individuality of the colleges of music. Some are at home in glorious historical buildings dating from the time of their foundation, while others are housed in splendidly restored residences, mansions or palaces which were formerly used for other purposes. Some are accommodated in a concrete shell typical of the 1960s, while others enjoy the benefits of a successful architectural design. Indeed, a tour through the architecture of Germany's colleges of music will prove a worthwhile experience.

The diversity of the colleges of music also comes from the people who work in them. The professors and lecturers generally maintain close friendships with each other, as a result of the artistic practice and experience that they share. Naturally, the same applies to the students who, with the advantage of small groups, form a kind of biotope based on friendly collaboration and committed interest, a working spirit and atmosphere which students of other universities and colleges very much envy music college students for. This spirit and atmosphere is crowned by close, personal collaboration be-

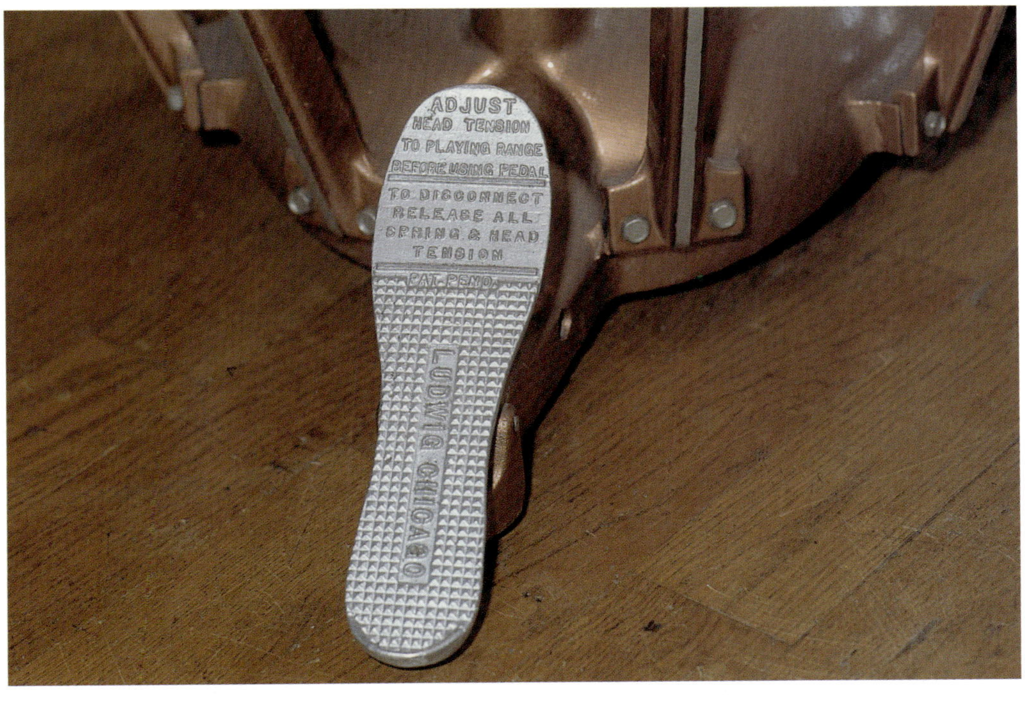

schließen das Verhältnis zwischen dem jeweils Besonderen und Einmaligen auf der einen und dem Allgemeinen, dem, was menschlich-existenziell gültig ist, auf der anderen Seite.

Beide Richtungen zielen auf Interpretation. Sie dienen der künsterisch-klanglichen Darstellung. d.h. der spieltechnisch-körperlichen Auseinandersetzung mit dem musikalischen Text. Die künstlerische Darstellung wird sich nicht zufrieden geben mit der exakten und stilgerechten klanglichen Realisation, sondern sie wird danach streben, musizierend zu demonstrieren, wie es möglich ist, im Gebiet der Musik – mit dem Körper und seinem Werkzeug, dem Instrument – das Fühlen, das Denken, die Haltung von Menschen darzustellen und anderen zum Mitvollzug anzubieten. Interpretation erfüllt sich in der zur Deckung gebrachten Darstellung und Deutung. Diesen Zusammenhang zu stiften stellt die Hauptaufgabe einer Musikhochschule dar, zu der alle Fächer – in Kenntnis der Beiträge der anderen – ihren Beitrag leisten. Interpretation ist das Zentrum der Bildungs- und Ausbildungsaufgabe der Musikhochschule.

Die dritte Weise, über das Fachliche und Technische hinaus den Bildungsauftrag zu erfüllen, besteht im ständigen Diskurs über das Lernen, über das Musizieren und über die Interpretation. Gemeint sind Formen der Gemeinsamkeit, welche die Musikhochschule zu einem Ort besonderer Lebendigkeit zu gestalten vermögen: der technischen und künstlerischen Unterweisung, der musiktheoretischen Aufklärung, des Trainings des Hörens, der kulturhistorischen Entfaltung musikalischer Bedeutungen, der Aufführungspraxis, der Interpretation.

Die deutschen Musikhochschulen bieten das Bild einer bunten und vielfältigen Landschaft. Das hat seinen Grund zum einen in der Unterschiedlichkeit kommunaler, fürstlicher, kirchlicher und anderer ländergeschichtlicher Vorgängereinrichtungen. Nur wenige Musikhochschulen sind vorgängerlose Gründungen gewesen (vor allem Leipzig und Berlin). Die meisten anderen entstanden schrittweise aus Orchesterschulen, Konservatorien, Kirchenmusikschulen, Fachschulen und anderen Ausbildungseinrichtungen. Diese Entwicklung vollzog sich, grob gesagt, in vier Schüben: in der zweiten Hälfte des 19. Jahrhunderts, in den zwanziger Jahren des 20. Jahrhunderts, nach dem Zweiten Weltkrieg und seit 1970. Den beiden, ebenfalls vorgängerlosen, "reinen" Neugründungen nach dem Zweiten Weltkrieg lagen spezielle Hochschulkonzepte zugrunde – die Ausrichtung auf die Neue und die Alte Musik (Freiburg) und die Vorstellung einer Streicherschule in abgelegener Gegend (Detmold).

Zur Individualität der Musikhochschulen trägt ihr Reichtum an unterschiedlicher Architektur bei. Manche leben in altehrwürdigen Gebäuden ihrer Gründerzeit, manche in wundervoll restaurierten Häusern, Palais oder Schlössern ehemals anderer Bestimmung, manche im Betonmantel der 1960er Jahre, manche in Schöpfungen gelungener neuer Architektur. Eine Architekturreise durch die deutschen Musikhochschulen lohnt sich.

Zur Vielfalt der Musikhochschulen gehören auch die Menschen, die in ihnen arbeiten. Die Lehrenden stehen durch ihre gemeinsame künstlerische Tätigkeit zumeist in engen freundschaftlichen Beziehungen. Das gilt natürlich auch für die Studierenden, die mit dem Vorteil kleiner überschaubarer Gruppen, auf Verbindlichkeit beruhender Zusammenarbeit und engagiertem Interesse eine Art Biotop bilden, um dessen Arbeitsgeist und Atmosphäre die Studierenden anderer Hochschulen die Musikhochschulstudierenden zu beneiden pflegen. Gekrönt werden dieser Geist und die Atmosphäre durch eine enge und persönliche Zusammenarbeit mit den Lehrenden, geprägt von Zuwendung, Fürsorge und gegenseitiger Anteilnahme. Es ist stets eine Freude, in die lebendige und freundliche Atmosphäre einer Musikhochschule einzutauchen.

Das Lehr- und Ausbildungsangebot der deutschen Musikhochschulen umfasst die Ausbildungen

- zum Instrumentalisten als zukünftigem Orchestermusiker, Solisten oder Kammermusiker;
- zum Sänger, zum Organisten, Pianisten, Dirigenten;
- zum Musiklehrer für den höheren Schuldienst (an Gymnasien), an manchen Musikhochschulen auch zum Grund-, Haupt- und Sonderschullehrer;
- zum Instrumental- und Vokallehrer;
- zum Musiktheorielehrer;

tween students and teachers, a relationship shaped by care, responsibility and mutual empathy. It is always a joy to immerse into the vibrant and friendly atmosphere of a college of music.

The range of education, training and instruction offered by Germany's colleges of music covers courses leading to qualifications as

- instrumentalists for future careers as orchestral musicians, soloists and chamber musicians;
- singers, organists, pianists and conductors;
- music teachers for higher school service (grammar schools), while some colleges of music also train primary school, lower secondary school and special needs school teachers;
- instrumental and vocal teachers;
- teachers of music theory;
- jazz and pop/rock musicians;
- specialists for the musical, as a specific branch of music theatre;
- music and sound recording engineers (Tonmeister);
- opera singers, actors and dancers.

The system of additional, postgraduate and extension studies which is still in the process of being established allows permeability, combinations, focuses, and professional preparation in accordance with the principle of and wish for professional polyvalence. In connection with such extensions and additions, more and more colleges of music now offer postgraduate degree courses leading to qualifications in music management, music therapy, music journalism, moderation/mediation and music communication. The trend for students to augment their chosen degree course by taking subjects from other areas is also becoming stronger (e.g. singing for instrumentalists, conducting as a major subject for instrumentalists or music teachers, music theory as a major for music teachers, rhythm for instrumentalists, music teachers and conductors).

It has been possible to extend the academic-scientific field at the colleges of music over recent decades. Some colleges of music have established chairs or institutes in the fields of music sociology, music theory, music ethnology, psychology, talent research, elementary music training, philosophy, anthropology, etc. Building on such a consolidated academic-scientific platform, many colleges of music—either independently or in co-operation with universities—have been able to gain and exercise the right to award doctorates and the professorial teaching qualification (the so-called Habilitation).

College of music teaching staff are special in that most faculty members can traditionally look back on long periods of professional practice in artistic and teaching positions, perhaps gained in orchestras and opera houses, in radio and TV broadcasting and at schools, in music schools or as freelance musicians. Besides teaching at the college, most of the staff also pursue artistic activities, in most cases holding outstanding positions and playing an active part in internationally respected concert life. This close professional proximity influences teaching and exerts a positive effect on the studies. After all, the students who learn their main instruments in individual artistic instruction can experience their teachers as active artists practising their art.

Besides professorial staff, students are also taught by a large circle of lecturers in mandatory and subsidiary subjects, complementary disciplines, and subjects required for particular specialities. This section of the

- in den Gebieten Jazz, Pop-/Rockmusik;
- für die Musiktheatersparte Musical;
- zum Tonmeister;
- zum Opernsänger, Schauspieler oder Tänzer.

Das noch im Ausbau begriffene System von Zusatz-, Aufbau- und Ergänzungsstudien erlaubt Durchlässigkeit, Mischungen, Schwerpunktbildungen und Berufsvorbereitungen, die dem Prinzip und dem Wunsch nach beruflicher Polyvalenz Rechnung tragen. Im Zusammenhang mit solchen Ergänzungen bieten immer mehr Musikhochschulen Aufbaustudiengänge für Musikmanagement, Musiktherapie, Musikjournalismus, Moderation und Musikvermittlung an. Es verstärkt sich auch die Tendenz, das eingeschlagene Studium durch studiengangsfremde Fächer zu vertiefen (z.B. Gesang für Instrumentalisten, das Hauptfach Dirigieren für Instrumentalisten oder Musiklehrer, das Hauptfach Musiktheorie für Musiklehrer, Rhythmik für Instrumentalisten, Musiklehrer, Dirigenten).

Der wissenschaftliche Bereich der Musikhochschulen konnte in den letzten Jahrzehnten ausgebaut werden. An manchen Musikhochschulen sind Lehrstühle bzw. Institute für Musiksoziologie, Musiktheorie, Musikethnologie, für Psychologie, Begabungsforschung, elementare Musikerziehung, Philosophie, Anthropologie u.a. entstanden. Auf einer derart gestärkten wissenschaftlichen Basis konnten viele Musikhochschulen – in Selbstständigkeit oder in Kooperation mit Universitäten – das Promotions- und das Habilitationsrecht ausüben.

Die Besonderheit der Kollegien an den Musikhochschulen liegt in der Tradition, dass die meisten Mitglieder des Lehrkörpers auf lange Berufszeiten in künstlerischen oder pädagogischen Tätigkeiten zurückblicken können: in Orchestern und Opernhäusern, am Rundfunk und in Schulen, in Musikschulen oder in freien Musikberufen. Der größte Teil des Kollegiums geht neben der Hochschullehre künstlerischen Tätigkeiten nach, zumeist in herausgehobenen Positionen und im international angesehenen Konzertleben. Die Prägung der Lehre durch eine enge Berufsbezogenheit kommt dem Studium entgegen. Die Studierenden, die ihre Hauptinstrumente ja im künstlerischen Einzelunterricht lernen, erleben ihre Lehrer als tätige Künstler und in ihrer künstlerischen Tätigkeit.

Außer von der Professorenschaft wird die Lehre von einem großen Kreis von Dozenten getragen, in den Pflicht- und Nebenfächern, in ergänzenden Disziplinen, in Fächern für besondere Spezialitäten. Zu diesem Teil des Kollegiums gehören nicht nur fest angestellte Dozenten, sondern vor allem Lehrbeauftragte, die alle in Musikberufen arbeiten und auf deren hohe künstlerische und pädagogische Qualitäten keine Musikhochschule verzichten kann.

Das Konzertleben auf der ganzen Welt ist heute weitgehend international geprägt und beruht auf einem dichten Netz privater und institutioneller, künstlerischer und musikpädagogischer Zusammenarbeit. Auch die deutschen Musikhochschulen sind durch vielfältige Beziehungen mit den entsprechenden Ausbildungseinrichtungen anderer Länder verbunden. Viele Künstlerinnen und Künstler der Hochschulen halten sich regelmäßig zu Konzerten und zu pädagogischen Kursen im Ausland auf. Auf der Ebene der Hochschulpolitik, der Hochschulreformen und -verwaltung arbeiten übernationale Gremien regelmäßig zusammen: die europäische Rektorenkonferenz der Musikhochschulen, der europäische und der internationale Musikrat, weltweit miteinander verbundene musikpädagogische Gremien und Forschungsgemeinschaften.

Dies alles führt zu einer Fülle von Kontakten zwischen jungen Musikern; sie tragen zur weiteren Internationalisierung des Musiklebens bei. Enge Bindungen entstehen durch gemeinsamen Unterricht in Instrumentalklassen, in internationalen Kammermusikgruppen und -veranstaltungen, in der zunehmenden Zahl von international besetzten Jugendorchestern und ihren weiten Konzertreisen. Auch die große Zahl der international ausgeschriebenen Wettbewerbe wirkt in die Richtung weltweiter künstlerischer Zusammenarbeit.

Die freundschaftlichen Beziehungen zwischen Musikern vieler Länder, die sowohl auf gemeinsam verbrachten Studienzeiten als auch auf der neuerdings entstandenen Übung wechselnder Ensembletätigkeit aufbauen, werden dadurch auf die nachwachsende Generation übertragen, dass Kollegen und Kolleginnen ihre Studierenden zur weiteren Ausbildung zu befreundeten Musikern in andere Länder schicken.

Seit ihrer Gründung befinden sich die deutschen Musikhochschulen in Entwicklungsphasen und Reformen. Die derzeitigen Überlegungen und Reformanstrengungen richten sich auf die Anpassung an die international üblichen Studienabschlüsse und Organisationsformen der Studiengänge. Im Gespräch sind die Einführung von "undergraduate" und "graduate studies", von Bakkalaureus- und Magister-Graden, die Verrechnung der Studienleistungen nach Kreditpunkten. Auf diese Weise sollen der Wechsel von Studienorten und -ländern, die gegenseitige Anerkennung von Studienleistungen und -anteilen erleichtert und die Vergleichbarkeit der Musikstudien garantiert werden.

Wichtiger aber sind Reformüberlegungen inhaltlicher Art. Die Veränderungen im Musikleben, z.B. in der reichen deutschen Orchesterlandschaft, in der Ausweitung des Musikschulwesens, vor allem aber im Wandel des Musikerbildes zu einem freien Beruf mit vielen Spezialisierungen oder – als Alternative hierzu – zu einem vielseitigen Musiker mit wechselnden Tätigkeiten, nötigen die Musikhochschulen zu einem veränderten Zuschnitt der Studiengänge. Das stetig in Erweiterung begriffene Angebot der Musikhochschulen führt zu einer Studienform, die zunehmend von Selbstverantwortung und Selbstbestimmung der Studierenden bestimmt ist. Ziel ist ein individuell zusammengestelltes Studium, aufgebaut auf einem Fundament, das den Erwerb von künstlerischen, pädagogischen und wissenschaftlichen Grundkompetenzen sicherstellt. Als geeignete organisatorische Form eines solchen Studienverhaltens bietet sich die Modularisierung der Studienangebote an, ein System also, in welchem jeder Studierende nach dem Prinzip von Pflicht und Kür sein Studium durchführt und es in die Vielbahnstraßen unterschiedlicher Abschlüsse führt.

Auf diese Weise reagieren die Musikhochschulen auf die Veränderungen im Musikleben und erweisen sich zugleich als Teil dieses Musiklebens und als sein mögliches Reformmodell.

teaching staff not only comprises full-time lecturers, but above all contract lecturers, all of whom are working in music professions. No college of music could do without this valuable reservoir of outstanding artistic and educational qualities.

Concert life around the world is now largely international in nature and relies on a tight network of private and institutional, artistic and music educational collaboration. Germany's colleges of music maintain a wide variety of contacts with appropriate educational institutions in other countries. Many artists from the colleges also regularly spend periods of time abroad, playing at concerts and taking part in educational courses. International organisations regularly work together in the field of higher education policy, reform and administration, including the European association of conservatories, academies of music and colleges of music (AEC), the European and international music councils, globally-networked music-educational bodies and research councils.

This all leads to a wealth of contacts between young musicians, which further contribute to the advancing internationalisation of music life. Close ties evolve through shared instruction in instrumental classes, in international chamber music groups and music events, in the growing number of internationally-appointed youth orchestras and their far-ranging concert tours. Moreover, the high number of international competitions works towards global artistic collaboration.

The friendships which exist between musicians from many countries, dating back to the days when they studied together or established on the more recent practice of working and playing in a variety of ensembles and orchestras, are thus passed on to future generations, namely when colleagues send their students to their musician friends around the world for the purpose of enjoying further musical training.

Since their foundation, Germany's colleges of music have found themselves in development phases and reforms. The current deliberations and reforms focus on the adoption of the standard international degrees, qualifications and organisational degree course structures. The introduction of undergraduate and graduate studies is being discussed, as are Bachelor's and Master's degrees, and the award of credit transfer points for academic achievements. Such structures intend to enable students to change their place or country of study, to ensure that the mutual recognition of study achievements and sections and the comparability of music studies is guaranteed.

However, it is more important to have ideas on how to reform the content of studies. Changes in music life necessarily call upon the colleges of music to adapt the calibre of their degree courses, because these changes are being felt in the rich German orchestral landscape, in the expansion of music schooling, but above all in the way the profile of the musician is developing into that of a freelance professional with many specialisations —or alternatively—into that of versatile and flexible musicians who change their positions with regularity. The range of courses offered by colleges of music is constantly expanding; the teaching offered within these courses is increasingly calling upon students to take on personal responsibility for their studies and to decide for themselves what and how they study. The goal behind this is to provide students with individually structured studies, building on a foundation which secures the acquisition of basic artistic, educational, academic and scientific competences and skills. The modularisation of study opportunities offers itself as a suitable organisational form for such study structures. This means a system will evolve in which each student completes his or her studies on the principle of required and elective elements; studies will then become a multi-way street leading to a choice of various degree and qualification destinations.

This is how the colleges of music are responding to the changes in music life and are at the same time proving themselves to be an integral part of this music life and a possible model for reform.

Burkhard Finckh, Student: Alles dreht sich um Musik

▲►► Im Unterricht
In the classroom

► Auf dem Weg zur Hochschule
On the way to college

▼ Lehrprobe mit Schülern
Teaching practice with pupils

AUGUST FÖRSTER

▲ Üben zu Hause
Practising at home...

◄ Ein Zubrot: Straßenmusik auf dem Alexanderplatz
Earning some extra cash: Busker on Berlin's Alexanderplatz

◄► Komponieren gehört dazu
...and then composing

▲ Auf dem Weg zur Jam Session
On the way to a jam session

▼ Musik auf dem Gendarmenmarkt
Making music on Berlin's Gendarmenmarkt square

▲▲ Jam Session
Jam session

▲ In der Big Band der Hochschule für Musik "Hanns Eisler" Berlin
The Big Band of the "Hanns Eisler" College of Music in Berlin

◄ Im Freilichtkino
In the open air cinema

◄◄ Entspannung bei Squash
Relaxing with a game of squash

Werner Becker

Hochschulen für Kirchenmusik

Die Hochschulen für Kirchenmusik, die sich auf den folgenden Seiten kurz darstellen, sind erst in den letzten beiden Jahrzehnten in das deutsche Hochschulsystem eingegliedert worden. Als fachbezogene Spezialhochschulen mit durchweg wenigen Studierenden bereichern sie die vielfältige Hochschulstruktur in Deutschland um eine weitere Besonderheit.

Sie widmen sich ausschließlich der Ausbildung von hauptberuflichen Kirchenmusikern. Ihre Träger sind (katholische) Diözesen bzw. (evangelische) Landeskirchen. In gewisser Weise sind sie mit den theologischen Ausbildungsstätten zu vergleichen, die die beiden großen christlichen Kirchen neben den theologischen Fakultäten an staatlichen Hochschulen unterhalten.

Auch für die Ausbildung von Kirchenmusikern gibt es kein Monopol. Fast alle staatlichen Musikhochschulen – und sogar zwei Universitäten – bieten kirchenmusikalische Studiengänge an. Und längst nicht alle Einrichtungen, in denen die Kirchen ihren eigenen Musikernachwuchs unterrichten, sind in Hochschulen umgewandelt worden. Sie bestehen z. B. als Kirchenmusikschulen oder Kirchenmusikseminare weiter. Diese können – wie die Hochschulen – oft auf eine lange, traditionsreiche und wechselvolle Geschichte zurückblicken, die nicht nur von innerkirchlichen Entwicklungen, sondern durchaus auch von politischen Faktoren geprägt ist.

So hat die Trennung von Kirche und Staat nach dem Untergang des deutschen Kaiserreiches 1918 unter anderem dazu geführt, dass Lehrer nicht mehr zugleich als Organisten und Kantoren ausgebildet wurden: die – besonders staatsnahen – evangelischen Kirchen mussten ihre Musiker selbst schulen und dafür eigene Institutionen schaffen. Und nach 1945 haben beide großen christlichen Kirchen auf die Bevormundung durch die nationalsozialistische Diktatur erneut mit der Gründung einer Vielzahl eigener kirchenmusikalischer Einrichtungen reagiert.

Die konfessionelle Trennung, die in der Ausbildung der Kirchenmusiker durchweg – freilich nicht überall – zu beobachten ist, mag den außenstehenden Betrachter befremden. Sie hat ihre Ursache in der engen Bindung der Tätigkeit von Kantoren und Organisten an die gottesdienstliche Liturgie. Diese Bindung besteht nach wie vor, auch wenn in den letzten Jahren die Kirchenmusiker zusätzliche Aufgaben in der musikalischen Gemeindearbeit (mit Kindern und Jugendlichen, mit Laienchören und -orchestern) übernommen haben und dieses sich ändernde Berufsbild Rückwirkungen auf die Ausbildung hat.

Solche Anpassungen hat es auch früher immer wieder gegeben. Sie gehören zu der reichen und weit ausstrahlenden kirchenmusikalischen Tradition Deutschlands.

Der Hochschulstatus hat in den betroffenen Ausbildungsstätten vor allen Dingen Konsequenzen für den Zugang zum Studium und für die Studien- und Prüfungsordnungen gehabt. Die entsprechenden Regelungen mussten – unter Wahrung der eigenen Besonderheiten – an diejenigen der staatlichen Hochschulen angepasst werden.

So ist hier wie dort die Zugangsvoraussetzung das Abitur (von dem bei besonderer Begabung abgesehen werden kann) und das Bestehen einer fachgebundenen Eignungsprüfung. So endet hier wie dort in der Regel – Ausnahmen gibt es immer – das vierjährige Studium mit der so genannten B-Prüfung, für die meist das Diplom verliehen wird. Nach einem viersemestrigen Aufbaustudium kann die A-Prüfung abgelegt werden.

Diese der kirchenmusikalischen Ausbildung eigene Terminologie bezieht sich auf die Unterteilung der hauptberuflichen Musikerstellen im kirchlichen Dienst. B-Stellen sind die Regel; A-Stellen sind solche in großen Kirchengemeinden und werden im Allgemeinen besser bezahlt. (Im Übrigen gibt es auch so genannte C-Stellen, die für nebenberuflich in der Kirchenmusik tätige, musikalisch ausgebildete Personen bestimmt sind.)

Interessierte Leser finden die kirchenmusikalischen Studiengänge, die von den staatlichen und kirchlichen Hochschulen in Deutschland angeboten werden, auf Seite 239 dieses Buches.

Bei Redaktionsschluss gab es in Deutschland sechs eigenständige Hochschulen für Kirchenmusik. Es spricht jedoch vieles dafür, dass die Tendenz zur Umwandlung von Kirchenmusikschulen zu Kirchenmusik-Hochschulen anhält. So steht bereits fest, dass sowohl die bisherige "Fachakademie für evangelische Kirchenmusik" in Bayreuth als auch die bisherige (katholische) "Kirchenmusikschule des Gregorius-Hauses" in Aachen Hochschulen werden.

Da in beiden – wie auch in weiteren, im Planungsstadium befindlichen – Fällen der Prozess der Umwandlung noch nicht abgeschlossen ist, sind diese Einrichtungen hier nicht mit eigenen Darstellungen vertreten.

Werner Becker

Colleges of Church Music

The colleges of church music which are briefly presented on the following pages have only been integrated into the German higher education system over the past two decades. In their capacity as specialist colleges that without exception have small student bodies, these colleges add a further enriching special feature to Germany's already wide and diverse higher education landscape.

These colleges exclusively focus on training professional church musicians for full-time positions. The colleges are maintained by the (Catholic) dioceses or the (Protestant) provincial churches. They can, to a certain extent, be compared to the theological institutions, which the two major Christian churches maintain apart from the theological faculties found at state-maintained universities.

It is important to note, however, that there is no monopoly on the training of church musicians. Practically all state-maintained colleges of music—and even two universities—offer degree courses in church music disciplines. And by no means all the institutions in which the churches instruct their own up-and-coming generations of young musicians have been converted into colleges. These institutions exist, for example, as church music schools or church music seminars. And just like the colleges, these schools and seminars can often look back on a long and varied history full of tradition, a history which has certainly not only been shaped by internal church developments, but also by political factors.

The division of church and state, for example, that followed the downfall of the German empire in 1918 led to teachers no longer being trained both as organists and choirmasters. The Protestant churches—with their particularly close ties to the state—had to train their musicians themselves and created dedicated institutions to this end. Following 1945, the two major Christian churches responded to the imposition of state decision-making during the Nazi dictatorship by founding a large number of their own church music institutions again.

The denominational separation that can be found throughout the training of church musicians—though not everywhere—may alienate outside observers. The reasons for this lie in the close bond between the work of choirmasters and organists and the church service liturgy. This bond continues to exist, although recent years have seen church musicians take on additional responsibilities involving community or congregational music (children and youngsters, lay choirs and orchestras). Consequently, this changing professional profile has influenced training.

Earlier times repeatedly saw such adaptation as well. Indeed, this is part of Germany's rich and far-reaching church music tradition.

The higher education status of the institutions in question above all affected access to studies as well as study and examination regulations. The appropriate regulations and provisions—while maintaining the special features of these institutions—had to be brought into line with those of the state-maintained higher education institutions. So, here as there both types of institution require applicants to hold the Abitur school-leaving certificate (as an indication of whether the applicant can be expected to have the requisite special talent). Applicants are also required to take an aptitude test in their chosen field of study.

So, here as there studies are generally completed—although exceptions do exist—after four years of study with the so-called B-Prüfung, *an examination for which the* Diplom *degree is usually awarded. Students who complete four semesters of postgraduate training can take the* A-Prüfung.

This terminology, which is unique to the field of church music, mirrors the subdivision of full-time musician positions in the churches. B positions are the rule; A positions are those held in large church communities and are generally better paid. (Incidentally, there are also the so-called C positions, which were introduced for musically-trained people who hold a secondary or part-time church music position).

The interested reader will find the church music degree courses which state and church-maintained colleges offer in Germany listed on page 239 of the book at hand.

At the time of going to press, Germany had six independent colleges of church music. However, the signs very much suggest that the trend of converting church music schools into church music colleges will continue. Thus, the decision has already been made to convert both the Protestant "Fachakademie für evangelisches Kirchenmusik" in Bayreuth as well as the Catholic "Kirchenmusikschule des Gregorius-Hauses" in Aachen into colleges.

Since both of these institutions—as well as others still in the planning stages—have not yet fully completed the process of transformation, their self-portraits have not been included in this book.

Hochschule für Kirchenmusik der Evangelisch-Lutherischen Landeskirche Sachsens

HOCHSCHULE
FÜR KIRCHENMUSIK
der Ev.-Lutherischen
Landeskirche Sachsens

Hausadresse / *Address*:
Käthe-Kollwitz-Ufer 97, D-01309 Dresden
Postadresse / *Postal Address*: do.
Telefon / *Telephone*: 0049/351/31864-0
Telefax / *Telefax*: 0049/351/31864-22
E-Mail / *e-mail*: hfkmudd@t-online.de
Gründungsjahr / *Founded*: 1949
Bundesland / *State*: Sachsen / *Saxony*

Lehrpersonal / *Teaching Staff*:
Professoren / *Professors*: 2,
Dozenten / *Senior Lecturers*: 8,
Lehrbeauftragte / *Contract Lecturers*: 30

Studierende / *Students*: 55
Ausländische Studierende / *Foreign Students*: 2

Im Jahre 1949 wurde die Kirchenmusikschule Dresden durch den späteren Kreuzkantor Professor Martin Flämig, zunächst mit fünf Studierenden, gegründet. Durch die strikte Trennung von Staat und Kirche in der ehemaligen DDR war die Errichtung einer eigenständigen kirchenmusikalischen Ausbildungsstätte in kirchlicher Trägerschaft notwendig geworden.
1992 wurde die Kirchenmusikschule zur Hochschule für Kirchenmusik der Evangelisch-Lutherischen Landeskirche Sachsens umgewandelt. An der Hochschule werden etwa 50 evangelische und katholische Studierende sowie Angehörige von Freikirchen ausgebildet. Neben dem Diplomstudiengang werden Studierende auf den nebenamtlichen kirchenmusikalischen Dienst (C-Ausbildung) vorbereitet.
Zu den Studienfächern gehören Chorleitung, Orgelliteraturspiel, Liturgisches Orgelspiel, Singen und Sprachen, Klavier, Musiktheorie, Musikgeschichte, Gehörbildung, Partiturspiel, Popularmusik / Arrangement, Gemeindesingen, Musikalische Arbeit mit Kindern sowie eine theologische Grundausbildung (Biblische Theologie, Kirchengeschichte, Systematische Theologie, Kirchenkunde). Besonderes Gewicht liegt auf der Vorbereitung auf eine Tätigkeit in Kirchengemeinden. Diesem Ziel dienen auch ein während des Studiums zu absolvierendes Gemeindepraktikum, die Fächer Gemeindesingen und Musikalische Arbeit mit Kindern.
Der Hochschulchor singt regelmäßig in Gottesdiensten Dresdner Gemeinden und ist durch Ur- und Erstaufführungen zeitgenössischer Musik, aber auch durch exemplarische Aufführungen alter und romantischer Musik bekannt geworden. Regelmäßige Kontakte bestehen zu evangelischen Kirchen in Rumänien (Siebenbürgen), Lettland und Estland. Von dort wurden auch Studenten an der Dresdner Hochschule ausgebildet.

In 1949, the Kirchenmusikschule Dresden (Dresden Church Music School) was founded by the later Cantor of the Kreuzkirche, Professor Martin Flämig. Initially, this school had but five students. As a result of the strict separation of state and church in the former East Germany, an independent, church-maintained institution offering music education had become a much-needed development.
In 1992, the church music school was raised to higher education status as a Hochschule für Kirchenmusik under the maintenance of the Protestant Lutheran State Church of Saxony. Around 50 Protestant and Catholic students as well as members of various free churches are trained at the college.
Subjects of study include choir direction / conducting, organ repertory, liturgical organ playing, singing and speaking, piano, music theory, music history, aural training, sight reading, popular music / arrangement, community / congregational singing, musical work with children and theoretical basic training (Biblical theology, church history, systematic theology, church studies). Particular attention is placed on preparation for a career in church congregations. This objective is also served by a period of practical training which students must complete in a congregation or community during their studies. Furthermore, students are required to study community / congregational singing and musical work with children.
The college choir regularly sings at church services held in church communities and congregations in Dresden and is well-known in Dresden, in Saxony and far beyond for its premières and first night performances of contemporary music, as well as for its exemplary performances of early music and romantic music.
Regular contacts are maintained with the Protestant Churches in Romania, Latvia and Estonia. Students from these countries are also trained at Dresden.

Alte Villa als Hort der Musen
The historical villa is home to the Muses

Evangelische Hochschule für Kirchenmusik Halle an der Saale

Hausadresse / *Address*:
Emil-Abderhalden-Straße 10, D-06108 Halle / Saale
Postadresse / *Postal Address*: do.
Telefon / *Telephone*: 0049 / 345 / 21969–0
Telefax / *Telefax*: 0049 / 345 / 21969–29
E-Mail / *e-mail*: KIMU@t-online.de
Internet / *Internet*: http: / / www.verwaltung.uni-halle.de / Studium / kimustud.htm
Gründungsjahr / *Founded*: 1926
Bundesland / *State*: Sachsen-Anhalt / *Saxony-Anhalt*

Abteilungen / *Departments*:
Kirchenmusik / *Church Music*;
Künstlerische Ausbildung / *Artistic Training*

Lehrpersonal / *Teaching Staff*:
hauptamtliche Dozenten / *Full-time Professors and Lecturers*: 10,
Lehrbeauftragte / *Contract Lecturers*: 30

Studierende / *Students*: 55
Ausländische Studierende / *Foreign Students*: 10

Die Evangelische Hochschule für Kirchenmusik in Halle wurde 1926 als in ganz Deutschland erste kirchliche Ausbildungsstätte für Kirchenmusik gegründet. Seit 1993 ist sie Hochschule in freier Trägerschaft. Bedeutende Kirchenmusiker und Komponisten haben das Geschick der Schule von der Zeit ihrer Gründung an mitbestimmt. Eberhard Wenzel (1896–1982) setzte in den fünfziger und sechziger Jahren innerhalb der Ausbildung einen starken Akzent auf die Chorarbeit, eine Tradition, die sich unter seinen Nachfolgern Walter Bruhns (1917–1977) und Helmut Gleim (geb. 1935) fortsetzte.
Jährlich vier bis fünf Konzerte (A-cappella-Literatur und oratorische Werke) und eine Konzertreise, darüber hinaus die musikalische Ausgestaltung von Gottesdiensten und Vespern gehören zum Programm des Hochschulchores. Neben den Chorkonzerten kann die Hochschule mit Orgel-, Klavier- und Kammermusikabenden auf sich aufmerksam machen.
Studenten der Abteilung Kirchenmusik A legen ihre Examina in den Fächern Orgel, Klavier und Cembalo in Form von Konzerten in der Marktkirche und im Händelhaus ab. Eine Partnerschaft verbindet die Hallesche Hochschule mit der Hochschule für Kirchenmusik in Herford / Westfalen. Durch Kurse, Gastvorlesungen und durch die unterrichtenden konzertierenden Organisten bestehen zahlreiche Auslandskontakte (nahezu zu allen europäischen Ländern und zu den Vereinigten Staaten).

In 1923, the Evangelische Hochschule für Kirchenmusik Halle became the first church-maintained educational establishment for church music to be founded in Germany. Since 1993, this institution has been a private college maintained by the Protestant church. Important church musicians and composers have played a part in the fortunes of the college since its original foundation. Eberhard Wenzel (1896–1982) placed a strong focus on choral work in the 1950s and 1960s, a tradition which was continued by his successors Walter Bruhns (1917–1977) and Helmut Gleim (born 1935).
The programme of the college choir includes between four and five concerts a year (a-cappella repertory and oratorical works) and a concert tour, plus the musical accompaniment of church services and vespers. Besides the choir concerts, the college is also notable for its organ, piano and chamber music evenings.
Students reading Church Music A complete their examinations in organ, piano and harpsichord by performing concerts in the Market Church and the Händel House. The Hallesian college and the Hochschule für Kirchenmusik in Herford / Westphalia cooperate through various partnership programmes. Numerous international contacts exist through courses, guest lectures, and through the teaching, concert-playing organists. These international contacts extend to practically all European countries and to the United States.

Der Hochschulchor
The college choir

Hochschule für Kirchenmusik der Evangelischen Landeskirche in Baden

Hausadresse / *Address*:
Hildastraße 8, D-69115 Heidelberg
Postadresse / *Postal Address*: do.
Telefon / *Telephone*: 0049 / 6221 / 27062
Telefax / *Telefax*: 0049 / 6221 / 21876
E-Mail / *e-mail*: hfk.heidelberg@t-online.de
Internet / *Internet*: http: / / www.hfk-heidelberg.de
Gründungsjahr / *Founded*: 1931
Bundesland / *State*: Baden-Württemberg / *Baden-Württemberg*

Lehrpersonal / *Teaching Staff*:
Professoren / *Professors*: 5,
Lehrbeauftragte / *Contract Lecturers*: ca. 30

Studierende / *Students*: 38
Ausländische Studierende / *Foreign Students*: 11

Die Hochschule für Kirchenmusik der Evangelischen Landeskirche in Baden wurde 1931 als "Kirchenmusikalisches Institut" zur Heranbildung des kirchenmusikalischen Nachwuchses der Badischen Landeskirche gegründet. Nach 1945 verlagerte sich das Ziel der Ausbildung auf die Heranbildung hauptamtlicher Kirchenmusikerinnen und Kirchenmusiker für die zahlreichen neu geschaffenen hauptberuflichen Kirchenmusikerstellen, nicht nur in Baden, sondern im gesamten Bereich der Evangelischen Kirche in Deutschland. Im Jahr 1988 erhielt das Institut den Rang einer "Hochschule für Kirchenmusik".
Verbindungen bestehen zur Universität Heidelberg und zur Pädagogischen Hochschule Heidelberg. Durch die Spezialisierung des Unterrichts erreicht die Hochschule Flexibilität bei der Schwerpunktbildung im späteren Beruf, wobei neben den künstlerischen auch die gemeindepraktischen Fächer gebührend berücksichtigt werden (Kinderchor, Popularmusik, Gemeindesingen). Die Studierenden haben an der Hochschule die Möglichkeit, mit professionellen Orchestern und Sängern zu proben und in der Öffentlichkeit aufzutreten. Ein interner Gesangswettbewerb, dessen Preise von einer ehemaligen Gesangsdozentin gestiftet werden, erfreut sich reger Beteiligung.

The Hochschule für Kirchenmusik Heidelberg, maintained by the Protestant church in Baden, was founded in 1931 as the Kirchenmusikalisches Institut for the church musical training of young musicians for the Baden provincial church. After 1945, the goal of the education and training shifted to training full-time church musicians for the numerous newly-created full-time church musician positions, not only in Baden, but throughout the whole of the Protestant church in Germany. 1988 saw the Institut raised to higher education status as a Hochschule für Kirchenmusik.
Contacts are maintained with Heidelberg University and with the Heidelberg College of Education. By specialising the education and training, the Hochschule für Kirchenmusik Heidelberg provides its students with flexibility when it comes to focusing their later careers; consideration is not only given to artistic aspects, but also to practical work in the communities and congregations (children's choir, popular music, community / congregational singing).
Students at the Hochschule have the opportunity to rehearse with professional orchestras as well as to perform in public with these orchestras. An internal singing competition, whose prizes were endowed by a former lecturer of singing, thrives on the lively participation of all involved.

Einübung ins Orgelspiel
Practising on the organ

Hochschule für Kirchenmusik der Evangelischen Kirche von Westfalen Herford

Hausadresse / *Address*:
Parkstraße 6, D-32049 Herford
Postadresse / *Postal Address*: do.
Telefon / *Telephone*: 0049 / 5221 / 991450
Telefax / *Telefax*: 0049 / 5221 / 830809
E-Mail / *e-mail*: http: // hfk@hfk.hf.de
Internet / *Internet*: http: // www.hfk.hf.de
Gründungsjahr / *Founded*: 1948
Bundesland / *State*: Nordrhein-Westfalen / *North Rhine-Westphalia*

Lehrpersonal / *Teaching Staff*:
Professoren / *Professors*: 9,
Dozenten / *Lecturers*: 4,
Lehrbeauftragte / *Contract Lecturers*: 12

Studierende / *Students*: 50
Ausländische Studierende / *Foreign Students*: 7

Aufgrund von Erfahrungen mit staatlicher Kirchenmusikerausbildung vor 1945 entschloss sich die Westfälische Kirche nach dem Zweiten Weltkrieg, ihre Musikerinnen und Musiker selbst zu schulen. 1948 begannen in Herford Kurse für Kirchenmusik, die 1949 als Westfälische Landeskirchenmusikschule Institutsform erhielt. Seit 1949 wurden Studierende auf den neben- wie auf den hauptamtlichen Dienst hin ausgebildet, bis von der Mitte der sechziger Jahre an ausschließlich das B- bzw. A-Studium für hauptamtliche Kirchenmusikerinnen und Kirchenmusiker angeboten wurde. Mit der Umwandlung der Schule in die Hochschule für Kirchenmusik der Evangelischen Kirche von Westfalen 1991 wurde auch die Möglichkeit der Künstlerischen Reifeprüfung in den Fächern Orgel, Orgelimprovisation, Chorleitung, Klavier oder Historische Tasteninstrumente geschaffen.

Erster Leiter war von 1948 an Wilhelm Ehmann; 1976 übernahm Uwe-Karsten Groß, 1994 Rolf Schönstedt das Rektorat. Gaststudierende aus aller Welt gehören von Anfang an zur Herforder Studentenschaft, insbesondere aus dem Baltikum, Japan, Nord- und Südamerika, Russland und Ungarn. Unter den Absolventen des Instituts finden sich Persönlichkeiten wie Volker Hempfling, Uwe Röhl, Ernst-Erich Stender und Harald Vogel.

Zu den Besonderheiten der Ausbildung in Herford gehören der obligate Unterricht im Blechbläserspiel und Schlagwerkunterricht für alle Studierenden sowie ständige Kurse in Kinderchorleitung und Popularmusik in der Kirche. Breite öffentliche Wirkung entfaltet das Haus durch Konzerte, Tourneen und den 1948 von Wilhelm Ehmann gegründeten Auswahlchor Westfälische Kantorei.

Based on the experience gained with the state training of church musicians in the period before 1945, the Westphalian Church decided to train its musicians itself after the Second World War. The first courses in church music were held in Herford in 1948. This teaching was institutionalised in 1949 with the establishment of the Westfälische Landeskirchenmusikschule (Westphalian State Church Music School).

From 1949 onwards students were able to study and qualify either for full-time positions as church musicians or for such positions in a part-time or secondary capacity. However, from the mid-1960s onwards, Herford solely offered B or A studies for full-time church musicians. The conversion of the school into a higher education institution in 1991 also created opportunities under which students could gain the artistic maturity qualification (Künstlerische Reifeprüfung) in organ playing, organ improvisation, choir direction / conducting, piano or historical keyboard instruments.

The Herford student body has included guest students from around the world since its very first days, especially from the Baltic, Japan, North America, South America, Russia and Hungary. Graduates of the college include personalities such as Volker Hempfling, Uwe Röhl, Ernst-Erich Stender and Harald Vogel.

Special aspects of the education and training provided in Herford include obligatory instruction in brass wind instruments and percussion instruments / drums for all students as well as permanent courses in conducting children's choirs plus popular music in the church. The college is well known among the public at large through its concerts, tours and the Westfälische Kantorei, a specially selected choir, which Wilhelm Ehmann established in 1948.

Das Hauptgebäude
The main building

Hochschule für Kirchenmusik der Diözese Rottenburg-Stuttgart

Hausadresse / *Address*:
St.-Meinrad-Weg 6, D-72108 Rottenburg
Postadresse / *Postal Address*: do.
Telefon / *Telephone*: 0049 / 7472 / 93630
Telefax / *Telefax*: 0049 / 7472 / 21337
E-Mail / *e-mail*: hfk-rottenburg@t-online.de
Internet / *Internet*: http: //home.t-online.de / home / hfk-rottenburg /
Gründungsjahr / *Founded*: 1949
Bundesland / *State*: Baden-Württemberg / *Baden-Württemberg*

Lehrpersonal / *Teaching Staff*:
insgesamt / *in total*: 19

Studierende / *Students*: 21
Ausländische Studierende / *Foreign Students*: 3

In den zwanziger Jahren als "Bischöfliche Musikschule" gegründet, seit 1973 als "Kirchenmusikschule Rottenburg" weitergeführt, wurde das Institut 1979 zur Hochschule für Kirchenmusik der Diözese Rottenburg-Stuttgart (Institutum superius musicae sacrae) erhoben.
Das Besondere am Studium in Rottenburg ist, dass die Hochschule die "Leitlinien zur Erneuerung des Berufsbildes", welche die Deutsche Bischofskonferenz im April 1991 verabschiedete, umzusetzen versucht. Die Leitlinien fordern u.a. eine pastoraltheologische Grundlegung, eine vertiefte liturgische Ausbildung sowie musikpädagogische Studienelemente. Als Einrichtung in kirchlicher Trägerschaft kann Rottenburg dieses Anliegen aufgrund des Ausbaus der entsprechenden Fächer, der Übungsmöglichkeiten und der atmosphärischen Gegebenheiten optimal aufnehmen. Daher versucht die Ausbildung, die Waage zwischen künstlerischen Anliegen und pastoralem Engagement zu halten. Der künftige Kirchenmusiker wird als künstlerischer Mitarbeiter im pastoralen Dienst anzusehen sein, herausgelöst aus dem alleinigen liturgischen Kontext.
Zusätzlich zum klassischen Kanon der Unterrichtsfächer tritt die musikalische Arbeit mit Kindern und Jugendlichen, der Umgang mit neuen geistlichen Liedern und Popularmusik und die ansatzweise Vermittlung der wichtigen Bereiche "Musikpädagogik / Allgemeinpädagogik", die Arbeit mit Kinder- und Jugendchören, Orff, Band (Instrumentation) und der damit verbundenen Literaturkunde.
Seit 1998 kooperiert die Hochschule für Kirchenmusik Rottenburg mit der Hochschule der Evangelischen Landeskirche in Tübingen.

Founded in the 1920s as an episcopate school of music, the Bischöfliche Musikschule, and continuing from 1973 as the Church Music School of Rottenburg, the institution was raised to the higher education status of a Hochschule für Kirchenmusik of the diocese of Rottenburg-Stuttgart (Institutum superius musicae sacrae) in 1979.
What is special about studying at Rottenburg is the fact that this college of music aims to implement the "Guidelines on the Renewal of the Professional Profile" which the Conference of German Bishops adopted in April 1991. Inter alia, the guidelines call for a pastoral-theological grounding, in-depth liturgical training as well as study elements in music education.
In its capacity as a church-maintained institution, Rottenburg is ideally suited to incorporating this approach on the basis of the maturity of the appropriate subject it offers, the opportunities it provides for practice and exercise, as well as the atmospheric conditions prevailing at the college. It is for this reason that the education and training seeks to maintain a balance between artistic standards and pastoral commitment. Future church musicians are to be seen as artistic members in pastoral service, removed from a solely liturgical context.
In addition to the traditional canon of disciplines, students also study musical work with children and young people, working with new sacred songs and popular music as well as the beginnings of other important areas of music education / general education, including work with child and youth choirs, Orff, band (instrumentation), and the related study of literature and repertory.
Since 1998, the Hochschule für Kirchenmusik Rottenburg has been engaged in cooperation with the Hochschule für Kirchenmusik Tübingen, maintained by the Protestant provincial church of Württemberg.

Unterrichtsorgel von Christoph Enzenhofer
Christoph Enzenhofer's organ for teaching purposes

Hochschule für Kirchenmusik der Evangelischen Landeskirche in Württemberg Tübingen

Hochschule für Kirchenmusik der Evangelischen Landeskirche in Württemberg

Hausadresse / *Address*:
Gartenstraße 12, D-72202 Tübingen
Postadresse / *Postal Address*: do.
Telefon / *Telephone*: 0049 / 7071 / 92599
Telefax / *Telefax*: 0049 / 7071 / 925998
E-Mail / *e-mail*: hkm.tuebingen@t-online.de
Internet / *Internet*: http: / / home.t-online.de / home / hkm-tuebingen
Gründungsjahr / *Founded*: 1945
Bundesland / *State*: Baden-Württemberg / *Baden-Württemberg*

Lehrpersonal / *Teaching Staff*:
insgesamt / *in total*: 24

Studierende / *Students*: 24
Ausländische Studierende / *Foreign Students*: 3

Die am 25. Oktober 1945 in Esslingen gegründete Kirchenmusikschule wurde am 28. Januar 1989 zur Hochschule für Kirchenmusik erhoben und zog zum 1. Oktober 1998 nach Tübingen um. Als neues Domizil dient das "Schwabenhaus", ein direkt am Neckar gelegenes berühmtes Gebäude, 1899 im nachempfundenen Rokokostil erbaut. Zu den berühmten Lehrern aus der Gründungszeit gehören Hans-Arnold Metzger, Karl Gerok, Helmut Bornefeld und Hermann Stern.
An der Hochschule werden neben dem grundständigen Studium der Evangelischen Kirchenmusik (mit Abschluss B-Diplom) und dem A-Aufbaustudium weitere Aufbaustudiengänge in Orgelliteraturspiel, Orgelimprovisation, Chorleitung und Kirchliche Popularmusik angeboten. Die Hochschule kooperiert mit der katholischen Hochschule für Kirchenmusik im benachbarten Rottenburg und verfügt über einen weithin bekannten Hochschul-Kammerchor. Weitere enge Kontakte gibt es zur Stiftskirchengemeinde und zum Evangelischen Stift, der württembergischen Theologen-Ausbildungsstätte. Ebenso bestehen Kontakte zur hiesigen Universität, besonders zur Theologischen Fakultät und zum Musikwissenschaftlichen Institut.
Die Hochschule für Kirchenmusik beherbergt als große Rarität Europas größte Orgelnotenbibliothek des "Verbandes Evangelische Kirchenmusik in Württemberg" mit weit über 8 000 Noten und Büchern.

Das "Schwabenhaus": Hochschule am Neckar
The "Swabian House": College building set on the banks of the River Neckar

The School of Church Music established in Esslingen on 25 October 1945 was raised to higher education status as a Hochschule für Kirchenmusik on 28 January 1989. This college of church music moved to Tübingen on 1 October 1998. The Schwabenhaus serves as the new domicile for the college. This "Swabian House" is a famous building, located directly on the banks of the River Neckar, and was built in 1899 in the style of the Rococo period. Famous teachers who have worked at this institution include Hans-Arnold Metzger, Karl Gerok, Helmut Bornefeld and Hermann Stern.
Besides offering a first degree course in Protestant church music (leading to the B-Diplom degree) and a postgraduate A-Diplom course, the Hochschule offers further postgraduate degree courses in organ repertory, organ improvisation, choral conducting and ecclesiastical popular music.
Tübingen cooperates with the Catholic Hochschule für Kirchenmusik in the neighbouring town of Rottenburg and has a widely known chamber choir. Furthermore, close contacts are maintained with the congregation of the Stiftskirche (collegiate church) and with the Evangelisches Stift, the education and training centre for theologians in Württemberg. Similarly, relations are cultivated with the University of Tübingen, especially with the Faculty of Theology and the Institute of Musicology.

The Hochschule für Kirchenmusik is home to an extremely rare collection, namely, Europe's library of organ music maintained by the Protestant Church Music Association in Württemberg, the Verband e. V. Kirchenmusik in Württemberg. The library contains more than 8,000 scores, and collections of music and books.

▲ Hochschule für Musik und Darstellende Kunst Frankfurt am Main
College of Music and Performing Arts Frankfurt am Main

Hochschule für Film und Fernsehen "Konrad Wolf" Potsdam-Babelsberg
"Konrad Wolf" College of Film and Television

► Staatliche Hochschule für Musik Stuttgart
State College of Music Stuttgart

Hochschule für Bildende Künste Dresden
Dresden College of Fine and Visual Art

◄ Musikhochschule Lübeck
College of Music Lübeck

Kunstakademie Düsseldorf – Haupttreppenhaus
Art Academy Düsseldorf—Main Stairwell

Hochschule für Grafik und Buchkunst Leipzig
College of Graphic and Book Art Leipzig

◂◂ Hochschule für Musik und Theater Hannover
Hanover College of Music and Drama

◂ Staatliche Hochschule für Musik Karlsruhe – Schloss Gottesaue
State College of Music Karlsruhe—Schloss Gottesaue

Staatliche Hochschule für Bildende Künste (Städelschule) Frankfurt am Main
State College of Fine and Visual Arts (Städel School) Frankfurt am Main

Hochschule für Musik und Theater Hannover
Hannover College of Music and Drama

▴ Staatliche Hochschule für Gestaltung Karlsruhe
State College of Design Karlsruhe

▸ Hochschule für Musik und Darstellende Kunst Frankfurt am Main
College of Music and Performing Arts in Frankfurt am Main

▾ Kunsthochschule Berlin-Weißensee
Berlin-Weißensee College of Art

◄ Hochschule für Musik und Theater Hannover
Hannover College of Music and Drama

Burg Giebichenstein – Hochschule für Kunst und Design Halle
Burg Giebichenstein—College of Art and Design in Halle

Hochschule für Musik Köln
Cologne College of Music

►/▼►► Hochschule der Künste Berlin
Berlin College of Art and Music

▼/▼► Hochschule für Bildende Künste Dresden
Dresden College of Fine and Visual Arts

ERUDIENDÆ ARTIBUS IUVENTUTI

HOCHSCHULE
FÜR DIE
BILDENDEN
KÜNSTE

Künstlerische Studiengänge an deutschen Hochschulen
Art Degree Courses in Germany

Die nachfolgenden Tabellen enthalten, nach Sachgebieten geordnet, alle künstlerischen Studiengänge aus den Bereichen der Musik und der bildenden Kunst, die an deutschen Hochschulen angeboten werden. Wegen der großen Zahl und der strukturellen Differenziertheit sind dabei die Lehramtsstudiengänge nicht berücksichtigt. Neben den Kunst- und Musikhochschulen sind auch die Universitäten und die Fachhochschulen einbezogen und jeweils durch Symbole kenntlich gemacht.

Alle Angaben beruhen auf Auskünften der Hochschulen; sie sind dem Heft "Studienangebote deutscher Hochschulen – Sommersemester 2001" entnommen, das im Verlag Karl Heinrich Bock erschienen und im Buchhandel erhältlich ist; sie sind auch im Internet unter www.hochschulkompass.hrk.de abrufbar.

The following tables, arranged according to subject areas, list all degree courses offered by German higher education institutions in the fields of music and fine art. Due to their great number and to their structural differences, courses leading to a teaching degree have not been considered here. Besides the colleges of art and music, the tables also list courses offered by universities and the Fachhochschule universities of applied sciences. The type of institution offering these courses is identified by means of the respective symbols.

All details are based on information provided by the higher education institutions themselves and have been taken from the brochure "Studienangebote deutscher Hochschulen/Degree Courses in Germany – Sommersemester 2001" published by Verlag Karl Heinrich Bock and available from bookstores. The tables can also be accessed on the Internet at: www.hochschulkompass.hrk.de respectively www.higher-education-compass.hrk.de

■ Universitäten / *Universities*

▲ Kunsthochschulen / *Colleges of Art*

▼ Musik-, Theater-, Filmhochschulen / *Colleges of Music, Theatre and Film*

▲▼ Kunst- und Musikhochschulen / *Colleges of Art and Music*

● Fachhochschulen / *Universities of Applied Sciences*

Musik / *Music*

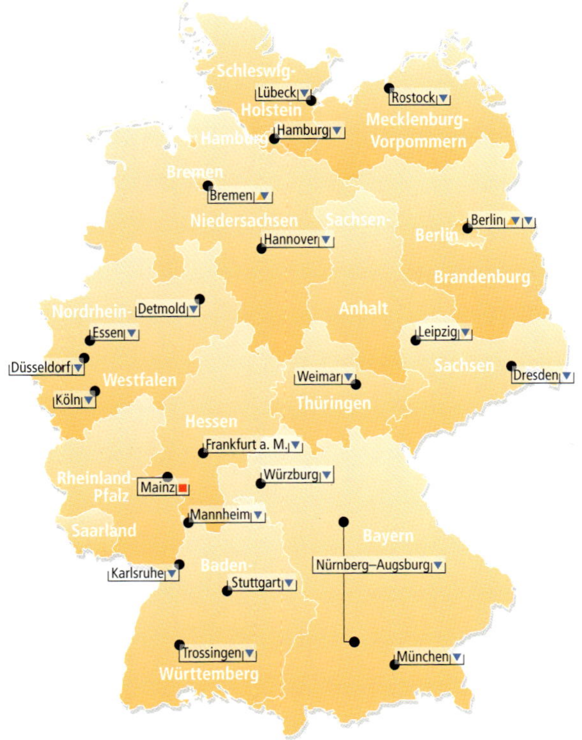

Sachgebiet / *Subject Area*
Dirigieren / *Conducting*

Blasorchesterleitung (Diplom)
- Hochschule für Musik Nürnberg/ Augsburg

Chordirigieren/Orchesterdirigieren (Diplom)
- Hochschule für Musik und Theater München

Dirigieren (Diplom)
- Hochschule der Künste Berlin
- Hochschule für Musik Detmold
- Hochschule für Musik Dresden
- Robert-Schumann-Hochschule Düsseldorf
- Staatliche Hochschule für Musik und Darstellende Kunst Mannheim
- Hochschule für Musik Köln
- Hochschule für Musik Weimar

Dirigieren (Orchester) (Diplom)
- Hochschule für Musik und Theater Hamburg
- Musikhochschule Lübeck
- Hochschule für Musik und Theater Rostock

Dirigieren, Chor- und Orchesterleitung (Diplom)
- Hochschule für Musik Berlin
- Hochschule für Künste Bremen
- Folkwang-Hochschule Essen
- Hochschule für Musik und Darstellende Kunst Frankfurt am Main
- Hochschule für Musik und Theater Hannover
- Hochschule für Musik und Theater Leipzig
- Staatliche Hochschule für Musik und Darstellende Kunst Stuttgart
- Staatliche Hochschule für Musik Trossingen
- Hochschule für Musik Würzburg

Dirigieren, Chor- und Orchesterleitung (Künstlerische Ausbildung) (Diplom)
- Staatliche Hochschule für Musik Karlsruhe

Orchestermusik (Diplom)
- Universität Mainz

Sachgebiet / *Subject Area*
Instrumente und Gesang / *Instruments and singing*

Berufschorgesang (Diplom)
- Hochschule für Musik und Theater München

Gesang (Diplom)
- Hochschule für Musik Dresden
- Robert-Schumann-Hochschule Düsseldorf
- Hochschule für Musik Köln
- Universität Magdeburg
- Hochschule des Saarlandes für Musik und Theater

Gesang, Künstlerische Ausbildung (Diplom)
- Staatliche Hochschule für Musik und Darstellende Kunst Mannheim

Gesang/Musiktheater (Diplom)
- Hochschule der Künste Berlin

Gesang/Musiktheater/ Oratorium/Lied (Diplom)
- Folkwang-Hochschule Essen

Instrumentalausbildung (Diplom)
- Hochschule der Künste Berlin

Instrumente (Diplom)
- Hochschule für Musik Dresden

Instrumente (Orchestermusik) (Diplom)
- Hochschule des Saarlandes für Musik und Theater

Instrumente und Gesang (Diplom)
- Hochschule für Musik Berlin
- Hochschule für Musik Detmold
- Hochschule für Musik und Theater Hamburg
- Hochschule für Musik und Theater Hannover
- Hochschule für Musik und Theater Leipzig
- Hochschule für Musik Nürnberg/ Augsburg
- Hochschule für Musik und Theater Rostock
- Staatliche Hochschule für Musik Trossingen
- Hochschule für Musik Würzburg
- Hochschule für Musik Weimar
- Hochschule für Musik Würzburg

Instrumente und Gesang, künstlerische Ausbildung (Diplom)
- Staatliche Hochschule für Musik Karlsruhe
- Staatliche Hochschule für Musik und Darstellende Kunst Mannheim

Konzertgesang/Operngesang (Diplom)
- Hochschule für Musik und Theater München

Korrepetition (Diplom)
- Hochschule für Musik Dresden
- Hochschule für Musik und Theater Leipzig
- Hochschule für Musik und Theater Rostock
- Hochschule für Musik Weimar

Künstlerische Instrumentalausbildung (Diplom)
- Hochschule für Musik Köln

Musik, Gesang (Diplom)
- Musikhochschule Lübeck

Musikübertragung (Tonmeister) (Diplom)
- Hochschule für Musik Detmold

Oper, Chorgesang (Diplom)
- Hochschule der Künste Berlin
- Hochschule für Künste Bremen
- Hochschule für Musik und Theater Hannover
- Staatliche Hochschule für Musik Karlsruhe
- Staatliche Hochschule für Musik und Darstellende Kunst Stuttgart
- Hochschule für Musik Weimar

Oper, Sologesang (Diplom)
- Hochschule für Musik Berlin
- Hochschule für Künste Bremen
- Hochschule für Musik und Darstellende Kunst Frankfurt am Main
- Hochschule für Musik und Theater Hamburg
- Hochschule für Musik und Theater Hannover
- Staatliche Hochschule für Musik und Darstellende Kunst Stuttgart
- Hochschule für Musik Weimar
- Hochschule für Musik Würzburg

Orchesterinstrumente/ Tasteninstrumente/Gitarre/ Viola da gamba (Diplom)
- Hochschule für Musik und Theater München

Tonmeister (Diplom)
- Hochschule der Künste Berlin

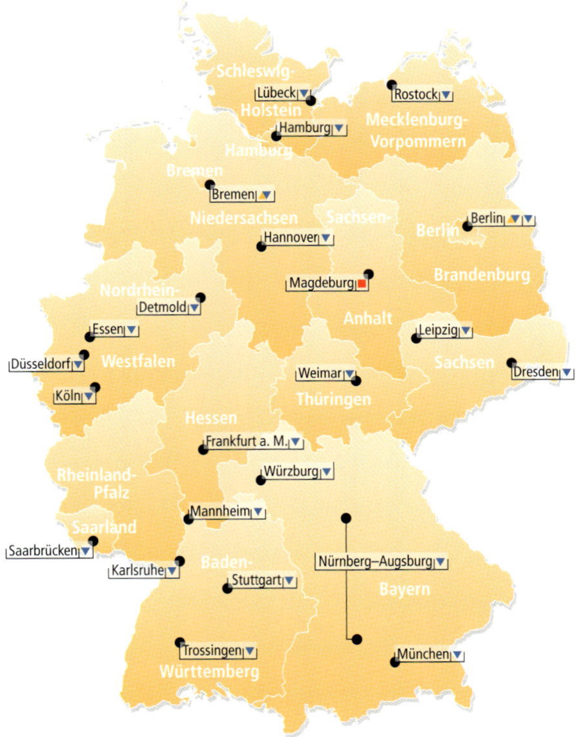

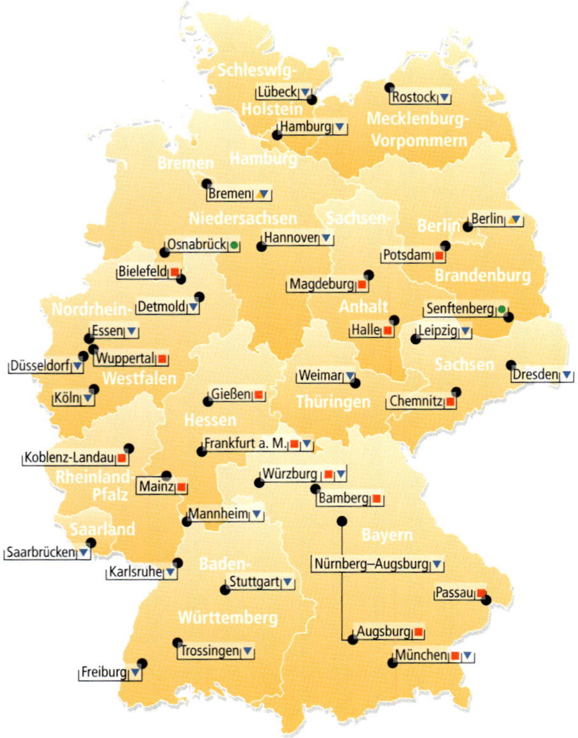

Sachgebiet / *Subject Area*
Musikerziehung, Musikpädagogik / *Music education, music teaching*

Diplommusiklehrer im freien Beruf und an Musikschulen (Diplom)
- Hochschule für Musik und Theater Hamburg

Elementare Musikpädagogik (Diplom)
- Hochschule für Musik Nürnberg/Augsburg
- Staatliche Hochschule für Musik Trossingen

Instrumental- und Gesangspädagogik (Diplom)
- Hochschule für Musik und Darstellende Kunst Frankfurt am Main
- Hochschule für Musik und Theater München

Musikerzieher (Diplom)
- Hochschule der Künste Berlin
- Hochschule für Musik und Theater Rostock

Musikerziehung (Diplom)
- Musikhochschule Lübeck

Musikerziehung Gesang (Diplom)
- Universität Halle-Wittenberg

Musikerziehung Klavier (Diplom)
- Universität Halle-Wittenberg

Musiklehrer (Diplom)
- Staatliche Hochschule für Musik Freiburg im Breisgau
- Staatliche Hochschule für Musik und Darstellende Kunst Mannheim
- Universität Mainz

Musiklehrer (Musikschule und freiberuflich) (Diplom)
- Staatliche Hochschule für Musik Karlsruhe

Musiklehrer für Jazz- u. jazzverwandte Musik (Diplom)
- Universität Mainz

Musikpädagogik (Magister)
- Universität Augsburg
- Universität Bielefeld
- Technische Universität Chemnitz
- Universität Frankfurt/Main
- Universität Gießen
- Universität Magdeburg
- Universität München
- Universität Passau
- Bergische Universität-Gesamthochschule Wuppertal
- Universität Würzburg

Musikpädagogik (Diplom)
- Robert-Schumann-Hochschule Düsseldorf
- Hochschule für Musik Köln
- Universität Potsdam

Musikpädagogik (Diplom/FH)
- Fachhochschule Lausitz
- Fachhochschule Osnabrück

Musikpädagogik (Instrumente, Gesang, Jazz/Rock/Pop) (Diplom)
- Hochschule für Musik Dresden

Musikpädagogik (Musikschullehrer und selbständige Musiklehrer) (Diplom)
- Hochschule für Musik Detmold

Musikpädagogik Gesang (Diplom)
- Universität Magdeburg

Musikpädagogik Instrumental (Diplom)
- Universität Magdeburg

Musikpädagogik und Musikdidaktik (Magister)
- Universität Bamberg

Musikpädagogik, Instrumental/Gesang/Allgemeine Musikerziehung/-theorie/Rhythmik (Diplom)
- Folkwang-Hochschule Essen

Musikschule und freiberuflich (Diplom)
- Hochschule für Künste Bremen
- Hochschule für Musik und Theater Hannover
- Hochschule des Saarlandes für Musik und Theater
- Staatliche Hochschule für Musik und Darstellende Kunst Stuttgart
- Staatliche Hochschule für Musik Trossingen
- Hochschule für Musik Weimar
- Hochschule für Musik Würzburg

Musikschule und freiberufliche Musikpädagogen (Diplom)
- Hochschule für Musik und Theater Leipzig

Musikschullehrer und selbstständige Musiklehrer (Staatsexamen)
- Universität Koblenz-Landau

Sachgebiet / *Subject Area*
Alte Musik, Jazz, Popularmusik / *Early music, jazz, popular music*

Jazz (Diplom)
- Hochschule für Künste Bremen
- Folkwang-Hochschule Essen
- Hochschule für Musik und Theater Hannover
- Hochschule für Musik Köln
- Hochschule für Musik Nürnberg/Augsburg
- Staatliche Hochschule für Musik und Darstellende Kunst Stuttgart
- Hochschule für Musik Weimar

Jazz/Popularmusik (Diplom)
- Staatliche Hochschule für Musik und Darstellende Kunst Mannheim

Jazz/Rock/Pop (Diplom)
- Hochschule für Musik Dresden

Musik, alte (Diplom)
- Hochschule für Künste Bremen
- Hochschule für Musik und Theater Leipzig
- Staatliche Hochschule für Musik Trossingen

Popularmusik (Diplom)
- Hochschule für Musik Berlin
- Hochschule für Musik und Theater Leipzig

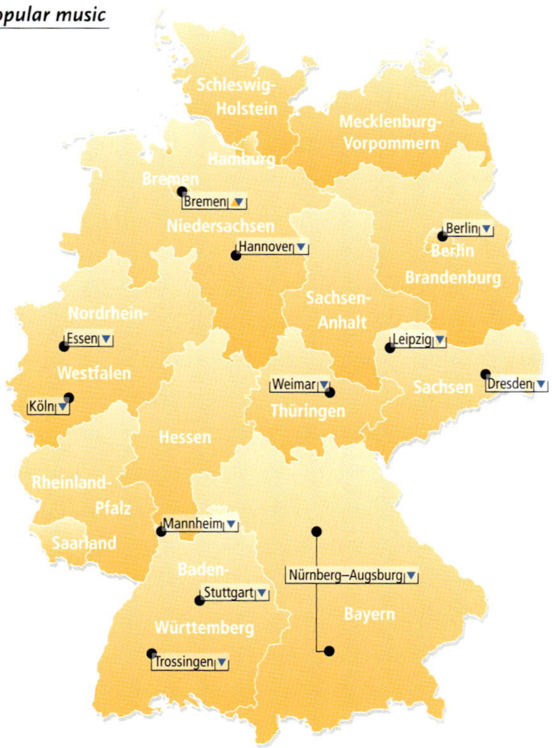

Musik / *Music*

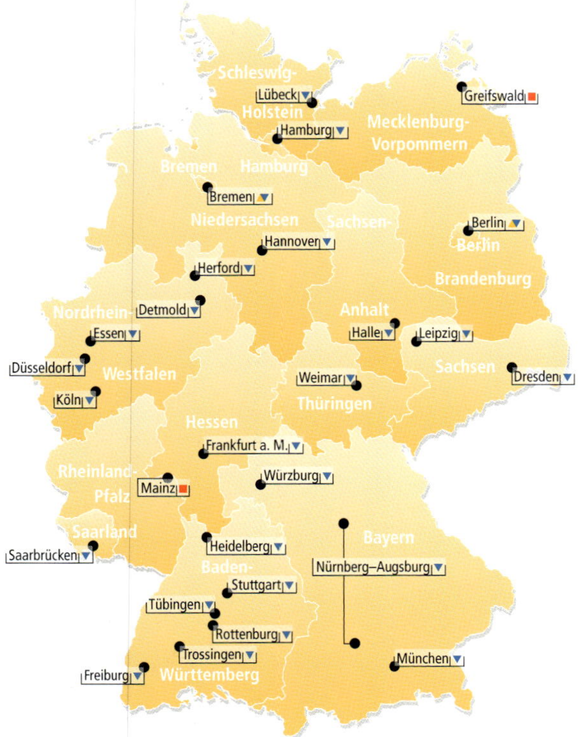

Sachgebiet / *Subject Area*
Kirchenmusik / *Church music*

Evangelische Kirchenmusik A (Staatsexamen)
- Hochschule für Musik Köln

Evangelische Kirchenmusik B (Diplom)
- Staatliche Hochschule für Musik Freiburg im Breisgau

Katholische Kirchenmusik (Diplom)
- Hochschule für Musik Köln
- Universität Mainz

Katholische Kirchenmusik B (Diplom)
- Staatliche Hochschule für Musik Freiburg im Breisgau
- Hochschule für Kirchenmusik Rottenburg

Kirchenmusik (Diplom)
- Hochschule für Musik Detmold

Kirchenmusik A (Diplom)
- Hochschule für Musik und Darstellende Kunst Frankfurt am Main
- Evangelische Hochschule für Kirchenmusik Halle
- Hochschule für Musik und Theater Hannover
- Hochschule für Musik und Theater München
- Hochschule für Kirchenmusik Tübingen
- Hochschule für Musik Weimar
- Hochschule für Musik Würzburg

Kirchenmusik A, Evangelisch und Katholisch (Staatsexamen)
- Folkwang-Hochschule Essen

Kirchenmusik B (Diplom)
- Hochschule der Künste Berlin
- Hochschule für Künste Bremen
- Hochschule für Kirchenmusik Dresden
- Hochschule für Musik und Darstellende Kunst Frankfurt am Main
- Universität Greifswald
- Evangelische Hochschule für Kirchenmusik Halle
- Hochschule für Musik und Theater Hamburg
- Hochschule für Musik und Theater Hannover
- Hochschule für Kirchenmusik Heidelberg
- Hochschule für Musik und Theater Leipzig
- Musikhochschule Lübeck
- Hochschule des Saarlandes für Musik und Theater
- Staatliche Hochschule für Musik und Darstellende Kunst Stuttgart
- Staatliche Hochschule für Musik Trossingen
- Hochschule für Kirchenmusik Tübingen
- Hochschule für Musik Weimar

Kirchenmusik B (Abschlussprüfung)
- Hochschule für Kirchenmusik Herford

Kirchenmusik B (katholisch) (Diplom)
- Hochschule für Musik Nürnberg/Augsburg

Kirchenmusik, evangelische und katholische (Diplom)
- Robert-Schumann-Hochschule Düsseldorf

Sachgebiet / *Subject Area*
Komposition / *Composition*

Komposition (Diplom)
- Hochschule der Künste Berlin
- Hochschule für Musik Detmold
- Hochschule für Musik Dresden
- Robert-Schumann-Hochschule Düsseldorf
- Hochschule für Musik und Darstellende Kunst Frankfurt am Main
- Hochschule für Musik Köln
- Musikhochschule Lübeck
- Staatliche Hochschule für Musik und Darstellende Kunst Mannheim
- Hochschule für Musik und Theater München
- Hochschule des Saarlandes für Musik und Theater
- Hochschule für Musik Weimar

Komposition (Künstlerische Ausbildung) (Diplom)
- Staatliche Hochschule für Musik Karlsruhe

Komposition für Film und Fernsehen (Diplom)
- Hochschule für Musik und Theater München

Komposition, Instrumental und Elektronisch (Diplom)
- Folkwang-Hochschule Essen

Komposition, Tonsatz/Gehörbildung (Diplom)
- Hochschule für Musik und Theater Leipzig

Komposition/Arrangieren (Diplom)
- Hochschule für Musik Dresden

Komposition/Theorie (Diplom)
- Hochschule für Musik und Theater Hamburg

Komposition/Theorie/Tonsatz (Diplom)
- Hochschule für Musik Berlin
- Hochschule für Künste Bremen
- Hochschule für Musik und Theater Hannover
- Staatliche Hochschule für Musik Trossingen
- Hochschule für Musik Würzburg

Komposition/Theorie/Tonsatz/Gehörbildung (Diplom)
- Hochschule für Musik und Theater Rostock

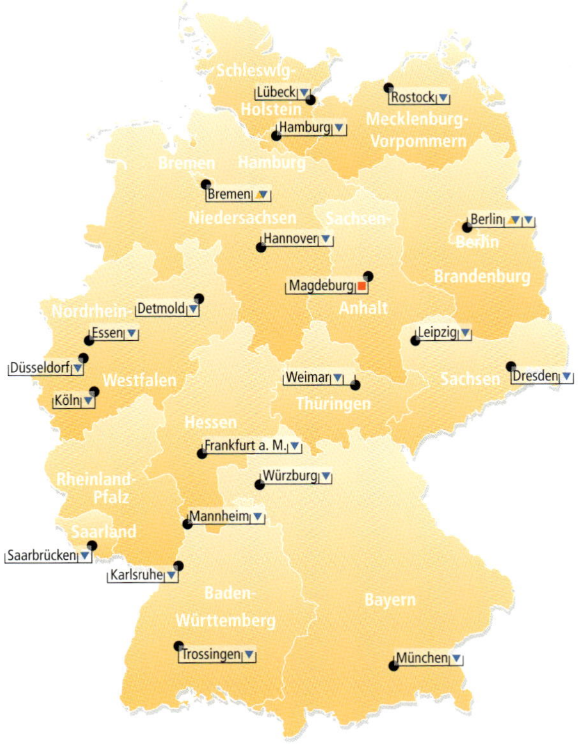

Schauspiel / *Drama*
Film / *Film*

Sachgebiet / *Subject Area*
Regie, Dramaturgie, Film / *Directing, dramaturgy/theatrical art, film*

Animation (Diplom/FH)
▾ Hochschule für Film und Fernsehen Potsdam-Babelsberg

Dramaturgie (Diplom)
▾ Hochschule für Musik und Theater Leipzig
■ Universität München

Film (Diplom)
▴ Hochschule für Bildende Künste Braunschweig
▾ Hochschule für Künste Bremen
▾ Hochschule für Fernsehen und Film München
▴ Hochschule für Gestaltung Offenbach

Film (keine Abschlussprüfung)
▴ Staatliche Hochschule für Bildende Künste Frankfurt am Main

Film- und Fernsehdramaturgie (Diplom)
▾ Hochschule für Film und Fernsehen Potsdam-Babelsberg

Film- und Fernsehproduktion (Diplom)
▾ Hochschule für Film und Fernsehen Potsdam-Babelsberg

Film- und Fernsehregie (Diplom)
▾ Hochschule für Film und Fernsehen Potsdam-Babelsberg

Film- und Fernsehwissenschaft (Magister)
■ Universität Bochum

Film- und Fernsehwissenschaft (Bachelor)
■ Universität Bochum

Film/Fernsehen (Diplom/FH)
● Fachhochschule Dortmund

Filmwissenschaft (Magister)
■ Universität Mainz
■ Freie Universität Berlin

Kamera (Diplom)
▾ Hochschule für Film und Fernsehen Potsdam-Babelsberg

Musiktheater-Regie (Diplom)
▾ Folkwang-Hochschule Essen

Regie Schauspiel oder Musiktheater (Diplom)
▾ Hochschule für Musik und Theater München

Regie Musiktheater (Diplom)
▾ Hochschule für Musik und Theater Hamburg

Regie Oper (Diplom)
▾ Hochschule für Musik Berlin

Regie Schauspiel (Diplom)
▾ Hochschule für Schauspielkunst Berlin

Regie Schauspieltheater (Diplom)
▾ Hochschule für Musik und Theater Hamburg

Schauspiel-Regie (Diplom)
▾ Folkwang-Hochschule Essen

Schauspieltheater-Regie (Diplom)
■ Universität Hamburg

Schnitt (Diplom/FH)
▾ Hochschule für Film und Fernsehen Potsdam-Babelsberg

Szenografie (Diplom)
▾ Hochschule für Film und Fernsehen Potsdam-Babelsberg

Theater-, Film- und Medienwissenschaft (Magister)
■ Universität Frankfurt/Main

Theaterregie (Diplom)
▾ Hochschule für Musik und Darstellende Kunst Frankfurt am Main

Sachgebiet / *Subject Area*
Tanz / *Dance*

Ballett (Diplom)
▾ Hochschule für Musik und Theater München

Bühnentanz (Diplom)
▾ Palucca Schule Dresden

Choreographie (Diplom)
▾ Hochschule für Schauspielkunst Berlin

Kindertanzpädagogik (Diplom)
▾ Staatliche Hochschule für Musik und Darstellende Kunst Mannheim

Musical (Diplom)
▾ Folkwang-Hochschule Essen
▾ Hochschule für Musik und Theater Leipzig
▾ Hochschule für Musik und Theater München

Musical-Show (Diplom)
▾ Hochschule der Künste Berlin

Tanz (Diplom)
▾ Folkwang-Hochschule Essen
▾ Hochschule für Musik und Darstellende Kunst Frankfurt am Main
▾ Hochschule für Musik Köln
▾ Staatliche Hochschule für Musik und Darstellende Kunst Mannheim

Tanzpädagogik (Diplom)
▾ Palucca Schule Dresden

Kunst / *Art*

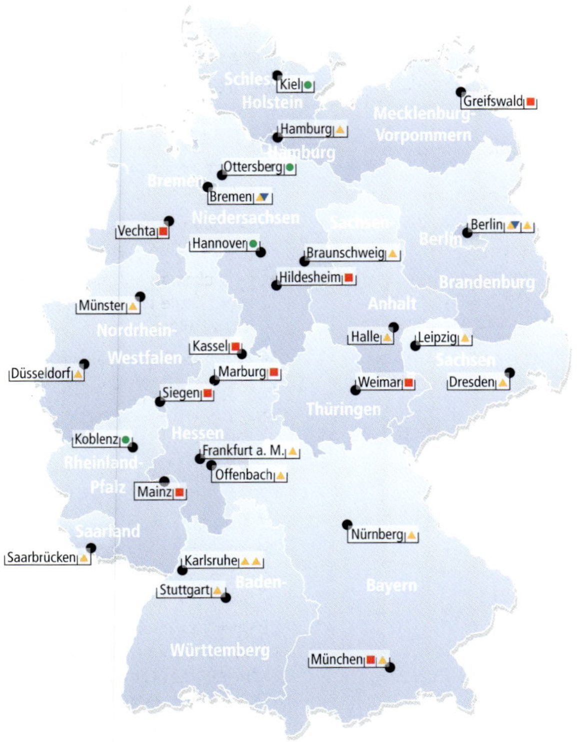

Sachgebiet / *Subject Area*
Kunst, Bildende Kunst, Bildhauerei, Malerei, Plastik /
Art, fine art, sculpture, painting, plastic art

Bildende Kunst (Abschlussprüfung)
- Hochschule der Künste Berlin
- Universität Gesamthochschule Kassel

Bildende Kunst (Diplom/FH)
- Fachhochschule Hannover

Bildende Kunst (Abschlusszeugnis)
- Akademie der Bildenden Künste in Nürnberg

Bildende Kunst (Bachelor)
- Universität Greifswald

Bildhauerei (Abschlussprüfung)
- Akademie der Bildenden Künste München

Bildhauerei (Abschlusszeugnis)
- Akademie der Bildenden Künste in Nürnberg

Bildhauerei (keine Abschlussprüfung)
- Staatliche Akademie der Bildenden Künste Stuttgart

Bildhauerei, frei (Abschlussprüfung)
- Staatliche Akademie der Bildenden Künste Karlsruhe

Bildhauerei/Plastik (Diplom)
- Kunsthochschule Berlin-Weißensee
- Hochschule für Bildende Künste Braunschweig
- Hochschule für Künste Bremen
- Hochschule für Bildende Künste Dresden
- Hochschule für Bildende Künste Hamburg

Bildhauerei/Plastik
(keine Abschlussprüfung)
- Staatliche Hochschule für Bildende Künste Frankfurt am Main

Chinesische Kunst und Archäologie
(Magister)
- Universität München

Freie Kunst (Diplom/FH)
- Muthesius-Hochschule Kiel
- Freie Kunst-Studienstätte Ottersberg

Freie Kunst (Diplom)
- Hochschule der Bildenden Künste Saar

Freie Kunst/Bildhauerei
(Akademiebrief)
- Kunstakademie Düsseldorf

Freie Kunst/Malerei
(Akademiebrief)
- Kunstakademie Düsseldorf

Glas und Keramik, freie Kunst
(Diplom/FH)
- Fachhochschule Koblenz

Graphik und Malerei (Magister)
- Universität Marburg

Kunst (Magister)
- Universität Gesamthochschule Siegen

Kunst und öffentlicher Raum
(Diplom)
- Akademie der Bildenden Künste in Nürnberg

Kunst, freie (Abschlussprüfung)
- Hochschule der Künste Berlin

Kunst, freie (Diplom)
- Hochschule für Bildende Künste Braunschweig
- Hochschule für Künste Bremen
- Hochschule für Bildende Künste Dresden
- Hochschule für Bildende Künste Hamburg
- Hochschule für Gestaltung Offenbach
- Bauhaus-Universität Weimar

Kunst, freie (keine Abschlussprüfung)
- Staatliche Hochschule für Bildende Künste Frankfurt am Main

Kunst, freie (Akademiebrief)
- Kunstakademie Münster

Kunst, freie bildende (Diplom)
- Universität Mainz

Kunst/Werken (Magister)
- Hochschule Vechta

Malerei (Diplom)
- Hochschule für Grafik und Buchkunst Leipzig

Malerei, freie (Diplom)
- Kunsthochschule Berlin-Weißensee
- Hochschule für Bildende Künste Braunschweig
- Hochschule für Künste Bremen
- Hochschule für Bildende Künste Dresden
- Hochschule für Bildende Künste Hamburg

Malerei, freie (keine Abschlussprüfung)
- Staatliche Hochschule für Bildende Künste Frankfurt am Main
- Staatliche Akademie der Bildenden Künste Stuttgart

Malerei, freie (Abschlussprüfung)
- Staatliche Hochschule für Gestaltung Karlsruhe
- Akademie der Bildenden Künste München

Malerei, freie (Abschlusszeugnis)
- Akademie der Bildenden Künste in Nürnberg

Malerei/Grafik, freie (Abschlussprüfung)
- Staatliche Akademie der Bildenden Künste Karlsruhe

Plastik (Diplom)
- Hochschule für Kunst und Design Halle

Plastik und Multimedia (Diplom)
- Staatliche Hochschule für Gestaltung Karlsruhe

Szenische Künste (Diplom)
- Universität Hildesheim

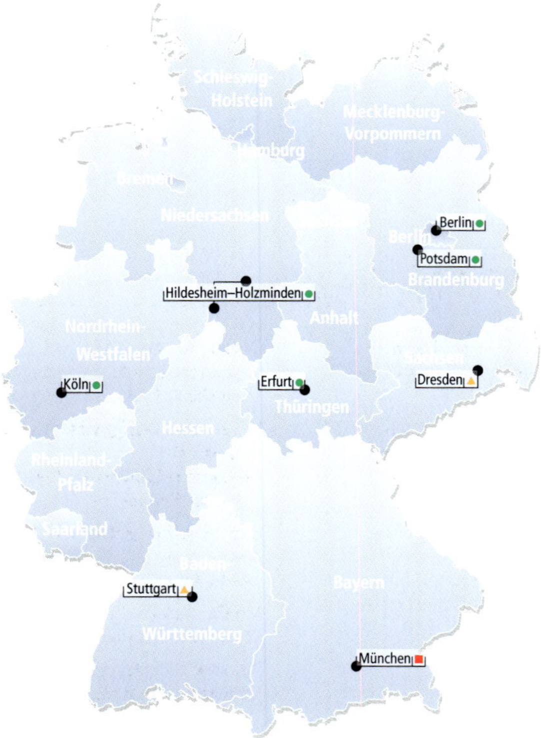

Sachgebiet / *Subject Area*
Restaurierung / *Restoration*

Konservierung und Restaurierung (Diplom/FH)
- Fachhochschule Erfurt

Restauratorenausbildung (Diplom)
- Hochschule für Bildende Künste Dresden
- Staatliche Akademie der Bildenden Künste Stuttgart

Restaurierung (Diplom/FH)
- Fachhochschule Hildesheim/ Holzminden
- Fachhochschule Köln
- Fachhochschule Potsdam

Restaurierung, Kunsttechnologie und Konservierungswissenschaften (Diplom)
- Technische Universität München

Restaurierung/Grabungstechnik (Diplom/FH)
- Fachhochschule für Technik und Wirtschaft Berlin

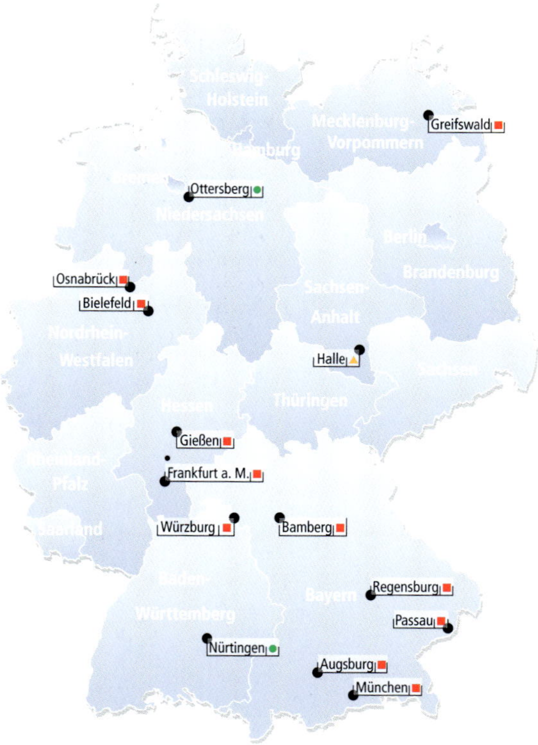

Sachgebiet / *Subject Area*
Kunsterzieung, Kunstpädagogik / *Art education, art teaching*

Bildende Kunst und Ästhetische Erziehung (Kunstpädagogik) (Magister)
- Universität Regensburg

Kunsterziehung (Magister)
- Universität Passau

Kunstpädagogik (Magister)
- Universität Augsburg
- Universität Bielefeld
- Universität Frankfurt/Main
- Universität Gießen
- Universität Greifswald
- Universität München
- Universität Osnabrück
- Universität Würzburg

Kunstpädagogik (Diplom)
- Hochschule für Kunst und Design Halle

Kunstpädagogik und Kunstdidaktik (Magister)
- Universität Bamberg

Kunsttherapie (Diplom/FH)
- Fachhochschule für Kunsttherapie Nürtingen
- Freie Kunst-Studienstätte Ottersberg

Gestaltung / *Design*

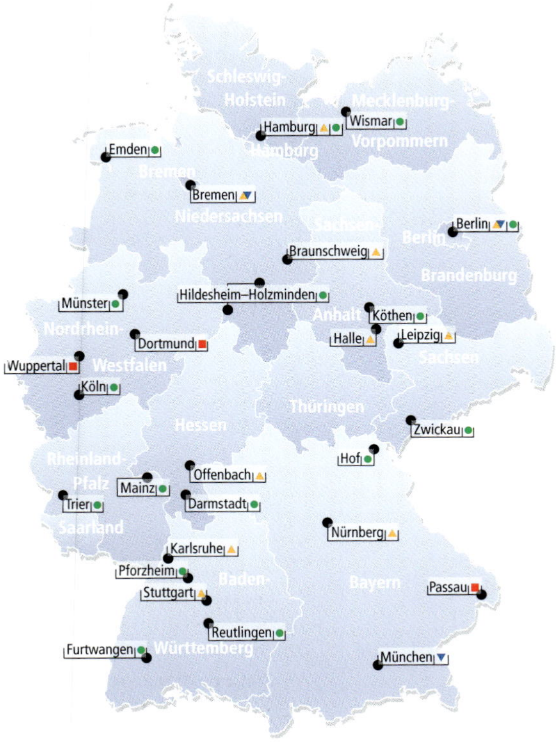

Sachgebiet / *Subject Area*
Design, Textildesign / *Design, textile design*

Architektur und Design (Diplom)
- Staatliche Akademie der Bildenden Künste Stuttgart

Bekleidungsgestaltung (Diplom/FH)
- Fachhochschule für Technik und Wirtschaft Berlin

Bühnenkostüm (Diplom)
- Hochschule der Künste Berlin

Design (Diplom)
- Hochschule für Bildende Künste Braunschweig
- Hochschule für Künste Bremen
- Hochschule für Bildende Künste Hamburg

Design (Diplom/FH)
- Fachhochschule Mainz
- Fachhochschule Münster
- Hochschule Wismar

Design, angewandtes (Diplom)
- Hochschule für Gestaltung Offenbach

Design/Gestaltung (Diplom/FH)
- Hochschule Anhalt
- Fachhochschule Köln

Design/Mediengestaltung/ Informatik (Bachelor)
- Hochschule für Künste Bremen

Design/Mediengestaltung/ Informatik (Master)
- Hochschule für Künste Bremen

Dokumentation und Design (Diplom/FH)
- Fachhochschule Furtwangen

Edelstein- und Schmuckdesign (Diplom/FH)
- Fachhochschule Trier

Farb-Design (Diplom/FH)
- Fachhochschule Hildesheim/Holzminden

Grafik-Design (Diplom)
- Staatliche Hochschule für Gestaltung Karlsruhe
- Hochschule für Grafik und Buchkunst Leipzig
- Akademie der Bildenden Künste in Nürnberg

Grafik-Design (Diplom/FH)
- Fachhochschule Hildesheim/Holzminden

Kunst- und Designwissenschaft (Magister)
- Bergische Universität-Gesamthochschule Wuppertal

Lichtgestaltung (Bachelor)
- Hochschule für Musik und Theater München

Media System Design (Diplom/FH)
- Fachhochschule Darmstadt

Medien und Design (Diplom)
- Universität Passau

Mode (Diplom/FH)
- Fachhochschule Pforzheim

Modedesign (Diplom/FH)
- Fachhochschule Trier
- Westsächsische Hochschule Zwickau

Modedesign (Diplom)
- Kunsthochschule Berlin-Weißensee
- Hochschule für Kunst und Design Halle

Produktentwicklung und Design (Diplom/FH)
- Fachhochschule Oldenburg/ Ostfriesland/Wilhelmshaven

Schmuck und Gerät (Diplom/FH)
- Fachhochschule Pforzheim

Textil- und Flächendesign (Diplom)
- Kunsthochschule Berlin-Weißensee

Textil-, Mode- und Kostümdesign (Diplom/FH)
- Fachhochschule Hamburg

Textildesign (Diplom/FH)
- Fachhochschule Hof
- Fachhochschule Reutlingen
- Westsächsische Hochschule Zwickau

Textilgestaltung (Diplom)
- Staatliche Akademie der Bildenden Künste Stuttgart

Textilkunst (Diplom/FH)
- Westsächsische Hochschule Zwickau

Vergleichende Textilwissenschaft (Magister)
- Universität Dortmund

Sachgebiet / *Subject Area*
Kommunikationsdesign / *Communication design*

Computational Visualistics (Master)
- ■ Universität Magdeburg

Computervisualistik (Diplom)
- ■ Universität Koblenz-Landau
- ■ Universität Magdeburg

Illustration und Kommunikationsdesign (Diplom/FH)
- ● Fachhochschule Hamburg

Kommunikationsdesign (Diplom/FH)
- ● Fachhochschule Augsburg
- ● Fachhochschule für Technik und Wirtschaft Berlin
- ● Fachhochschule Darmstadt
- ● Fachhochschule Dortmund
- ● Fachhochschule Düsseldorf
- ● Fachhochschule Hannover
- ● Muthesius-Hochschule Kiel
- ● Fachhochschule Konstanz
- ● Fachhochschule Mannheim - Hochschule für Technik und Gestaltung
- ● Fachhochschule München
- ● Fachhochschule Niederrhein
- ● Fachhochschule Nürnberg
- ● Fachhochschule Potsdam
- ● Merz Akademie Stuttgart
- ● Fachhochschule Trier
- ● Fachhochschule Wiesbaden
- ● Fachhochschule Würzburg-Schweinfurt

Kommunikationsdesign (Diplom)
- ▲ Kunsthochschule Berlin-Weißensee
- ▲ Hochschule für Bildende Künste Braunschweig
- ▲ Hochschule für Kunst und Design Halle
- ▲ Hochschule der Bildenden Künste Saar
- ▲ Staatliche Akademie der Bildenden Künste Stuttgart
- ■ Bergische Universität-Gesamthochschule Wuppertal

Kommunikationsdesign (Diplom, integrierter Studiengang)
- ■ Universität-Gesamthochschule Essen

Kommunikationsdesign und Medien (Diplom/FH)
- ● Hochschule Wismar

Visuelle Kommunikation (Diplom/FH)
- ● Fachhochschule Aachen
- ● Fachhochschule Pforzheim

Visuelle Kommunikation (Diplom)
- ▼ Hochschule der Künste Berlin
- ▲ Hochschule für Bildende Künste Hamburg
- ▲ Hochschule für Gestaltung Offenbach
- ■ Bauhaus-Universität Weimar

Visuelle Kommunikation (Abschlussprüfung)
- ■ Universität Gesamthochschule Kassel

Visuelle Kommunikation/Kunst (Magister)
- ■ Universität Oldenburg

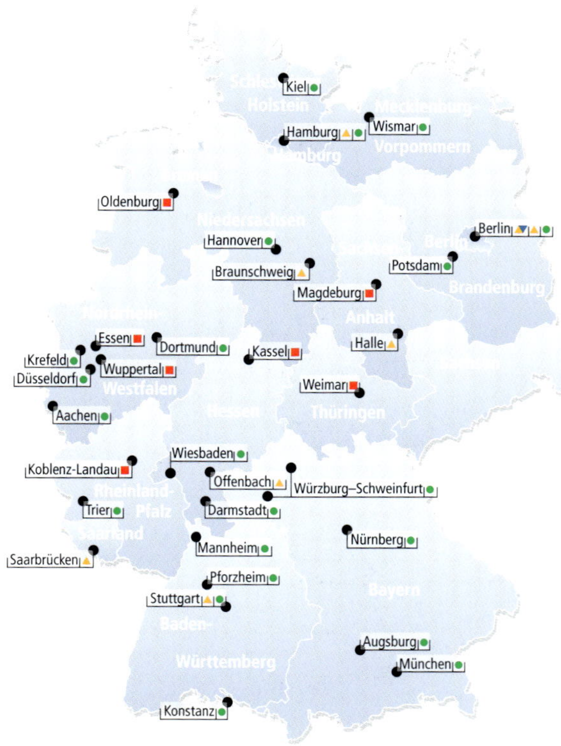

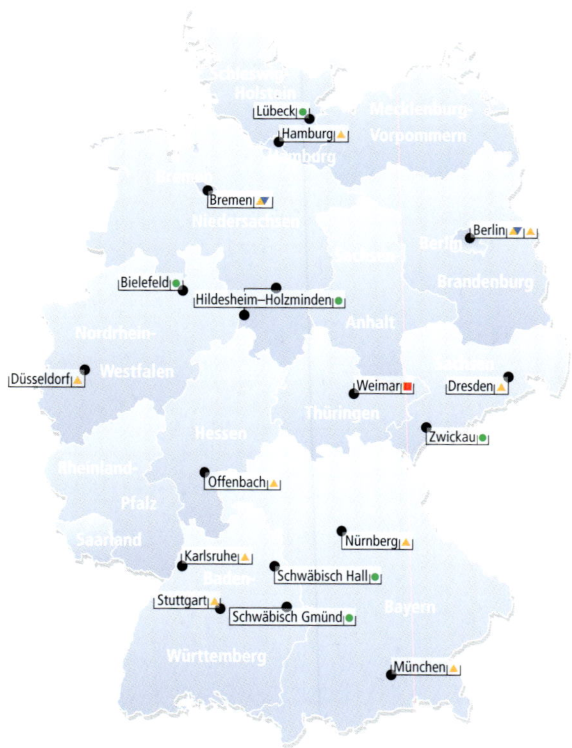

Sachgebiet / *Subject Area*
Gestaltung / *Design*

Bühnenbild (Diplom)
- ▼ Hochschule der Künste Berlin
- ▲ Kunsthochschule Berlin-Weißensee
- ▲ Hochschule für Bildende Künste Dresden
- ▲ Staatliche Hochschule für Gestaltung Karlsruhe
- ▲ Hochschule für Gestaltung Offenbach

Bühnenbild (keine Abschlussprüfung)
- ▲ Staatliche Akademie der Bildenden Künste Stuttgart

Bühnenbild und Kostüm (Abschlussprüfung)
- ▲ Akademie der Bildenden Künste München

Bühnenraum (Diplom)
- ▲ Hochschule für Bildende Künste Hamburg

Experimentelle Mediengestaltung (Abschlussprüfung)
- ▼ Hochschule der Künste Berlin

Freie Kunst/Bühnenbild (Akademiebrief)
- ▲ Kunstakademie Düsseldorf

Gestaltung (Diplom/FH)
- ● Fachhochschule Bielefeld

Glas (Abschlussprüfung)
- ▲ Akademie der Bildenden Künste München

Glasgestaltung (keine Abschlussprüfung)
- ▲ Staatliche Akademie der Bildenden Künste Stuttgart

Gold- und Silberschmieden (Abschlusszeugnis)
- ▲ Akademie der Bildenden Künste in Nürnberg

Goldschmiedekunst (Abschlussprüfung)
- ▲ Akademie der Bildenden Künste München

Holzgestaltung (Diplom/FH)
- ● Westsächsische Hochschule Zwickau

Informations- und Mediengestaltung (Diplom/FH)
- ● Fachhochschule Schwäbisch Gmünd

Informations- und Mediengestaltung (Bachelor)
- ● Fachhochschule Schwäbisch Gmünd

Informationstechnologie und Gestaltung (Diplom/FH)
- ● Fachhochschule Lübeck

Keramik, freie (Diplom)
- ▼ Hochschule für Künste Bremen

Keramik, freie (Abschlussprüfung)
- ▲ Akademie der Bildenden Künste München

Keramik, freie und angewandte (keine Abschlussprüfung)
- ▲ Staatliche Akademie der Bildenden Künste Stuttgart

Kulturgestaltung (Bachelor)
- ● Fachhochschule Schwäbisch Hall

Mediengestaltung (Diplom)
- ■ Bauhaus-Universität Weimar

Metallgestaltung (Diplom/FH)
- ● Fachhochschule Hildesheim/Holzminden

Theaterausstattung (Diplom/FH)
- ▲ Hochschule für Bildende Künste Dresden

Gestaltung / *Design*

Sachgebiet / *Subject Area*
Produktdesign, Industriedesign / *Product design, industrial design*

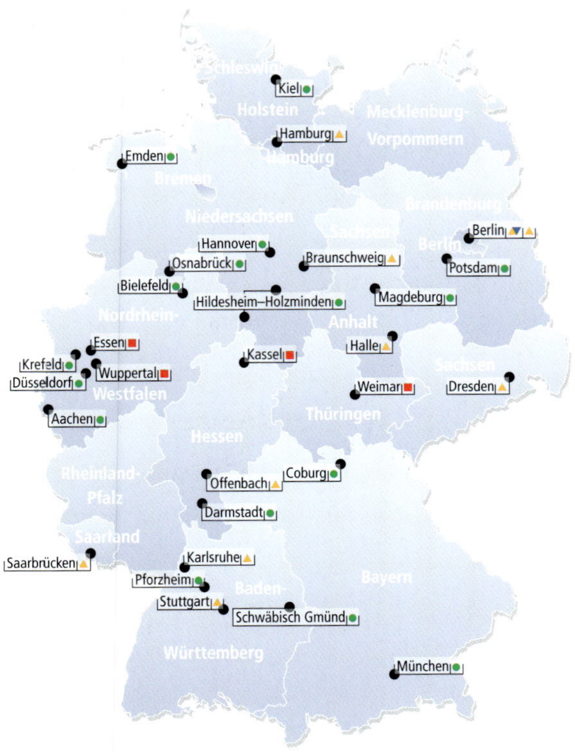

Industrial Design (Diplom)
- Hochschule der Künste Berlin

Industriedesign (Diplom)
- Hochschule für Bildende Künste Braunschweig
- Hochschule für Kunst und Design Halle
- Hochschule für Bildende Künste Hamburg

Industrial Design
(Diplom, integrierter Studiengang)
- Universität-Gesamthochschule Essen
- Bergische Universität-Gesamthochschule Wuppertal

Industriedesign/Produktgestaltung
(Diplom)
- Staatliche Akademie der Bildenden Künste Stuttgart

Industrial Design (Diplom/FH)
- Fachhochschule München
- Fachhochschule Pforzheim

Industrie-Design (Diplom/FH)
- Fachhochschule Darmstadt
- Muthesius-Hochschule Kiel
- Hochschule Magdeburg-Stendal

Integrierte Produktionsentwicklung
(Diplom/FH)
- Fachhochschule Osnabrück

Integriertes Produktdesign
(Diplom/FH)
- Fachhochschule Coburg

Produktdesign (Diplom)
- Kunsthochschule Berlin-Weißensee
- Hochschule für Bildende Künste Hamburg
- Staatliche Hochschule für Gestaltung Karlsruhe
- Hochschule der Bildenden Künste Saar
- Bauhaus-Universität Weimar

Produktgestaltung (Diplom)
- Hochschule für Gestaltung Offenbach

Produkt Design
(Künstlerische Abschlussprüfung)
- Universität Gesamthochschule Kassel

Produkt-Design (Diplom/FH)
- Fachhochschule Aachen
- Fachhochschule Düsseldorf
- Fachhochschule Hannover
- Fachhochschule Hildesheim/Holzminden
- Fachhochschule Niederrhein
- Fachhochschule Potsdam

Produkt-Gestaltung (Diplom/FH)
- Hochschule für Technik und Wirtschaft Dresden

Produkt- und Umweltgestaltung
(Diplom/FH)
- Fachhochschule Schwäbisch Gmünd

Produkt- und Umweltgestaltung
(Bachelor)
- Fachhochschule Schwäbisch Gmünd

Produktdesign/Industrie-Design
(Diplom)
- Staatliche Akademie der Bildenden Künste Stuttgart

Produktentwicklung (Diplom/FH)
- Fachhochschule Bielefeld

Produktentwicklung und Design
(Diplom/FH)
- Fachhochschule Oldenburg/Ostfriesland/Wilhelmshaven

Sachgebiet / *Subject Area*
Grafik, Fotografie / *Graphic art, photographic art*

Fotografie/Fotografik (Diplom)
- Hochschule für Bildende Künste Braunschweig
- Staatliche Hochschule für Gestaltung Karlsruhe
- Hochschule für Grafik und Buchkunst Leipzig

Freie Grafik und Malerei/Objektkunst
(Abschlusszeugnis)
- Akademie der Bildenden Künste in Nürnberg

Freie Kunst/Fotografie
(Akademiebrief)
- Kunstakademie Düsseldorf

Freie Kunst/Freie Grafik
(Akademiebrief)
- Kunstakademie Düsseldorf

Grafik (Diplom)
- Hochschule für Grafik und Buchkunst Leipzig

Grafische Technik (Magister)
- Technische Universität Chemnitz

Graphik, angewandte
(Abschlussprüfung)
- Akademie der Bildenden Künste München

Graphik, freie (Diplom)
- Hochschule für Bildende Künste Braunschweig
- Hochschule für Bildende Künste Dresden
- Hochschule für Bildende Künste Hamburg

Graphik, freie (Abschlussprüfung)
- Akademie der Bildenden Künste München

Graphik, freie (keine Abschlussprüfung)
- Staatliche Hochschule für Bildende Künste Frankfurt am Main
- Staatliche Akademie der Bildenden Künste Stuttgart

Illustration und Kommunikationsdesign
(Diplom/FH)
- Fachhochschule Hamburg

Malerei/Grafik (Diplom)
- Hochschule für Kunst und Design Halle

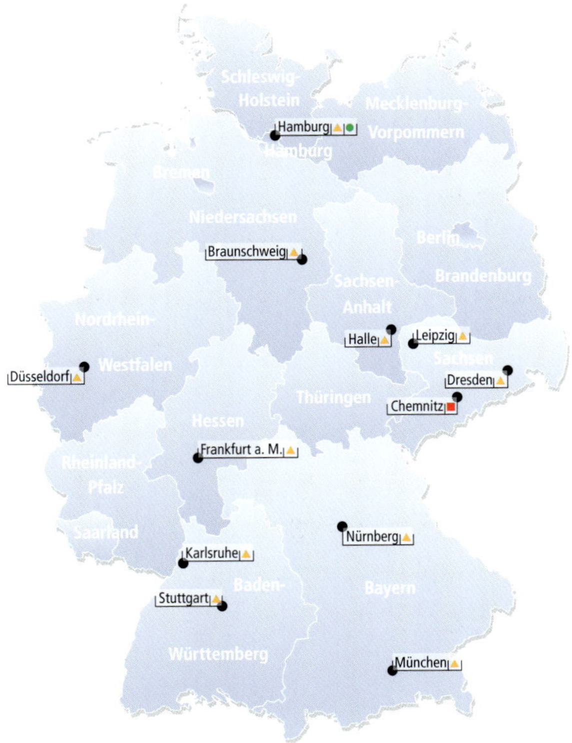

Die Autoren

Werner Becker, geboren 1938 in Nassau/Lahn, Studium der Geschichte und der Romanistik in Bonn und München, 1965 Promotion zum Dr. phil (Universität München), 1965–1968 als Journalist tätig, ab 1968 Referent im Sekretariat der Westdeutschen Rektorenkonferenz (WRK) / Hochschulrektorenkonferenz (HRK), seit 1990 Leiter der Abteilung Information und Öffentlichkeitsarbeit.

Christian Bode, geboren 1942 in Cottbus, Studium der Rechtswissenschaften in Bonn, Berlin und Kiel, 1967 erstes juristisches Staatsexamen, 1971 zweites juristisches Staatsexamen sowie Promotion zum Dr. jur. (Universität Bonn), 1972 –1982 Tätigkeit im Bundesministerium für Bildung und Wissenschaft (BMBW), 1982–1990 Generalsekretär der Westdeutschen Rektorenkonferenz (WRK), seit 1990 Generalsekretär des Deutschen Akademischen Austauschdienstes (DAAD).

Monika Grütters, geboren 1962 in Münster, Studium der Germanistik, Kunstgeschichte und Politikwissenschaft in Münster und Bonn, 1987 –1992 Tätigkeiten in der Presse- und Öffentlichkeitsarbeit für die Oper Bonn, das Museum für Verkehr und Technik Berlin, Verlag Bouvier und Nicolai in Berlin, 1992–1995 Pressesprecherin des Senators für Wissenschaft und Forschung in Berlin, seit 1995 Mitglied des Abgeordnetenhauses von Berlin, dort Vorsitzende des Kulturausschusses und wissenschaftspolitische Sprecherin der Fraktion der Christlich-Demokratischen Partei Deutschlands (CDU), seit 1996 in der Öffentlichkeitsarbeit der Bankgesellschaft Berlin zuständig für Kulturfragen und seit 1998 Sprecherin des Vorstandes der Stiftung "Brandenburger Tor", ab 1991 Lehrbeauftragte und seit 1999 Honorarprofessorin für Kulturmanagement an der Hochschule für Musik "Hanns Eisler" Berlin.

Claudius Habbich, geboren 1949 in Berlin, Studium der Soziologie, Psychologie und Pädagogik an der Technischen Universität Berlin, freier Autor und Journalist 1977–1986, Presse- und Öffentlichkeitsarbeit im Bereich Forschungstransfer und Messebeteiligungen für die Universitäten in Berlin 1987–1991 sowie Wissenschaftlicher Mitarbeiter an der TU Berlin 1989–1991, seit 1992 Leiter verschiedener Referate in den Aufgabenbereichen Presse, Öffentlichkeitsarbeit, Information, Publikationen, Fortbildung beim Deutschen Akademischen Austauschdienst (DAAD).

Klaus Landfried, geboren 1940 in Heidelberg, Studium der Volkswirtschaftslehre, Geschichte, Neueren Deutschen Literaturgeschichte, des Öffentlichen Rechts und der Politikwissenschaft in Basel und Heidelberg, 1970 Promotion zum Dr. phil. an der Universität Heidelberg, 1968–1971 Assistent und Lehrbeauftragter an der Universität Heidelberg, 1972–1973 John-F.-Kennedy-Memorial Fellow an der Harvard University, seit 1974 Professor für Politikwissenschaft an der Universität Kaiserslautern, 1981–1987 Vizepräsident und 1987–1997 Präsident der Universität Kaiserslautern, 1991–1997 Vizepräsident und seit 1997 Präsident der Hochschulrektorenkonferenz (HRK).

Wolfgang Längsfeld, geboren 1937 in Kreuzburg, Studium der Germanistik, Geschichte, Kunstgeschichte, Theaterwissenschaft und Zeitungswissenschaft in Göttingen, Erlangen und München, ab 1962 Tätigkeit als freier Journalist mit Schwerpunkt Bildende Kunst, 1968–1972 Studium an der Hochschule für Fernsehen und Film München, seit 1972 Autor, Regisseur und Produzent zahlreicher Filme, seit 1978 Professor für Ästhetik, Dramaturgie, Produktion von Film und Fernsehspiel an der Hochschule für Fernsehen und Film München, Gründer und Leiter des Internationalen Festivals der Filmhochschulen München seit 1981, 1992–2000 Vizepräsident der Hochschule für Fernsehen und Film München.

Peter Michael Lynen, geboren 1948 in Aachen, Studium der Rechtswissenschaft in Mainz und München, 1973 erstes und 1976 zweites juristisches Staatsexamen, Promotion zum Dr. jur. (Universität Köln), 1976–1982 Tätigkeiten bei der Rheinisch-Westfälischen Technischen Hochschule Aachen, der Universität Bonn und beim Sekretariat der Ständigen Konferenz der Kultusminister der Länder in der Bundesrepublik Deutschland in Bonn, seit 1982 Kanzler der Kunstakademie Düsseldorf und zusätzlich 1987 –1990 kommissarischer Kanzler der Robert-Schumann-Hochschule Düsseldorf sowie 1996 kommissarischer Kanzler der Folkwang-Hochschule Essen.

Siegfried Mauser, geboren 1954 in Straubing, Studium des Konzertfachs Klavier sowie der Musikwissenschaft, Philosophie und Kunstgeschichte in München und Salzburg, 1981 Promotion, Konzerttätigkeit als Solist und Kammermusiker, 1981–1983 Dozent für Musikwissenschaft und Klavier an der Musikhochschule München, ab 1984 Professor an der Hochschule für Musik Würzburg, seit 1988 Professor am "Mozarteum" in Salzburg, dort Gründung eines Forschungsinstituts für musikalische Hermeneutik, seit 1990 ordentliches Mitglied der Bayerischen Akademie der schönen Künste, seit 1999 Professor an der Hochschule für Musik und Theater München.

Christoph Richter, geboren 1932 in Mährisch-Schönberg, aufgewachsen in Lübeck, Studium der Musik (Violine, Chorleitung, Schulmusik), Musikwissenschaft, Germanistik, Philosophie und Pädagogik in Freiburg, Hamburg und Kiel, ab 1957 als Orchestermusiker und 1959–1970 als Gymnasiallehrer tätig, 1963 Promotion an der Universität Hamburg, ab 1970 Hochschullehrer an der Musikhochschule Lübeck, seit 1973 Professor am Lehrstuhl für Musikpädagogik der Hochschule der Künste Berlin, 1996–2000 Vizepräsident der Hochschule der Künste Berlin für den Bereich Musik.

Lothar Romain, geboren 1944 in der Nähe von Aachen, Studium der Germanistik, Philosophie, Kunstgeschichte und Theaterwissenschaft in Köln, 1968–1973 Redakteur beim Südwestfunk (SWF) in Baden-Baden und beim Westdeutschen Rundfunk (WDR) in Köln, 1973–1976 kultur- und medienpolitischer Referent bei der Sozialdemokratischen Partei Deutschlands (SPD), 1976–1980 Chef des Feuilletons der Zeitung "Vorwärts" und 1980–1981 Chefredakteur im Hanser Verlag München, danach Tätigkeit als freier Journalist und Autor, zusammen mit Manfred Schneckenberger verantwortlich für das Konzept der documenta6 und Mitglied des Beirats der documenta8 in Kassel, ab 1984 Honorarprofessor und 1992–1996 Professor für Kunstgeschichte des 20. Jahrhunderts an der Akademie der Bildenden Künste in München, seit 1996 Präsident der Hochschule der Künste Berlin.

Dieter Ronte, geboren 1943 in Leipzig, Studium der Kunstgeschichte, Archäologie und Musikwissenschaft sowie Romanistik an den Universitäten in Münster, Pavia und Rom, 1970 Promotion in Kunstgeschichte an der Universität Münster, ab 1971 Tätigkeit an Museen der Stadt Köln / Wallraf-Richartz-Museum; 1972 Referent des Generaldirektors, 1975 Wechsel in die Graphische Sammlung, ab 1976 für die Graphische Sammlung des Museums Ludwig verantwortlich, 1979 Direktor des Museums Moderner Kunst Wien, ab 1989 Direktor des Sprengel Museums Hannover, seit 1993 Direktor des Kunstmuseums Bonn.

Helmut Staubach, geboren 1949 in Göppingen, Studium Industrial Design an der Fachhochschule Schwäbisch Gmünd und an der Universität-Gesamthochschule Kassel, 1982–1986 Wissenschaftlicher Mitarbeiter und Lehrbeauftragter am Institut für Industrial Design der Universität Hannover, 1986–1990 Lehraufträge an der Fachhochschule Darmstadt, der Universität Hannover und der Hochschule der Künste Berlin, 1989–1993 Professor für Entwurf und Produktdesign an der Fachhochschule Darmstadt, seit 1993 Professor für Entwurf von Produktkomplexen an der Kunsthochschule Berlin-Weißensee.

C. Bernd Sucher, geboren 1953 in Bitterfeld, Studium der Germanistik, Romanistik und Theaterwissenschaft in Hamburg und München, 1976 Promotion, 1980–1998 verantwortlicher Redakteur für das Schauspiel und Theaterkritiker der "Süddeutschen Zeitung", seit 1997 als Professor an der Hochschule für Fernsehen und Film München Leiter des Aufbaustudienganges "Kulturjournalismus" an der Bayerischen Theaterakademie.

The Authors

Werner Becker, *born in Nassau (Lahn) in 1938, read history and Romance languages at Bonn and Munich; gained his Dr. phil. in 1965 (Munich University); a journalist from 1965–1968; joined the Secretariat of the West German Association of Universities and other Higher Education Institutions (WRK)/Association of Universities and other Higher Education Institutions in Germany (HRK) as a Head of Section in 1968; Head of Information and Public Relations at the HRK since 1990.*

Christian Bode, *born in Cottbus in 1942, read law at Bonn, Berlin and Kiel; 1st Staatsexamen in law in 1967; 2nd Staatsexamen in law and doctorate (Dr. jur.) in 1971 (Bonn University); 1972–1982 position in the Federal Ministry of Education and Science (BMBW); 1982–1990 Secretary-General of the West German Association of Universities and other Higher Education Institutions (WRK); Secretary-General of the German Academic Exchange Service (DAAD) since 1990.*

Monika Grütters, *born in Münster in 1962, read German studies, art history and politics at Münster and Bonn; 1987–1992 press and public relations work for the Opera in Bonn, for the Museum of Transport and Technology in Berlin, and for publishers Verlag Bouvier und Nicolai in Berlin; Press Officer for the Berlin Senator of Science and Research from 1992–1995, since 1995 Member of the Berlin House of Representatives, chairing the Culture Committee and serving as the Science Policy Spokeswoman for the Christian Democratic Party of Germany (CDU) parliamentary party, since 1996 with the Bankgesellschaft Berlin as a PR Officer responsible for culture, and since 1998 Spokeswoman for the Executive Committee of the "Brandenburger Tor" Foundation, from 1991 contract lecturer and since 1999 Honorary Professor of Culture Management at the HfM "Hanns Eisler" Berlin.*

Claudius Habbich, *born in Berlin in 1949, read sociology, psychology and education at the TU Berlin; freelance writer and journalist from 1977–1986; from 1987–1991 press and public relations work for Berlin's universities, specialising in the field of research transfer and trade fair participation; assistant lecturer at the TU Berlin from 1989–1991; since 1992 head of various sections at the German Academic Exchange Service (DAAD), covering press, public relations, information, publications and continuing education.*

Klaus Landfried, *born in Heidelberg in 1940, read economics, history, modern German literature, public law and politics at Basle and Heidelberg; gained his doctorate (Dr. phil.) at Heidelberg University in 1970; assistant and contract lecturer at Heidelberg University from 1968–1971, John-F.-Kennedy-Memorial Fellow at Harvard University 1972–1973, since 1974 Professor of Politics at Kaiserslautern University, 1981–1987 Vice-President and 1987–1997 President of Kaiserslautern University, 1991–1997 Vice-President and since 1997 President of the Association of Universities and other Higher Education Institutions in Germany (HRK).*

Wolfgang Längsfeld, *born in Kreuzburg in 1937, read German studies, history, art history, theatre studies and newspaper and magazine publishing at Göttingen, Erlangen and Munich; since 1962 freelance journalist specialising in fine art, studied at the HFF Munich from 1968–1972, since 1972 author, director and producer of numerous films, since 1978 Professor of Aesthetics, Dramaturgy, Film and Television Production at the HFF Munich, Founder and since 1981 Director of the Munich International Festival of Film Colleges, Vice-President of the HFF Munich 1992–2000.*

Peter Michael Lynen, *born in Aachen in 1948, read law at Mainz and Munich, 1st Staatsexamen in law in 1973 and 2nd Staatsexamen in 1976, gained his doctorate (Dr. jur.) at Cologne University; 1976–1982 various positions at the RWTU Aachen, Bonn University and at the Secretariat of the Standing Conference of Ministers of Education and Cultural Affairs of the Länder of the Federal Republic of Germany in Bonn, since 1982 Chancellor of the Kunstakademie Düsseldorf and additionally Temporary Registrar of the Robert-Schumann Hochschule Düsseldorf from 1987–1990 and Registrar of the Folkwang-Hochschule Essen in 1996.*

Siegfried Mauser, *born in Straubing in 1954, read concert piano plus musicology, philosophy and art history at Munich and Salzburg, gained his doctorate in 1981; concert musician as a soloist and chamber musician, 1981–1983 senior lecturer of musicology and piano at the HfM Munich, from 1984 Professor at the HfM Würzburg, since 1988 Professor at the "Mozarteum" in Salzburg, where he founded a Research Institute for Musical Hermeneutics, since 1990 Full Member of the Bavarian Academy of Art, since 1999 Professor at the HfMT Munich.*

Christoph Richter, *born in Mährisch-Schönberg in 1932, grew up in Lübeck, read music (violin, choir direction/conducting, school music), musicology, German studies, philosophy and education at Freiburg, Hamburg and Kiel; from 1957 orchestra musician and from 1959–1970 grammar school teacher, 1963 doctorate at Hamburg University, from 1970 lecturer at the HfM Lübeck, since 1973 Professor of Music Education at the HdK Berlin, 1996–2000 Vice-President of the HdK Berlin, responsible for the music division.*

Lothar Romain, *born near Aachen in 1944, read German studies, philosophy, art history and theatre studies at Cologne; 1968–1973 editor with the broadcasting corporations Südwestfunk (SWF) in Baden-Baden and Westdeutscher Rundfunk (WDR) in Cologne, 1973–1976 Culture and Media Policy adviser at the Social Democratic Party of Germany (SPD), 1976–1980 Head of the Arts Section for "Vorwärts" magazine and 1980–1981 Editor-in-Chief with publishers Hanser Verlag in Munich, freelance writer and journalist, responsible together with Manfred Schneckenberger for the concept of documenta6, and member of the Advisory Council for documenta8 in Kassel, since 1984 Honorary Professor and 1992–1996 Professor of 20th Century Art History at the AdBK Munich, since 1996 President of the HdK Berlin.*

Dieter Ronte, *born in Leipzig in 1943, read art history, archaeology and musicology as well as Romance languages at the universities in Münster, Pavia and Rome, gained a doctorate in art history at Münster in 1970; from 1971 position with Museums of the City of Cologne / Wallraf-Richartz-Museum; 1972 adviser to the Director General, 1975 position with the Graphic Art Collection, from 1976 responsible for the Graphic Art Collection at the Museum Ludwig, 1979 Director of the Museum of Modern Art in Vienna, from 1989 Director of the Sprengel Museum in Hannover, since 1993 Director of the Art Museum Bonn.*

Helmut Staubach, *born in Göppingen in 1949, read industrial design at the FH Schwäbisch Gmünd and the U-GH Kassel; 1982–1986 research assistant and contract lecturer at the Institute of Industrial Design at Hannover University, 1986–1990 contract lecturer at the FH Darmstadt, Hannover University and at the HdK Berlin, 1989–1993 Professor of Conception and Product Design at the FH Darmstadt, since 1993 Professor of Conception and Product Complexes at the KH Berlin-Weißensee.*

C. Bernd Sucher, *born in Bitterfeld in 1953, read German studies, Romance languages and theatre studies at Hamburg and Munich, gained doctorate in 1976; 1980–1998 editor responsible for drama and theatre reviews on the "Süddeutsche Zeitung", since 1997 Professor at the HFF Munich and Head of the Postgraduate Course in "Culture Journalism" at the Bavarian Theatre Academy.*

Impressum / *Impressum*

Herausgeber / *Editors*
Christian Bode – Werner Becker – Claudius Habbich

in Verbindung mit / *in conjunction with* DAAD, Deutscher Akademischer Austauschdienst e.V., Bonn / *German Academic Exchange Service (DAAD)* und / *and* Hochschulrektorenkonferenz (HRK), Bonn / *Association of Universities and other Higher Education Institutions in Germany (HRK)*

Text- und Bildredaktion / *College portraits, essays, pictures edited by:* Werner Becker, Claudius Habbich

EDV-Textbearbeitung / *Computer word processing and compilation:* Schreibbüro Beate und Josef Börding, Bonn

Übersetzung / *Translation:* Guy B. E. Moore, Bad Honnef

Projektkoordination / *Project coordinator:* Claudius Habbich

Die Herausgeber danken dem Stifterverband für die Deutsche Wissenschaft für die großzügige Unterstützung bei der Entstehung des Buches. *The editors wish to thank the Donors' Association for the Promotion of Science and Humanities in Germany for their generous support towards the compilation of this book.*

Die Deutsche Bibliothek – CIP-Einheitsaufnahme
Ein Titeldatensatz für diese Publikation ist bei der Deutschen Bibliothek erhältlich

Prestel Verlag, Mandlstraße 26, D-80802 München
Telefon (089) 38 17 09-0 / Telefax (089) 38 17 09-35
www.prestel.de

Hochschulkarte (Vorsatz, vorn / *Flyleaf, front*): Deutscher Akademischer Austauschdienst (DAAD) / Hochschulrektorenkonferenz (HRK)

Deutschlandkarte (Vorsatz, hinten / *Flyleaf, rear*): Karl Wenschow GmbH, München

Lektorat: Gabriele Ebbecke

Gestaltung und Satz / *Layout and Typesetting:* WIGEL, München

Gestaltung der Dokumentation "Studiengänge an Kunst- und Musikhochschulen" / *Layout and design of the art and music degree course documentation:* axeptDESIGN, Berlin

Druck / *Printed by:* peradruck, Gräfelfing

Buchbindung / *Bound by:* Buchbinderei Almesberger, St. Georgen

Printed in Germany on acid-free paper

ISBN 3-7913-2398-9

Bildnachweis / *Photo Credits*

Die Urheber und / oder Rechteinhaber von Fotos außerhalb der Hochschuldarstellungen werden grundsätzlich genannt. Sofern es sich bei den Abbildungen innerhalb der einzelnen Hochschuldarstellungen nicht um hochschuleigene Archivfotos handelt, stammen die Vorlagen von folgenden Fotografinnen und Fotografen bzw. liegt das Copyright bei folgenden Institutionen und / oder Personen:

Copyright holders of photos outside the descriptions of colleges of art and music are named on principle. Photos in the individual descriptions of colleges of art and music which are not part of these institutions own archive have been provided by the following photographers or by the following institutions or persons which hold the respective copyright:

Umschlag / *Cover*: Kunstakademie Düsseldorf (oben) und Musikhochschule Köln (unten): Eric A. Lichtenscheidt / DAAD-Archiv

Seite / *Page* 8-15: Lichtenscheidt / DAAD; 34: Presseamt der Stadt Bonn; 35: Lichtenscheidt / DAAD; 36-37: Lichtenscheidt / DAAD; 38: Kristian Schuller (oben), Lichtenscheidt / DAAD (unten); 39: Frank David Sommer; 40: Jens Hübner; 41: Lichtenscheidt / DAAD; 42: Roger Melis; 43: Lichtenscheidt / DAAD; 46: HOPS; 47: Kay Michalak (oben), Marcus Koopmann (unten); 52: DAAD; 53-55: Lichtenscheidt / DAAD; 56 und 56 / 57 (unten): Lichtenscheidt; 56 / 57 (oben) und 57: Lichtenscheidt / DAAD; 58-61: Lichtenscheidt / DAAD, außer 58: Lichtenscheidt (oben), Musikhochschule Lübeck (Mitte), 61: Kay Michalak (oben Mitte), HS für Künste Bremen (oben rechts); 64, 67-68: Lichtenscheidt / DAAD; 69: Hans Ludwig Böhme; 70: Jürgen Buchhold; 71: Bildermann; 72-73: Babette Bangemann / Kunstakademie Düsseldorf; 74-75: Lichtenscheidt / DAAD; 76: Gerno Michalke; 77: Georg Schreiber; 78-80: Lichtenscheidt / DAAD; 81: Bruno Krupp; 82: Rainer Kiedrowski (oben und unten), Lichtenscheidt / DAAD (Mitte); 82 / 83: Rainer Kiedrowski (Mitte); 83: Rainer Kiedrowski (oben), Lichtenscheidt (unten); 84: Lichtenscheidt / DAAD (oben links und rechts, Mitte), Rainer Kiedrowski (unten); 84 / 85: Lichtenscheidt (Mitte), Lichtenscheidt / DAAD (Mitte unten); 85: Rainer Kiedrowski (oben rechts), Lichtenscheidt / DAAD (oben links und unten); 86: Rainer Kiedrowski (oben und Mitte), Lichtenscheidt / DAAD (untere Reihe); 87: Rainer Kiedrowski (oben links und unten), Lichtenscheidt / DAAD (oben rechts); 94: Rainer Kiedrowski (oben und unten); 94-95: Rainer Kiedrowski; 96: Rainer Kiedrowski (oben), Lichtenscheidt / DAAD (unten); 96 / 97: Lichtenscheidt / DAAD; 97: Lichtenscheidt / DAAD; 98: Weißhaupt / HS für Musik Stuttgart; 99: Rainer Kiedrowski; 106: Friedrich K. Rumpf / DAAD; 108: Lichtenscheidt / DAAD; 109: Friedrich K. Rumpf / DAAD (oben rechts, unten links und rechts), Lichtenscheidt / DAAD (oben links und Mitte links); 110-111: DAAD; 112: Lichtenscheidt / DAAD (oben); 113: Lichtenscheidt / DAAD; 114: Klaas Dierks; 115: Gunnar Böttger; 118: Lichtenscheidt / DAAD; 119: Schabbing; 123: Ulla Marquardt; 124-125: Lichtenscheidt / DAAD; 128-129: Andreas Freitag / HS der Künste Berlin; 130-131: Roger Melis / HS für Musik Berlin, außer 131 (oben rechts und unten): Jens Hübner / HS für Musik Berlin ; 132 / 133: Lichtenscheidt (oben); 132-135: Lichtenscheidt / DAAD; 142-143: Lichtenscheidt / DAAD; 147: Martin Fengel; 148-149: Dieter Rehm / Akademie der Bildenden Künste München; 150: Mike Gallus Studio; 152: Norbert Gerhardus; 155: Lichtenscheidt / DAAD; 158: HS für Künste Bremen; 159-161: Lichtenscheidt / DAAD; 164-173: Lichtenscheidt / DAAD, außer 168 (oben): Akademie der Bildenden Künste Nürnberg, 170 (oben), 170 / 171 (Mitte): HS für Künste Bremen; 171 (oben und Mitte): Jürgen Buchhold / HS für Bildende Künste Dresden, 172 (oben): HS für Bildende Künste Braunschweig, 172 (unten links und rechts): HS der Bildenden Künste Saar, 173 (Mitte): Wörner; 176: Fürst / UM; 177-178: BHA, 178: Gunter Lepkowski / BHA; 179: Rainer Kiedrowski; 180 (oben): BHA, 180 (unten): Bayer / BHA; 180 / 181: BHA; 182: BHA (oben links), T. Lux Feiniger, Gunter Lepkowski / BHA (oben Mitte), Gunter Lepkowski / BHA (oben rechts und mittlere Reihe), BHA (unten links), Lucia Moholy / BHA (unten Mitte), Markus Hawlik / BHA (unten rechts); 183: Atelier Schneider / BHA (oben), Gunter Lepkowski / BHA (unten); 184: Rosenberg / UM (oben links), Siol / UM (unten links), Fürst / UM (oben rechts); 185: Aicher / UM (oben), Conrad(UM (unten links), Hahn / UM (unten rechts); 186: Koppermann / UM (oben), Fürst / UM (Mitte links), Siol / UM (unten); 186 / 187: UM (Mitte), Siol / UM (unten); 187: Siol / UM (oben links und Mitte rechts), UM (oben rechts), Gonda / UM (unten rechts); 191: Fine Art Photos; 193: Wörner; 197: HS für Musik Detmold; 198-199: Maik Schuck; 200: Christoph Schwarz; 201: HS für Musik Weimar; 202: Georg Schreiber (oben), Holm Helis (unten); 202 / 203: Lichtenscheidt (unten), 203: Wolfgang Lucya (oben links), Lichtenscheidt (oben rechts); 204-207: Lichtenscheidt / DAAD; 210-215: DAAD; 216-221: Lichtenscheidt / DAAD; 225: H.P. Beyer; 228: Metz / HS für Kirchenmusik Rottenburg; 229: Bildarchiv Fieselmann / HS für Kirchenmusik Tübingen; 230: Musikhochschule Lübeck (oben links), HS für Musik und Darstellende Kunst Frankfurt am Main (oben rechts), Kunstakademie Düsseldorf (Mitte links), HS für Film und Fernsehen Potsdam-Babelsberg (Mitte rechts), Marc Wieland (unten); 231: HS für Musik Stuttgart (oben), Jürgen Buchhold (unten); 232: Lichtenscheidt / DAAD (oben links und unten), HS für Musik Karlsruhe (oben rechts), Philipp Roos (Mitte rechts); 233: HS für Gestaltung Karlsruhe (oben links), Lichtenscheidt / DAAD (oben rechts und unten); 234: Lichtenscheidt / DAAD

BHA=Bauhaus-Archiv Berlin   DAAD=DAAD-Archiv   HS=Hochschule
M=Ulmer Museum / HfG-Archiv

Nachweis der Gestalter von abgebildeten Plakaten – soweit sie den Herausgebern zum Zeitpunkt der Veröffentlichung bekannt waren:

Seite / *Page* 18: keine Angabe; 19: Damm & Fiedler; 20: Klaus Marinoff; 21: Büro für Mitteilungen; 22: ohne Angabe (oben und unten); 22 / 23: ohne Angabe; 23: Oberberg + Puder, Leipzig / Gemälde: nach E.G. Hausmann: J.S. Bach, 1748 (Sammlung W.A. Scheide, Princeton, USA); 24: Heinz Bähr, Köln; 25: Günther Kieser, Frankfurt; 26: Robert Cahen_Voyage d1hiver_1993 / moculade_2000; 27: Schlippe VIII 2000; 28: Gerd Winner, Mark Stahlsmeier; 29: Alfred Hertrich, Störnstein; 30: Giffhorn und Serres Designbüro, Wuppertal; 31: Sandra van Slooten / Foto: Oliver Spies (oben), Cyan, Berlin (unten); 90: keine Angabe; 93: moculade_2001; 102: Dorén + Köster, Berlin; 105: Nicolaus Ott + Bernard Stein, Berlin; 106 / 107: Rudolf J. Schmitt, Berlin (oben), Grischa Meyer (unten) 107: keine Angabe (oben), Nicolaus Ott + Bernard Stein, Berlin (unten); 137: WON ABC; 138: Gottfried Helnwein; 139: Gerd Dengler; 140: Sebastian Stottele / Motiv: Nishiki-e Oban; 141: Mark Stahlsmeier / J.B. Khanna Company; 176: Polland / Ulmer Museum / HfG-Archiv; 177: Rudolf Baschant / Bauhaus-Archiv Berlin; 178: Franz Ehrlich / Bauhaus-Archiv Berlin.

Sollte ein den Herausgebern nicht bekannter Inhaber von Urheber- oder Nutzungsrechten von hier genutzten Abbildungen nicht aufgeführt sein, bitten wir ihn, sich an den Verlag zu wenden.